Geneviève Fraisse

Les femmes
et leur histoire

Gallimard

Geneviève Fraisse, Philosophe et historienne, est directrice de recherche au CNRS. Auteur notamment de *Muse de la raison. La démocratie exclusive et la différence des sexes* (1989), elle a également publié *Le privé du public* (PUF, 1996), *Les femmes et leur histoire* (1998), *La controverse des sexes* (2001). *Deux gouvernements : la famille et la cité* (2000), *La raison des femmes* (1992), et *Les jeux du genre* (2002).

Elle a participé, notamment, à la co-direction de *Histoire des femmes en Occident* (avec Michelle Perrot) et de *L'exercice du savoir et la différence des sexes* (L'Harmattan, 1991).

PRÉSENTATION

Un simple morceau de phrase, « le délirant, la bavarde, l'enfant », fut l'origine de mes recherches. Morceau de phrase de Spinoza où le fou, la femme et l'enfant étaient une même catégorie pour le philosophe, des êtres sans raison aux yeux de l'homme de raison. En revanche, aux yeux de l'étudiante que j'étais, lectrice de Spinoza, la chose était plus compliquée ; impossible en effet d'être à cette place-là dans le discours d'un auteur bien aimé par la pensée philosophique des années 1970 ; impossible tout autant d'être un sujet lecteur neutre, puisque ce neutre était supposé masculin. Cette discordance, pour la jeune femme, entre le sujet et l'objet, tenait de l'impensable. La stupéfaction fut plus forte que l'étonnement, et si ce fut l'origine d'une recherche, celle-ci ne pouvait prendre appui directement sur les textes philosophiques. Une sorte de silence, de blanc dans le texte s'était imprimé et interdisait cet étonnement philosophique, ce minimum de confiance qui permettent le dialogue avec les textes. De la stupéfaction, en revanche, surgit alors le désir, tout aussi philosophique peut-être, de retrouver les pistes d'une raison possible des femmes. L'histoire seule pouvait en donner la trace.

Ainsi, ma question du « qui pense » et « comment » à propos des femmes a trouvé son terrain d'investigation dans l'histoire de la pensée de l'égalité des sexes, dans les tâtonnements et les difficultés à élaborer une pensée de l'émancipation des femmes à l'ère moderne ; à partir de Poullain de la Barre, et du double problème de penser la différence des sexes et de justifier leur égalité possible. Dans ce large espace moderne, le XIXe siècle joue un rôle essentiel. La rupture révolutionnaire ébranle le lien entre les sexes, et surtout rend possible le féminisme. Ce néologisme de la fin du second Empire est intéressant : attribué à tort à Fourier, il est en fait emprunté par Alexandre Dumas fils au langage médical [1]. En 1870, est atteint de féminisme un jeune homme arrêté par la maladie dans son développement, un jeune homme féminisé. Quelques années plus tard, dans l'espace social et politique, la féministe sera la femme trop masculine, la virago. Mélange et confusion de l'homme et de la femme, de l'homme féminin et de la femme masculine : le féminisme naît de cette interrogation sur la différence sexuelle dans un siècle où l'on débat enfin de l'égalité de

---

1. Geneviève Fraisse, *Muse de la raison. Démocratie et exclusion des femmes en France*, Paris, Gallimard, coll. « Folio », 1995, p. 315.

tous les êtres. Au même moment, les typo-
graphes, détenteurs de la lettre imprimée, donc
d'une parcelle de l'exercice de la raison, sont les
ouvriers les plus hostiles au travail salarié féminin. De l'imaginaire d'une confusion possible
des sexes à la réalité concrète de la rivalité
sexuelle : le XIXe siècle est bien le creuset de nos
soucis les plus proches.

Entre l'âme et le corps, entre la raison et le
sentiment, j'ai choisi de suivre l'émergence de la
raison des femmes, de repérer la reconnaissance
définitive de leur âme pensante. C'était au
moment où la philosophie achoppait sur l'importance de l'esprit ou du corps, où la politique y
décelait l'enjeu principal de l'égalité puisque
l'autonomie du sujet en était la clé. Mettre la raison des femmes en avant entraînait un double
déplacement : d'abord une distance à l'égard
des discours contemporains sur le corps des
femmes, non par désintérêt, non par mépris du
principe physique de l'humanité, mais parce que
le lieu du corps ne me semblait pas un espace
nouveau de subversion. J'avais besoin de changer les cartes du jeu, et les discours sur le corps
réintroduisent trop souvent subrepticement des
thèses en miroir du partage traditionnel des
sexes. Ensuite, une perspective différente à l'intérieur d'une histoire du féminisme exposée
depuis si longtemps en termes de droit et de
revendication, vision étriquée d'un phénomène
dont la richesse principale fut justement de
jouer sans cesse la tension entre le droit et les

mœurs, entre l'identité et la différence face à l'égalité future. La logique des discours m'apparut plus forte que l'hystérie qu'on voulait seulement y voir, et la richesse des textes plus évidente que leur supposée pauvreté.

Entre l'émancipation et la domination, entre l'identité ou la différence entre hommes et femmes, la raison semble être au carrefour d'arguments variés. Les textes proposés ici tentent d'éclairer les diverses définitions de la raison des femmes : celle de l'idéalisme cartésien plus favorable par la séparation de l'âme et du corps à l'émancipation égalitaire puisque deux corps différents, féminin et masculin, auront un esprit semblable ; celle du matérialisme, soucieux d'inscrire la dépendance de l'esprit dans le corps sans savoir comment laisser aux femmes leur liberté d'être, imprécis quant à décider comment l'homme et la femme se ressemblent ou diffèrent. L'opposition entre la raison et la nature des femmes se répète alors comme une fausse contradiction jusqu'au XXᵉ siècle.

Entre la philosophie et l'histoire, entre l'idée et l'événement, l'apparition de la pensée féministe se fonde sur la possibilité d'une transformation de la relation entre les sexes, suppose que ce fait éternel de l'histoire humaine, la rencontre des hommes et des femmes, s'inscrit néanmoins dans une historicité [1]. D'où mon goût pour les points de rupture. J'en indique ici deux, celui du

1. Telle est la proposition philosophique que je formule dans *La Différence des sexes*, Paris, PUF, 1996.

xviie siècle, où l'incessante comparaison entre les deux sexes laisse place à la question de leur égalité, analogie ou similitude, peu importe. Le concept est neuf et il fera son chemin souterrainement. Jusqu'au point de deuxième rupture, celle des années 1800 où l'annonce révolutionnaire du mouvement féministe, les prémices du discours collectif d'émancipation signalent un changement de rhétorique : la Querelle instaurée par la Renaissance, joute oratoire sur les qualités et défauts féminins ou masculins, laisse place à la figure du procès, de la mise en scène des arguments pour ou contre l'égalité des sexes. Rupture rhétorique fondamentale dans le sillage de l'événement révolutionnaire.

Poullain de la Barre inaugure ce volume moins par son antériorité dans la chronologie que par sa lucidité à poser ces deux questions essentielles, celle du contenu de l'égalité et celle de la forme de la preuve de l'égalité ; et jamais il ne s'arrête en chemin, ni pour envisager la pire des égalités, celle du pouvoir (après celle du savoir), ni pour débusquer les artifices de la rhétorique, notamment celui d'être, pour tout homme en la matière, « juge et partie ». Qu'il annonce le questionnement de Stuart Mill puis de Simone de Beauvoir[1] ne saurait surprendre. Il pose la bonne question, « la belle question », dit-il.

---

1. Cf. Geneviève Fraisse, « Le "Privilège" de Simone de Beauvoir », *La Raison des femmes*, Paris, Plon, 1992.

Après Rousseau, et avec la rupture révolutionnaire, cette belle question rencontre un problème réel, et l'égalité des sexes son éventuelle mise en pratique par la démocratie. Rousseau, dans la dédicace du *Discours sur l'origine de l'inégalité*, parle des femmes comme de « la « précieuse moitié de la république ». Affirmation essentielle pour comprendre sa volonté d'exclure les femmes de la vie publique ; exclusion formulée dans le livre V de l'*Émile* à propos de Sophie élevée dans la dépendance de l'homme ; exclusion requise dans la *Lettre à d'Alembert*, où il est expliqué le malheur d'une société où les femmes s'affairent publiquement, comme créatrices ou comme spectatrices. Alors la précieuse moitié de la république doit apprendre à y participer dans une demi-mesure : par son ascendant moral, par cette fabrique des mœurs (et non des lois) où les femmes excellent. Les vertus domestiques sont des vertus républicaines. Qu'elles nécessitent de s'exercer dans le privé permettra à Proud'hon d'exiger la « réclusion » des femmes. Loin de les asservir, cette exclusion les détourne d'un pouvoir dangereux (le pouvoir du sexe en public s'appelle prostitution) et absurde (une femme « savante du savoir des hommes » est un singe). Car cette exclusion ne nie pas leur rôle politique : à Rome, « toutes les grandes révolutions y vinrent des femmes [1] ».

---

1. J-J. Rousseau, *Lettre à M. d'Alembert*, Paris, GF-Flammarion, 19, p. 116 ; *Émile ou de l'éducation*, Paris, GF-Flammarion, 19, p. 512.

Ce cercle entre le public et le privé se reconnaît dans la suite des événements. La rupture révolutionnaire inaugure l'ère démocratique où l'exclusion des femmes de la cité (voire de la nation) semble un principe. Un principe, élément constituant d'une structure, mais non un système ; un principe, élément premier mais non définitif.

En fait, l'exclusion est produite par trois mécanismes, la crainte d'une confusion entre les sexes, le refus que l'exception fasse règle, l'attribution aux femmes du pouvoir des mœurs. Si l'égalité, qui sait, signifiait l'identité des individus, alors la similitude entre un homme et une femme serait dangereuse, la frontière entre le masculin et le féminin remise en cause, la confusion possible ; alors dans la vie privée l'amour serait réduit à l'amitié, et dans la vie publique le rapport ne serait que de rivalité.

À ce premier mécanisme d'intimidation par la caricature succède le second qui est une question de logique : l'exception chère à l'Ancien Régime confirmait la règle et laissait la galerie des femmes célèbres sans conséquence sur l'ensemble des femmes. La femme exceptionnelle se glissait dans le monde des hommes ; après 1800, la femme exceptionnelle parle à toutes les femmes. En régime démocratique, l'exception peut faire règle, car ce qui est permis à l'une peut l'être logiquement à toutes. L'exception est une figure exemplaire, l'exemple d'une règle possible.

À ces deux mécanismes d'intimidation

s'ajoute un argument positif : le pouvoir donné aux femmes de faire les mœurs de la République. Sorte de raison pratique où le pouvoir moral se double d'un pouvoir d'économie domestique, où la citoyenneté morale est bridée par une vocation au perfectionnement de l'espèce plus qu'à la perfectibilité du genre humain.

Mais si l'exclusion des femmes est au principe de la démocratie sans en être un élément structurel définitif, l'inclusion est possible. Ainsi commence l'histoire du féminisme au XIXᵉ siècle. L'exclusion est produite par une série de mécanismes, elle n'est pas proclamée. Elle est déduite d'un ensemble de peurs et d'empêchements, d'interdits et d'impossibilités. En conséquence, les mécanismes peuvent être contredits, sont faillibles. Trois mécanismes d'inclusion répondent aux procédures d'exclusion, et donnent l'éventail de la pensée et de la pratique féministes.

Au partage réaffirmé entre hommes et femmes s'oppose l'exigence du droit naturel, de l'application des Droits de l'homme pour l'un et l'autre sexe. Demande de droits, civils et politiques, pour une autonomie de la femme citoyenne, contre sa dépendance civile ; pour la « fille majeure », et pas seulement pour l'épouse. Ensuite, à l'alternative sans issue de l'exception et de la règle s'opposent des pratiques exceptionnelles et des pratiques collectives ; héroïnes et initiatives collectives, individus et groupes s'entremêlent pour affirmer la présence des femmes dans la cité. Enfin, la responsabilité des mœurs peut faire preuve pour obtenir autre chose qu'un statut moral. Certaines femmes agissent au lieu de réclamer des droits et utilisent ainsi à leur profit leur rôle imposé (de l'utopie à la philanthropie).

Nous avons désormais un peu de recul pour juger des effets de cette dynamique où l'inclusion succéda progressivement à l'exclusion ; dans l'espace politique comme dans d'autres domaines, économique et social notamment ; le travail et le savoir restant les enjeux principaux. Cette dynamique, beaucoup moins simple que je ne l'indique ici, suscite autant de conquêtes de nouveaux droits, civils et symboliques, que de pratiques de résistance du côté de la domination. Un nouveau procédé apparaît à la fin du XIXᵉ siècle, quand recule l'exclusion : il se nomme « discrimination » ; discriminer consiste à séparer, distinguer, hiérarchiser. Mot nouveau à l'époque, néologisme même (1877), il est toujours vivace aujourd'hui. La discrimination a pour antonyme la confusion et l'égalité. Pour en finir avec la peur de la confusion des sexes, la discrimination a succédé à l'exclusion. Et les discriminations sont si bien dénoncées qu'elles sont l'objet du débat controversé sur un retournement de leur usage : les discriminations peuvent-elles être positives ? Telle est une question clé de la fin du XXᵉ siècle. Certains voient dans la parité une discrimination positive. J'y décèle plutôt la tentative de sortir de ce cercle, positif ou négatif, de la discrimination, au profit d'une reconnaissance de l'universel concret qui accueille les deux sexes de l'humanité.

Avec le XIXe siècle et la contestation politique de l'oppression des femmes, apparaît aussi une réflexion sur l'évolution des femmes et des rapports entre les sexes. Évolution et histoire : dans les années 1850, de nombreuses « histoires des femmes » repartent de l'état de nature, Ève, ou le christianisme, parlent des origines de l'inégalité des sexes pour rêver de l'égalité. *L'Histoire morale des femmes* d'Ernest Legouvé est restée la plus célèbre. Mais l'intérêt pour nous est moins la mise en perspective historique de la différence des sexes que les lois qu'on croit déceler dans l'histoire après une révolution. Fourier le premier formule la loi bien connue qu'une société se juge au degré de liberté accordé aux femmes ; à quoi fait écho la thèse de Léon Abensour un siècle plus tard, pour qui la démocratie est le seul système politique où l'égalité des sexes s'avère nécessaire [1].

Ces deux attitudes positives sont prises dans l'imaginaire d'un monde meilleur ; avec, en contrepoint, la pensée de Julie Daubié [2], plus désabusée, sur les méfaits du progrès et de la Révolution pour la vie des femmes. Elle reste moins convaincue que ses contemporains que le progrès entraîne les femmes avec lui. Quant à

1. Léon Abensour, *Le Problème féministe*, Paris, Radot, 1927, p. 161.
2. Julie-Victoire Daubié, *La Femme pauvre au XIXe siècle*, Paris, 1866 ; rééd. Paris, Côté-Femmes, 1992.

Marx, il dialectise le mal causé par le capitalisme avec le bien que sauront en retirer les femmes. Sauf qu'il se place ainsi à l'opposé de Fourier : pour celui-ci, la liberté des femmes est une « condition » de la liberté de tous ; pour Marx, en revanche, l'émancipation des femmes est une « conséquence » de l'émancipation du prolétariat. Progrès ou regrès, condition ou conséquence, l'histoire des femmes se pense toujours en fonction de l'histoire d'autrui. Par là, l'histoire des femmes s'écrit trop facilement avec des jugements de valeur.

En contrepoint, l'histoire du féminisme avait une évidence politique, doublée d'un objectif heuristique. Le jeu subtil entre le droit et les mœurs, une loi rattrapant un état de fait (le divorce), une loi déclenchant de nouvelles pratiques (la recherche en paternité), ou au contraire des mœurs si puissantes que la loi s'y plie (le droit au travail, à l'éducation), servit de fil conducteur. Les débats récurrents sur le droit à l'avortement aux États-Unis comme en Pologne, ou même en France, soulignent à quel point l'équilibre entre les droits et les mœurs est instable et fragile. Aujourd'hui, où l'on ne raisonne plus avec les mots de progrès et de révolution, il semble que la balance entre les droits et les mœurs soit la mesure de la liberté des femmes.

De l'égalité à la liberté, de l'émancipation à l'affranchissement, ces mots qui se superposent avec des sens pourtant distincts suggèrent la complexité de la pensée féministe. Les accents sur l'égalité des droits ou sur la liberté de chacun sont historiquement variables. En aucun cas, on ne peut dire que l'égalité succède à la liberté, ou inversement, dans les préoccupations féministes. Les lectures *a posteriori* du XXᵉ siècle ont voulu à tout prix établir une succession entre le moment de l'utopie et le temps des conquêtes juridiques culminant dans le suffragisme ; à quoi ferait écho le partage entre un féminisme socialiste et un féminisme bourgeois. Ni l'une ni l'autre de ces distinctions ne m'ont paru d'entrée de jeu vraiment pertinentes. D'où mon choix de porter quelques éclairages différents : sur la demande de droits, civils et politiques, dans la pensée utopiste elle-même ; ou sur la volonté libertaire et pacifiste de féministes du début du XXᵉ siècle. On pourrait multiplier les exemples, montrer que le suffragisme émane moins de la bourgeoisie que d'un militantisme socialiste, que la témérité libertaire est parfois plus forte chez les libéraux que chez les utopistes. Il n'était pas question cependant de chercher les contre-exemples ; plutôt de résister aux archaïsmes de l'historiographie classique. Il est d'ailleurs remarquable que les militantes féministes, longtemps réticentes à l'histoire, aient souvent malgré elles redoublé la malédiction inhérente au féminisme lui-même.

Pourtant, les difficultés ne manquent pas, si l'on évite aussi bien l'adhésion aveugle que la critique méchante ; par exemple la question du moralisme. Je n'ai jamais su quelle interpréta-

tion donner de l'usage de la morale : une conviction intime, ou une arme stratégique ? une
valeur sociale ou une preuve de maturité politique ? Tout cela sans doute. De même pour la
place du corps dans les revendications. On a dit
que la parole sur le corps était une nouveauté
des années 1970. Rien de moins certain, mais il
faut transposer : les deux grandes demandes du
XIXe siècle, le droit au divorce et la recherche en
paternité, la demande d'un corps à soi et celle du
regard de la justice sur la relation sexuelle, sont
analogues aux deux grandes demandes de notre
temps, la contraception (une maîtrise du corps)
et la dénonciation des violences sexuelles (un
appel à la justice).

Au total, j'ai le sentiment que l'histoire de la
pensée féministe, partie de la « belle question »
de l'égalité des sexes, conduit à poser quelques
mauvaises questions. Principalement, bien sûr,
celle de la discordance entre l'avènement de la
démocratie et l'exclusion des femmes de la *res
publica*. Développer patiemment cette analyse
fut une démarche volontairement naïve, et tout
à fait inconfortable, notamment au regard de
ceux qui n'aiment pas penser dans la contradiction les affaires politiques. Si aujourd'hui cette
analyse est devenue un lieu commun, en formuler l'hypothèse pendant les années 1980 était ico-
noclaste.

Accepter cette discordance historique ne procure aucune sérénité. Et le fait que la domination ne s'exerce jamais où on l'attend concerne

aussi bien les dominants que les dominés. La malédiction du féminisme tient aussi aux tabous qu'il entretient, à l'impossibilité d'analyser le pouvoir des dominés, c'est-à-dire le pouvoir des femmes, celui des mères par exemple, qui n'est pas sans ambiguïté. Quitte à reconnaître la malédiction du féminisme, autant discuter les questions sensibles.

Depuis deux siècles, deux voies s'offrent aux femmes dès lors qu'elles n'adhèrent pas simplement à l'« homme générique » : celle des relations de proximité, de contiguïtés avec d'autres exclusions, d'autres différences ; ou celle de l'articulation entre la particularité du sexe et l'universalité du genre, dialectique délicate au regard de la puissance des faux universels. Deux façons de penser : de proche en proche, dans un jeu de multiples identités, partielles ou essentielles ; ou dans une logique du tout et de la partie où chaque sexe occupe tour à tour l'une ou l'autre place. Dans les deux cas, l'altérité première, celle de la différence entre les sexes, reste le plus difficile à penser. Il faut voir là désormais l'enjeu philosophique de la parité, telle qu'elle peut s'inscrire à l'article 3 de la Constitution : délier le sexe féminin des minorités, des catégories auxquelles il fut, tout au long de l'histoire occidentale, associé[1]. Loin d'un regroupement avec la race et la religion à l'article premier, le sexe féminin est montré comme partie prenante de la sou-

---

1. Cf. Geneviève Fraisse, « Les amis de nos amis », *La Raison des femmes, op. cit.*

veraineté nationale. La rupture historique pourrait être d'importance.

COMMENT FAIRE L'HISTOIRE ?

L'histoire du féminisme fut, des années 1970 aux années 1990, la parente pauvre de l'histoire des femmes. Car elle faisait figure de perpétuelle provocation. Cette histoire du féminisme était nécessairement une histoire de la pensée féministe. La recherche d'intelligibilité d'un phénomène aussi stupéfiant que celui du rapport entre les hommes et les femmes est plus que difficile [1]. Du constat d'évidence de la relation sexuelle à la volonté d'intelligibilité de la différence des sexes, deux écueils sont à éviter : du côté du réel, le fait empirique des êtres sexués ne semble pas se laisser appréhender, construire, représenter ; du côté du concept, le manque a pour symptôme les ambiguïtés linguistiques (différence sexuelle, le genre, les genres). La recherche d'intelligibilité se situe donc précisément entre ces deux difficultés, celle de l'appréhension du fait comme celle de la saisie conceptuelle. De cette double difficulté est née la nécessité de trouver un ordre de pensée, une problématisation. L'histoire des représentations et des sujets, et la tradition phi-

---

1. Sur le manque d'objet philosophique, cf. *La Différence des sexes*, *op. cit.*

losophique furent les lieux propices à une réflexivité balbutiante.

Quatre thèmes organisent alors l'espace des recherches, quatre thèmes qui tiennent en quatre mots : intelligibilité, sujet, généalogie, historicité. Ces quatre thèmes s'adossent chacun à leur façon à la pensée contemporaine.

L'intelligibilité

Non pas donner du sens de manière extérieure à l'objet, mais produire du sens dans l'espace où il a été dit qu'il n'y en avait pas. Rendre les choses intelligibles là où la confusion paraît inévitable.

Le féminisme apparaît comme un désordre, une passion, une hystérie, rarement comme un engagement raisonné dans l'espace politique. Le féminisme relève de l'humeur et non de la réflexion, tel est l'habituel commentaire des contemporains d'un mouvement féministe. Le pari fut de retrouver le sens, la logique, les raisons et les fondements de l'acte féministe dans l'histoire. Retrouver l'histoire était nécessairement retrouver le sens. Par exemple, être une féministe révolutionnaire en 1848, une héroïne politique reconnue, ou une auteur exceptionnelle implique une réflexion sur l'éventail des postures propres à une démarche d'émancipation.

Le pari du sens est bien évidemment le pari de la pensée. Le geste féministe, quand il paraît avoir ses raisons, est reconnu dans sa singularité relative. Le féminisme serait une opinion, serait, comme mouvement social et politique, l'expression multiple d'opinions diverses. L'opinion est l'expression d'un sujet, sujet singulier. Mais l'opinion comme engagement historique et politique est renvoyée à sa limitation. Il fallait montrer que l'opinion s'appuie sur une élaboration réfléchie, sur de la pensée. Par exemple, l'opinion de Clémence Royer concernant le suffrage des femmes repose sur son idée de l'évolution de l'humanité. Si elle est provisoirement contre le droit de vote, c'est parce que les femmes, pense-t-elle, ne sont pas prêtes, historiquement parlant. Derrière l'opinion, il y a de la pensée.

Proposer une intelligibilité de l'émancipation, de la subversion féministe nécessitait en retour de formuler la domination, comme son envers. Or, si la subversion est renvoyée à l'humeur et à l'opinion particulière, la domination est tue ; elle relève non pas du bruit désordonné, mais du silence délibéré. Il faut donc reconstruire un puzzle dont on ne connaît pas le dessin.

Si la psychanalyse travaille depuis un siècle à élaborer sa science et son art, la science politique n'a pas encore accepté une pensée sur la domination masculine. Pourtant, légitimer une pensée sur la différence des sexes, l'égalité et l'inégalité des hommes et des femmes, est une exigence de la modernité politique. C'est une affirmation fort minoritaire en France aujourd'hui, plus acceptée en Amérique du Nord.

Ces différentes recherches d'intelligibilité montrent la nécessité de la construction d'un champ de sens : avec la volonté de trouver des logiques, d'interpréter, si interpréter consiste bien à faire surgir le sens caché, si sens caché ne signifie pas que le sens était déjà là.

D'où peut-être aussi ma distance par rapport au vif débat historiographique entre le réel et la représentation et la place du sujet dans cette opposition ; débat formulé clairement entre Roger Chartier et Jacques Rancière lors du colloque consacré en 1992 à l'*Histoire des femmes* [1]. La notion d'intelligibilité renvoie au sujet qui pense comme à l'objet pensé, au réel de l'histoire des hommes et des femmes comme aux représentations qui les accompagnent, les sous-tendent, les contredisent [2] : opposer réel et représentation est alors inefficace. Disons plutôt qu'il faut identifier des situations discursives.

Du côté de la philosophie politique, le paradoxe d'une dialectique entre exclusion et inclusion des femmes dans la démocratie est sans doute exemplaire. La pertinence de la généalogie historique donne alors tout son éclairage à la difficile question de l'égalité des sexes.

Du côté de la philosophie générale, l'articulation entre le politique et l'ontologique offre une lecture de la modernité récente riche en analyses : le rôle de la différence des sexes dans l'achèvement de la métaphysique pourrait s'avérer plus important qu'il n'y paraît.

---

1. *Femmes et histoire*, actes du colloque organisé par Georges Duby et Michelle Perrot (1992), Paris, Plon, 1993.
2. Cf. Geneviève Fraisse, « Droit de cuissage et devoir de l'historien », *Clio*, n° 3, 1996.

Le sujet

Le sujet est sexué et n'est pas sexué, partons de là. Dire que le sujet est sexué consiste simplement à désigner le fait que l'accès à la position de sujet n'est historiquement pas la même pour un homme et pour une femme. Aucune définition d'essence mais une position sociale et historique préside à cette affirmation. Avec la modernité, le sujet femme se détermine par rapport à sa raison : contrairement à la raison masculine, on peut toujours craindre le débordement de la raison féminine, raison dispersée, raison sans limite. Tout le discours sur l'accès des femmes à l'éducation et au savoir tourne autour de cette maîtrise nécessaire de la raison des femmes. Contradiction incroyable puisqu'on ne saurait imaginer la raison sans autonomie propre. Et pourtant il s'agit là d'une version modérée. La version radicale consiste à douter de l'existence de la raison chez le sexe féminin. La femme serait proche du fou ou de l'enfant, de l'animal ou du barbare ; ainsi s'exprimerait la contestation de l'identité de raison entre un homme et une femme.

Quoi d'étonnant alors que les féministes, depuis presque deux siècles, clament et réclament d'être reconnues comme des sujets. Or il faut se souvenir que les années soixante-dix annonçaient, énonçaient la mort du sujet. L'affirmation était péremptoire. Pour une féministe, elle était culpabilisante : nous étions, à peine entrées dans l'histoire, du mauvais côté, du côté de ces humanistes attardés soucieux de croire en l'unité de l'être humain. Il faut insister : la position était inconfortable. Bien sûr, plusieurs sujets pouvaient coexister en un seul, une femme ne se définissait pas uniquement par le fait d'être femme et bien d'autres caractères entraient en ligne de compte. Mais quand même : la psychanalyse nous apprenait que le sujet ne s'appartenait pas, la sociologie que le sujet ignorait ses déterminations, la philosophie que l'homme était mort. Le sujet femme était tout à fait anachronique.

Cet effet s'est dissipé aujourd'hui et l'anachronisme a laissé place à un débat sur la notion d'identité. Car la discussion est devenue plus politique qu'anthropologique autour du contenu même du sujet. Si le sujet est acteur de l'histoire, et s'il est son propre acteur, être libre, il est aussi désormais cet individu défini par des appartenances. Il était vide au point de disparaître, il est devenu trop plein de sa définition. D'où un deuxième anachronisme, assez curieux : les femmes, comme groupe politique, sont mises du côté des revendications identitaires, donc particulières. Les femmes défendraient donc, comme sujets politiques, un point de vue en contradiction avec l'universel. Plus d'anachronisme, mais une contradiction : prises dans une demande d'identité, elles participeraient de ce « repli identitaire » dénoncé par les analystes politiques.

Le terme d'identité mérite commentaire. L'identité n'est pas seulement l'identité à soi mais la similitude avec l'autre. L'identité face à la différence des sexes est ce qui caractérise le point commun entre hommes et femmes ; fondamentalement leur identité de raison. L'identité n'est pas l'identité dite féminine mais la définition du semblable. Si on refuse l'opposition pratiquée par la pensée féministe anglo-saxonne comme par la pensée européenne entre égalité et différence pour lui substituer l'opposition entre identité et différence, opposition par rapport à quoi l'égalité est un « terme comparant », alors il est clair qu'il n'existe nul repli identitaire à vouloir prendre en considération le sujet femme. Il s'agit au contraire d'un « déploiement identitaire », d'une dynamique de la similitude qui fait de l'universel une représentation concrète et non abstraitement mensongère.

Au fond, le sujet femme consolide l'idée que la différence des sexes existe et que tout universel doit cesser de l'ignorer. Double affirmation dans un contexte intellectuel plutôt brouillé, dont les cartes semblent inévitablement mal distribuées.

La généalogie

Il n'est aucun texte fondateur à l'époque moderne qui énonce l'inégalité des sexes ou, inversement, leur égalité possible. S'il n'y a pas de texte fondateur, le travail généalogique est inévitable. À nouveau alors surgit un contre-temps : il n'y avait pas que le sujet pour se déliter ; la pensée occidentale, sous l'image de la métaphysique, était en état de déconstruction.

L'image du puzzle utilisée précédemment pour éclairer le travail d'histoire invitait plutôt à représenter la recherche comme une construction, une production articulée de significations. Construction plutôt que déconstruction ? Généalogie en tout cas. Que veut dire alors généalogie par rapport à histoire ? Loin d'une histoire des femmes soucieuse surtout de retrouver le temps et l'espace des femmes, la généalogie cherche effectivement à reconstruire les registres où s'opère la fabrication de la différence des sexes, définition des hommes et des femmes, des deux sexes, d'un côté, relation de guerre et de paix, rapport et conflit de domination, d'un autre côté.

La généalogie fut source de découvertes, disons de surprises ; là résidaient sa force et sa nécessité : découvrir des paradoxes, comme le fait que notre modernité, dans la naissance de la démocratie, n'est pas d'emblée favorable à l'égalité des sexes ; découvrir que le féminisme, qu'on voit toujours comme une rigide demande de droits, tente de répondre en fait à une question bien plus grave, celle de l'identité de raison entre hommes et femmes ; découvrir les ruses de l'histoire, comment les femmes se font moralistes en pleine utopie, comment les hommes démocrates se mettent en contradiction avec eux-mêmes sur la « question des femmes », etc. Si la généalogie est une image, elle est celle de la remontée du temps, celle qui cherche les commencements et les ruptures, qui retrouve la construction des problématiques à l'intérieur du temps. Travail d'anamnèse à condition, comme le dit Michel Foucault, de ne pas céder à la tentation de l'origine. La généalogie porte son regard sur la provenance. Expliquer, interpréter, rendre visibles et manifestes des stratégies de discours et des partages théoriques. Quant à l'« origine », on se souviendra de l'affirmation radicale de Françoise Héritier énonçant que la différence des sexes est précisément ce à partir de quoi l'humanité se pense.

La généalogie de l'exclusion des femmes traite de l'événement, de l'événement comme surgissement de l'imprévu et de l'inconnu, comme rupture d'un certain lien social et sexuel lors de la Révolution ; en même temps, la généalogie repère les éléments théoriques, issus des grands textes classiques et les croise avec la lecture de l'événement ; enfin, la généalogie intègre la perspective de la tradition, tradition signifiant aussi bien poids d'une histoire donnée, ici occidentale, que permanence d'archétypes anthropologiques.

Mais surtout, l'intérêt est de voir, à propos d'interprétation, comment cette reconstruction généalogique de l'exclusion prête à comparaison. Du côté de l'Antiquité, de l'histoire ancienne, comme du côté de l'histoire contemporaine, de l'histoire européenne et américaine.

Car la comparaison historique permet de déplacer un débat, précisément sur le comparatisme. On aime à caractériser l'histoire française relative à l'exclusion des femmes par les termes de « singularité », voire d'« exception ». Comparant les mœurs des deux côtés de l'Atlantique, la civilité française (galanterie, mixité souple) atténuerait positivement l'important retard politique des Françaises. Seule la généalogie opère un déplacement de la question : non pas une affaire de jugement mais une affaire d'explication. La France n'est pas plus vivable, tout en étant retardataire, que d'autres nations ; la France est le pays où s'est construite de façon structurée l'exclusion. La France offre alors une situation paradigmatique ; non pas une situation d'exception mais une situation d'exemplarité ; autour des sources explicatives, l'événement fondateur de la démocratie, les théories de la République et la rémanence de la symbolique monarchique. L'analyse de l'exclusion française, rapportée à un exposé généalogique, est un opérateur : prise dans l'histoire, cette analyse ne peut se contenter d'être culturelle ; elle est politique.

L'historicité

L'historicité ne renvoie pas simplement à une histoire des représentations, mais à une représentation de l'histoire, représentation de l'être historique traversé par la différence des sexes ;

cette différence serait une « différence historique » [1].

Disons que c'est une proposition heuristique. Tout aussi ambitieuse que celle de collègues rêvant de « rupture épistémologique ». Sauf qu'il n'est pas question de rupture, de départ, mais bien de reprise, de relecture, d'inscription dans ce qui existe déjà. Non pas faire du neuf, ou plutôt faire du neuf avec de l'ancien : l'ambition serait alors plutôt de subvertir la tradition par son histoire même.

Ni cause de la différence, ni origine de l'inégalité, ni fondement à l'égalité possible : ces manquements au raisonnement ont toujours eu pour conséquence une recherche de la structure de la différence et de la relation entre les sexes. Comme en réponse à une question impossible à poser. L'histoire, la généalogie et l'historicité sont la forme d'une réponse à une improbable question, hors même de toute problématique de la cause.

En second lieu, l'historicité est une lecture de l'aporie de l'identité et de la différence des sexes, aporie qui elle-même disqualifie l'opposition, l'alternative, entre l'identité et la différence des sexes. Ou, dit autrement : l'histoire permet d'échapper à l'impératif de choisir une réponse à la question identité-différence ; l'histoire enrichit la solution choisie, celle de l'aporie, de toute la richesse du jeu entre hommes et femmes comme acteurs de leur propre histoire.

1. Cf. *La Différence des sexes*, *op. cit.*

Ainsi l'historicité est une réponse à des questions informulables. L'historicité serait-elle alors une solution éthique, une morale par provision ? Je ne le crois pas.

Derrière cette issue réflexive, autre chose est en jeu : la possibilité, en dépassant l'aporie dépassant elle-même l'alternative entre identité et différence, de faire face à toute la tradition de la pensée binaire dont on sait à quel point la différence homme-femme lui a servi de modèle. Si l'historicité s'oppose à la binarité, elle offre à la modernité comme une chance de penser dans des catégories nouvelles.

La modernité, depuis deux siècles, énonce un parti pris philosophique d'historicité. De l'histoire de la philosophie à la philosophie de l'histoire certes, mais aussi dans sa définition de l'être humain comme historique, la philosophie s'est engagée à ne pas seulement déconstruire la métaphysique mais à proposer une vision de l'être adéquate à cette dynamique d'achèvement. À lire les philosophes des deux derniers siècles, Nietzsche ou Marx, Heidegger ou l'école de Francfort, Ricœur ou Gadamer, Foucault ou Rancière, on est convaincu de l'historicité de l'homme comme d'une nécessité. Qu'elle soit joyeuse pour certains ou inéluctable pour d'autres (Paul Ricœur parle dans *Histoire et vérité* d'une « décourageante historicité »), elle est pensée dans son universalité. Je propose d'y adjoindre l'historicité de la différence des sexes ; mais pas nécessairement dans le sens attendu.

La femme est un être historique : l'affirmation est moins banale qu'il n'y paraît quand on voit le poids de son image comme être naturel pris d'abord, et fondamentalement, dans le renouvellement de l'espèce. L'émergence du sujet politique (la citoyenne) est une façon d'entrer dans l'histoire. La fin de la métaphysique, en usant du deux de la différence sexuelle, en fait une nécessité historique. Il y a donc un double processus d'historicisation, du côté de l'histoire politique et du côté de l'histoire philosophique.

L'affirmation de l'historicité de l'homme est bien une banalité philosophique. De l'historicité comme « mode d'être du *Dasein* » à l'« être historique », le chemin parcouru d'Heidegger à Michel Foucault est celui de la nécessité de transformer les critères de vérité. C'est alors la nécessité de reconnaître que le conflit, « le hasard de la lutte », dit Michel Foucault, est inhérent à la définition de l'Être. Ainsi, c'est moi qui l'ajoute, la différence des sexes fait histoire.

Or l'hypothèse de l'historicité de la différence des sexes est peu banale car elle ne rejoint guère certains des points forts de l'historicité philosophique contemporaine : la question des femmes fut de se réintroduire dans l'histoire, c'est-à-dire de prendre part à l'énigme du devenir plutôt que de continuer à être représentées comme énigme de la nature. Par là, elles entamaient un processus de construction et non de déconstruction.

Plus encore, la déconstruction s'interroge fondamentalement sur le traitement de l'héritage.

Or je pense que l'histoire des femmes doit construire et reconstruire un héritage avant même d'envisager son usage possible. Si René Char parle d'héritage sans testament, il nous faut ici parler d'héritage sans contenu.

Construire plutôt que déconstruire, scruter la tradition sans en recevoir d'héritage, user des concepts classiques plutôt que faire table rase, tel fut l'évident contre-temps d'une recherche convaincue que l'histoire offre la possibilité d'une pensée de la différence des sexes.

PREMIÈRE PARTIE

L'ÉGALITÉ
DES SEXES

Jusqu'à l'époque moderne, l'égalité des sexes est une idée philosophique. Avec le XVIIᵉ siècle, la philosophie fait de cette idée une réalité possible. Les thèmes et thèses de Poullain de la Barre n'ont cessé d'avoir de l'écho : ils accompagnent toute l'histoire de l'émancipation.

Le XIXᵉ siècle est prolixe en idées sur les femmes et leur destination sociale, le féminin et la destinée du sexe. D'une destination commune à un destin individuel, ce siècle pense plus qu'il n'y paraît habituellement la situation des femmes. Car la politique autant que la métaphysique sont concernées : la politique avec l'émergence d'un mouvement féministe, d'une volonté d'égalité en acte ; la métaphysique avec l'ébranlement de ses certitudes. Les philosophes ne s'y trompent pas qui, avec lucidité et malignité, intègrent à leur horizon cette idée d'une égalité entre les hommes et les femmes.

1

Poullain de la Barre
ou
le procès des préjugés

Si le texte de Poullain de la Barre *De l'égalité des deux sexes* a été connu ou cité depuis la fin du XVIIᵉ siècle, il l'a toujours été de façon abstraite et isolée : l'interrogation philosophique lui a souvent donné le statut d'un paradoxe, étonnant ou anachronique, l'histoire du féminisme lui a accordé une place de précurseur mais n'a pas remarqué que ce texte émanait d'un homme pris tout entier dans une « aventure philosophique » [1]. Son féminisme s'articule en effet avec d'autres thèmes importants de cette fin du

---

1. Madeleine Alcover, *Poullain de la Barre : une aventure philosophique*, Papers on French Seventeenth Century Literature, Paris, Seattle et Tübingen, 1981. Voir aussi Henri Piéron, « De l'influence sociale des principes cartésiens. Un précurseur inconnu du féminisme et de la Révolution : Poullain de la Barre », *Revue de synthèse historique*, 1902. Marie-Louise Stock, *Poullain de la Barre : a Seventeenth-Century Feminist*, thèse dactylographiée de doctorat, Columbia University, 1961. Bernard Magné, *Le Féminisme de Poullain de la Barre, origine et signification*, thèse de doctorat, Toulouse, 1964. Paul Hoffmann, *La Femme dans la pensée des Lumières*, Paris, Seattle et Tübingen... Ophrys, 1977.

XVIIᵉ siècle : la religion et le protestantisme, la langue latine et la langue française, l'individu et la société civile.

Quel est cet homme du XVIIᵉ siècle qui se remarque autant par ses choix philosophiques que par ses choix existentiels, qui met sur le même plan « le livre et le vivre » ? Il naît en 1647 et meurt en 1723. Il publie trois livres sur la question des femmes en 1673, 1674, 1675, plusieurs fois réédités jusqu'à la fin du XVIIᵉ siècle. Outre *De l'égalité des deux sexes*, réédité récemment par le Corpus des œuvres de philosophie, il écrit *De l'éducation des dames pour la conduite de l'esprit dans les sciences et dans les mœurs, Entretiens*, en 1674, et *De l'excellence des hommes, contre l'égalité des sexes*, en 1675. Ainsi, son premier ouvrage en faveur de l'égalité des sexes n'est ni isolé ni accidentel ; il exprime l'intérêt répété du philosophe pour ce sujet. D'autre part, il s'inscrit par deux fois dans le débat sur l'extension de la langue française aux dépens du latin, avec *Les Rapports de la langue latine avec la françoise, pour traduire élégamment et sans peine* (1672) et *Essai des remarques particulières sur la langue françoise pour la ville de Genève* (1691). Enfin, il publie en 1720 *La Doctrine des protestants sur la liberté de lire l'Écriture sainte, etc.* Poullain de la Barre privilégie donc trois thèmes : la langue française, c'est-à-dire la modernité, l'égalité des sexes (avec, en arrière-fond, l'idée d'égalité pour tous les hommes) et, enfin, la nécessité du libre examen individuel en matière de religion. Trois choix théoriques qui sont aussi des choix pratiques : sa biographie le montre prêtre turbulent, révoqué, puis converti au calvinisme et enseignant le français à Genève. Pour ce qui est des femmes, il est, comme dit Paul Rousselot, « en avance sur l'horloge de son temps [1] ». Car, même si la question du savoir et du pouvoir des femmes est à l'ordre du jour au XVIIe siècle de manière aiguë (des frondeuses aux précieuses), c'est seulement au niveau des institutions et des lois que les thèses de Poullain de la Barre sur les femmes peuvent se traduire en acte. Pour cela, il faut attendre le XIXe siècle et la République.

Ce triple choix le met finalement au plus loin de Descartes et d'une morale provisoire. Sa faculté de raisonner hors du pouvoir des autorités scolastiques lui sert à prendre parti pour l'égalité des sexes et des individus, quitte, d'ailleurs, à reconnaître ensuite que des différences ou des inégalités se fabriquent dans chaque histoire individuelle ou collective. En fait, il condamne les différences d'origine (il cite même le juif), celles qui « ont lieu dans l'opinion des hommes » et qui ne viennent aucunement de Dieu. La différence produit l'exclusion. Poullain de la Barre ouvre là une voie où le féminisme trouve, jusqu'à nos jours, à la fois des appuis théoriques et des alliés pratiques : Condorcet prend parti aussi bien en faveur des protestants que des Noirs et des femmes : au XIXe siècle, Vic-

---

1. Paul Rousselot, *Histoire de l'éducation des femmes en France*, Paris, 1893, p. 273.

tor Schœlcher, « auteur » de l'abolition de l'esclavage en 1848, fait aussi le lien entre prolétariat et condition féminine ; au xxe siècle, la
liaison sera entre femme et colonisé, racisme et
sexisme.

Ainsi, Poullain de la Barre est mis en situation
de précurseur autant par la radicalité de son
affirmation rationaliste de l'égalité absolue des
sexes que par l'extension impliquée par ce
concept d'égalité, extension aux minorités d'exclus et à la majorité du peuple. Lui donner le statut de précurseur, après de nombreux commentateurs, nécessite cependant qu'on réfléchisse
sur la signification de ce terme et sa fonction
dans l'histoire des idées.

LE PRÉCURSEUR ET L'HOMME
DE SON TEMPS

Être classé comme auteur mineur donne toujours un curieux statut intellectuel dans l'histoire des idées. La plupart des commentateurs
cherchent à savoir ce qui appartient à Poullain
de la Barre et ce qui ne lui appartient pas, en
bref, s'il est cartésien et jusqu'où. Henri Piéron
est le premier, en 1902, à établir clairement cette
filiation, reprise et analysée par toutes les études
suivantes : il y a ce qui relève du cartésianisme
(pratique du doute et rejet de la scolastique, utilisation de la distinction et de l'union de l'âme et

du corps), et ce qui y est étranger (désintérêt de la métaphysique pour elle-même, décision de ne pas « respecter la coutume de son pays »). Poullain de la Barre est donc disciple d'un philosophe, disciple jusque dans ses écarts (sur la complexité des preuves de l'existence de Dieu par exemple). Bien sûr, l'interrogation aussi bien philosophique qu'épistémologique sur l'influence subie, ou même revendiquée, de Descartes sur Poullain de la Barre est intéressante. Mais il est significatif qu'on ne puisse aborder ce genre de texte dans son autonomie.

S'il est disciple au XVIIe siècle, que devient-il au XVIIIe ? Un auteur méconnu, c'est-à-dire utilisé ou même pillé sans être nommé. Il est transcrit, parfois mot pour mot, par des auteurs aussi « mineurs » que lui, Florent de Puisieux ou Dom Philippe Caffiaux par exemple. Pour l'historien de la philosophie, il est donc à la fois signe avant-coureur des Lumières et puissance occulte dont on décèle l'influence, chez Montesquieu et Rousseau en particulier. Il a préfiguré le relativisme historique et géographique de la théorie des climats de Montesquieu, il a esquissé un état de nature rousseauiste où, à défaut d'innocence, régnait l'égalité. Plus encore, on s'interroge sur la probabilité que les livres de Poullain de la Barre aient été en possession de ces deux philosophes, ou même de leur entourage (de Mme Dupin pour Rousseau par exemple). Bernard Magné émet ainsi l'hypothèse que le « philosophe très galant » de la Lettre persane

XXXVIII n'est autre que Poullain de la Barre lui-même[1].

Reste une troisième place, après celle de disciple et d'avant-coureur, de loin la plus importante : Poullain de la Barre est le précurseur de la théorie de l'égalité des sexes.

Il faut s'arrêter un instant sur cette situation et sur cette fonction de précurseur. En effet, il n'est pas le premier, à partir de la Renaissance, à plaider la cause des femmes : Christine de Pisan et Marie de Gournay, pour ne citer que les plus célèbres, ont une pensée très moderne ; et de nombreux opuscules s'attachent à montrer l'*Excellence* des femmes[2]. Poullain de la Barre établit dans ce champ riche en publications et controverses une véritable rupture théorique : il fonde son analyse de la différence des sexes sur le concept d'*égalité*[3].

1. Bernard Magné, « Une source de la Lettre persane XXXVIII ? *L'Égalité des deux sexes* de Poullain de la Barre », *Revue d'histoire littéraire de la France*, mai-août 1968.

2. Cf. Georges Ascoli, « Essai sur l'histoire des idées féministes en France du XVIe siècle à la Révolution », *Revue de synthèse historique*, 1906. Il donne une longue liste de titres, reproduite dans *L'Histoire du féminisme français du Moyen Âge à nos jours* de M. Albistur et D. Armogathe, Paris, éd. Des Femmes, 1977. Il faut resituer ces nombreuses apologies en regard d'une autre production littéraire, et misogyne, sur les femmes, littérature populaire regroupée sous le titre de « Miroir des femmes ». Voir l'analyse d'Arlette Farge, *Le Miroir des femmes*, Paris, Montalba, 1982.

3. Marie Le Jars de Gournay, dans l'*Égalité des hommes et des femmes* (1622), est une figure de transition : elle emploie le concept d'égalité mais reste prise dans un discours mixte où le qualitatif et l'apologie se mêlent encore au raisonnement.

Son discours n'a pas pour objectif de défendre, de justifier, de valoriser ou de revaloriser le sexe féminin ; il veut tout simplement établir que, même s'il existe des différences entre l'homme et la femme, aucune n'est susceptible d'entraîner une quelconque inégalité dans la société. L'égalité doit être absolue, et cette affirmation est immédiatement inscrite sur deux niveaux déterminants : le savoir et le pouvoir. Les femmes ont le droit de cultiver leur esprit dans toutes les branches de la connaissance et elles ont le droit d'utiliser ce savoir dans toutes les fonctions sociales, y compris celle de gouverner.

Il propose une théorie de l'égalité en acte, si je puis dire, et provoque ainsi une rupture dans l'histoire de la pensée féministe. Une telle rupture est évidemment loin d'être réalisable au XVIIᵉ siècle. Le début du XXᵉ siècle lui-même a des difficultés à penser cette rupture dans sa totalité : si Henri Piéron parle d'un « précurseur inconnu du féminisme » et si quelques autres le suivent sur cette voie [1], tous le trouvent encore excessif. Ils sont pratiquement d'accord pour plaider la cause (pas encore tout à fait gagnée) de l'égalité du savoir, mais ils sont loin d'être prêts à accepter l'égalité du pouvoir, à ouvrir aux femmes l'espace public. Ils retiennent surtout

1. Outre Georges Ascoli, il faut citer pour cette époque : Henri Grappin, qui publie deux articles dans la *Revue d'histoire littéraire de la France*, en 1913 et 1914 ; et G. Lefèvre dans la *Revue pédagogique*, février 1914.

l'aspect pionnier de Poullain de la Barre en matière d'éducation des filles : non seulement il a précédé d'une décennie les thèses de Fénelon et de Mme de Maintenon, thèses dont on use largement à la fin du XIXᵉ siècle pour réformer et généraliser l'instruction des filles ; mais encore ses positions sont plus radicales, c'est-à-dire plus égalitaires, et par conséquent adéquates à la problématique du début du XXᵉ siècle. C'est l'époque où se discute l'établissement d'un baccalauréat féminin, où se revendique un accès réel à l'enseignement supérieur. Mais de là à ce qu'on veuille que cette éducation soit socialement pertinente et efficace, il y a un pas encore infranchissable. Ainsi, Poullain de la Barre est bien un précurseur, pour son temps et pour trois siècles encore. Aujourd'hui seulement, la radicalité de son propos est perceptible.

Cette notion de précurseur est néanmoins curieuse. Les historiens des sciences, et Georges Canguilhem en particulier[1], expliquent qu'un précurseur scientifique, cela n'existe pas. De la même façon qu'une hirondelle ne fait pas le printemps, il faut un temps et un état des sciences pour qu'une découverte scientifique se produise, toute intuition ou imagination antécédente étant aussi l'effet d'une lecture *a posteriori*. Qu'en est-il du domaine de l'idéologie elle-même, ou du politique ? Question difficile. En effet, s'il y a une temporalité du politique

---

1. Cf. Georges Canguilhem, *Études d'histoire et de philosophie des sciences*, Paris, Vrin, 1968, p. 20 *sq.*

puisque des périodes successives pensent, chaque fois différemment, le rapport entre le peuple et les gouvernants, les choses sont moins claires s'agissant de la relation des sexes entre eux. Il existe bien sûr une histoire de l'oppression, de l'exploitation et de la subversion des femmes, comme il existe une histoire de leur condition ; et ces deux histoires s'articulent (ou devraient s'articuler) à l'histoire en général. Cependant, c'est parce que ces deux histoires sont bien souvent masquées que la question philosophique et politique de la différence et de l'égalité des sexes revêt un caractère atemporel. De là vient peut-être la validité du concept de précurseur appliqué à Poullain de la Barre.

D'ailleurs, Poullain de la Barre, même isolé, exprime son époque. Bernard Magné souligne la place de plus en plus importante que les femmes commencent à prendre dans la vie intellectuelle : en passant de la ruelle au salon pour recevoir leurs invités, elles vont soutenir les idées modernes et en être éventuellement les premières bénéficiaires, en particulier à travers l'élimination du latin[1]. D'autres auteurs insistent sur la parenté (moins connue) entre les textes de Poullain de la Barre et le « connais-toi toi-même » de Montaigne, voyant ainsi s'esquisser le concept d'individu dans toute son acception novatrice, évidemment propice à la

---

1. B. Magné, *Crise de la littérature française sous Louis XIV. Humanisme et nationalisme*, Paris, 1976.

femme [1]. L'individu possède une raison et une conscience, l'individu est libre.

Je prendrai deux exemples pour illustrer l'inscription de Poullain de la Barre dans son siècle.

Rappelons la formule célèbre du livre *De l'égalité* : « L'Esprit n'a point de sexe » (p. 59). Madeleine Alcover fait un rapprochement avec un texte de Marguerite Buffet de 1668, où il est écrit : « Les âmes n'ayant point de sexe [2]... » ; j'en propose un autre qui donne à cette expression une dimension plus large : « L'esprit est de tout sexe », dit Fléchier dans ses Mémoires sur les années 1665-1666. Ces Mémoires furent publiés, à ma connaissance, deux siècles plus tard, en 1844. Cette expression n'est donc pas le fruit d'un emprunt ; c'est simplement une formule courante à cette époque, intelligible pour tous.

Une fois reconnue l'égalité d'esprit, de cerveau même, entre les sexes, il faut en expliciter les conditions. Tout le monde est-il appelé, de la même façon, au banquet de l'égalité ? Les discours les plus misogynes ont l'habitude de reconnaître l'existence de femmes exceptionnelles, mais justement comme des exceptions. L'affirmation d'une inégalité d'*essence* entre les sexes reste intacte. À l'inverse, poser une égalité

---

1. Christine Fauré, notamment, développe cette idée dans *La Démocratie sans les femmes, Essai sur le libéralisme en France*, Paris, PUF, 1985, p. 128.
2. M. Alcover, *op. cit.*, p. 139.

d'essence entre les sexes, au niveau de l'âme comme du corps, n'induit pas nécessairement un égal partage : « Il est vrai que c'est une marque d'ignorance ou de préjugé dans les hommes de croire qu'ils ont plus de perfection que les femmes... Mais ce n'est nullement une injustice de ne les pas appeler au partage de ce que nous possédons... Comme ils [les emplois et les charges] n'appartiennent pas plus à un sexe qu'à l'autre, tous deux les pouvant remplir, et n'étant pas nécessaires pour le bien de la société qu'ils soient mi-partis entre les hommes et les femmes, il est indifférent qui des uns ou des autres les possèdent, pourvu que ceux qui les ont entre les mains n'en abusent pas [1]. »

Un philosophe, jamais cité, fait écho à ce raisonnement : Malebranche. Il publie la *Recherche de la vérité* en 1674, ne parle jamais d'égalité, mais intervient cependant dans le débat sur les femmes savantes : « Il y a des femmes fortes et constantes, et il y a des hommes faibles et inconstants. Il y a des femmes savantes, des femmes courageuses, des femmes capables de tout, et il se trouve au contraire des hommes mous et efféminés, incapables de rien pénétrer et de rien exécuter. » Et il ajoute, surtout : « Car de même qu'il ne faut pas supposer trop vite une identité essentielle entre des choses entre les-

1. *De l'excellence des hommes*, p. 76. *De l'égalité des deux sexes* étant le seul texte de Poullain de la Barre disponible en librairie (Corpus des œuvres de philosophie, Paris, Fayard, 1984), j'ai privilégié les citations de ses autres ouvrages.

quelles on ne voit point de différence, il ne faut pas mettre aussi des différences essentielles où on ne trouve pas de parfaite identité[1]. » Mais le discours de Malebranche sur le rôle et l'importance de la femme mère le met au plus loin de Poullain de la Barre.

LE PHILOSOPHE FÉMINISTE

L'œuvre de Poullain de la Barre est déterminante dans l'histoire de la pensée féministe parce qu'elle clôt, apparemment définitivement, le débat relatif à l'appartenance de la femme à l'essence humaine. Pour comprendre combien Poullain de la Barre est un philosophe singulier, il faut revenir à son utilisation de Descartes. La méthode est évidemment très précieuse : la pratique du doute permet de rejeter les autorités scolastiques et d'analyser le préjugé du sens commun (qui n'est pas le bon sens). Mais surtout le résultat de la méthode est important, notamment la distinction (puis l'union) de l'âme et du corps. En effet, parce que Descartes introduit une séparation entre la substance étendue et la substance pensante, entre le corps et l'esprit, on peut affirmer et prouver l'égalité entre

1. Malebranche, *Recherche de la vérité*, Paris, Flammarion, 1923 ; t. I, p. 223-224.

l'homme et la femme[1]. Je privilégie là un aspect
de la pensée de Poullain de la Barre, consciente
qu'il faudrait s'intéresser aussi à la différence
des sexes vue sous l'angle de l'union de l'esprit et
du corps. Mais, outre le fait qu'on ne pense
l'union qu'après la distinction, je fais ce choix
pour plusieurs raisons. D'abord, Poullain pense
l'union de l'âme et du corps de la même façon
chez l'homme et chez la femme ; la différence
liée à l'organe sexuel n'intervient pas. Cela vaut
la peine d'être dit, car finalement, jamais peut-
être dans l'histoire de la philosophie il ne fut si
facile de prouver l'égalité des sexes. En séparant
l'esprit et le corps, Descartes et sa philosophie
balayent brutalement tous les arguments contre
l'égalité des femmes, fondés en général sur la
particularité de leur corps. N'est-il pas paradoxal que Poullain paraisse si actuel alors que la
psychanalyse insiste si fortement sur la dimension sexuée de l'union de l'âme et du corps ?

En second lieu, la distinction de l'âme et du
corps va permettre de clore un débat moyenâ-
geux qui jouait de la confusion entre âme et
esprit pour laisser dans l'incertitude le statut
d'humanité de la femme. À l'article « Simon
Gediccus », le *Dictionnaire* de Bayle fait le point :
au concile de Mâcon de 585 (qui n'était en fait
qu'un synode provincial en 586), on discuta

---

1. Cf. notamment l'analyse de Lieselotte Steinbrügge :
« Vom Aufstieg und Fall der gelehrten Frau, Einige Aspekte
der "Querelle des femmes" im XVIII. Jahrhundert », *Lende-
mains*, n°s 25/26, 1982.

pour savoir si le concept d'homme, tel le *Mensch*
allemand, incluait à la fois le sexe mâle et l'être
humain en général, femmes comprises[1]. La
réponse fut positive. À la fin du XVIᵉ siècle, la
controverse resurgit avec un opuscule anonyme
« dans lequel on avait voulu prouver que les
femmes n'appartiennent point à l'espèce humaine [*Mulieres homines non esse*] ». Simon Gediccus, docteur en théologie, publie une réponse
où il fait l'« apologie du sexe ». Cent ans plus
tard, Pierre Bayle rappelle cette controverse
mais seulement pour la minimiser : la question
des femmes a été utilisée dans la dissertation
anonyme comme un moyen de ridiculiser les
thèses du réformateur Socin, sur lequel s'ap-
puiera plus tard le protestantisme libéral. La
question des femmes sert peut-être de prétexte
pour une querelle sectaire mais Bayle a beau
jeu, à la fin du XVIIᵉ siècle, de prendre la chose
avec condescendance. En effet, le rationalisme
triomphe et la scolastique aristotélicienne s'estompe. De plus, Poullain de la Barre est passé
par là : si l'existence humaine se déduit de l'existence de l'esprit, le disciple de Descartes n'a
aucun mal à démontrer que la femme est d'essence humaine. C'est ce que j'appelle clore un
débat. Cela ne l'empêche pas de parler de ce
débat, et longuement, dans *De l'excellence des*

---

1. Pierre Bayle, *Dictionnaire historique et critique*, 1695-
1697, article « Gediccus (Simon) » ; voir aussi Théodore
Joran, *Les Féministes avant le féminisme*, 2ᵉ série, Paris,
G. Beauchesne, 1935, chap. Iᵉʳ.

hommes. Certains commentateurs ont cru qu'il s'y était réfuté lui-même ; Bayle pourtant (article « Marinella ») avait déjà bien vu qu'il se faisait l'« avocat du diable » et que cet ouvrage n'était qu'une « confirmation indirecte du premier ».

Or, dans l'introduction qui précède la réfutation elle-même, Poullain de la Barre fait une allusion claire au débat évoqué ci-dessus : il cite ces « quelques théologiens modernes qui pour rabaisser les femmes ont prétendu qu'elles n'étaient pas les images de Dieu comme les hommes » (p. 12). Ces théologiens jouent sur un double registre d'argumentation pour établir l'infériorité de la femme (et par conséquent son inégalité face à l'homme) : ils arguent de l'Écriture sainte, notamment de la Genèse et de saint Paul, et ils utilisent principalement la distinction aristotélicienne entre forme et matière. Tout cela, Bayle le reconnaît, mais c'est pour lui de l'histoire ancienne. Pas pour Poullain de la Barre qui encadre son traité *De l'excellence des hommes* d'une introduction et d'une postface destinées à réfuter point par point ces deux niveaux d'argumentation ; tandis que le traité lui-même ne justifie la prééminence de l'homme qu'avec des raisonnements faisant appel à « l'évidence », « les sentiments vifs et clairs », « l'universalité d'opinions », et surtout utilisant le corps, la physique, pour affirmer la supériorité masculine. Par conséquent, quand il prétend se réfuter lui-même, il se place dans l'envers de la philosophie cartésienne ; mais c'est hors du cadre rhétorique de ce discours volontairement

contradictoire qu'il dénonce la tradition théolo-
gique et philosophique, son véritable ennemi.

Il prend la peine de réfléchir sur la Genèse : la
femme n'est pas à l'image de Dieu puisque Ève
est issue d'Adam ? Mais alors, seul Adam est à
l'image de Dieu puisque ensuite les humains
sortent du ventre de la femme ; mais aussi
comment la femme, non-image de Dieu, peut-
elle créer des mâles qui soient d'essence
humaine, etc. ? Jeu logique qu'on ne développera pas car la Genèse, de toute manière, tombe
sous le couperet du relativisme historique : dévê-
tue de toute autorité divine, la Genèse est simplement un texte daté humainement.

De leur côté, les philosophes de l'Antiquité qui
jusqu'à Descartes prêtent main-forte à la théologie jouissent du pouvoir de l'autorité suprême de
la philosophie. Platon a semé le doute quant au
statut de la femme, animal ou humain ; Poullain
de la Barre rétorque : « S'il est vrai que Platon ait
témoigné douter s'il devait mettre les femmes
dans la catégorie des Bêtes, cela ne se doit pas
entendre comme s'il eût douté en effet si les
femmes étaient des bêtes, lui qui voulait que
dans sa République elles eussent part aux
mêmes exercices de corps et d'esprit que les
hommes » (p. 243). Et il explique : « Lorsqu'elles
se laissent emporter à quelque passion et
qu'elles ont une fois franchi les bornes que l'on a
prescrites à leur sexe, il a pensé qu'elles étaient
des bêtes au même sens que l'on dit d'un homme
que c'est un tigre, un cheval, un lion, un animal,
une bête. »

Plus grave est le cas d'Aristote : non seulement il a plus de « réputation » et de « crédit » que Platon, mais encore il a bel et bien affirmé que les femmes sont des « monstres ». Pour comprendre pourquoi les femmes sont des monstres, il faut résumer la démonstration d'Aristote, fût-ce de façon sommaire : la distinction aristotélicienne forme/matière permet de rendre compte de la différence des sexes. La femelle est d'abord matière et c'est le mâle qui apporte la forme ; à partir de là, le mâle tend à la perfection, chose impossible à la femelle. Voilà pourquoi la femme est un monstre : la nature « s'éloigne de sa fin en la production des femmes » (p. 247). On voit ainsi comment les théologiens du Moyen Âge peuvent utiliser Aristote et se demander si la femme a une âme, si elle est d'essence humaine...

Avec le cartésianisme et la prééminence, dans le degré de certitude ontologique, de l'esprit sur le corps, tout cela n'est plus, comme dit Bayle, qu'« absurdités ». Cette victoire remportée par Poullain de la Barre est d'abord portée par le courant rationaliste ; et elle n'est pas totalement définitive.

En effet, les termes de ce débat renaissent très curieusement au xixe siècle. Je dis bien les termes : poser la question de l'âme des femmes n'a plus qu'une fonction métaphorique dans le discours. Problème théorique propre au xixe siècle, vraisemblablement ce n'est pas le lieu ici d'en parler. Je tiens seulement à souligner la résurgence de la terminologie : de nombreux textes féministes font allusion à la « légende du concile de Mâcon »[1] et on pourrait tenir ces allusions pour des boutades s'il n'y avait pas, en face des féministes, un adversaire nourri d'Aristote, à savoir Proudhon. Ce dernier effectivement repose la question du statut de la femme dans l'espèce animale, de son degré d'humanité et de sa fonction de matière dans le couple aristotélicien de la matière et de la forme[2]. Proudhon, s'il n'est pas grand philosophe, fut très écouté et très suivi par le mouvement ouvrier français.

Avec Poullain de la Barre, la femme appartient au genre humain, elle est un individu et elle a un esprit dont elle a le droit de se servir. C'est ce dernier point, surtout, qui a intéressé les commentateurs soucieux de voir, dans l'œuvre de celui-ci, une réponse aux pièces de Molière (non pas *L'École des femmes* mais *Les Précieuses ridicules* et *Les Femmes savantes*). Alors le féminisme de Poullain de la Barre se réduit (telle est l'interprétation de Paul Hoffmann) à une demande d'égalitarisme froid où la raison l'emporte sur le corps et sur la sensibilité[3]. Or il suffit de lire les textes pour se rassurer ; l'éducation

1. Par exemple, Charles Fourier, Olympe Audouard, etc., et surtout la pétition des féministes adressée au gouvernement provisoire de la révolution de 1848, publiée, le 22 mars, dans *La Voix des femmes*.
2. Joseph Proudhon, *La Pornocratie ou les femmes dans les temps modernes*, Paris, Rivière, 1875, notamment p. 333 et 340.
3. *Op. cit.*, p. 307-308.

qu'il propose vise autant le savoir que les mœurs car l'esprit et la vertu vont de pair : « Toute la science doit tendre principalement à la vertu », écrit-il dès le premier entretien de l'*Éducation des dames* [1].

La vertu, mais aussi l'amour : affirmer l'égalité n'implique pas qu'une barrière se dresse entre les sexes et que l'amour disparaisse, comme le croit Paul Hoffmann. Poullain de la Barre s'intéresse à la relation sexuelle dans ce nouveau contexte d'égalité : la société du mariage n'est plus établie sur la crainte mais sur l'amour, « l'homme et la femme ne se recherchent point par l'appréhension que l'on nuise à l'autre, pour la possession d'un bien étranger ; mais pour satisfaire, par la possession de leurs propres personnes, un désir qui bannit toutes les craintes [2] ». L'amour doit supplanter la crainte : l'enjeu philosophique est d'importance. En effet soit l'égalité des sexes met fin à la guerre des sexes, soit au contraire elle la suscite. Poullain de la Barre soutient la première hypothèse, mais ses lecteurs peuvent croire en la seconde puisque le refus de l'égalité des fonctions sociales repose sur la conviction que ce serait introduire une concurrence néfaste entre les sexes, un état de guerre.

De toute façon, la femme n'est pas pur esprit, elle a un corps, et un corps uni à son âme, comme l'homme : son sexe est une « particulari-

---

1. *De l'éducation des dames*, p. 33.
2. *De l'excellence des hommes*, p. 43.

té » et non une spécificité. Malgré tout, cette particularité tourne à l'avantage de la femme puisqu'elle est reproductrice de l'espèce ; beaucoup
de choses, d'ailleurs, tournent à l'avantage de la
femme dans le livre *De l'égalité* et Piéron ne se
fait pas faute de souligner que la supériorité des
femmes est, comme le second discours de ce
livre, discours en filigrane à propos duquel on
doit s'interroger. Ce thème de la supériorité est
récurrent dans l'histoire de la pensée féministe
et présent, en général, dans les textes les plus
radicaux quant à l'affirmation de l'égalité.

LE PRÉJUGÉ
CONTRE LES FEMMES

Avant toute chose, l'union de l'âme et du
corps, chez Descartes comme chez Poullain de
la Barre, est la voie par où pénètre le préjugé
dans l'esprit. L'enfance est pour l'un comme
pour l'autre le moment privilégié où le préjugé
s'installe et produit l'opinion dont il est ensuite
difficile de se défaire : « L'union étroite de l'esprit et du corps approche de si près ces deux parties et les rend si sensibles aux intérêts l'une de
l'autre, que les mouvements et les impressions
du corps sont immédiatement suivis des percep-
tions et des jugements de l'âme... Vous n'aurez
nulle peine à conclure qu'il nous est inévitable
dans l'enfance de nous laisser aller aux plus

légères apparences[1]. » Les yeux (et le visible) sont le lieu le plus propice à la pénétration de l'erreur. Puis l'enfant utilise ses oreilles et écoute les discours : malheureusement, « les discours que l'on nous fait alors [ne sont] pas seulement pour nous montrer les choses dont on nous parle mais encore pour nous en marquer la bonté ou la malice ». Bref, on croit les parents et la coutume, on vit dans l'opinion, on se contente de « préjuger ».

La question du préjugé est la question philosophique de Poullain de la Barre. Chez Descartes, c'est avant tout un point de départ théorique, l'annonce d'une démarche nouvelle. Pour Poullain de la Barre, il faut dénoncer le préjugé, et surtout réfléchir aux différents moyens de la combattre. L'existence du préjugé est un problème neuf : si l'utilisation du verbe « préjuger » est datée du XVe siècle (« juger quelqu'un par conjecture »), l'emploi du substantif est généralisé à la fin du XVIe siècle (1584, dit le dictionnaire Robert) et prend au XVIIe siècle un sens péjoratif.

Or, pour Poullain de la Barre, le préjugé contre les femmes est un des plus tenaces, dans le temps et dans l'espace. Il fait dire à son contradicteur dans *De l'excellence des hommes* : « Cette uniformité et cette universalité d'opinions sur un même sujet, est à mon avis, la plus convaincante de toutes les preuves » (p. 110). Il introduit d'ailleurs ce traité ainsi : parler du beau sexe, c'est poser la « belle question ». Ce n'est pas une

---

1. *De l'éducation des dames*, p. 60.

remarque galante : elle « doit être appelée la belle question n'y ayant peut-être pas de plus importante, de plus étendue, ni de plus curieuse dans toute la sagesse humaine. Elle regarde tous les jugements et toute la conduite des hommes à l'égard des femmes, des femmes à l'égard des hommes, et des femmes mêmes entre elles. On ne la peut bien traiter sans ce qu'il y a de plus solide dans les sciences, et elle sert à décider de quantité d'autres questions curieuses, principalement dans la Morale, la Jurisprudence, la Théologie et la Politique, dont on ne peut parler librement dans un livre » (p. 3). C'est donc une question clé, prétexte pour parler d'autre chose peut-être, mais pourquoi pas : cette « belle question » est à la fois la plus mal posée en philosophie et une des plus importantes à résoudre pour la vie humaine.

Fort de la méthode cartésienne, Poullain de la Barre cherche à détruire le préjugé contre les femmes, mais il sait bien, d'où peut-être la raison de son acharnement, que ce préjugé est universel, donc récurrent. Deux siècles plus tard, par exemple, un petit opuscule féministe lui fait écho : Mme Henri (Jeanne) Schmahl publie en 1895 *Le Préjugé de sexe*. Elle constate amèrement qu'il ne suffit pas de combattre l'ignorance pour supprimer un préjugé car la passion l'emporte souvent sur la connaissance : tel est le destin des préjugés en général, et du préjugé de sexe en particulier : « Ce sentiment est tellement enraciné que des hommes d'élite, quand il s'agit de déterminer la relativité des qualités et des défauts des deux sexes, perdent positivement la faculté de peser impartialement et de juger sainement » (p. 4).

Ce rapprochement souligne bien que le préjugé de sexe est la « belle question », non pas un exemple de préjugé, mais presque le préjugé par excellence.

Toutes les conditions sont réunies pour qu'il perdure : les femmes consentent à l'inégalité et les hommes, qui ne sont pas des sauvages, s'opposeraient à l'oppression des femmes si elle était avérée. Stasimaque, le philosophe féministe du dialogue *De l'éducation des dames*, souligne à plusieurs reprises la soumission des femmes et le contradicteur de *De l'excellence des hommes* ne se fait pas faute de remarquer : « Il est visible que si l'opinion de l'égalité des sexes était une erreur de prévention, les femmes du moins le reconnaîtraient, et en même temps qu'elles se plaignent de la dureté dont les hommes usent à leur égard, elles les accuseraient d'être injustes par une ignorance grossière » (p. 116).

D'autre part, cette accusation ne serait supportable que si les hommes « étaient tous comme des sauvages et des barbares », incapables de voir que la condition des femmes est « un état violent et fondé sur l'usurpation » (p. 122). Or ce n'est pas le cas : « L'amour de la liberté porte la plupart des hommes à des efforts extraordinaires pour jouir pleinement de l'égalité naturelle qui est entre eux. »

Le problème posé est donc très complexe : il faut dénoncer et combattre le préjugé, et plus encore montrer et démontrer qu'il y a préjugé. Voilà une des raisons pour lesquelles Poullain de la Barre revient à la charge après la publication du traité *De l'égalité des sexes* : il publie un *dialogue* où deux hommes et deux femmes discutent et cherchent à se mettre d'accord sur la meilleure éducation des femmes ; puis il écrit sa propre réfutation, solidement encadrée par une introduction et une postface aussi claires et déterminées que son premier livre. Ce n'est pas là un simple jeu de rhétorique, un « paradoxe galant », un exercice de style, même si ces techniques de discours occupent une place réelle dans l'expression écrite jusqu'à l'avènement des Lumières. Si Poullain de la Barre s'entête à discuter le préjugé contre les femmes, c'est que démontrer l'égalité des deux sexes ne peut suffire. Il faut donc dialoguer, non seulement pratiquer le doute sur soi mais le susciter chez les autres afin de provoquer une prise de conscience : *De l'éducation des dames* est un « dialogue fait pour entraîner la conviction ». Puis il faut considérer les arguments des adversaires, les analyser, en percer l'origine. C'est pourquoi, contrairement à Descartes qui fait « table rase » de tout ce qui lui fut appris, Poullain de la Barre juge nécessaire de reprendre les thèses de la scolastique fondées sur l'Écriture sainte et les philosophies de l'Antiquité, de les exposer et de les discuter ; ce qu'il fait dans l'introduction et dans la postface du traité *De l'excellence des hommes*. Quant au traité lui-même, c'est un exercice de style bien précis : retournant comme un gant la méthode cartésienne, il use et abuse du sens commun, de l'opinion, de l'autorité des savants, de l'argument de nature comme preuve évidente, etc., et pousse ainsi jusqu'au ridicule les éventuels fondements rationnels du préjugé contre les femmes. Bien loin donc de voir en ce philosophe un homme qui joue et se répète, je l'imagine soucieux de parvenir à ses fins et conscient de la difficulté de la tâche : comment détruire un des plus forts préjugés de notre civilisation ?

L'avoir qualifié de précurseur en dit long justement sur la force de ce préjugé. Le préjugé est ignorance et surtout passion, écrit Jeanne Schmahl ; ainsi la discussion n'est pas près de cesser. Le discours féministe n'échappe pas à la polémique, il est pris dans la rhétorique et les adversaires du féminisme savent le lui reprocher. Témoin ce court article d'Albert Castelnau dans la *Revue philosophique* de 1857 : il exhume (et il est peut-être le seul au XIXe siècle [1]) le livre de Poullain de la Barre avec une intention très précise, ridiculiser une collaboratrice de cette revue, Jenny d'Héricourt. Dans un langage ironique, il signale que le premier livre de Poullain de la Barre (dont il croit encore que Frelin est coauteur) contient déjà le « système d'émancipation féminine » dans toute sa radicalité : « Les plus fougueuses héroïnes de nos croisades modernes contre le sexe fort n'ont rien à ajouter

---

1. Albert Castelnau, « La question des femmes au XVIIe siècle », *Revue philosophique*, mai 1857.

aux conclusions de leurs précurseurs. » De plus, ils écrivent « sans arrière-pensée galante » tandis qu'il y a dans cette revue « une plume moins désintéressée en la question ». Cette plume (en toute certitude Jenny d'Héricourt) devrait comprendre que le droit de faire la guerre (inscrit au programme du philosophe) peut se réduire, pour elle et ses compagnes, au combat rhétorique : « N'ont-elles pas à attendre sur le champ de bataille de la presse des succès moins coûteux à leur sensibilité ? » Mais qui était Jenny d'Héricourt ? Une des féministes les plus radicales du XIXe siècle qui se donne pour tâche, dans la *Revue philosophique*, de critiquer théoriquement et rationnellement les thèses misogynes de ses contemporains : Auguste Comte, Jules Michelet, Joseph Proudhon, etc.[1]. Ainsi, c'est moins la femme qu'on ridiculise, en l'affaire, que sa plume.

Sa plume est « intéressée », celle de Poullain de la Barre ne l'est pas. Mais Poullain de la Barre pourrait lui rétorquer : les hommes sont « juges et parties[2] ». Ils sont non seulement « intéressés » comme « parties » mais encore ils ont le pouvoir de conclure le débat, ils sont « juges »... Le jeu de rhétorique pourrait avoir la gravité d'un procès.

Léon Abensour nomme, sans plus de commentaire, Poullain de la Barre, « le Stuart Mill

1. Ces articles seront repris et complétés dans son ouvrage, *La Femme affranchie*, Paris, 1860.
2. *De l'égalité des deux sexes*, *op. cit.*, p. 52.

du XVIIe siècle[1] ». Cette désignation me semble justifiée et voici pourquoi : John Stuart Mill publie en 1869, *The Subjection of Women*[2], texte aussi radical, dans son contenu, que celui du philosophe français. Mais là n'est pas pour moi la raison de cette comparaison. En effet, Stuart Mill partage au moins deux des préoccupations de son prédécesseur : il reconnaît que les hommes sont juges et parties et il en conclut, pour sa part, que seule la femme enfin libre saura dire ce qu'elle veut (p. 91). Mais surtout il repose la question d'une lutte efficace contre le préjugé en reprenant, pour la développer, l'image du procès : si le préjugé perdure, c'est justement parce qu'on ne peut faire réellement son procès ; l'homme, juge et partie, va construire un curieux tribunal pour ce procès. « À tous égards, c'est une lourde tâche d'attaquer une opinion quasi universelle. Il faut beaucoup de chance et des dons exceptionnels pour arriver à plaider sa cause. On a plus de difficultés à se faire entendre des juges que tout autre plaideur à faire prononcer une sentence » (p. 58). Les exigences logiques sont complètement faussées : « Habituellement, la charge de la preuve incombe à celui qui avance une affirmation », c'est-à-dire une accusation ; or ici, au contraire, c'est au défenseur de l'égalité des sexes, et non à

1. Léon Abensour, *Histoire générale du féminisme*, Paris, 1921.
2. Mes citations sont tirées de la traduction française (établie par Marie-Françoise Cachin), *L'Asservissement des femmes*, Paris, Payot, 1975.

son adversaire, de fournir la preuve de son dire. « Par ailleurs, en matière de droit, on considère que la charge de la preuve incombe aux adversaires de la liberté », et pourtant, pour ce qui est de la liberté des femmes, il en va tout autrement ; il faut démontrer la pertinence de cette liberté devant des juges qui ne se soucient pas de donner la raison de leur conviction contraire. En effet, la question du préjugé fausse le procès et le plaidoyer. Les difficultés rencontrées par le discours logique du féminisme sont « inhérentes à la lutte qu'il faut mener, en faisant appel à l'intelligence des individus, contre l'hostilité de leurs sentiments et de leurs pratiques ».

À deux siècles de distance, les deux philosophes parlent le même langage, même si l'un use principalement du concept d'égalité et l'autre du concept de liberté. À deux siècles de distance surtout, ils sont convaincus de la difficulté *logique* de leur entreprise, sans qu'il y ait pourtant défaillance rationnelle de leur part. Il y a handicap réel à passer du préjugé au jugement ; ce handicap ne suscite pas chez eux du découragement, plutôt de l'entêtement.

Le préjugé est peut-être une notion anhistorique, et celui qui le combat toujours un précurseur...

2
Les deux sexes
et la philosophie
au XIXᵉ siècle

Le discours philosophique sur les femmes et
sur la différence des sexes est nécessairement à
la croisée de l'histoire — ici rupture politique,
mutation économique de l'époque moderne —
et de l'éternité des questions philosophiques sur
la dualité du corps et de l'esprit, le partage entre
nature et civilisation, l'équilibre entre le privé et
le public. Ces questions anciennes et traditionnelles se spécifient au XIXᵉ siècle sous la plume
des philosophes qui se succèdent entre les dernières années de Kant et les premiers écrits de
Freud. Au XIXᵉ siècle, précisément, l'humanité
est perçue dans son histoire, et cela d'une double
manière, par la transformation révolutionnaire
et par l'idée d'un devenir de l'espèce humaine.
Des structures anciennes entre l'homme et le
monde se brisent et, malgré la formidable rigidité des représentations de la femme au
XIXᵉ siècle, l'ébranlement est réel et les philosophes le sentent. Ainsi, entre les nécessaires
reformulations du rapport entre les sexes
induites par les changements historiques et la

conscience d'une possible émancipation des femmes, c'est-à-dire d'une remise en cause de l'inégalité des sexes, naît une réflexion philosophique qui énonce quelques certitudes, ou émet quelques grossièretés, mais en même temps accède au registre métaphysique où le même et l'autre prennent la figure de la différence des sexes pour s'interroger.

La remise en cause de l'inégalité des sexes est la conséquence du postulat de l'ère nouvelle, celui qui fonde la liberté de l'individu et l'autonomie du sujet. Hommes et femmes sont des êtres raisonnables, on suppose donc, ou on cherche à nier, qu'ils sont potentiellement des sujets. Or adopter le point de vue du sujet autonome et individuel pose de façon nouvelle la question de la relation entre un homme et une femme, entre le corps et l'esprit de chaque sexe. Par là aussi, est réinterrogée tant la place de la nature dans le monde humain que l'importance de l'altérité dans le travail de la pensée.

Concrètement parlant, trois thèmes servent de pivots à la représentation d'une femme sujet et permettent aux auteurs de longs développements : d'abord la famille, la famille comprise comme émanation du mariage, d'une part, et comme cellule première de la société, d'autre part ; l'espèce ensuite, dont la perpétuation est conçue comme finalité de la vie humaine, et la propriété enfin, avec ses corollaires, le travail et la liberté.

Si dire que la promesse de l'émancipation des femmes, nécessaire conséquence de l'émergence du sujet individuel, travaille les textes des philosophes, tous masculins cela va de soi, il reste à spécifier le champ où se déploient ces questions, celui très précisément de la relation entre deux êtres, deux sujets, hommes et femmes. Où l'on verra que les philosophes se partagent en deux camps : ils poseront *a priori* les relations d'harmonie ou au contraire celles de conflit entre les deux sexes, postuleront la paix ou inversement la guerre entre les sexes. Bien qu'adversaires, tous se demandent cependant comment définir l'amour, lieu des plus hautes jouissances et des pires souffrances. Comme le dit Fichte à propos de la remise en cause de l'inégalité des sexes, la question possède, à l'orée du XIXe siècle, un caractère d'urgence.

D'où la nouveauté et la prolixité des textes de ce siècle sur les femmes et la différence des sexes (ces deux termes se recoupent sans se recouvrir). Passé l'étonnement que j'espère bien faire partager, les propos qui suivent obéissent à deux contraintes : la première concerne le choix des auteurs, et consiste à privilégier ceux qu'on appelle les « grands » philosophes, contrainte nécessaire compte tenu du nombre de textes relatifs à notre question ; la seconde correspond à un choix thématique en limitant ici la question de la différence des sexes à son contenu réel (la question du sujet femme et de sa relation à l'homme), en évoquant seulement, sinon la perspective serait illimitée, la place et le rôle de cette question dans l'ensemble de chaque philosophie. Je m'en tiendrai au croisement, un peu simplifié, du politique et de la métaphysique.

LA FAMILLE, LE SUJET, ET LE PARTAGE SEXUÉ DU MONDE

Le début du siècle, s'adossant aux écrits des dernières années du XVIIIe siècle postrévolutionnaires, pose avant tout la question du droit ; non pas directement la question du droit des femmes mais plutôt celle du statut, juridique ou non, de la relation entre un homme et une femme (le mariage). Ce n'est donc que secondairement qu'intervient la considération de la femme comme sujet de droit ou comme assujettie à l'homme, comme être libre ou être dépendant. Fichte, Kant et Hegel se partagent les positions du débat.

Fichte[1] désigne clairement la difficulté : contrairement à ce qui se passe dans les autres domaines du droit, il est difficile d'établir une « déduction du mariage » à partir du fondement du droit naturel, car le mariage n'est pas une « association juridique, comme c'est le cas de l'État », mais « une association naturelle et morale ». S'il mène cependant à bien une déduc-

---

1. J.G., Fichte, *Fondement du droit naturel selon les principes de la doctrine de la science*, 1796-1797.

tion dans le cadre d'une doctrine du droit, c'est parce qu'elle est « nécessaire ».

Le mariage est une « union parfaite », reposant sur l'instinct sexuel des deux sexes, et n'a aucune fin en dehors de lui-même ; il fabrique un « lien » entre deux personnes, et c'est tout. Ce lien est amour, et « l'amour est le point où se réunissent de la façon la plus intime la nature et la raison ». C'est ce rapport entre nature et raison qui crée l'espace juridique. La loi n'intervient que lorsque le mariage existe. Antérieurement donc à toute loi, la femme se soumet à l'homme par un acte de liberté.

Par là, Fichte se distingue nettement de la position kantienne [1], qui lui est contemporaine, et où le mariage est donné comme un « contrat ». C'est dire qu'il n'est pas en l'occurrence seulement le « commerce naturel des sexes », l'expression d'une « simple nature animale » mais qu'il a lieu suivant la loi. La jouissance des organes sexuels de l'homme par la femme et réciproquement n'est acceptable, justement, que par cette réciprocité du rapport de possession juridique ; d'où le contrat. À cela s'ajoute la loi disant que l'homme commande et que la femme obéit.

Hegel [2] quant à lui, quelques années plus tard,

1. E. Kant, *Métaphysique des mœurs* (1re partie, *Doctrine du droit*), 1796 ; *Anthropologie du point de vue pragmatique*, 1798.
2. G.W.F. Hegel, *La Phénoménologie de l'esprit*, 1807 ; *Encyclopédie des sciences philosophiques*, 1817 ; *Les Principes de la philosophie du droit*, 1821.

dit son « horreur » de la théorie de Kant et pose
que le mariage est « un fait moral immédiat » où
la vie naturelle se transforme en unité spiri-
tuelle, en « amour conscient ». Ni union ni
contrat, le mariage est la constitution d'« une
personne » à partir de deux consentements. Le
mariage est donc avant tout un lien moral. Le
droit n'intervient qu'au moment de la décompo-
sition de la famille, personne unique elle aussi,
lorsque chacun de ses membres devient une personne indépendante. Le mariage se déploie
essentiellement dans l'espace de la moralité, il
est « une action morale libre et non pas une
union immédiate d'individus naturels et de leurs
instincts ». Le chef de famille, l'homme, est la
personne juridique.

Ces trois positions diffèrent et ne donnent pas
la même place à la nature sexuelle, à l'intervention du juridique dans la relation entre un
homme et une femme, à la moralité qui se glisse
dans ce rapport. Néanmoins, elles se retrouvent
dans une identique acception de la dépendance
féminine, de son abandon d'elle-même dans le
mariage et la famille. En même temps, Kant et
Fichte, notamment, tiennent à soutenir leur
argumentation d'un énoncé essentiel, celui de
l'égale liberté de la femme et de l'homme, de
l'égale raison chez les deux sexes. Pour Kant,
cette égalité est garantie par la réciprocité de la
possession juridique, fondée elle-même sur le
consentement de chacun, preuve même de leur
liberté. Un être libre est nécessairement un être

de raison. Il dit ailleurs, dans l'*Anthropologie*, que c'est l'être de raison, en la femme, qui la voue à son unique tâche de reproductrice de l'espèce. La dépendance conjugale comme la soumission à la vie de l'espèce ne sont alors en rien incompatibles avec la liberté et la raison d'une femme, elles sont donc compatibles avec l'égalité de tous les êtres humains, précisément l'égalité entre l'homme et la femme.

Fichte poursuit la démonstration avec la rigueur de celui qui affronte le problème et ne se contente pas, comme d'autres philosophes, de la régler au passage : la femme affirme (et garde) sa dignité d'être humain en devenant un moyen (celui de satisfaire l'homme), en cessant d'être sa propre fin, ce qu'elle fait en toute liberté. Si cela s'appelle l'amour, « forme sous laquelle l'instinct sexuel se manifeste chez la femme », c'est que, contrairement à l'homme, la femme ne peut s'avouer à elle-même son instinct sexuel ; ce serait renoncer à sa dignité. Cette dignité de la raison impose à la femme de devenir moyen, ce qui est « le moyen de sa propre fin ». On aurait tort de voir là un raisonnement en boucle : c'est par la sexualité, et la sexualité seule, « unique différence », que Fichte « fonde tout ce qui distingue les deux sexes ».

En conséquence, la dépendance de la femme l'empêche d'être une « personnalité civile » (Kant), et si elle est « citoyenne » (Fichte y tient), elle confie nécessairement à l'homme la représentation commune de cette citoyenneté. Les deux philosophes tiennent néanmoins compte des célibataires, les filles majeures comme les veuves. Si Fichte leur reconnaît une citoyenneté sans délégation à autrui, il leur refuse l'exercice d'un emploi public. Une existence féminine publique est pire que la participation à la vie de l'État. Avec l'inscription des femmes dans la famille, c'est très exactement l'espace domestique qui leur est donné.

Hegel s'arrête longuement sur ce partage des espaces domestique et public, partage entre deux « rationalités » : l'une tendue vers l'autonomie et l'activité universelle, l'autre prise dans la passivité et l'individualité concrète ; l'une dirigée vers l'État, la science et le travail, l'autre tournée vers la famille et la création de la moralité. Antigone, figure privilégiée par Hegel, exprime cette distribution entre la loi de l'homme et la loi de la femme, la loi manifeste de l'État et la loi éternelle de la piété familiale, la loi humaine et la loi divine. Suivant le moment dialectique, cette distribution est harmonieuse ou conflictuelle ; elle est en tout cas nécessairement un jeu d'interaction entre l'une et l'autre loi, là où se joue le rapport entre la famille et la cité dans le tout de la société, là où se dessine l'émergence de la personne par-delà l'individu contingent.

Quant au rapport d'égalité ou d'inégalité entre les sexes, il appelle les remarques suivantes : la femme peut être fille, épouse et mère, et sœur ; seule cette dernière relation à l'homme (souvenons-nous d'Antigone) est porteuse d'un rapport égal. Dans le partage entre la famille et la cité, seul l'homme circule entre les deux. Ainsi peut-il dissocier en lui-même l'universalité de sa citoyenneté de la singularité de son désir, et profiter ainsi de la réalisation des deux ; là se trouve une liberté, une reconnaissance de soi-même à laquelle la femme n'a pas accès. Elle n'a que l'universalité de sa situation familiale (épouse, mère), sans posséder la singularité de son désir. Enfin, dans la dialectique entre la famille et la cité, cette dernière, sous le nom de communauté, se fonde sur une répression positive de la féminité qui ne saurait pourtant disparaître ; la féminité devient « l'éternelle ironie de la communauté ».

À travers la réflexion sur le partage des espaces entre les hommes et les femmes, on désigne la distinction entre masculin et féminin, la « loi de la séparation des deux sexes », comme dit Fichte, cet enracinement naturel qui lui donne chez certains philosophes une destinée métaphysique. On peut ainsi imaginer comment Hegel utilise philosophiquement la différence des sexes. À partir du rapport sexuel, copulation et reproduction, il élabore un jeu de reconnaissance de soi dans l'autre, de l'homme dans la femme et réciproquement, il travaille la logique de la différence, désigne le sens comme production de l'unité à travers la différence. Toutes les philosophies de la nature, et notamment celle de Schelling, contemporain de Hegel, se fondent sur une pensée de la dualité et de sa résolution dans l'unité, en particulier celle de la tension entre le fini et l'infini. La séparation de la nature en deux sexes rappelle que l'individu (fini) est au service de l'espèce (infinie) ; cette séparation participe d'un questionnement philosophique plus large où elle est à la fois reconnue comme nécessaire à la vie de la nature et perçue comme scandaleuse par le regard idéaliste ; d'où le travail de la dialectique. La métaphysique du XIXᵉ siècle est nourrie des concepts de dualité, relation et unité de pôles opposés, dont la différence des sexes est une des représentations, voire peut-être une métaphore fondamentale.

Dans ces années allemandes, autour de 1800, les romantiques, en particulier Friedrich Schlegel [1], semblent, face aux philosophes jusqu'ici évoqués, traversés par un vent de liberté. La *Lettre sur la philosophie* de Schlegel, adressée par celui-ci à sa femme Dorothea, comme son roman *Lucinde* paraissent prendre à rebours la pensée normative. La dénonciation des préjugés sur les femmes relatifs au mariage mais aussi à la place de l'esprit chez une femme permet de poser aussi bien la question de la jouissance féminine (celle de la chair comme celle de l'intellect) que celle d'une parité de liberté chez l'un et l'autre sexe. Discours moderne dans les deux cas, qui fait scandale immédiatement et par la suite : le philosophe théologien Friedrich

1. F. Schlegel, *Lucinde*, 1799 ; *Sur la philosophie* (à Dorothea), 1799.

Schleiermacher [1] défend le propos en souhaitant que la femme soit « indépendante des limites du sexe », en revanche, Kierkegaard attaque encore, quarante ans plus tard, l'immoralisme de ce trait romantique toujours susceptible d'enthousiasmer. Il ne faut pas croire que seule « la réhabilitation de la chair » offusque le philosophe danois. La revendication du caractère poétique de cette démarche romantique est sans doute le danger le plus grave ; Kierkegaard y décèle en effet très bien l'importance donnée à l'échange intellectuel entre les sexes qui brouille le partage entre sensualité et pensée, et rend le mariage immoral et irreligieux.

Que soit contournée la contradiction entre la chair et l'esprit, et que soit souhaité que l'homme et la femme parcourent ensemble « tous les degrés de l'humanité, de la sensualité la plus exubérante jusqu'à la spiritualité la plus spiritualisée » est bien plus grave que l'exaltation de la chair d'un côté et l'enthousiasme pour l'esprit de l'autre. Qu'il soit dit que la parité de l'échange entre un homme et une femme se fait au nom de leur différence sexuelle (donner ou recevoir une forme, faire de la poésie ou de la philosophie) est plus vertigineux que d'affirmer l'identité absolue et égalitaire des sexes. Et enfin, affirmer que « la différence des sexes n'est qu'un caractère extérieur », une « profession innée, naturelle », et qu'il faut jouer avec dans

1. F. Schleiermacher, *Lettres confidentielles sur la Lucinde*, 1800.

un rapport d'inversion (« seule une douce masculinité, seule une féminité autonome sont
justes, vraies, belles ») parachève le scandale.

En France, le scandale arrive par les écrits de
Charles Fourier [1], avec cependant moins de
publicité : jusqu'en 1830, ses écrits demeurent
confidentiels, voire inconnus. Ils seront ensuite
la source de toute théorie libertaire relative aux
femmes. La pensée de Fourier est une pensée de
la liberté plus que de l'égalité, de l'affranchissement plus que de l'émancipation. Il refuse de
partir des droits de l'homme, d'une réalité
contractuelle de la société comme d'une protection de l'individu moderne. Car derrière les
droits de l'homme se jouent à son avis les choses
décisives, l'économie bien sûr, et le droit au travail évidemment. L'« oppression et l'avilissement » des femmes dans la civilisation sont
condensés dans l'image du mariage dont Fourier est un critique virulent. Avant même d'entreprendre une dénonciation morale du mariage, des préjugés qui s'y attachent dans les
mœurs actuelles, il insiste sur sa réalité mercan-
tile, sur son fondement économique (argent et
propriété). En cela Fourier innove profondément, et Marx lui en sera reconnaissant. Au passage, il ne se prive jamais de dénoncer la responsabilité des philosophes « qui ne s'occupent de

---

1. Ch. Fourier, *Œuvres complètes*, notamment *Théorie des
quatre mouvements et des destinées générales*, 1808 ; *Théorie
de l'unité universelle*, 1822.

l'Ordre domestique que pour y resserrer les chaînes du sexe faible ». Les philosophes du droit cités plus haut ne pourraient le démentir ; mais d'autres aussi, comme les idéologues, tel Pierre Cabanis[1] qui développe une théorie scientifique de la différence inégalitaire des sexes (l'influence du physique sur le moral conditionnant étroitement le rôle social de la femme).

L'utopie de Fourier est donc celle de la liberté, liberté de l'individu femme (un quart seulement des femmes est apte à la vie domestique), liberté d'émulation avec l'homme (saine rivalité, dit-il, contrairement à ses contemporains), liberté réalisée dans l'« attraction passionnelle » et l'« association » entre hommes et femmes : où l'on voit que la relation sexuelle ne débouche ni sur un contrat ni sur une union et que, si la nature y est présente, c'est par la spontanéité de la pulsion et non comme fondement de la famille.

L'utopie de Fourier est sociale aussi, puisque le progrès et le bonheur de l'humanité entière se font en relation avec le degré de liberté des femmes. Formule importante pour le siècle : toute la question est de savoir si la modernité se déploiera avec ou sans les femmes. L'ère postrévolutionnaire les exclut, tout en leur désignant cependant la place où les inclure (et là commence l'histoire de l'émancipation des femmes).

---

1. P.J.G. Cabanis, *Rapports du physique et du moral de l'homme*, 1802.

D'où les positions contradictoires des philosophes anglais. Jeremy Bentham[1], philosophe de l'utilitarisme, hésite à définir la citoyenneté des femmes. À partir du moment en effet où l'identité des intérêts des individus paraît plus fondamentale que l'identité des droits de l'homme, le suffrage universel (point nodal de la discussion) n'est pas une évidence : les intérêts de plusieurs peuvent être représentés par une seule personne. La subordination naturelle des femmes est autant une raison de leur refuser que de leur conférer l'égalité politique. Or si Bentham hésite, et témoigne par ailleurs d'une lente adhésion au principe démocratique du suffrage universel, James Mill[2], plus démocrate au départ que Bentham, écrit dans un article de 1820 que sont exclus du suffrage ceux dont les intérêts sont incontestablement compris dans ceux d'autres individus. L'intérêt de la femme (de l'enfant...) participe de celui de l'homme et ne nécessite pas le droit de vote. Où l'on voit que les pensées de l'utilité et de l'intérêt ont plus de souplesse à dénier l'égalité des sexes que les pensées du droit. Cependant, William Thompson[3], ami de Bentham et d'Owen, réagit par un *Appeal of One Half of the Human Race, Women, against the Pretensions of the Other Half, Men, to retain them*

1. J. Bentham, *Code constitutionnel*, 1830.
2. J. Mill, « Sur le gouvernement », 1820, *Encyclopœdia britannica*, 1824.
3. W. Thompson, *Appeal of One Half of the Human Race, Women, against the Pretensions of the Other Half, Men*, 1825.

in Political, and thence in Civil and Domestic Slavery (Plaidoyer d'une moitié de la race humaine, les femmes, contre les prétentions de l'autre moitié, les hommes, à les maintenir dans un esclavage politique et par conséquent civil et domestique). L'ère du féminisme commence, avec les utopistes, mais aussi avec le propre fils de James Mill, John Stuart Mill, dont on verra plus loin l'engagement philosophique pour l'égalité des sexes.

L'AMOUR, LE CONFLIT ET LA MÉTAPHYSIQUE DU SEXE

Mais avant que les philosophes traitent explicitement de l'émancipation des femmes, éprouvant la nécessité soit de la refuser par la rhétorique de l'humeur ou de l'argument, soit de la soutenir en lui apportant des justifications théoriques, l'époque marque un temps d'arrêt et parle de l'amour, de la séduction et de la chasteté, de la métaphysique de la sexualité et de la dualité des sexes, d'une complémentarité ontologique enracinée dans la vie sociale autant que dans la vie de l'espèce. Cependant, personne n'ignore la question féministe. Schopenhauer, Kierkegaard ou Auguste Comte croient ainsi utile d'écrire quelques lignes sur l'absurdité, l'inanité de la question féministe. Pour eux, le problème est apparemment ailleurs.

À considérer les personnalités de ces philosophes, la nouveauté de leur intervention dans le
champ philosophique, exactement de leur apparition comme individu sexué, est à souligner. En
effet, l'élément biographique de leur différend
avec les femmes est en général intégré à la lecture de certains de leurs textes ; Schopenhauer
se fâche définitivement avec sa mère après la
mort du père, Kierkegaard rompt ses fiançailles
de façon remarquable. Au-delà de l'aspect anec-
dotique, le statut de cette présence du privé dans
le philosophique est intéressant : en effet, hors
de l'intérêt de ces éléments biographiques pour
la compréhension de leur pensée, l'étonnant est
que le philosophe existe comme être sexué, plus
encore que le philosophe lui-même rende visible
sa vie d'être sexué. L'affaire est même exemplaire chez Auguste Comte puisque tour à tour
sa femme, Clotilde de Vaux, puis sa servante alimentent d'une manière explicite non seulement
son propos sur les femmes, mais l'ensemble de
son système philosophique. La relation sexuelle
est-elle partie prenante de l'interrogation philosophique ?

Les très nombreux textes de Kierkegaard sur
l'amour, les fiançailles, le mariage, la vie conjugale, etc., inclineraient à donner une réponse
positive ; de même le fait que les discours sur ces
sujets-là ne soient pas tenus du seul point de vue
de l'espèce ou de l'humanité entière, mais aussi à
partir de la position subjective de l'individu pris
singulièrement dans une relation sexuelle. Cette
dimension existentielle d'une philosophie suc-

cède à celle de l'absolu hégélien. Quant à Schopenhauer, il est tout à fait conscient de la nouveauté :

> *Au lieu de s'étonner qu'un philosophe aussi fasse sien pour une fois ce thème constant de tous les poètes, on devrait plutôt se montrer surpris de ce qu'un objet qui joue généralement un rôle si remarquable dans la vie humaine, n'ait pour ainsi dire jamais été jusqu'ici pris en considération par les philosophes.*

Voyons leurs positions philosophiques.

Schopenhauer[1] écrit une métaphysique de l'amour. À partir de l'instinct sexuel, l'amour se développe et s'exprime dans la conscience individuelle ; il se déploie entre deux extrêmes, la frivolité de la relation, de l'affaire amoureuse, et l'impératif intérêt de l'espèce, la volonté imperturbable de la nature. Plus exactement, l'amour est le masque de l'instinct sexuel et le stratagème, la ruse de la nature, pour que celle-ci parvienne à ses fins. Et l'individu est la dupe de l'affaire, pris dans l'illusion. Le pessimisme (par ailleurs connu) de Schopenhauer laisse en suspens dans ce texte métaphysique la question de l'individu ; on sait seulement que ce dernier sera sans doute insatisfait. Dans d'autres textes, l'individu, homme ou femme, traité de manière dis-

---

1. A. Schopenhauer, « Métaphysique de l'amour », *Le Monde comme volonté et comme représentation*, 1819 ; « Sur les femmes », *Parerga et Paralipomena*, 1850.

tincte : si l'homme peut aller au-delà de la volonté de la nature pour accéder à un ascétisme où la chasteté est riche de potentialités, la femme quant à elle n'a été créée que pour la propagation de l'espèce.

La métaphysique de l'amour est cependant bien une réflexion sur la relation entre les deux sexes, sur le rapport de correspondance, de complétude entre l'homme et la femme. En dehors de la ruse de la nature qui perpétue le vouloir-vivre, principe fondamental de la métaphysique schopenhaurienne en général, chaque sexe reçoit en partage une fonction au regard de la transmission : au père le caractère ou la volonté, à la mère l'intellect. Le lecteur ne manquera pas d'être surpris que le rationnel soit attribué à la femme quand on sait à quel point les philosophes ont l'habitude de mettre en cause la raison des femmes, d'appuyer leur infériorité sur la faiblesse de leur raison. Schopenhauer lui-même le remarque : « Tous les philosophes se sont trompés, en ce qu'ils ont placé le principe métaphysique, ce qui est indestructible, éternel en l'homme dans l'intellect. » En effet, l'intellect, en étant conditionné par le cerveau, naît et meurt avec lui ; la volonté seule est transmissible, telle la volonté de la nature, la volonté de vivre, épargnée par la mort. Ainsi, la philosophie même de l'auteur, pour qui la métaphysique ne se cherche pas dans le ciel des idées mais dans le principe de la vie éternelle par la reproduction, donne à sa pensée sur la différence des sexes un caractère surprenant en accordant à la femme ce que bien d'autres lui refusent.

Pourtant, quand Schopenhauer ne disserte plus sur l'amour, mais sur la différence des sexes, sur la métaphysique de la sexuation du monde, quand il parle des femmes, objet du discours d'un homme, le ton change ; et la misogynie l'emporte. Ainsi, la femme, située entre l'homme et l'enfant, n'a qu'une éphémère beauté, ruse de la nature là encore, pour séduire l'homme et propager l'espèce. Mais elle ne saurait être le beau sexe : il est exclu qu'elle entretienne un lien avec le Beau en soi. Elle est le second sexe sans parité aucune avec le premier ; et sa raison débile vit dans l'immédiateté, entre frivolité et pertinence. Le « germano-christianisme » a fait le mal en mettant la femme en position de « Dame » quand il faudrait lui donner un maître et établir la polygamie... On reviendra sur cette dissociation entre la métaphysique du sexe et l'opinion sur les femmes dont les philosophes postérieurs feront grand usage. En renvoyant la femme à la perpétuation de l'espèce à l'intérieur du langage métaphysique, on enlève à la philosophie du droit son analyse de la différence des sexes. Or, en dépolitisant le problème, certains garde-fous disparaissent, notamment l'affirmation abstraite de l'égalité entre les sexes que le langage du droit utilise aisément ; par là, le discours sans apprêt de la misogynie (éventuellement pétri d'idéologie) se déploie sans entraves.

Kierkegaard[1] centre sa question autour du mariage. De là sa réflexion porte sur l'amour, amour de l'autre, ensuite amour du vrai (et par-delà encore, amour de Dieu), érotisme charnel et érotisme philosophique. Le désir, désir sexué et sexuel, est interrogé, décrit, mis en lumière, avec une insistance remarquable. Si Kierkegaard assume une position subjective à l'intérieur du discours philosophique en transposant sa propre histoire, en mettant en scène d'autres subjectivités (en utilisant aussi de nombreuses signatures pseudonymes), il faut le comprendre d'abord comme la reconnaissance du désir en l'homme. En cela, le texte de Kierkegaard est très novateur, dans son énonciation comme dans son objet philosophique.

Il critique l'amour romantique prôné dans *Lucinde*, amour fondé sur la sensualité, source d'une fausse éternité, amour trompeur où les femmes enracineront un mauvais désir d'émancipation. Or, si cet amour est dans l'illusion, c'est parce qu'il veut ignorer l'impact fondamental du christianisme dans notre civilisation, à savoir l'inimitié entre la chair et l'esprit. Cette tension entre le sensuel et le spirituel conditionne définitivement notre rapport à l'amour, et il serait vain de l'ignorer. D'où la distinction, dans les longues analyses kierkegaardiennes des fiançailles et du mariage, de trois registres où l'amour peut se

1. S. Kierkegaard, *Œuvres complètes*, notamment *Ou bien... ou bien*, 1843.

déployer : sur le plan esthétique, l'amour est lié à l'instant, sur le plan éthique au temps et sur le plan religieux à l'éternité. Il va de soi que l'homme ne saurait renoncer sans dommage au rapport à l'éternité ; sa finitude ne se supporte qu'au regard de l'infini, paradoxe exprimé concrètement dans le conflit entre la chair et l'esprit. On trouvera donc de l'éternité dans l'esthétique et dans l'éthique (souvent le stade du mariage), et de l'esthétique dans le religieux ; mais ce sera au prix d'innombrables considérations qui font du *Journal du séducteur*, par exemple, un texte excessivement détaillé sur la stratégie amoureuse. Et il est logique qu'une des solutions pour accéder à la réconciliation entre des pulsions contradictoires soit de choisir la chasteté.

Et la différence entre l'homme et la femme ? Si elle est appréhendée dans un discours sur le désir (à la différence de l'énonciation d'une règle), elle est plus facilement perçue dans sa réalité changeante. Ainsi, la présence de la femme en l'homme, d'une bisexualité dans l'être humain, fait partie du jeu entre les deux sexes ; de même, il ne saurait y avoir de séduction sans liberté réciproque, de possession de l'autre sans reconnaissance. Cependant, cette dialectique amoureuse ne rompt pas avec la traditionnelle représentation de la femme ; excepté sur un point, la survie de l'espèce. Celle-ci n'est qu'une des finalités du mariage parmi d'autres, et la femme par conséquent ne se réduit pas à son rôle de reproductrice. Elle est plutôt « le rêve de l'homme », elle est « la perfection dans l'imperfection », elle est nature, apparence, immédiateté... tout ce qui l'empêche d'être en relation directe avec l'absolu : « La femme explique le fini, l'homme court après l'infini. » Alors, dit l'homme, si le serpent de l'émancipation atteignait sa femme,

alors mon courage serait brisé, alors la passion de la liberté dans mon âme serait épuisée ; mais je sais bien ce que je ferais, je m'installerais sur la place publique et je pleurerais, je pleurerais comme cet artiste dont l'œuvre avait été détruite et qui ne se rappelait même pas lui-même ce qu'elle représentait.

La différence des sexes implique l'autre et, comme l'homme est le sujet du discours philosophique, l'objet du discours, l'autre, sera nécessairement la femme.

Ce couple de l'un et de l'autre, de l'homme et de la femme, est donc remis à une place essentielle dans le travail de la pensée métaphysique. Que la pensée du deux, dualisme en l'homme de l'esprit et de la chair, et dualisme hors de l'homme de la nature et de Dieu, s'enracine dans la pensée de la différence sexuelle ne saurait étonner. La dialectique hégélienne le souligne déjà.

Avec Ludwig Feuerbach et Auguste Comte, qui tous deux utilisent la différence sexuelle de manière fondamentale dans leur système philosophique respectif, on se trouve pris, peu avant le milieu du XIXᵉ siècle, dans un mouvement de critique de la métaphysique ; et la différence sexuelle est aussi à l'œuvre dans cette critique. Feuerbach est le penseur critique du christianisme, Auguste Comte est le prophète d'une nouvelle religion ; or tous deux se fondent précisément sur le couple de l'homme et de la femme pour mener à bien cette critique.

Dans *L'Essence du christianisme*, Feuerbach [1] oppose l'être humain, nécessairement sexué, à l'homme du chrétien, toujours asexué, castrat, dit-il ; il critique la religion comme une production de l'homme où Dieu n'est que l'image redoublée de l'homme, image où les particularités, notamment la différence sexuelle, ont été supprimées au profit d'un universel vide :

> *La vie célibataire, la vie ascétique en général est la voie directe vers la vie immortelle du ciel, car le ciel n'est autre que la vie absolument subjective, surnaturelle, libérée du genre et du sexe. Au fond de la croyance à l'immortalité personnelle il y a la croyance suivant laquelle la distinction des sexes n'est qu'un épiphénomène extérieur de l'individualité, l'individu étant* en soi *un être asexué* absolu *et accompli pour soi*

Or la détermination sexuelle est « un constituant intime, chimique », de l'essence de l'homme. De même, l'être humain n'est rien sans

1. L. Feuerbach, *L'Essence du christianisme*, 1841.

son corps qui est « le fondement, le sujet de la personnalité ».

Mais le corps n'est rien, sans la chair et le sang. *Mais la chair et le sang ne sont rien sans* l'oxygène de la différence sexuelle. *La différence sexuelle n'est pas superficielle ou limitée seulement à certaines parties du corps ; elle traverse* moelle *et* os. *La personnalité se divise de manière essentielle en personnalité masculine et féminine. Là où il n'y a pas de Tu, il n'y a pas de Je.*

Mesurons l'écart entre le christianisme, apeuré par la différence sexuelle comme par la chair, et la critique de Feuerbach, convaincu de la « vraie différence » et de son corrélat, la complémentarité entre le Je et le Tu, le masculin et le féminin. Il est aisé d'imaginer que la chasteté, rencontrée précédemment, ne saurait être une vertu pour Feuerbach qui ironise sur le célibat pour quelques-uns, les prêtres, et le mariage, pour tous, de la religion chrétienne : le mariage permet de nier la nature tout en la satisfaisant, et voilà pourquoi « le mystère du péché originel est le mystère du plaisir sexuel. Tous les hommes sont conçus dans le péché parce qu'ils ont été conçus au milieu du plaisir et de la joie des sens ». Seul le mariage permet à un chrétien de supporter cette contradiction. Au plus loin de la fonction reproductrice de l'amour et du mariage, l'importance donnée à la sensualité et à la jouissance est à souligner. La complémentarité des deux sexes supposée avec insistance par la

pensée de Feuerbach reste cependant essentielle. Il reprend l'opposition habituelle entre le
masculin et le féminin, l'actif et le passif, la pensée et l'intuition sensible, mais c'est surtout pour
montrer en quoi la différence ne saurait subsis-
ter sans s'unir et se compléter en vue d'une harmonie future. La pensée de la dualité sexuelle est
prise dans une complétude où la liberté de l'un
ou l'autre sexe semble limitée à un jeu très réglé.

Cette pensée du deux complémentaire se
retrouve chez Auguste Comte [1] et se déploie à la
fois sur le registre social et religieux, la biologie
servant impérativement de fondement à la
démonstration. Cet appel à la science dans la
philosophie du positivisme ne saurait étonner,
mais on remarquera cependant que la biologie
se constitue effectivement comme science dans
les années 1840. En un mot, la biologie affirme
définitivement la « hiérarchie des sexes », écrit
Comte à Stuart Mill en 1843. Sur fond de cette
immuabilité de la nature où l'affect est donné à
la femme et l'intellect à l'homme, Auguste
Comte fait varier le couple masculin-féminin
suivant les étapes de sa pensée ; il est amené à
donner plusieurs définitions de la femme, sans
que pour autant son système différentiel en soit
réellement modifié : « Dans son plan final de
société, au lieu d'être traitées comme de grands
enfants, elles furent érigées en déesses », dit

1. A. Comte, *Œuvres complètes*, notamment *Système de
politique positive*, 1851-1854 ; *Catéchisme positiviste*, 1909.

Stuart Mill au moment où lui-même rédige son livre sur la sujétion des femmes, vingt-cinq ans après son importante correspondance avec Comte, interrompue par un différend sur la question de l'égalité des sexes.

Pour Comte, les femmes sont dans un « état d'enfance radicale », elles appartiennent à la famille, à la vie domestique fondée sur la hiérarchie des sexes ; elles sont non les égales mais les compagnes de l'homme. En effet, outre leurs fonctions maternelles, elles sont la source des sentiments sociaux, elles ont une mission à remplir dans l'avènement du positivisme, celle d'auxiliaires du spirituel ; elles représentent le « sexe affectif ». En cela, elles ne vivent pas seulement enfermées dans l'espace familial puisqu'il leur est donné un rôle dans la future religion. Le positivisme en effet peut être abordé aussi bien par la tête que par le cœur.

La rencontre de Comte avec Clotilde de Vaux, la mort de celle-ci, puis le culte érigé en sa mémoire ne modifient pas fondamentalement cette structure, ils lui donnent en fait une ampleur nouvelle. Le changement s'opère essentiellement dans le langage où la femme, fille, mère et sœur, devient un « ange » pour l'homme, une déesse pour l'humanité. La nouvelle religion qui détrône l'ancienne, le christianisme, met la femme, la vierge-mère, sur le devant de la scène. La pensée de la complémentarité sexuelle peut aussi produire une hypertrophie de la représentation féminine.

Auguste Comte fait intervenir sa vie privée

dans ses écrits et il n'est nul besoin d'attendre les interprétations *post mortem* : les femmes sont au cœur de sa réflexion philosophique. Cela est remarquable non par l'anecdote encore une fois, mais par le statut de ses dires ; lui-même parle de « la liaison fondamentale entre ma vie privée et ma vie publique ». Par-delà la présence de la femme et du féminin dans une philosophie, c'est bien l'union de l'homme et de la femme qui transparaît dans la pensée. « L'homme et la femme, voilà l'individu social », a dit Saint-Simon, ouvrant ainsi aux représentations utopistes des socialistes des années 1830 (en particulier les saint-simoniens) comme à celles d'Auguste Comte lui-même, alors son secrétaire. Or ce couple obéit à des représentations aussi réglées que dans les pensées de la dualité sexuelle, et toute modification s'avère impensable : d'où chez Comte l'apologie du mariage, l'interdiction pour les femmes de diriger ou d'exécuter quoi que ce soit dans la vie publique, la satisfaction de leur « salutaire exclusion » de la vie sociale et politique, accessible seulement par une « participation indirecte », la reconnaissance à l'égard de Molière qui sut si bien dire comment il faut limiter l'instruction des femmes, la dénonciation du féminisme naissant comme relevant de l'« émeute » sans avenir.

AUTONOMIE, ÉMANCIPATION
ET JUSTICE

Au milieu du xixᵉ siècle, les enjeux semblent se clarifier ; l'histoire politique et l'histoire philosophique modifient la problématique. Au lendemain de la Révolution, la réflexion sur les femmes traverse l'espace du droit d'une part et le lieu de la nature d'autre part ; elle se présente ensuite comme un discours sur l'amour, désir humain et transcendance d'un côté ; métaphysique de la différence de l'autre côté ; vient alors le retour aux questions de la famille et de la société civile, et à l'immanence en général. La pression sociale et la critique de la religion apparaissent sur le devant de la scène ; les propos sur la reproduction de l'espèce sont mis à distance.

De même, la misogynie des philosophes change de nature ; sans doute parce que l'émancipation des femmes se laisse entrevoir concrètement et que le féminisme, comme mouvement social et politique, devient une réalité publique. Pendant que certains philosophes, Pierre Leroux, Marx ou Stuart Mill, parlent des femmes avec bienveillance, d'autres s'inscrivent dans la tradition de Kant et de Schopenhauer (et de l'idéologie révolutionnaire française), Proudhon notamment, hésitant entre l'exclusion sociale et politique du sexe féminin et sa désignation comme une force maléfique. La mise en question de la métaphysique a des effets ambivalents et contradictoires sur les représentations de la différence sexuelle.

Pierre Leroux [1], un des théoriciens de l'émancipation, tient un discours double, à la fois sur le droit et sur l'amour, sur l'identité et sur la différence des sexes. Il apparaît comme une charnière entre les utopistes précédents, saint-simoniens et fouriéristes, et les théoriciens de la Révolution future, Marx et Proudhon. Par son appui sur la religion, Leroux est encore un homme du début du siècle ; son appel à la justice le met aux côtés des militants efficaces. Sous le terme d'amour s'organisent vraisemblablement les éléments nouveaux qu'il tente d'apporter dans la discussion.

L'amour n'est pensé ni dans sa réalité sexuelle et reproductrice ni comme une relation de désir et de séduction ; il est défini comme « la justice à son degré le plus divin ». Or la justice en Dieu ne saurait être simple équilibre, elle doit aboutir à un troisième terme, l'amour : Dieu n'est ni homme ni femme, comme pouvaient le laisser entendre les saint-simoniens :

Dieu ne se manifeste que lorsque le il et le elle, qui sont virtuellement en lui, sont unis par un troisième principe, l'amour ; et c'est alors, et alors seulement, que les deux principes que vous distinguez se révèlent. Et de même, l'homme et la femme

1. P. Leroux, *De l'égalité*, 1848.

ne se révèlent comme sexes que lorsque l'amour
les unit. Avant l'amour et le couple, la femme n'est
pas, pour ainsi dire ; car elle n'existe pas en tant
que femme, elle n'est qu'une personne humaine.

Reprenons ces différents points : ce n'est pas
la métaphysique du deux mais celle du trois, de
la triade, dit Leroux, qui lui semble pertinente.
Voilà sa réponse à la question du siècle, celle de
la dialectique, du deux se subsumant éventuellement en un troisième terme. Avec la triade,
Pierre Leroux peut penser à la fois l'identité et la
différence des deux sexes ; et de plus, il peut
affirmer la possibilité de l'égalité réelle entre
l'homme et la femme. Là se situent la nouveauté
et l'intérêt de sa pensée. Il distingue deux
sphères du rapport homme-femme, le rapport
sexuel et amoureux et la condition sociale des
individus femmes ; l'un est marqué par la différence sexuelle, l'autre non. La féminité est une
virtualité, particularité comme une autre chez
un individu ; la femme la réalise, ou non, et l'exprime éventuellement jusqu'à devenir épouse et
mère. Distinguons par conséquent la femme,
l'épouse, et la personne humaine : la première
est marquée par la différence sexuelle dans une
classique complémentarité de la relation amoureuse, la deuxième manifeste la réalité sociale de
ce rapport de complétude tout en respectant
pourtant la « parité » entre l'homme et la
femme, la troisième ne tient compte que de
l'analogie entre les deux sexes qui sont simplement vues comme des personnes.

L'intérêt de ces subtiles distinctions est double : il faut dénoncer les fausses égalités du siècle, aussi bien celle, formelle, du Code civil qui consacre la dépendance de l'épouse que celle, réelle, du saint-simonisme prônant l'amour libre et asservissant par là même les femmes. La véritable égalité est un rapport de justice et l'équité ne naît pas d'abstractions vides. La différence sexuelle et le poids de la traditionnelle servitude des femmes empêchent les affirmations simplistes, exigent ces précisions.

Puisque l'amour est le troisième terme qui transcende la dualité sexuelle, on ne saurait accepter la guerre des sexes telle qu'elle s'exacerbe alors sous la forme de l'« insurrection ». La femme émancipera l'homme et inversement ; tel est l'horizon égalitaire où se déploie la relation entre sexes : égalité sans importance pour l'être sexué femme, mais nécessaire à l'épouse et à la personne humaine.

Max Stirner[1] part en guerre contre le postulat de Pierre Leroux, qu'il décèle aussi chez son compatriote et interlocuteur Feuerbach, à savoir la sacralisation de l'amour, la restauration du divin malgré la critique de Dieu et de la religion, bref un humanisme qui a simplement fait descendre en l'homme les valeurs qui avaient été mises en Dieu. Ainsi en va-t-il notamment de l'amour, de la famille, de l'homme, de la virilité et de la féminité : si l'on pense d'abord l'individu,

1. M. Stirner, *L'Unique et sa propriété*, 1844.

ce que propose Stirner, alors l'individu est à la fois unique et égoïste, c'est-à-dire défini par soi-même avant de l'être par ces valeurs masculine et féminine.

L'être humain est sexué, mais l'homme ou la femme n'obéit pas toujours à la « vraie virilité » ou à la « vraie féminité » ; la sexuation est une qualité donnée par la nature, ce n'est pas un idéal obligatoire à atteindre ; elle est simple-ment unique et incomparable en chacun. C'est ce que, dans leur dialogue, Feuerbach ne comprend pas, qui traite le Moi mis en avant par Stirner de « Moi en conséquence asexué ». En revanche, Stirner sait très bien où il va, refusant de prétendues valeurs et privilégiant la volonté unique de l'individu : ni l'espèce ni la famille n'ordonnent l'individu à leur finalité propre ; les êtres s'appartiennent plus qu'ils n'appartiennent à des entités qui les dépassent. Les êtres humains ne forment pas de société, que ce soit celle du mariage, de la famille ou de l'État ; et parce que toute société suscite des rapports de dépendance, Stirner propose l'« association » qui seule permet de lier les individus de manière intéressante.

Cette promotion de l'individu sans dépen-dance déplace le champ du discours sur la diffé-rence des sexes : il y a bien des êtres sexués jusque dans l'exercice de la pensée, mais cela ne se joue pas sur le mode de la complémentarité, de l'assignation à des places ; la représentation de la dualité n'est plus de mise, mais on ne veut pas pour autant de l'homme abstrait de l'humanisme. Ainsi s'explique comment l'interrogation sur la relation entre les sexes change à nouveau de registre et repart d'une autre tradition : celle où entre l'individu et la société, la famille plus que le couple, plus que le mariage, constitue un élément central du problème ; en fait, soit l'individu autonome, soit l'individu faisant société par la famille, servent à la formulation de la question du rapport entre les sexes.

Dès ses premiers textes, Marx [1] récuse l'essentialisme de Feuerbach et l'individualisme de Max Stirner. Ces derniers, pour Marx, évoluent dans le concept quand il faudrait revenir au fait, au fait social précisément. Le fait de la famille par exemple : la famille de la bourgeoisie n'est pas celle du prolétariat ; la famille critiquée par Stirner est la famille bourgeoise dominante, mais il existe une autre famille, en voie de dissolution par la faute du capitalisme, la famille prolétaire. Or d'autres rapports, moins mercantiles, y sont perceptibles. En effet, dans la famille bourgeoise, la propriété et le commerce sont des éléments moteurs, ce qui concerne aussi bien les femmes (et les enfants) que les biens. Marx salue en Fourier celui qui sut dénoncer le mariage et la famille comme un système de propriété et la femme comme une marchandise.

Pour Marx, la famille est donc toujours une réalité historique. Il l'affirme dès *L'Idéologie alle-*

---

1. K. Marx, *Manuscrits de 1844* ; *L'Idéologie allemande*, 1845-1846 ; *Le Capital*, 1867, livre Ier.

mande, critiquant Stirner et sa conception abstraite de la famille. La famille évolue avec les époques et il serait absurde de croire qu'il faut l'abolir. Marx se prononce dès ses premiers articles, en 1842, pour la monogamie et le divorce (pas de « sacralisation » de la famille comme chez Hegel) et il réfute à plusieurs reprises le communisme primaire induisant la « communauté des femmes ». En effet, cette communauté existe déjà et a pour nom « prostitution », forme marchande de la circulation des femmes entre les hommes, possesseurs d'elles comme des objets.

Le capitalisme moderne, en dissolvant la famille prolétaire, en mettant les femmes sur le marché du travail (comme productrices par-delà leur fonction de reproductrices), les enlève du lieu de la propriété privée familiale ; en cela, il entame sans le savoir un processus de libération des femmes. En effet, le travail salarié est le premier pas vers une autonomie des femmes que le communisme parachèvera avec la fin de la propriété privée et le changement de système de production. Ainsi l'économie, et non le droit, est au fondement d'une émancipation des femmes comme d'une nouvelle structure familiale.

Dans les *Manuscrits de 1844*, Marx cherche à définir philosophiquement la famille comme premier rapport social et la femme comme l'être naturel permettant à l'homme de créer ce premier rapport social ; ainsi se développe un rapport humain par-delà la relation de nature, ainsi la famille est-elle le passage entre nature et société, l'élément premier de toute société. Dans ce mouvement, la femme devient la première propriété de l'homme (son esclave, comme les enfants). Il est donc logique que dans la société capitaliste elle soit réduite à une marchandise. La femme est originellement un être de nature et devient ensuite un objet marchand : seule l'évolution de la famille et de l'ensemble des rapports sociaux est à même de lui restituer son humanité.

Engels saura reprendre ce thème de l'évolution de la famille, de son origine et de son avenir, quand l'historicité de la représentation de cette cellule sociale sera tout à fait avérée. En ce milieu du XIXe siècle, la famille semble encore malgré tout une essence immuable que seule l'imagination de Fourier peut voir mise à mal. En revanche, là où Fourier innovait aussi, dans l'analyse économique du mariage et de la famille, Marx rend le débat très concret en annonçant que la femme peut cesser d'être un instrument de production (familial et social) pour devenir une travailleuse dans le système de production et un être autonome dans la vie privée.

En effet, le temps n'est pas tout à fait venu d'une histoire de la famille. Proudhon[1], contem-

---

1. P. J. Proudhon, *Système des contradictions économiques ou Philosophie de la misère*, 1846 ; *De la justice dans la Révolution et dans l'Église*, 1858 ; *La Pornocratie ou les Femmes dans les temps modernes*, 1875.

porain de Marx (et son opposant), traite la famille et le mariage comme le lieu même d'une immuabilité des rapports de l'homme et de la femme. En même temps, ce sont des arguments économiques, non seulement métaphysiques, qui servent à réaffirmer l'immobilité de la réalité familiale et du rapport entre les sexes. Il faut donc repartir du lien établi entre famille et société.

Si le but de Proudhon est de faire cesser l'injustice économique et sociale, son premier objectif est de définir le lieu de la justice. Or la justice a pour condition organique le dualisme et le dualisme a pour forme première le couple de l'homme et la femme manifesté dans la famille. Ainsi se comprend le dualisme économique, production d'un côté et consommation de l'autre, et le dualisme du travail lui-même, avec la reproduction (ménage, consommation, épargne) déléguée à la femme, et la production (l'atelier, la production, l'échange) réservée à l'homme.

La famille est le lieu de l'incarnation de la justice, elle n'est pas pour autant la figure première de la société, son microcosme fondamental ; au contraire de Marx et de Bonald (dont il s'inspire fortement malgré leur divergence politique) en effet, Proudhon fait de l'atelier et non de la famille la cellule de base de la société. La famille est alors un lieu hétérogène au reste de la vie sociale. Il y règne une paix fondée sur l'inégalité, une absence de conflit et d'antagonisme fondée sur le respect de la dualité des sexes. Le conflit et

la concurrence appartiennent à l'espace économique et politique, et ne peuvent cesser que si la
justice prend naissance ailleurs, dans la dualité
sexuelle. Le couple est donc une union de deux
personnes (surtout pas une association), l'expression d'un seul individu (social) qui pourrait
bien être androgyne...

La justice réunit ce qui ne saurait s'opposer,
mais sur un mode autre que l'amour, force dangereuse :

*Changez, modifiez ou intervertissez, par un
moyen quelconque, ce rapport des sexes, vous
détruisez le mariage dans son essence ; d'une
société en prédominance de justice, vous faites
une société en prédominance d'amour.*

Contrairement à Pierre Leroux, Proudhon
dissocie l'amour et la justice. Et il tisse subtilement des liens entre l'économie et la métaphysique pour consolider sa thèse de l'infériorité du
sexe féminin.

Gardons-nous de procéder comme les commentateurs et de glisser une ou deux remarques
sur les femmes de Proudhon (mère, épouse,
fille), et rappelons plutôt qu'il eut de longues
polémiques avec les féministes de son temps
(Jeanne Deroin, Juliette Lamber, et surtout
Jenny d'Héricourt). Car les conséquences de sa
théorie de la justice sur sa représentation des
femmes sont catastrophiques. « Ménagère ou
courtisane (et non pas servante) », telle est l'injonction qui fit fortune dans le mouvement

ouvrier français, très antiféministe ; elle est à comprendre de la manière suivante : dans la vie domestique, la ménagère effectue un travail non salarié mais non servile, dans l'espace public la femme est prise dans un réseau marchand, presque marchandise elle-même. En revanche, le dualisme sexuel du couple marital est fondé malgré l'inégalité sur un respect réciproque.

Et pourtant, au lieu de s'en tenir à ce discours sur la complémentarité et l'équivalence des sexes, où le sexe féminin est en général perdant (en égalité et en liberté), mais où une apparence d'équité anime le discours, Proudhon glisse progressivement dans une misogynie en apparence sans limite. La femme est le « complément » de l'homme, apportant sa beauté à la force masculine ; mais la beauté est un arrêt de développement chez la femme, la laissant ainsi du côté des enfants ; elle sera donc une mineure, un être inférieur, la matière qui, selon la thèse aristotélicienne, appelle la forme ; comme la femelle recherche le mâle... Finalement, la femme reste un moyen terme entre l'homme et l'animal, variante de sa place habituelle entre nature et société, mais une variante, ici, lourde de menaces :

Entre la femme et l'homme, il peut exister amour, passion, lien d'habitude et tout ce qu'on voudra, il n'y a pas véritablement société. L'homme et la femme ne vont pas de compagnie. La différence des sexes élève entre eux une séparation entre les animaux. Aussi, bien loin d'applau-

*dir à ce qu'on appelle aujourd'hui émancipation
de la femme, inclinerais-je bien plutôt, s'il fallait
en venir à cette extrémité, à mettre la femme en
réclusion.*

John Stuart Mill [1] est au plus loin de Proudhon. Sa correspondance avec Auguste Comte
en témoigne, puisque l'antiféminisme de celui-
ci est une cause de leur rupture ; mais d'autres
éléments de sa biographie sont également éclai-
rants : il raconte dans son *Autobiographie*
comment il fut en désaccord avec son père, soucieux d'exclure les femmes du droit de vote,
comment sa rencontre avec Harriet Taylor fut
décisive. Ils furent vingt ans intimes avant que la
mort du mari de celle-ci rende leur mariage possible ; leur mariage est l'occasion pour Stuart
Mill de faire une déclaration où il s'engage à ne
pas utiliser les « droits injustes » du mari sur la
femme. Mais leur collaboration intellectuelle,
surtout, est remarquable : trois textes se succèdent, sur le mariage et le divorce (1832), sur l'affranchissement des femmes (1851), et sur l'assujettissement des femmes (1869). Ils sont écrits
par l'un ou l'autre, et toujours sous l'influence de
l'un et l'autre, même par-delà la mort. Plus
remarquable cependant est ce que Stuart Mill
revendique de leur collaboration : moins leur

---

1. J. S. Mill, *Lettres inédites de J. S. Mill à A. Comte*, 1899 ;
« Enfranchisement of Women », *The Westminster Review*,
1851 (en collaboration avec Harriet Taylor), *Subjection of
Women*, 1869.

souci partagé de prouver une possible égalité
des sexes dans leurs écrits respectifs que la participation de sa femme à l'élaboration globale de
son œuvre philosophique (excepté son travail
sur la logique) ; bref, une communion intellectuelle telle qu'elle dépasse l'engagement
commun pour des idées et agit dans le processus
même de la création philosophique.

Malgré l'intérêt et l'importance de la question
de la production intellectuelle au regard de la
différence des sexes, restons-en ici aux « idées »
sur l'égalité des sexes, notamment celles attri-
buées à Stuart Mill. Distinguons trois registres,
celui de l'historicité de la relation entre les sexes,
ainsi de leur inégalité actuelle, celui de la politique moderne avec la question du suffrage et de
l'autodétermination du citoyen, homme ou
femme, celui du droit conjugal, c'est-à-dire du
droit de l'individu dans le mariage.

Son désaccord avec Auguste Comte porte sur
le premier point : la biologie ne saurait être l'ultime vérité de la relation entre les sexes ; les
femmes actuelles sont le produit de l'éducation,
éducation par conséquent modifiable. Argument classique (de Condorcet par exemple,
après bien d'autres) qui oppose l'histoire des
femmes à leur prétendue nature définitive.
Seule la tonalité de l'argument change, se fait
plus insistante : en usant des mots « assujettissement » et « affranchissement », la condition des
femmes est analysée comme celle d'un « esclavage », Terme commun à Fourier et à Marx, mais
qui fait horreur à Auguste Comte et plus tard à

Freud (jeune traducteur de quelques textes de Stuart Mill). N'oublions pas que le contraire de l'esclavage, c'est la liberté. Stuart Mill est un philosophe de la liberté. C'est pourquoi il critique son père et son affirmation que l'intérêt d'une femme se confond avec celui de l'homme, seul habilité à participer à la chose publique, notamment par le droit de vote. S'il y a liberté, elle ne se délègue pas et chaque individu en use. La femme aussi bien que l'homme ; en droit politique comme en droit civil, dans la cité comme dans l'espace domestique. Le mariage ne saurait donc annuler le droit de la femme. La fin de l'esclavage annonce la liberté et l'émancipation du sujet. En se consacrant ainsi à la défense de la liberté individuelle, Stuart Mill est au plus loin de nombre de ses contemporains, métaphysiciens de l'amour ou analystes de la famille pensée comme microcosme social. L'amour sexué et la maternité reproductrice n'intéressent guère le philosophe ; il pense l'individu (comme Stirner) et le citoyen. Or ce défenseur de la liberté est aussi logicien ; il tient par conséquent à prouver l'égalité, et la tâche lui semble difficile : peut-il en effet y avoir des preuves en matière d'égalité, et notamment d'égalité des sexes ? Rien n'est moins sûr ; et il s'en ouvre au lecteur avec une grande rigueur.

Charles Secrétan [1], en Suisse, tient un peu plus tard des propos identiques, à partir d'une philosophie morale proche du « Réveil » protestant :

1. Ch. Secrétan, *Le Droit de la femme*, 1886.

« La femme est une personne, car elle a des devoirs. » Bien que la « notion de personnalité » soit encore confuse, elle s'oppose sûrement à l'actuel « esclavage de la femme ». Et l'évidente différence des sexes (jamais niée depuis Condorcet par les théoriciens du droit des femmes) n'est pas un obstacle définitif :

> « *L'infériorité cérébrale n'autorise donc pas plus que l'infériorité musculaire à séparer la personnalité juridique de la personnalité morale, pour refuser la première à des êtres élevés par la nature à la seconde. Si la femme est une personne, elle est juridiquement son propre but : la loi doit la traiter comme telle et lui reconnaître des droits.* » *Si elle est une personne, elle est une citoyenne :* « *Nous réclamons le suffrage pour la femme, afin qu'elle obtienne enfin justice.* »

L'INDIVIDU, L'HISTOIRE DE LA FAMILLE ET LE MAL FÉMININ

Dans la dernière partie du siècle s'affirme ainsi une pensée de l'individu, multiple dans ses manifestations : acteur social, personne morale et politique, homme nietzschéen, sujet psychologique, hommes et femmes deviennent tout cela de façon diverse. La différence des sexes se voit moins comme rapport de complétude, même si le masculin-féminin subsiste comme bipolarité obligée. La question de la famille, si présente dans le siècle, se modifie profondément par l'historicité qu'on lui reconnaît ; les certitudes relatives à l'essence de l'homme et de la femme achèvent d'être détruites, bien que les hommes et les femmes réels soient de plus en plus finement analysés. La psychanalyse opère une rupture considérable, puisque les sexes et la sexualité sont mis au centre d'un système de pensée. Mais, en devenant plus visible, la différence des sexes suscite des interprétations plus fantasmatiques, plus angoissées aussi : les femmes pourraient bien être porteuses du négatif en société, de la décadence par exemple. La misogynie se revêt alors d'une vision du monde violente pour les femmes.

La « destination » qui leur était proposée au début du siècle était plus terne, mais moins ambiguë que le « destin » qu'on leur offre à la veille du xxᵉ siècle.

Paradoxalement, l'affirmation de l'individu s'articule sur une réflexion nouvelle à propos de la famille. Celle-ci est incluse dans une représentation historique qui offre à chacun des sexes une liberté plus grande. Jusqu'alors, le discours sur l'origine de la famille se fondait sur le récit biblique, et la forme patriarcale semblait être immuable. Friedrich Engels le souligne dans *L'Origine de la famille*, où il date l'émergence de cette histoire de la famille de la parution, en 1861, du livre de Johann Jacob Bachofen[1], *Das*

---

1. J. J. Bachofen, *Das Mutterrech* (*Le Droit maternel*), 1861.

Mutterrecht. Donner une histoire à la famille permet une vision alternative, l'imagination d'un moment matriarcal, voire d'une gynécocratie. Cette histoire s'inscrit donc dans la problématique d'un rapport de forces entre les hommes et les femmes.

Mais, plus qu'un terme d'alternative (ce sera l'utilisation postérieure du livre de Bachofen), le matriarcat est une origine, à la fois réelle et mythique, une époque primitive dont triomphera le patriarcat :

Précédant le patriarcat, succédant à l'hétaïrisme chaotique, la gynécocratie démétrique occupe donc une position intermédiaire entre l'organisation la plus primitive et l'organisation la plus élevée de la société humaine.

Le passage de l'un à l'autre est donné par le mythe. *L'Orestie* d'Eschyle, où s'affrontent le droit d'Oreste à tuer sa mère Clytemnestre et le droit de Clytemnestre à tuer son époux Agamemnon ; le droit d'un homme au droit d'une femme. Plus que la gynécocratie, pouvoir des femmes, c'est le matriarcat, ou droit maternel, qui retient l'attention de Bachofen. Le droit plutôt que le pouvoir : la domination des femmes est un passage à la limite, tandis que le droit maternel fondé sur l'évidence de la filiation féminine est simplement la première règle appliquée à un primitif désordre. Le mariage qui lui succède valide la paternité et les femmes y perdent de la considération. Mais, à partir du moment où le droit maternel est inscrit dans l'histoire, le droit des femmes en général (autonomie individuelle et émancipation sociale) peut s'y référer.

Engels [1] ne s'y trompe pas : en relativisant le droit patriarcal, on en ébranle le fondement ; s'il n'existe pas depuis toujours, alors il peut cesser. Évidemment, la vision d'Engels est plus réaliste, plus « matérialiste » que celle de Bachofen à qui il emprunte les « faits » ainsi que les premiers éléments d'interprétation.

C'est une des idées les plus absurdes qui nous aient été transmises par le siècle des Lumières que l'idée selon laquelle la femme, à l'origine de la société, a été l'esclave de l'homme. Chez tous les sauvages et tous les barbares du stade inférieur et du stade moyen, et même en partie chez ceux du stade supérieur, la femme a une situation non seulement libre, mais fort considérée.

Alors commence un progrès dont la linéarité n'empêche pas quelques reculs. Le droit maternel, certes, donne aux femmes une position sociale forte. Mais la division sexuelle du travail entre production et reproduction, d'une part, et la volonté de monogamie des femmes, d'autre part, détruisent cette situation. Ainsi l'économique et le droit s'entremêlent pour instaurer ce « mariage conjugal » qui signe le passage au patriarcat. Ce dernier allie en effet la certitude

1. F. Engels, *L'Origine de la famille, de la propriété privée et de l'État*, 1884.

de la filiation masculine à la possibilité de transmettre les richesses accumulées par l'homme à sa descendance. La date de cette révolution est inconnue mais ce fut : *la grande défaite historique du sexe féminin.* Le mariage conjugal n'est donc pas un idéal, il

n'entre point dans l'histoire comme la réconciliation de l'homme et de la femme, et bien moins encore comme la forme suprême du mariage. Au contraire ; il apparaît comme l'assujettissement d'un sexe par l'autre, comme la proclamation d'un conflit des deux sexes, inconnu jusque-là dans toute la préhistoire.

Le travail de dissolution de la famille par le capitalisme donne une figure ultime de ce conflit, en même temps que sa résolution possible grâce aux conquêtes juridiques et au travail salarié. Engels reprend les thèses qu'il partageait avec Marx et d'autres socialistes, August Bebel par exemple (*La Femme et le socialisme*, 1883). Il termine sur l'image d'une famille nouvelle créée par la révolution ; il en ignore presque tout, sinon que l'amour sexuel en sera l'essentiel.

L'histoire de la famille et du rapport entre les sexes introduit deux idées importantes : la représentation d'une origine et d'un futur dissemblables et distincts du présent, et la thèse du conflit entre les sexes comme problème à régler. Ainsi, les discours sur la complétude des sexes s'estompent sans doute parce qu'ils ignorent le mouvement entre les désirs et les pouvoirs, la dynamique du rapport entre hommes et femmes. Par ailleurs, les analyses de l'histoire conflictuelle des sexes se diversifient rapidement ; elles croisent en effet les théories nouvelles, celle de l'évolution de l'humanité d'une part, de la sélection naturelle et sexuelle d'autre part. Ni Spencer, philosophe de l'évolutionnisme, ni Darwin, théoricien de l'*Origine des espèces*, n'accordent, semble-t-il, beaucoup d'importance à la question des sexes. Cependant, leurs thèses serviront de passage pour toute une pensée décidée à justifier scientifiquement l'impossible égalité des deux sexes. Un discours ancien, propre notamment aux médecins philosophes du début du siècle, trouve là en effet de quoi démontrer à nouveau que la vocation des femmes à perpétuer l'espèce rend difficile, voire impossible, son accès à des fonctions supérieures. Selon Herbert Spencer [1], les lois de l'évolution, l'évolutionnisme, consistent à percevoir le mécanisme du progrès, du progrès vers l'équilibre du chiffre de la population et de la quantité de subsistances ; disons vers l'équilibre entre la reproduction et la production. Or cette évolution obéit à des règles valables également pour le rapport entre les sexes : il existe un antagonisme entre la genèse, la reproduction, et l'individuation, la réalisation de soi ; de même qu'il existe une contradiction entre la fertilité des femmes et

1. H. Spencer, *The Principles of Sociology*, 1869 ; *The Principles of Ethics*, 1891.

leur activité mentale. D'où l'évidence : la femme, comme toute femme, est prise par son rôle dans l'espèce ; elle ne développera ni son moi ni son cerveau. Dévouée au travail de l'espèce, elle peut cependant s'améliorer : l'éducation lui permettra d'obtenir, un jour, le droit de suffrage. Favorable à l'égalité des sexes au début de sa vie, Spencer, alors pour un temps ami de Stuart Mill, changea pourtant d'avis au regard des mouvements d'émancipation.

Charles Darwin[1], dans *La Descendance de l'homme*, se montre mal à l'aise mais il tranche cependant : la sélection naturelle, doublée de la sélection sexuelle, a privilégié l'homme « devenu supérieur à la femme ». Et sur la question de savoir si cette inégalité peut se résoudre dans le développement de l'humanité, la réponse est négative : sa théorie de l'hérédité des caractères acquis (fausse par ailleurs) affirme que les progrès faits à l'âge adulte se transmettent seulement de sexe à sexe. Les femmes auront donc toujours un retard face à l'homme, et l'inégalité subsistera.

Les pensées introduisant l'historicité n'offrent donc pas plus de garantie pour justifier l'égalité des sexes que les pensées fondées sur le droit. Chacun de ces espaces de signification semble *a priori* une chance pour les femmes, une ouverture vers l'égalité des sexes ; mais c'est pour res-

1. Ch. Darwin, *Descent of Man and the Sexual Selection*, 1871.

ter finalement sans effet. Le droit et l'histoire sont les deux grands pôles de réflexion du XIXᵉ siècle ; ils ne se partagent pas pour autant entre les thèses pour ou contre l'égalité des sexes.

La fin du siècle laisse en suspens cette question de l'égalité, mais elle met la pensée de la différence des sexes à l'honneur. L'œuvre de Nietzsche est intimement traversée par cette question ; et Freud, si on l'envisage du point de vue de l'histoire de la philosophie, est le premier à se donner la différence des sexes comme objet, comme philosophème. En même temps, la psychanalyse, parce qu'elle est une pratique, opère un retour au réel remarquable. Or tenir compte de l'épreuve des faits est le thème majeur des nouvelles sciences humaines, telle la sociologie que fonde si bien Durkheim. Commence ainsi l'ère du XXᵉ siècle, celle d'un « savoir » sur les sexes. Et sans décider si cela constitue un trait du passé ou de l'avenir, l'antiféminisme trouve son penseur en la personne d'Otto Weininger.

Chez Nietzsche[1], la métaphore sexuelle tisse nombre de ses discours ; plus qu'une métaphore, la différence des sexes, sous l'image du masculin et du féminin ou de l'homme et de la femme, est un mode de pensée ; l'époque est dite « virile » ou la vérité désignée comme « fem-

---

1. F. Nietzsche, *Œuvres complètes*, notamment *Humain, trop humain*, 1878 ; *Le Gai savoir*, 1882 ; *Par-delà le bien et le mal*, 1886.

me » ; sans qu'on puisse définir simplement la virilité ou la femme. Difficulté de définition qui n'est pas difficulté de qualification : Nietzsche sait parler par exemple de la beauté et de l'intelligence, dont on connaît le partage ancien entre hommes et femmes ; mais l'essence propre à chaque sexe se fait plus confuse. Il n'y a plus les hommes et les femmes, mais certains hommes et certaines femmes. Le système binaire de la sexualité s'assouplit lorsque le raisonnement refuse les catégories pour suivre l'individu : « Cette femme est belle et intelligente : hélas, combien elle serait devenue plus intelligente si elle n'était pas belle » (*Aurore*, § 282). Un individu est tout aussi vrai qu'un autre ; et une femme est aussi bien LA femme que les femmes. Car toujours on peut aller au-delà : « Voici comme je veux homme et femme : l'un bon guerrier, l'autre bonne génitrice mais tous deux bons danseurs, de la tête et des jambes » (*Ainsi parlait Zarathoustra*, III, § 23).

Mais la « loi des sexes » existe néanmoins, et c'est une « dure loi pour la femme » (*Le Gai Savoir*, § 68) : Nietzsche préfère la lucidité à l'illusion, la reconnaissance de l'inégalité des sexes à l'impossible identité :

La passion de la femme, renonciation totale à toute espèce de droits propres, postule précisément que le même sentiment, le même désir de renoncement n'existe pas pour l'autre sexe : car, si tous deux renonçaient à eux-mêmes par amour, il

en résulterait... ma foi je ne sais trop quoi...
— disons peut-être l'horreur du vide ? (§ 363).

Telle est la loi de l'amour qui, comme le fait
même du conflit entre les sexes, rend impensable et improbable toute égalité. Reste alors
l'« indulgence » pour ces femmes dupes du jeu
de l'amour ; et de la méfiance pour l'émancipation :

> *Dans les trois ou quatre pays civilisés d'Europe,
> il sera possible, grâce à quelques siècles d'éduca-
> tion, de transformer les femmes en tout ce que l'on
> voudra, même en hommes, non pas certes sexuel-
> lement parlant, mais enfin dans n'importe quel
> autre sens... Ce sera le temps où la colère consti-
> tuera la passion proprement virile, la colère de voir
> tous les arts et toutes les sciences submergés et
> envasés par un dilettantisme inouï, la philosophie
> assassinée sous le verbiage affolant des bavardes,
> la politique plus délirante et partisane que jamais,
> la société en pleine dissolution (Humain, trop
> humain, § 425.)*

Et Nietzsche explique pourquoi : les femmes
ont un grand pouvoir « dans les limites des
convenances » ; si elles renoncent à celles-ci,
que ne vont-elles pas faire pour retrouver un
pouvoir identique ? L'identité des sexes et le
pouvoir de l'un ou de l'autre sont les deux clés de
la pensée sur les sexes ; Nietzsche affronte ces
questions avec une rare conscience, sans doute

grâce à la multiplicité de ses regards sur les femmes. Comme s'il n'avait pas peur.

La vérité est femme. La vérité, mais aussi la nature, la vie sont femmes. Bien sûr, puisque l'homme discourt, la femme joue le rôle de l'autre du discours. Mais pour autant la femme n'est pas objet, ou plutôt elle est à la place de l'objet à jamais inaccessible, la vérité. D'ailleurs, l'intelligence des femmes intéresse Nietszche. Elle intervient dans le rapport amoureux et le mariage pourrait être une « longue conversation » (*Humain, trop humain*, § 406). Nietzsche reprend le partage de Schopenhauer entre l'entendement féminin et le vouloir masculin (§ 411) et brouille à l'infini les qualités de l'un et l'autre sexe. Il est toujours par-delà, peut-être fasciné par l'image de la grossesse (voire de la « grossesse intellectuelle »), représentation violente du dépassement de l'être.

La virilisation de l'Europe, de l'action de Napoléon aux guerres futures, s'oppose à « la dangereuse notion de "l'artiste" », où comédiens, Juifs, et femmes se retrouvent dans une même faiblesse, une même fausseté. Cette proximité conceptuelle du Juif et de la femme marque alors la pensée allemande, celle de l'Autrichien Weininger notamment. L'un et l'autre deviennent plus qu'eux-mêmes, ils incarnent un mal à la fois précis et diffus, réalité future tragique pour le Juif, et imaginaire pour la femme.

L'existence des femmes nous éloigne apparemment de ces vertiges. Et les nouvelles sciences, la sociologie et la psychanalyse, se soucient des faits et des individus concrets. L'insistance de Durkheim [1] à rendre rigoureuse l'élaboration des faits sociaux se retrouve dans sa réflexion sur la famille et le divorce, sur la « crise » de la famille. L'historicité de la famille étant désormais établie, Durkheim analyse la cellule contemporaine ou « famille conjugale », dont le « mariage » est devenu l'élément principal. L'ancienne famille était une « société domestique », lieu de production et de transmission des biens ; aujourd'hui, le mariage et la « société matrimoniale » soulignent le caractère « public » de l'union, l'égalité possible des époux par la « communauté de biens », mais aussi son caractère éphémère et sans perspectives. La famille ne remplit plus sa fonction économique et morale ; ainsi, le groupe professionnel sera un lieu de substitution. De même, l'égalité des deux sexes supposerait une vie extérieure plus grande pour les femmes.

« Le mariage fonde la famille et en même temps en dérive » : seul le lien matrimonial permet une société morale. Durkheim refuse le divorce par consentement mutuel, si différent du divorce « pour causes déterminées », le seul légal. Ce dernier fait appel au droit et à la justice, tandis que le premier repose uniquement sur « la volonté des parties », sur une simple demande. Attaque de l'institution matrimoniale et de la morale sociale, ce divorce déclencherait

1. E. Durkheim, *Textes*, t. II et III.

« une grave maladie sociale ». Contemporaine de celle d'Engels, cette analyse en est l'envers, à l'image de leurs projets respectifs de société. Mais il serait absurde d'opposer l'homme de science au révolutionnaire. La sociologie sait parfois penser l'utopie par-delà la règle sociale ; en la personne de Simmel par exemple, s'interrogeant à l'aube du xxᵉ siècle sur une éventuelle « culture féminine » dans le monde moderne.

C'est aussi par la maladie que prend naissance la psychanalyse, par l'hystérie, maladie des femmes et du sexe certes, mais aussi maladie dans le rapport entre le corps et l'esprit. La psychanalyse opère une double rupture philosophique : elle propose une théorie de la sexualité, un ensemble cohérent de thèses sur la différence des sexes, et une nouvelle théorie de la connaissance fondée sur la notion d'inconscient. Sans doute cette dernière bouleverse-t-elle profondément la représentation que l'homme a de la connaissance de soi et du monde. En revanche, la théorie de la sexualité est peut-être moins originale qu'il n'y paraît ; certaines de ses assertions en effet rappellent étrangement la médecine philosophique du début du siècle et toute tentative de dire aux femmes quelle est leur « destination ». Cependant, dans le passage du « sexe » à la « sexualité », elle apporte des éléments importants au débat : sur la sexualité de tous, hommes et femmes, adultes et enfants ; sur la séparation chez la femme entre sexualité et reproduction ; sur la bisexualité de chacun ; sur une vie sexuelle non biologique où l'instinct s'appelle une pulsion... Tout cela s'esquisse à peine en 1900, mais les enjeux sont désormais très clairs : l'histoire de l'humanité s'élargit à l'histoire individuelle, l'analyse de la famille se déploie et donne à voir des êtres distincts, si personnels qu'ils forment ensemble un « roman familial ». Là, dans ce récit, la femme cesse apparemment d'être le « sexe », le « beau sexe » cher à l'époque classique. Elle a une histoire, mais aussi un « destin » donné par l'anatomie de son sexe, dira Freud[1]. Le mot est ambigu : est-il plus riche que la destination sociale proposée cent ans plus tôt, riche de l'exceptionnalité de chacun ? Est-il plus pauvre que le rôle social supposé s'y accoler, vision d'une vie féminine sans entière liberté ?

De l'égalité ou de la liberté des femmes : tout le savoir annoncé sur elles ne suffira pas à en dire quelque chose de définitif. Otto Weininger[2] l'apprit à ses dépens et son suicide, si proche de la publication de *Sexe et caractère*, laisse imaginer les risques de son entreprise philosophique. Il déclare en effet faire de la philosophie — « j'étudie non des faits, mais des principes » —, une philosophie dont le propos est de nier l'« existence » des femmes, une philosophie « antiféministe ». Mais à rebours de tout le

1. S. Freud, *Œuvres complètes*, notamment *Trois essais sur la théorie de la sexualité*, 1905.
2. O. Weininger, *Sexe et caractère*, 1903.

monde : « Les hommes ne se rallieront jamais de bonne grâce à des thèses antiféministes ; leur égoïsme sexuel leur fait préférer voir la femme telle qu'ils voudraient qu'elle soit ». Dans ce paradoxe à croire les hommes féministes se cache sa pensée : mieux vaut reconnaître que nier la castration de la femme (et du Juif). « Peut-on demander à la femme de cesser d'être esclave pour devenir *malheureuse* ? » conclut-il. Non, certes ; sauf si l'émancipation des femmes, dont il parle surtout, suscite un retour kantien vers l'impératif catégorique de l'homme, refus du sexe, chasteté : la femme n'étant que sexe, elle ne saurait y échapper ; l'homme si.

Le sexe ou la sexualité ; cette distinction existe dans la pensée de Weininger alors qu'elle fait en général défaut ailleurs ; et les distinguer permet de parler de l'un et de l'autre, non d'un seul pour les deux, ou de l'un à la place de l'autre. D'où son affirmation, rare, de philosopher sur la différence des sexes.

Sa théorie de la sexualité est une théorie de la bisexualité, proche de celle du premier interlocuteur de Freud, Wilhelm Fliess. La bisexualité n'est pas une exception, elle est une règle : « L'expérience ne nous montre, en d'autres termes, ni hommes ni femmes, mais jamais que du masculin et du féminin » en chaque homme et en chaque femme. Ainsi se comprennent les « lois de l'attraction sexuelle », lois de proportion dans un couple entre H et F répartis en chaque individu (y compris dans une relation homosexuelle). Par là, il explique l'émancipation, part masculine chez la femme. Il explique et ne se contente pas de la refuser, de faire une théorie contre. Sans doute la fascination qu'il a exercée sur ses contemporains vient-elle de là, de cette tentative de donner des raisons à ce qu'on traite trop aisément de déraison.

Son antiféminisme paraît nuancé :

Je n'ai pas en vue le désir, chez la femme, d'être traitée extérieurement sur le même pied que l'homme, mais bien plutôt la volonté qu'elle peut avoir de ressembler intérieurement à lui, d'atteindre à la même liberté dans la pensée et la morale, de prendre un même intérêt aux mêmes choses, de montrer la même force créatrice.

Ou encore : l'égalité juridique est aussi nécessaire que l'égalité morale et intellectuelle est insupportable. Il faut à tout prix maintenir une irréductible différence entre les sexes, même si cela fait passer la misogynie pour de l'antiféminisme. Les femmes « masculines » sont un progrès et non comme le croit Moebius *(De l'imbécillité physiologique de la femme)* un signe de dégénérescence de la société ; le mal est féminin, il vient du féminin en la femme : la femme est un être sans capacité morale, « la femme est la FAUTE de l'homme ».

De la destination sociale comme responsabilité face à l'espèce au destin individuel élaboré dans la vie sexuelle et familiale, tel est le chemin parcouru pour représenter la femme à une

époque qui vit l'invention du féminisme. Ce passage suit l'évolution générale du siècle, mais il
est marqué aussi par les réactions à l'autonomie
possible du sujet féminin.

3

La lucidité
des philosophes

C'est un lieu commun de souligner l'absence de la question des sexes dans l'interrogation philosophique. Les philosophes eux-mêmes, j'y reviendrai, le disent. J'ai cru cela aussi, un temps, consciente bien qu'étonnée de ne trouver que scories et scolies misogynes dans les écrits philosophiques. Puis j'ai rencontré, à l'occasion d'une enquête philosophique[1], la prolixité des philosophes : ils expliquent et ils s'expliquent plus volontiers que la tradition ne l'affirme. Je dirai plus : « ils savent » ; ils savent de quoi il s'agit, comment la question sexuelle pourrait devenir un problème philosophique, un philosophème, pourquoi ils doivent affronter la question, et surtout pourquoi ils doivent en parler, voire la résoudre. Alors mon hypothèse : plutôt que de voir le philosophe prisonnier d'une « idéologie dominante », en l'occurrence celle d'une société à domination masculine, prisonnier de préjugés, ceux de son temps ou ceux de la

---

1. Cf. le chapitre précédent.

tradition, on peut le lire comme un être préoccupé de penser le problème, pris dans une
démarche strictement philosophique. Il l'est
pour ce qu'il dit, pour sa misogynie philosophique ou pour toute forme conceptuelle donnée à la différence des sexes ; mais il l'est aussi,
ce qui m'intéresse ici, dans le geste, dans la décision de dire qu'il sait (avant même de dire ce qu'il
pense). Mon intention est donc extrêmement
limitée : peu importe, quitte à faire frémir les
érudits, si mes renvois aux textes philosophiques sont partiels ; je veux juste souligner
comment le philosophe aborde, attaque ce problème, décide ce qu'il sait et comment il sait,
comment il peut savoir, voire ce qu'il faut savoir.

Je donne ici quelques exemples, pas tout à fait
au hasard, des exemples de l'époque moderne,
de Kant à Kierkegaard, de Fichte à Nietzsche,
parce que, me semble-t-il, la décision de dire se
fait alors, avec le XIXᵉ siècle, explicite. Est peut-
être même le schème des énoncés philosophiques d'aujourd'hui ; qu'on citera aussi brièvement. Exemples d'hommes parce que les
femmes philosophes seraient trop facilement
d'emblée des contre-exemples, en même temps
trop dépendantes des systèmes masculins ; surtout aussi parce qu'un des éléments premiers de
la logique du savoir est de congédier les femmes,
même comme lectrices. Ainsi Fichte pense que
seul le philosophe, un homme nécessairement,
est capable de formuler l'importance essentielle
de l'instinct sexuel, de l'énoncer. Il n'est pas

nécessaire que les partenaires d'un mariage aient conscience de cet instinct ; et il est impossible que la femme puisse se l'avouer [1]. L'innocence féminine n'est pas une affirmation légère ; c'est plus qu'un état, naturel dit-on, c'est un devoir. Ainsi Kierkegaard concluant l'avant-propos de *Ou bien... ou bien* : « Et si tu rencontres une lectrice, confie-lui : aimable lectrice, tu trouveras dans ce livre certaines choses que tu ne devrais peut-être pas savoir, d'autres choses dont la connaissance, sans doute, te sera utile ; lis donc les unes de manière à ce que tu sois, toi qui les a lues, comme celui qui ne les a pas lues, et les autres de manière à ce, que tu sois, toi qui les as lues, comme celui qui n'a pas oublié ce qu'il a lu [2]. » Il y a donc un savoir philosophique auquel une femme semble devoir être nécessairement étrangère. De sexe féminin, je décide cependant de quitter l'innocence et de me souvenir de ce que j'ai lu ; mais peut-être n'est-ce pas sans danger.

Le premier danger serait de constater, sous la plume de Fourier, à quel point les philosophes ont « avili le sexe féminin », échoué à penser l'amour, vanté le mariage, pourtant simple marché. Il accuse les philosophes d'impudicité, d'étourderie, d'égoïsme [3], etc. Trois mille ans et

1. J.G. Fichte, *Fondement du droit naturel selon les principes de la doctrine de la science* (1796-1797), Paris, PUF, 1984, p. 324.

2. S. Kierkegaard, *Ou bien... ou bien* (1843), Paris, Gallimard, coll. « Tel », 1984, p. 13.

3. Ch. Fourier, *Le Nouveau Monde amoureux*, Paris, Anthropos, 1967, p. 231-232.

quatre cent mille volumes de philosophie pour en arriver à ce que le philosophe soit avec les femmes comme le colon avec les nègres... Philosophe ou non, Fourier se pense dans la rupture avec cette histoire, penseur de la future harmonie et de la fin de la civilisation. Le danger serait, à lire les philosophes, de rencontrer leur bêtise. Jusqu'à Fourier tout au moins qui invite à la rupture avec le passé philosophique.

En rupture tout autant, et pourtant si loin de Fourier à l'égard des femmes, Schopenhauer s'instaure premier philosophe à penser l'amour, même s'il cite Platon, Rousseau et Kant : « Au lieu de s'étonner qu'un philosophe aussi fasse sien pour une fois ce thème constant de tous les poètes, on devrait plutôt se montrer surpris de ce qu'un objet qui joue généralement un rôle si remarquable dans la vie humaine, n'ait pour ainsi dire jamais été jusqu'ici pris en considération par les philosophes [1]. » Ainsi la philosophie, enfin, s'emparerait de l'amour, thème des poètes, comme par une nécessité interne à la philosophie de ce temps : « Le sujet s'est imposé à moi objectivement et a pris place de lui-même dans le contexte de ma conception du monde. » L'innovation accompagne une philosophie nouvelle, peut-être une nouvelle façon de philosopher. Et Rousseau et Kant, qui ont aux yeux de Schopenhauer si mal effleuré le sujet, l'ont à peine précédé dans ce temps moderne. Temps

---

1. A. Schopenhauer, *Métaphysique de l'amour* (1819), Paris, UGE 10/18, 1980, p. 39-40.

où les poètes deviennent philosophes et où les philosophes s'intéressent à l'objet des poètes ; temps, c'est encore une hypothèse, marqué par cette rupture. La différence des sexes, la vie sexuelle, l'amour, l'égalité entre hommes et femmes surviennent comme objets thématiques dans le travail conceptuel.

Est-ce vraiment neuf ? Le traitement de la question est moins nouveau qu'il n'y paraît, et les philosophes en disent toujours plus qu'on ne le croit sur la différence des sexes ; certes. En revanche, la décision, la déclaration d'en faire un objet philosophique, ainsi de l'écrire dans le texte, me semble un tournant dans la pensée. D'où le sentiment de rupture, pour des raisons différentes, chez Fourier ou Schopenhauer ; d'où l'idée du risque à ce que le lecteur soit une lectrice chez Fichte ou Kierkegaard.

Pourquoi ce tournant dans la conscience du philosophe du xixᵉ siècle ? Pourquoi cette déclaration de nouveauté ? Les raisons sont à chercher dans et hors la philosophie, dans la réflexion du sujet pensant inaugurée par Kant comme dans la Révolution sociale qui provoque le débat sur l'égalité des sexes et l'émancipation des femmes.

LA CONSCIENCE
ÉPISTÉMOLOGIQUE

Kant justement : sur l'origine de la différence sexuelle, celui-ci affirme que « la raison humaine est dans l'obscurité[1]. » Hors jeu donc la question du pourquoi à l'avantage de celle du comment ; où l'attitude descriptive semble étonnamment prédominer, où les affirmations semblent procéder de l'évidence : ce qui relève du caractère de sexe reste totalement dépendant de la nature, la culture servant au développement de celle-ci sans contrariété : « La culture ne crée pas mais développe la nature. » Et si Kant salue l'audace et la lucidité de Rousseau, c'est une façon de reconnaître que la valeur du propos sur les femmes se fonde sur l'évidence : « aussi peut-on déjà admettre par avance », dit-il en commençant. Affirmer la nature, tel semble être le principe de Kant en matière de rapport de sexes, en matière de femme, devrait-on dire puisqu'il affirme encore que « la particularité de la femme est plus un objet d'étude que l'homme pour le philosophe ». La lucidité de Kant consiste à suivre « son propre penchant[2] » et la

1. E. Kant, *Anthropologie du point de vue pragmatique* (1798), Paris, Gallimard, Bibl. de la Pléiade, 1986, p. 995.
2. E. Kant, *Observations sur le sentiment du beau et du sublime* (1764), Paris, GF-Flammarion, 1990, p. 136.

connaissance souhaitée s'arrête à l'évitement de la méconnaissance : connaître la différence des sexes consiste à reconnaître la nature pour ne pas la méconnaître : « ne pas rendre méconnaissable la différence charmante [1] ». Que le philosophe transforme le moins possible son objet d'étude, qu'il respecte la nature en la décrivant, toute l'audace de Kant tient à cela. Audace en effet d'envisager si peu « le développement de virtualités naturelles », le perfectionnement de la nature, audace d'accepter là aussi l'inconnaissable : à plusieurs reprises, il affirme que la nature a jeté le « voile du secret » sur la communauté corporelle, la « communauté naturelle des sexes ». Connaître notre ignorance de la nature et comprendre que la fin de la nature l'emporte ici sur la fin de l'homme, voilà ce que Kant nous dit avec insistance. Il suffit de regarder pour ne pas se tromper. Il suffit de voir.

D'autres philosophes tiendront tout autant à penser la différence des sexes en relation essentielle avec la nature, mais dans l'idée opposée à celle de Kant, affirmant alors que le dévoilement est possible, que le secret de la nature justement doit être par le philosophe montré à tous. Ce « droit de tout dire », tel que Sade l'entendait, Schopenhauer le verrait plutôt, et d'autres après lui, Nietzsche sans doute, comme un devoir, une nécessité.

Dévoiler le secret de la nature (un peu comme

---

1. *Ibid.*, p. 120.

dénuder une femme), accéder à la vérité, si tant est, comme la femme, que la vérité soit accessible, signifie désigner la ruse de la nature (ruse féminine ?) : Schopenhauer pense ainsi l'amour, comme l'« intérêt de l'espèce », comme un moyen au service d'une fin, la procréation et la reproduction en général. Ruse, stratagème de la nature, dit Schopenhauer à propos de l'instinct sexuel ; ou illusion nécessaire pour que la nature, à travers l'homme, parvienne à ses fins. « La vérité prend ici la forme de l'illusion [1] » : en matière de sexe, le philosophe est en situation de désigner l'illusion, de dévoiler une vérité fondée sur l'illusion ; d'apprendre aussi à l'homme, à l'individu, qu'il est la « dupe de l'espèce », qu'il croit rechercher sa propre jouissance lorsqu'il accomplit la « tâche secrète » [2] de l'espèce. « L'amoureux ferme les yeux » sur les défauts de l'aimée et laisse agir le « vouloir de l'espèce »... Schopenhauer dit « dévoiler une vérité fondamentale », d'où l'appellation importante de « métaphysique de l'amour ». Le philosophe dévoile une vérité faite d'illusion, une illusion nécessaire ; même si on peut envisager qu'ainsi certains hommes s'en défassent. Mais tel n'est pas le but du propos de Schopenhauer. Le sens de sa décision philosophique à traiter un objet exclu de la philosophie est de souligner ce paradoxe : que le caractère illusoire de l'amour et de l'instinct sexuel doit être assumé comme vérité.

1. A. Schopenhauer, *op. cit.*, p. 53.
2. *Ibid.*, p. 68.

Position philosophique difficile qui donne toute sa force à la notion de dévoilement. La méconnaissance est donc inévitable, et l'analyse de la méconnaissance le travail du seul philosophe.

Décrire l'évidence de la nature, ou dévoiler le secret de la nature : deux positions à la fois contraires et proches. Pour l'un la visibilité l'emporte sur le secret, pour l'autre le secret fait partie de l'illusion ; pour l'un il faut fuir la méconnaissance, pour l'autre il faut s'y attacher. Ces philosophes dessinent ainsi deux extrêmes d'un travail philosophique dont on sent encore toute la fragilité. D'où la curieuse position de Kierkegaard, connu pour son infinie prolixité à écrire et décrire la relation amoureuse et conjugale, lorsqu'il s'interroge sur le bien-fondé de ces discours. Plus que tout autre philosophe, Kierkegaard a pleinement conscience que l'homme parle en lui dans les diverses positions discursives qu'il occupe : le séducteur s'essaie à « penser la femme », « source intarissable pour mes réflexions, pour mes observations » ; l'homme pense la femme, innocente par l'« essence de sa nature »[1]. Loin de l'innocence en revanche et vers la connaissance tend l'homme, connaissance de l'amour notamment, qu'il soit époux, esthéticien, philosophe...

Le monde de la réflexion est celui de l'homme, même si la position de la femme dans l'échange amoureux ou le dialogue sur le mariage est tout

1. S. Kierkegaard, *Ou bien... ou bien*, *op. cit.*, p. 346.

à fait représenté par Kierkegaard. Or ce monde
de la réflexion sur l'amour, éros, le mariage, est
immensément vaste et également peu sûr de son
statut. « J'essaierai de penser la femme sous une
catégorie, mais laquelle ? Sous celle de l'apparence[1]. » La rencontre entre la femme et la catégorie est incertaine, non donnée au départ. Car
la réflexion fait face à la jouissance et Kierkegaard les met à maintes reprises en balance : « Il
reste toujours à savoir si sa féminité est assez
forte pour la laisser se réfléchir, ou si elle désire
seulement qu'on en jouisse comme on jouit de la
beauté et du charme[2]. » Et un peu plus loin :
« Jouissez, ne devisez pas. La plupart des gens
qui font métier de telles réflexions ne jouissent
pas du tout[3]. » Inquiétude sur l'alternative entre
jouir et réfléchir sur la question de l'amour.
Inquiétude d'une absence de jouissance, d'un
symptôme du manque de jouissance. D'un
manque de savoir possible aussi, d'expérience :
comme le jeune homme d'« In vino veritas » qui
se lève lors d'un banquet pour parler d'éros et se
voit contester son droit : « Par son aveu de
n'avoir jamais eu d'histoire d'amour, il s'était
retiré le droit de parler en connaissance de cause. » À quoi il répond qu'après s'être fait souvent
cette objection à lui-même, « aujourd'hui il voulait défendre son droit. N'avoir eu aucune histoire d'amour était certes déjà une histoire

---

1. *Ibid.*, p. 334.
2. *Ibid.*, p. 269.
3. *Ibid.*, p. 333.

d'amour, et celui qui pouvait y prétendre était
justement en son droit de pouvoir parler d'Éros,
puisqu'on pouvait dire qu'en sa pensée il
embrassait tout le sexe, et non pas des femmes
isolées[1]. »

L'absence de jouissance n'empêche pas l'expérience, ou plutôt l'expérience n'est pas la condition nécessaire à la jouissance : peu importe la
formule car l'essentiel est dans la possibilité
d'accéder, chaste ou non chaste, à la pensée
d'éros. Diverses positions sont possibles, dit
Kierkegaard ; en effet, l'éthique, l'esthétique et la
métaphysique ouvrent à des discours multiples,
à des niveaux de connaissance variés sur éros.

Ce qui sera énoncé alors est rien moins que
sûr : loin de Schopenhauer, Kierkegaard ne
dévoile pas de vérité, n'explique pas l'amour. Car
l'inexplicable subsiste, et la question du désir est
sans doute à jamais ouverte. Freud, après Kierkegaard, saura le dire.

L'EFFET POLITIQUE

Tous les philosophes rappellent volontiers le
rôle de la poésie dans le discours sur l'amour, et
comment leur propre texte vient prendre, déplacer quelque chose de la poésie. Schopenhauer,

---

1. « In vino veritas », *Étapes sur le chemin de la vie* (1845),
Paris, Gallimard, coll. « Tel », 1979, p. 34.

Kierkegaard, entre autres, joignent la question philosophique de l'éros au discours poétique. L'écriture littéraire est le lieu où se dit, se décrit, se représente, se pense l'histoire entre l'homme et la femme. Or cet appel et ce rappel de la littérature masquent aussi peut-être d'autres enjeux : l'enjeu politique, surgissant au détour d'un paragraphe, semble en effet souvent donner le ton. C'est bien vrai des penseurs du politique de l'époque, philosophes du droit, du socialisme, de l'utopie, que j'ai laissés de côté ; c'est vrai aussi des métaphysiciens que j'évoque ici, et à propos desquels ce raccourci de la poésie à la politique est d'autant plus intéressant.

Les approximations à nommer la question, l'amour ou la femme, éros ou le féminin, l'embarras philosophique à déterminer ce nouvel objet, fût-ce avec des notions anciennes comme celle de l'amour, autorisent toutes les dérivations de l'esthétique à la politique, de la politique à la morale, de la morale à la métaphysique. D'où ces incises, remarques ou commentaires sur l'actualité de l'émancipation, sur le féminisme contemporain, du philosophe. Autre point alors de lucidité : l'urgence à se prononcer sur une question que le philosophe rencontre à sa porte, de chaque côté de sa porte sans doute, dans l'espace public et dans l'espace privé ; l'urgence à se prononcer sur le désir d'égalité des sexes que peu de philosophes recommandent, il faut bien le dire. À l'exception de Fourier ou de Stuart Mill, et de Marx un peu, il est habituel de rencontrer une réticence, doublée d'un appareillage théorique minimal pour déjouer l'aspiration à l'égalité des sexes. Là se trouve aussi la lucidité du philosophe : s'il fait appel à des critères d'évidence (la nature, le bon sens, la jouissance, etc.), c'est pour travailler à laisser le rapport des sexes en sa tradition tout en montrant qu'il n'est la dupe ni de lui-même ni de la philosophie.

Ils savent donc de quoi ils parlent. Ils savent pour la plupart qu'ils ne veulent pas du féminisme, d'une égalité avec les femmes, et que, pour ce faire, il faut répondre à l'argument de l'émancipation. Ils menacent de « méconnaissance » celui qui s'aventurerait hors des sentiers battus, ils répondent aux objections concernant le mépris qu'ils auraient de la femme, ils menacent de désordre (ontologique ou social). La poétique laisse place à la politique, et la question de l'amour le cède à celle du féminisme. Difficile apparemment de penser l'un sans l'autre, difficile cependant d'assumer le croisement du métaphysique et du politique.

Bien sûr, certains savent que les deux questions sont liées. Sade et Fourier par exemple. Pour le premier, la liberté sexuelle des deux sexes suppose qu'il faille « dédommager » le sexe féminin, régler en quelque sorte l'inégalité entre les sexes dans le droit à la jouissance : « Nous rétablirons la balance... Ces femmes que nous venons d'asservir si cruellement, nous devons incontestablement les dédommager[1]. »

___

1. D.A.F. de Sade, *Français, encore un effort pour être républicains* (1794, posthume).

Langage provisoire de la justice pour mêler le sexe et l'égalité ; ce que Fourier dit aussi, avec une autre force, et à l'adresse des philosophes : il les accuse de ne pas avoir su penser l'amour ; il parle de « conspiration », de « farce », de « manœuvre », où le matériel triomphe du spirituel dans le mauvais sens : occupés à endiguer les pulsions, les philosophes ont abîmé le sentimental. « Le système oppresseur des philosophes à l'égard des femmes » est là : dans la condamnation de leur liberté passionnelle et amoureuse, qui fait un avec l'égalité sociale. Les philosophes sont les penseurs de la Civilisation lorsqu'il faut inventer l'Harmonie. Fourier condamne « l'étourderie des philosophes, qui n'ont jamais su rien innover en affaires domestiques [1] ».

D'autres, Fichte et Kant par exemple, s'évertuent à affirmer l'égalité dans l'inégalité même, à arguer de l'amour pour mieux argumenter l'infériorité des femmes. Fichte enlève à la femme la connaissance du plaisir sexuel, lui laisse la capacité de satisfaire l'homme, d'être le moyen de la fin de l'homme, ainsi de vivre son instinct sous la forme de l'amour... et surtout de ne rien perdre de sa raison, de sa capacité d'être raisonnable puisque « c'est en toute liberté qu'elle se fait moyen, en vertu d'une noble tendance de sa nature, celle de *l'amour* ». En tant qu'êtres moraux, les deux sexes « doivent être égaux ». Mais non comme êtres politiques : la raison et la

1. Ch. Fourier, *Théorie des quatre mouvements et des destinées générales* (1808), Paris, Anthropos, 1967, p. 126.

liberté, communes à l'homme et à la femme, ne devraient pas établir une différence de droits ; et pourtant, « il en a été généralement autrement, depuis qu'il y a des hommes, et que le sexe féminin a toujours été placé, dans l'exercice de ses droits, après le sexe masculin. Un tel accord universel doit avoir une raison profonde ; et si la recherche de cette raison a jamais été un besoin urgent, c'est bien de nos jours [1] ». Voilà : l'histoire surgit dans la tradition immuable de la domination masculine, l'événement « demande d'émancipation » survient avec la Révolution ou les Lumières, et l'urgence politique appelle la réflexion du philosophe. La réflexion du philosophe est prise alors dans un impératif familier à la naissance de la démocratie : dire à la fois l'égalité et l'inégalité, dans un cercle classique où l'identité des êtres raisonnables ne signifie pas l'égalité des droits sociaux et politiques. Fichte excelle à décrire ce cercle ; il sait qu'il n'a pas le choix.

Fichte parle d'urgence à se prononcer, Kant imagine les objections, dans un même registre, celui de la philosophie du droit. Partant de l'acte sexuel comme jouissance réciproque mais où l'être humain se fait chose, il conclut à la nécessité du mariage instaurant un « rapport d'égalité de possession ». D'où inévitablement la question « de savoir si contradiction il y a en ce qui concerne l'égalité des époux lorsque la loi dit à propos du rapport de l'homme et de la femme : il

---

1. J. G. Fichte, *op. cit.*, p. 319.

sera ton maître... Cette loi ne saurait être considérée comme contredisant l'égalité du couple, dès lors que cette domination a pour unique but de faire valoir dans la réalisation de l'intérêt commun de la famille la naturelle supériorité de l'homme sur la femme, et le droit à commander qui y trouve son fondement, droit qui d'ailleurs peut être dérivé du devoir de l'unité et de l'égalité au point de vue de la fin [1] ». Même schéma donc pour tenir ensemble égalité et domination, même souci de justifier la réticence du philosophe à accueillir la nouveauté politique du féminisme, même reconnaissance alors que la demande d'émancipation nécessite une contre-argumentation. L'argument du cercle cependant se joignant à de douteux truismes, la nature immuable et la tradition universelle.

La lucidité de Fichte et de Kant est de pressentir, de voir venir cette vague émancipatrice dont ils comprennent pleinement qu'elle est inhérente au monde démocratique affichant dès lors l'égalité des êtres comme un principe, une évidence ; qu'ils peuvent tenter de l'endiguer, de la canaliser, mais qu'en aucun cas ils ne peuvent l'ignorer. D'où leur rhétorique tout à fait respectueuse du sexe féminin, reconnaissante de la femme comme sujet.

Sans doute, quelques décennies plus tard, l'illusion de subordonner la femme à la fin de l'homme tout en affirmant respecter sa finalité

---

1. E. Kant, *Doctrine du droit* (1796), Paris, Vrin, 1979, p. 158.

propre s'estompe ; sans doute les mouvements d'émancipation déclenchent une urgence plus grande qui porte le philosophe à dénoncer violemment le féminisme. Ainsi Kierkegaard, qui dit sa « haine » de l'émancipation de la femme, puis se rassure sur la sottise de ceux qui proclament de telles opinions, sur la nullité des femmes qui se laisseraient séduire. Heureusement que l'émancipateur est aussi niais que le serpent tentateur est d'ordinaire malin. L'intelligence chez l'homme et chez la femme doit repousser ce que Kierkegaard ne peut s'empêcher d'appeler une « contagion » ; et chacun doit respecter ce partage : la femme « ne doit pas se trouver en dehors de l'idée, mais elle la possède de seconde main [1] ». Sinon, si la contagion gagnait sa propre femme, le philosophe serait au désespoir.

Bien évidemment, d'autres préfèrent l'attaque, ou masquent leur désespoir par une misogynie criante. Mais la position du misogyne embrasse une perspective plus large que celle de l'antiféministe, tel Schopenhauer qui ne décolère pas contre « la dame » occidentale : « La femme en Occident, ce qu'on appelle "la dame", se trouve dans une position tout à fait fausse, car la femme, "le sexus sequior" des anciens, n'est nullement faite pour inspirer de la vénération et recevoir des hommages, ni porter la tête plus haute que l'homme, ni pour avoir des droits

---

1. S. Kierkegaard, *Ou bien... ou bien, op. cit.*, p. 577.

égaux aux siens [1]. » Ainsi, seuls l'Orient et l'Antiquité ont bien traité la femme, notamment par la polygamie qui a le mérite de ne laisser aucune femme dans la solitude sociale. L'époque moderne tout entière s'est trompée en instaurant l'égalité dans le mariage. Car l'égalité dans le mariage (entendez la monogamie) entraîne inévitablement après elle l'égalité sociale pour « le numéro deux de l'espèce humaine ». Contradiction évidente (toujours cet argument de l'évidence fondée sur l'affirmation de l'évidence) pour Schopenhauer qui prétend savoir (comme tous les philosophes en général) ce qu'est le Bien pour les femmes : « En accordant à la femme des droits au-dessus de sa nature, on lui a imposé également des devoirs au-dessus de sa nature ; il en découle pour elle une source de malheurs. » La lucidité du philosophe, ce pourrait être ce savoir, venu d'un lieu inconnu, cette connaissance, propre à l'être masculin, des conditions du vrai bonheur des femmes. Jamais aucun philosophe ne se demande ce qu'en pense la femme.

Fourier dénonce l'avilissement des femmes, exprimant une conscience de l'histoire des femmes, de leur état dans la civilisation ; de leur situation. Les philosophes en général sont au plus loin de ce regard sur l'histoire. Ils voient bien que l'histoire change, que la revendication féminine se politise ; mais ils campent sur leurs positions, et d'abord celle qui consiste à savoir, à

---

1. A. Schopenhauer, *Essai sur les femmes* (1850), Arles, Actes Sud, 19, p. 32-33.

croire, qu'ils savent où se trouve le bonheur des femmes. Leur lucidité est celle de dire le vrai en la matière, disons plutôt celle de leur « phallocentrisme », leur « phallogocentrisme ».

LA LECTURE DES EMBÛCHES

Ce terme derridien, le phallogocentrisme, dit tout : le philosophe d'aujourd'hui, de la seconde moitié du XXᵉ siècle, saurait « d'où il parle », de son état d'homme, de sa position phallique. Peut-être. Il est certain qu'on peut, l'espace d'un siècle, marquer le chemin parcouru. Les catégories changent, se déplacent, se précisent : avec le terme de « sexualité », le partage entre l'instinct sexuel et l'amour perd son sens complémentaire ; avec la psychanalyse bien sûr, la perspective est profondément modifiée et l'identité sexuelle des êtres, le fait qu'ils aient un sexe, devient déterminante. Ainsi le sexe échappe aux médecins et s'introduit dans le texte philosophique de manière nouvelle. Aussi, la catégorie de « l'Autre » connaît la fortune que l'on sait et les phénoménologues introduisent par là de nombreux Autres, y compris parfois les femmes ; la catégorie d'« altérité » et avec elle celle de féminin prennent des colorations diverses et multiples, chez les philosophes et les psychanalystes. Il apparaît que la représentation du sexe féminin, comme question sur la sexualité et insistance sur le féminin, modifie la perspective, supplante le discours sur « les femmes », tenu par les philosophes du XIXᵉ siècle, au profit d'une pensée de la sexualité des êtres et de la différence des sexes.

Au XXᵉ siècle, la psychanalyse et la phénoménologie sont apparemment le témoin d'une rupture : même si la sexualité féminine est diversement traitée dans l'histoire de la psychanalyse, cette dernière lui donne un statut nouveau dans le discours ; même si l'altérité féminine n'est pas toujours pensée comme telle, la phénoménologie, avec la catégorie de l'Autre, lui ouvre désormais la porte. Qu'en est-il alors des démarches philosophiques propres à chaque auteur ? Il y a des points de ressemblance et aussi de grandes singularités. La ressemblance tient à l'irréversibilité de ces deux catégories nouvelles, sexualité et altérité ; ce qu'une Américaine, Alice Jardine, regrouperait, à partir de la différence derridienne, sous le terme de « gynésis »[1] : cet état de la philosophie du XXᵉ siècle où le sexe et le féminin comme métaphores seraient le lieu par où passent et où vont la pensée de la fin de l'homme et la critique du sujet. Hypothèse trop globale pour une lectrice française, mais provocante aussi pour mon propos. Y a-t-il sur cette question une lucidité du philosophe, également une mise en rapport avec cet autre élément de la pensée, l'émergence du sujet femme et du féminisme ? Faute d'avoir ici un espace suffisant, je

---

1. Alice Jardine, *Gynésis. Configurations de la femme et de la modernité*, Paris, PUF, 1991.

m'en tiendrai à souligner quelques difficultés propres à l'interrogation contemporaine ; celle de Derrida et de Lyotard par exemple ; celle de Levinas tout d'abord.

Avec des choix philosophiques où l'altérité s'avère nécessaire à la pensée, la sexualité inhérente à l'écriture, et l'économie libidinale inévitable, on découvre en effet à quel point la philosophie contemporaine utilise le féminin pour faire son chemin (il n'est pas lieu ici de s'attarder sur le fait, ancien, que sexe et féminin soient des termes superposables), désigne presque le féminin comme une solution. Cela semble plus vrai vu des États-Unis que de France, car il existe là-bas une critique féministe, à la fois toujours soumise et déçue, qui cherche dans la philosophie française un appui pour penser la fin de la domination masculine. De plus, il n'est pas sûr que le phénomène soit si nouveau. Sans la même ampleur certes, quelques philosophes du siècle précédent, Kierkegaard, Auguste Comte, Nietzsche, ont également construit leur pensée avec les femmes et le féminin. Il n'est pas sûr non plus qu'il faille accorder un tel rôle à la métaphore sexuellement féminine dans la pensée contemporaine. Je me tiendrai alors volontairement en deçà de la critique féministe habituelle, principalement américaine, qui excelle à montrer les impasses « féministes » des philosophies d'aujourd'hui. Plus portée à ne voir les ruptures qu'au regard de l'histoire, à tester la nouveauté qu'avec l'œil sur la continuité, je voudrais simplement faire quelques remarques, indiquer par quelle démarche la philosophie contemporaine approche la différence des sexes.

Le savoir concernant l'interrogation philosophique sur la différence des sexes a changé de nature ; la lucidité de l'homme philosophe n'est plus la même. Déjà, il sait qu'il n'échappera pas, que l'humanité n'échappera pas à l'émancipation des femmes. Le féminisme n'est pas déploré ni vilipendé ; il est parfois pris en compte, dans sa logique même ; on verra comment. Aussi ils savent, même s'ils usent de catégories désignant le sexe féminin, que la différence des sexes n'est pas un philosophème, un concept philosophique déjà donné, qu'il faut donc un préalable à leur engagement dans cette question.

Levinas d'abord qui ouvre la voie par l'idée fondamentale que la pensée de l'altérité, déstabilisant la philosophie, adonnée au travail sur l'être et le sujet, inaugure quelque chose d'important. Or « l'autre par excellence, c'est le féminin[1] » ; pas la femme : « Le féminin a été rencontré dans cette analyse comme l'un des points cardinaux de l'horizon où se place la vie intérieure — et l'absence empirique de l'être humain de "sexe féminin" dans une demeure, ne change rien à la dimension de féminité qui y reste ouverte, comme l'accueil même de la demeure[2]. » L'autre érotique n'est pas nécessairement

1. Emmanuel Levinas, *De l'existence à l'existant*, Paris, Vrin, 1947, 1986, p. 145.
2. Emmanuel Levinas, *Totalité et Infini*, La Haye, Nijhoff, 1961, p. 131.

l'Autre, et l'Autre n'est pas nécessairement la femme. Malgré toutes ces subtilités, il apparaît que le féminin joue un rôle salvateur, loin de toute empiricité, dans l'achèvement de la métaphysique occidentale. Schopenhauer introduisait la pensée de l'amour comme un élément essentiel de sa philosophie ; Levinas fait du féminin l'espace où se joue sa philosophie.

Qu'il ait pris la mesure des traditionnelles impasses d'une pensée de la différence des sexes ne saurait dès lors étonner, dans l'urgence où il est de représenter la métaphore féminine efficace à déplacer la « virilité du logos occidental ». Ainsi privilégie-t-il l'asymétrie entre masculin et féminin, refusant un féminin qui serait spécification du genre universel (reproche adressé à Heidegger [1]), ou complément du masculin. Cette conscience des embûches propres à la représentation de la différence des sexes permet aussi de clairement distinguer féminin de femme : l'altérité féminine ne se représente pas dans un être sexué, dans un « interlocuteur ». Mais, comme le montre Catherine Chalier [2], il est très délicat de la part de Levinas d'éviter la question du sujet féminin (ainsi d'un logos qui ne serait pas viril), mais encore plus délicat de restaurer le sujet féminin sans tenir compte d'une pensée, celle de Levinas, qui a su mettre fin aux difficultés de la dialectique hégélienne du Même et de l'Autre.

---

1. *Ibid.*, p. 164.
2. Catherine Chalier, *Figures du féminin. Lecture d'Emmanuel Levinas*, Paris, La Nuit surveillée, 1982.

L'empiricité de la femme néanmoins appelle inévitablement un retour sur l'histoire, absent chez Levinas, sur une temporalité qui empêcherait le piège de l'ancienne subjectivité sans méconnaître pour autant la réalité des deux sexes. Par l'évitement de l'empiricité et de l'histoire, par la mise à l'écart du sujet femme, se construit l'importance du féminin. Les femmes réelles ne peuvent être insensibles à ce jeu.

Quand Derrida introduit les termes de phallocentrisme et de phallogocentrisme, la pensée de l'altérité se fait pensée de la différence et le féminin se dissémine dans une multitude d'énoncés qui lui font perdre toute univocité, traditionnelle ou nouvelle. Sarah Kofman résume en une double expression cette transformation de la philosophie : il y aurait « une sexualisation du texte et une textualisation du sexe[1]. » Tout semble alors possible, parler du féminin, des femmes, du sexe et de la sexualité ; du phallus, de l'hymen, du vagin, du prépuce... et même du féminisme.

Pas de crise de désespoir (tel Kierkegaard) ou d'agressivité (tel Schopenhauer) devant le féminisme, mais la tentative d'en dire quelque chose « sur le fond », avec Nietzsche : « Le féminisme, c'est l'opération par laquelle la femme veut ressembler à l'homme, au philosophe dogmatique, revendiquant la vérité, la science, l'objectivité, c'est-à-dire avec toute l'illusion virile, l'effet de

---

1. Sarah Kofman, « Ça cloche », *Les Fins de l'homme*, 1981, p. 107.

castration qui s'y attache [1]. » L'important ici est de souligner comment se croisent parfaitement l'analyse du féminisme et la critique de la philosophie (même si ce n'est pas l'objectif du philosophe), comment la question des sexes est devenue essentielle à la philosophie. Ce croisement, cette rencontre entre le politique et le métaphysique, fera date, à mes yeux en tout cas. Depuis Heidegger, devrait-on dire. Levinas critiquait ce dernier d'être resté pris dans une catégorie non pertinente, la spécification du genre ; Derrida, ouvrant la perspective, commence ainsi son texte « Geschlecht, différence sexuelle, différence ontologique » : « Du sexe, oui, on le remarque facilement, Heidegger parle aussi peu que possible et peut-être ne l'a-t-il jamais fait [2]. » Par sexe, on entendra « rapport sexuel », « différence sexuelle », « l'homme-et-la-femme » ; ce que je reprendrai sous le terme « différence des sexes ». Revenant ainsi à Heidegger, Derrida marque la rupture, indique qu'après Heidegger peut-être quelque chose a changé : « La différence sexuelle ne serait pas à hauteur de différence ontologique, disions-nous, entendions-nous dire. » Elle serait abandonnée aux sciences et à la morale, à l'anthropologie et à l'éthique ; elle ne serait pas un philosophème ajouterait-on. Précisément, Derrida se livre, et le sait, à ce

1. Jacques Derrida, « Geschlecht, différence sexuelle, différence ontologique », *Psyché*, Paris, Galilée, 1987, p. 395.
2. Jacques Derrida, *Éperons. Les styles de Nietzsche*, Paris, Flammarion, coll. « Champs », 1978, p. 50.

travail de construction du philosophème[1].
Toute sa philosophie en témoigne largement.

La philosophie n'étant pas aujourd'hui toute
derridienne, il convient de finir sur la citation
d'une autre approche, celle de Lyotard par
exemple, où la pensée du différend n'est pas celle
de la différence ; où la différence sexuelle laisse
incertain son statut ontologique. Comme dit
Rada Ivekovic à propos du philosophe, c'est « in-
décidable »[2]. Incertitude qui laisse fragmen-
taires les propos de Lyotard sur la différence des
sexes, le féminin dans la différence et les femmes
dans l'histoire ; excepté dans un texte, « Féminité dans la métalangue ». Ou en anglais : « One
of the Things at Stake in Women's Struggles »
(« Un des enjeux dans les luttes de femmes »).
L'italien, où paraît d'abord ce texte, se réfère
aussi au féminisme. La moindre mode du féminisme chez les penseurs et philosophes français
explique sans doute la transformation « chic »
du titre en langue française et l'abandon de la
référence politique. Je ne cherche pas là chica-
ne ; plutôt à souligner encore l'incertitude :
même si la féminité dans la métalangue est un
des enjeux, essentiel, du féminisme, la diversité
des titres indique combien l'auteur se soucie de

---

1. Cf. Geneviève Fraisse, « La différence des sexes, une
différence historique », *L'Exercice du savoir et la différence
des sexes*, Colloque du Collège international de philosophie
(juin 1990), Paris, L'Harmattan, 1991 ; rééd. *La Différence
des sexes*, Paris, PUF, 1996.

2. Rada Ivekovic, « Masculinité dans la métalangue. À
propos de Jean-François Lyotard », 1991, inédit.

l'adresse de son titre. Il désigne cette curieuse boucle : où les féministes italiennes et américaines se nourrissent de la pensée française (masculine et féminine), très soucieuse pourtant de se démarquer du féminisme. On ne fera pas grief à Lyotard de respecter cette boucle puisque ainsi il la reconnaît, en souligne l'étrangeté.

Quant au texte enfin, riche à commenter, je privilégie l'approche de la question, le savoir de Lyotard sur les embûches épistémologiques et théoriques d'une interrogation sur la différence des sexes. L'entrée en matière et la clôture sont exemplaires de cette conscience : « Ici un philosophe parle de la question des rapports entre hommes et femmes. Il s'efforce d'échapper à ce qu'il y a de masculin dans la position même de cette question. Pourtant sa fuite et sa manière de ruser restent probablement masculines [1]. » Cette lucidité l'honore, mais la ruse est bien là : « C'est cesser de philosopher qu'il faudrait », puisque c'est la philosophie (et la politique) masculine qui a construit l'opposition masculin /féminin. Malgré cette maximalisation, cette menace d'un passage à la limite, la lectrice souhaite, et c'est ce que fait le philosophe, qu'il continue à philosopher. La clôture aussi fait peur puisque la démonstration va au point où la critique de l'ordre symbolique mène à une impasse : « Un vote de l'ONU un jour dénoncera

1. Jean-François Lyotard, « Féminité dans la métalangue », *Rudiments païens*, Paris, UGE 10/18, 1977, p. 214.

la primauté donnée au discours théorique comme sexisme mâle, au grand scandale de... nous tous. » Cesser de faire de la philosophie, voire cesser de parler, voilà l'horizon d'un texte par ailleurs si peu caricatural, si savant à décrire les difficultés à réfléchir la question sexuelle. Et même si ce n'est pas pur effet de rhétorique, cette double menace n'est pas innocente. Car ce texte dit en son cœur même ce que les penseurs de la gynésis disent tous : que la société contemporaine, ici le Capital, neutralise la différence sexuelle, et que le féminisme suit ce mouvement, qu'il y a production d'« homologation ». Mais cette mise à l'échelle de l'homme, est-ce la perte des femmes, du féminin, de la féminité ?

Ils savent. Ils savent que le phallocentrisme a de bonnes raisons d'être critiqué ; ils savent que le féminisme implique la fin de l'« autre » sexe. Ils savent qu'ils construisent un cercle où le sujet femme est incertain, où la différence des sexes ne se trouve pas toujours dans une pensée de la différence et du féminin. Ils savent ce que la femme ne sait pas, et peut-être ne peut pas savoir.

Ils ont conscience des difficultés épistémologiques (à quelle condition puis-je parler de cette question, moi qui suis un homme ?) et des enjeux politiques (on n'évitera pas de parler de l'émancipation des femmes). Tous les philosophes cités partagent ce double souci.

L'idée de la lucidité m'est venue en lisant Nietzsche [1]. Ce n'est pas la multiplicité de ses

---

1. Cf. le chapitre précédent.

propos sur les femmes qui me l'ont donnée, bien qu'à force d'occuper des positions contraires ou contradictoires à l'égard des femmes, Nietzsche produise chez son lecteur un effet de distance. Cela tient à ce qu'il dit à partir de la question de l'émancipation des femmes : que l'égalité des droits est une illusion car le conflit entre les sexes ne cessera jamais. Que la « loi des sexes » est « dure » pour la femme [1]. Aussi est-il l'un des seuls à ma connaissance (avec Fourier) à parler de l'histoire des femmes, de leur historicité et non de leur essence ; à voir ce qu'elles vont perdre et ce qu'elles vont gagner à l'émancipation. « Pour le moment », « pour un temps », « jusque-là » sont précautions rhétoriques courantes. Historicité se doublant de la singularité du philosophe : « On me permettra peut-être d'énoncer un certain nombre de vérités sur "la femme en soi", puisqu'on sait maintenant que ce ne sont que "mes vérités" [2]. » Qu'il énonce ses vérités et que la femme se taise : « À considérer tout ce que les femmes écrivent sur "la femme", il est permis de se demander avec quelque méfiance si elles "souhaitent" être éclairées sur elles-mêmes, si elles "peuvent" le souhaiter... et je pense qu'aujourd'hui un authentique féministe dirait aux femmes : *mulier taceat de muliere* [3]. L'erreur, dit le philosophe, est que la femme

---

1. F. Nietzsche, *Le Gai Savoir* (1882), § 68.
2. F. Nietzsche, *Par-delà le bien et le mal* (1886), § 231.
3. *Ibid.*, § 233.

s'explique sur son propre compte ; là est l'ultime danger. Mais le philosophe ne m'explique pas en quoi consiste ce danger, qui est menacé, l'homme ou la femme ; s'il invoque le danger pour me faire peur, ou s'il est réel.

DEUXIÈME PARTIE

LA NAISSANCE
DE LA DÉMOCRATIE

Oui, la Révolution française est une rupture historique dans l'histoire des femmes. La critique de la hiérarchie féodale entraîne inéluctablement avec elle celle de l'inégalité entre les sexes. Le XIXe siècle hésite alors entre la compréhension de cette rationalité nouvelle et la volonté de réaffirmer la domination masculine. Si le mot démocratie porte en lui la reconnaissance que les êtres humains sont des semblables, alors l'après-1789 ouvre le champ à des interrogations profondes. Tout peut être rediscuté : le corps des femmes assujetti à leur féminité, et surtout leur raison, capable de s'émanciper du corps, et plus encore de légitimer une émancipation du sexe féminin. Mais tout doit être réorganisé dans le partage entre les sexes : à l'homme, l'universel du progrès et de la perfectibilité, à la femme l'universel de la reproduction de l'espèce. Et tout semble être pensé très vite au lendemain de la Révolution française. Pourtant, ambivalences et incertitudes des figures féminines perdurent dans la société nouvelle ; *Le Grand Larousse* s'en fait encore l'écho dans la seconde moitié du siècle. Tout est donc possible.

4

La rupture révolutionnaire

Une rupture : ses effets et ses causes, ses bénéfices et ses perversions. Une rupture historique, politique : le moment est à la fois opportun et nécessaire pour transformer les rôles sexuels et la relation entre les sexes ; plus encore, ces changements entraînent une reformulation, une redéfinition des deux sexes et de leur différence. En parallèle à l'élaboration d'un nouveau lien social, un autre lien sexuel s'avère nécessaire.

D'autres ruptures historiques, les révolutions et les guerres en général, aussi les grandes découvertes scientifiques, permettraient elles aussi de voir comment l'histoire des femmes croise l'histoire générale autrement que sous la forme d'un reflet, d'un double à la fois moins glorieux et plus riche en couleurs. Si les événements et les ruptures politiques inscrivent les femmes dans leurs logiques propres, l'historicité de l'être féminin s'avère plus complexe que celle d'un simple partenaire de l'homme. Que l'histoire des femmes soit encore difficile à pratiquer mérite d'être souligné : parce qu'on doute parfois que le sexe féminin ait une histoire, tant les représentations et les discours qui entourent l'existence de la femme semblent anhistoriques, hors du temps ; parce que, justement, la part d'imaginaire est grande dans le réel même de la vie des femmes ; et parce qu'il faudrait comprendre comment s'organise le rapport entre l'histoire des sexes et l'histoire sociale en général. Or toutes ces questions restent encore très simplement analysées, voire à peine distinguées les unes des autres.

La rupture révolutionnaire de ce point de vue est une bonne occasion pour apprécier l'historicité du rapport entre les sexes. D'abord parce que la rupture est telle que l'histoire est rendue visible pour tous ; aucun doute ne subsiste alors sur l'intervention historique des femmes ; ensuite parce que cette histoire semble, paradoxalement, aller à reculons, parce que les femmes sont apparemment perdantes. Julie-Victoire Daubié, féministe du second Empire, écrit un livre sur *La Femme pauvre*, la femme en quête de « moyens de subsistance »[1] ; elle y témoigne douloureusement de cette évolution et dresse le tableau précis des pertes dues aux transformations du siècle — centralisation démocratique, travail salarié, industrialisation... La rupture révolutionnaire est par conséquent une bonne occasion d'étudier l'histoire des femmes et la naissance du féminisme car on

---

1. Julie-Victoire Daubié, *La Femme pauvre au XIXᵉ siècle*, Paris, 1866 ; rééd. Paris, Côté-Femmes, 1992.

y découvre comment cette histoire est à la fois semblable et différente de celle des hommes.

Cette historicité se lit à plusieurs niveaux dans l'après-Révolution ; elle est dans le débat démocratique, assez farouchement hostile à la participation des femmes, dans l'histoire des femmes du XIXe siècle partagée tant bien que mal avec l'histoire des hommes, dans la culture contemporaine où les femmes adviennent à la responsabilité de sujet.

Trois chemins sont possibles pour lire la rupture révolutionnaire. L'un suit l'histoire de la démocratie, de l'exclusion des femmes de la *res publica* au lendemain de la Révolution française, de la régression de leur vie publique ; le deuxième cherche une vue générale sur les effets de cette rupture, semblables ou différents pour les hommes ou pour les femmes, à la fois positif et négatif pour les femmes du siècle à venir ; le dernier donne à mesurer l'engagement des femmes dans l'histoire, leur responsabilité dans le devenir historique, le rôle des mœurs dans un gouvernement, le rapport à l'opinion, publique et privée.

DE QUELQUES CAUSES,
RÉELLES ET IMAGINAIRES,
POUR EXCLURE LES FEMMES
DE L'ESPACE DÉMOCRATIQUE

Si les causes de l'exclusion des femmes relèvent de registres différents, sont à la fois vraies et fausses, événementielles ou symptomatiques, concrètes ou fictives, l'exclusion politique est un fait avéré. Les clubs de femmes sont fermés en 1793 et le Code civil fabrique, dans ses principes et dans ses articles de lois, la non-citoyenneté du sexe féminin. Le XIXᵉ siècle commence ainsi, fort de la conviction qu'une femme appartient à l'espace privé, travaille à l'intérêt de la famille à l'intérieur d'un bien commun qui lui reste étranger. Une fois cela reconnu, ce qui est ici hors de la démonstration[1], reste à en rendre raison. En général, on fait appel aux causes événementielles et nationales, on convoque l'histoire et la géographie.

En France, l'exclusion est prononcée pour freiner ou enrayer des processus en cours : les femmes avaient pris trop d'importance sous l'Ancien Régime, trop de pouvoir même ; ou encore, les femmes sont trop actives dans la vie révolutionnaire, prennent trop d'initiatives. L'exclusion serait une réaction à une présence publique trop grande à la fin de la royauté, elle tenterait également d'éviter un déséquilibre social à l'aube d'une société nouvelle. La décadence féodale ou l'hystérie révolutionnaire ont donné aux femmes une place dangereuse pour la vie publique. Et, plus que social, ce danger est historique : les femmes seraient bien capables d'entraîner leur société vers le mal, d'induire un

---

1. Sur l'exclusion des femmes de la Révolution, voir Dominique Godineau, *Citoyennes tricoteuses*, Aix-en-Provence, Alinéa, 1988.

cours de l'histoire négatif : l'abbé Feucher n'hésite pas à dire à la veille de la Révolution française qu'elles sont l'agent principal de la décadence, et Sylvain Maréchal, le babouviste, écrit au lendemain de la Révolution que dès qu'une femme fait de la politique une société court à sa perte [1].

Dans la série des causes de l'exclusion des femmes de la vie démocratique moderne se trouve aussi une de leurs conséquences : le Code civil napoléonien. C'est un code civil, et il réalise donc dans l'espace de la société civile ce qu'exige la société politique, à savoir empêcher les femmes d'accéder à certains pouvoirs, domestiques et publics ; ces pouvoirs qui fabriquent le citoyen, et rendent réel le sujet démocratique. De plus, ce code est napoléonien car même s'il n'est pas l'œuvre d'un seul, il est marqué par la misogynie et l'antiféminisme de Napoléon, convaincu qu'une femme se doit à la maternité.

Ainsi l'histoire française désigne au moins trois raisons susceptibles d'expliquer cette apparente aberration que représente la mise à l'écart des femmes dans un régime politique fondé sur les droits égaux de tous ; chacune est inscrite dans l'événement : la féodalité, la Révolution,

---

1. Chevalier de Feucher, *Réflexions d'un jeune homme*, 1786 ; *Nouvelles réflexions d'un jeune homme ou Suite à l'essai sur la dégradation de l'homme en société*, Londres, 1787 ; *Lettre à Mme D***, auteur du mémoire pour le sexe féminin, contre le sexe masculin*, Paris, 1788 ; Sylvain Maréchal, *Il ne faut pas que les femmes sachent lire ou Projet d'une loi portant défense d'apprendre à lire aux femmes*, Paris, 1801.

l'Empire. Et même si le pouvoir féminin contre lequel Napoléon se garantit reste aussi imaginaire que réel (car au fond quel fut-il pour quelques femmes nobles de l'Ancien Régime ou quelques bourgeoises ou femmes du peuple de la Révolution ?), il opère comme un épouvantail : peu importe le vrai ou le faux, c'est la peur qu'il suscite qui fait sa vérité.

Le pays français et sa Révolution ont ainsi donné des dates précises à la régression de la vie publique féminine, au verrouillage de ses droits publics et privés. D'autres explications cependant tiennent moins à l'événement qu'à l'essence de la société nouvelle. Il est des causes structurelles à l'éviction des femmes de la société moderne ; paradoxalement la démocratie est la cause même du processus. Si la Révolution est l'événement qui provoque l'exclusion, la démocratie est le mouvement qui l'explique. On peut le comprendre à travers deux exemples, ou plutôt deux symptômes qui furent à l'époque l'objet de vifs débats : la question de la rivalité entre les sexes, au cas où ils auraient les mêmes occupations et les mêmes fonctions ; la mise en pratique de la règle démocratique qui suppose que le droit pour une femme est un droit pour toutes les femmes.

Ces deux débats, en cristallisant la question de l'égalité entre les sexes, méritent qu'on en souligne l'importance philosophique. Pourquoi l'égalité promise avec la fraternité n'a-t-elle de sens qu'entre les hommes ? Pourquoi n'y a-t-il que des frères justement, des frères liés

ensemble par l'utopie de leur égalité, utopie précisément qui délie les hommes et les femmes ?
La fraternité entre hommes et femmes, dit-on,
tourne toujours à la rivalité. Alors une éventuelle
égalité entre eux serait un indice négatif de leur
rapport ; elle effacerait la nécessaire distinction
entre les deux sexes, elle induirait la confusion
entre le masculin et le féminin. Car l'égalité
entre les sexes remplace l'amour par l'amitié, et
détruit le rapport sexuel. Quant à cette amitié,
elle est sans intérêt puisqu'elle s'accompagne
d'un face-à-face, lutte pour le pouvoir dont on
sait bien qu'il ne se partage jamais : là est la rivalité. La conséquence de l'utopie démocratique
semble donc double : l'accès à des droits identiques met en péril la vie sexuelle, la possession
de ces droits désigne la nature de cette vie
sexuelle, son inhérent rapport de pouvoir. L'exclusion des femmes à la naissance de la démocratie se donne simplement comme une réponse
à cette angoisse profonde de l'homme, celle de
ne plus trouver en la femme l'autre de lui-même,
l'autre qui lui assure son pouvoir.

   Le second symptôme touche au vieux problème de l'exception et de la règle. Vieux problème car la femme exceptionnelle est une
figure traditionnelle du discours masculin ; tolérée, voire admirée dans son originalité, elle ne
trouble l'ordre public que pour mieux renvoyer à
la règle ; elle fascine par la transgression même
qu'elle représente. Or l'après-Révolution casse
brusquement ce jeu parce qu'une simple évidence le rend impossible : ce que l'une peut faire,

toutes ont potentiellement le droit de le faire ; l'exception peut, ou doit, devenir la règle. L'exception, reconnue comme telle, convient aux régimes politiques à forte hiérarchie ; elle est sans justification théorique dans un régime supposant l'égalité. On imagine que cela fasse frémir ; l'excentricité de l'une ou l'autre femme à apprendre le latin, faire de la philosophie ou des mathématiques, voire écrire un livre, devient un objet de peur si elle peut se transformer en règle usuelle. Mieux vaut donc refuser, combattre toute exception ; au lieu d'être rassurante, elle est devenue dangereuse. Le XIXe siècle fera tout par conséquent pour maintenir l'exception dans sa fonction ancienne qui par là même devient caricaturale : car dans l'Ancien Régime, l'exception était une évidence hors même de la vie intellectuelle et politique ; elle était coextensive à l'ensemble de la société, à cette forme de société.

La rivalité de pouvoir et la règle démocratique apparaissent ainsi comme les deux enjeux propres à justifier l'exclusion des femmes de la cité. Or ce mouvement d'exclusion rencontre la tendance générale de la nouvelle société à distinguer plus fermement qu'auparavant les deux sphères, publique et privée. On ne saurait affecter simplement les femmes à l'espace domestique, identifier l'exclusion au renvoi à la vie privée : les femmes ne sont exclues de la vie publique que dans la mesure où elles le sont du politique ; inversement, c'est toujours en liaison avec une vie domestique que leur existence peut être publique. Aux causes événementielles et structurelles, à l'événement révolutionnaire comme à la naissance de la démocratie, s'adjoint la transformation historique de longue durée, celle qui affecte la famille et le travail et redistribue les sphères du privé et du public. En désolidarisant l'activité familiale, le lieu de la reproduction, de celui de la production, de l'activité industrieuse, l'ère postrévolutionnaire a, momentanément du moins, desservi les femmes.

Après cet assez strict tableau où se dessinent les différents pôles explicatifs de l'étrange exclusion des femmes à l'époque contemporaine, certaines questions resteront cependant sans réponse. On en donnera deux, très simples, et naïvement formulées. L'une tient à l'histoire même, à celle de la Révolution : pourquoi la Révolution laisse-t-elle aller les femmes dans les rues, les clubs et les tribunes, pour ensuite les arrêter brutalement dans cet élan ? Question d'histoire qu'on retrouve à chaque révolution des siècles suivants ; question d'histoire au sens strict car il paraît difficile d'y répondre simplement par une analyse instrumentalisant les femmes, les désignant comme un moyen politique dans la stratégie révolutionnaire : les lâcher pour accélérer le mouvement révolutionnaire, les contrôler ensuite pour les éloigner du pouvoir.

L'autre question tient à la philosophie : pourquoi la pensée démocratique aurait-elle eu si peur que se perde la différence sexuelle, que se déclare une confusion entre les sexes propre à en déstabiliser le rapport, qu'hommes et femmes soient pris dans un vertige identitaire ? Peut-on vraiment échapper, dans quelque société que ce soit, à l'empiricité de la différence sexuelle ? Imaginairement peut-être ; mais alors il faut croiser l'imaginaire et le politique pour que le vertige identitaire ait quelque raison d'être. Certes, l'expression de la peur cache une stratégie bien connue, la volonté d'un sexe de dominer l'autre. Cela est vrai mais n'épuise pas la question philosophique : comment se joue la partie entre le Même et l'Autre ?

DES EFFETS RÉELS DE L'EXCLUSION SUR L'HISTOIRE DES HOMMES ET DES FEMMES AU XIXᵉ SIÈCLE

La peur de la confusion sexuelle a été bien contrôlée et la domination masculine a repris ses droits. Simplement cette peur participe du mirage démocratique qui s'aveugle volontiers sur les diverses exclusions qui l'accompagnent ; les femmes y retrouvent nombre d'hommes, les pauvres et les esclaves notamment. L'histoire des femmes rencontre ici l'histoire d'autres exclus, et sur bien des points le réseau d'arguments qui justifient ces exclusions est uniforme : on argue d'un manque d'éducation intellectuelle (les femmes et les pauvres), d'une interrogation sur le degré d'intelligence (les Noirs et les femmes), sur les rapports de dépendance affective ou matérielle, sur l'inutilité d'intéresser certaines catégories sociales au bien public, etc. Les arguments de l'exclusion peuvent être les mêmes, ils auront cependant des effets divers suivant les catégories d'exclus : l'exclusion peut se traduire par des empêchements (aller dans tel ou tel lieu public, obtenir tel ou tel droit civil, etc.), elle a cependant un but principal, celui d'interdire l'accès au politique. De fait, l'interdiction du politique n'est jamais formulée dans sa brutalité, elle se manifeste le plus souvent comme une conséquence, un effet de ces divers empêchements, de ces interdictions supplémentaires. Qu'il y ait des différences suivant chaque groupe d'exclus souligne la difficulté à comparer ou à assimiler entre elles ces diverses exclusions ; et pourtant il est nécessaire de les rapporter les unes aux autres. L'histoire de la lutte contre l'exclusion et pour l'émancipation le montre fort bien, puisque les exclus eux-mêmes s'associent, les ouvriers et les femmes chez les saint-simoniens, les Noirs et les femmes aux États-Unis... mais se dissocient tout aussi bien par les conflits de classe et de sexe qui surgissent entre eux ; disputes sur la hiérarchie des exclusions, sur la solidarité dans l'action.

La spécificité de l'histoire des femmes, de leur exclusion au lendemain de la Révolution française, est, sans conteste, définie par le renforcement du partage entre le domestique et le public.

Si le politique détermine toujours l'exclusion, ses effets ont lieu ailleurs, dans la société civile, dans les représentations sociales et les mentalités ; là où elle paraîtra se justifier, s'enraciner dans des espaces de vie naturels. La « séparation des sphères » doit se révéler nécessaire et fondamentale, et par là même assurer l'efficacité de la discrimination. Séparer, partager, exclure : l'essentiel est de maintenir la distinction entre l'homme et la femme ; la rigueur du partage des sphères au XIXᵉ siècle s'interprète aussi à travers cette distinction nécessaire à la domination. La séparation des espaces, le partage des sphères, produit alors un « divorce d'esprit », dira Edgar Quinet [1]. D'autres encore diront qu'au XIXᵉ siècle les hommes et les femmes parlent deux langues différentes et ne peuvent communiquer tant leurs chemins semblent contraires.

Le partage d'abord : il est celui du domestique et du public autant que celui de la reproduction et de la production ; partage d'espace que la répartition des fonctions au regard de l'espèce et de la société autant que les innovations du siècle à venir renforceront : l'intimité de la maison bourgeoise d'un côté, le travail salarié et extérieur de l'autre. Mais ce partage n'a de sens que parce qu'on circule de façon réglée d'un lieu à l'autre, qu'on le transgresse parfois. Et surtout une interprétation trop réaliste serait stupide : si la femme doit rester dans l'espace privé, elle

1. Edgar Quinet, *Le Christianisme et la Révolution française*, 1845.

n'est pas pour autant hors société, si elle doit obéir à sa fonction reproductrice, elle n'est pas simplement renvoyée à sa nature animale. En d'autres termes : l'espace domestique et la maternité sont toujours présentés comme des hors-lieux, comme en soustraction à la vie publique et au mouvement de civilisation, alors qu'ils en sont partie prenante. Exclusion ne veut pas dire refoulement, et toute interprétation de l'histoire des femmes qui les situe en dehors de celle-ci fige l'analyse de la différence sexuelle sans en percevoir le jeu.

Car jeu il y a : si l'exclusion politique est relativement claire à voir, la place de la femme dans la société civile est beaucoup plus complexe. En effet, l'espace de la société civile, où se croisent précisément l'espace privé et l'espace public, est traversé de contradictions suscitées par les divers statuts de la femme, principalement ceux de fille, d'épouse, de célibataire ou « fille majeure ». Comme fille, elle semble mise par le nouveau Code civil sur un pied d'égalité avec le garçon puisque le droit d'aînesse est supprimé au profit d'un héritage égal pour chaque membre de la famille ; comme épouse, elle est contrainte à une extrême dépendance à l'égard du mari puisque malgré la promesse de réciprocité de l'article 212 du Code civil, bien d'autres articles de ce même code entérinent l'absence de volonté et de liberté de l'épouse ; comme fille majeure, elle a des devoirs qu'elle ne devrait pas avoir, celui de payer des impôts par exemple, devoir correspondant normalement au droit d'être citoyen à partir d'un certain niveau d'imposition fiscale. Ainsi, si l'exclusion politique se double d'empêchements civils, les contradictions de la société civile indiquent néanmoins aux femmes les moyens de leur émancipation. Les féministes sauront se servir de ces contradictions pour gagner des droits.

Si les sphères d'existence se partagent, se distinguent tout en renvoyant l'une à l'autre, se restructurent en fabriquant l'exclusion et la dépendance des femmes, il semble que le rapport entre les sexes y perde de la souplesse : Edgar Quinet parle d'un « divorce d'esprit », Alfred de Musset voit les hommes et les femmes figés dans un face-à-face : « Peut-être était-ce la Providence qui préparait déjà ses voies nouvelles, peut-être était-ce l'ange avant-coureur des sociétés futures qui semait déjà dans le cœur des femmes les germes de l'indépendance humaine, que quelque jour elles réclameront, mais il est certain que tout d'un coup, chose inouïe, dans tous les salons de Paris, les hommes passèrent d'un côté et les femmes de l'autre : et ainsi, les unes vêtues de blanc comme des fiancées, les autres vêtus de noir comme des orphelins, ils commencèrent à se mesurer des yeux[1]. » Clémence Royer écrira plus tard dans le siècle que chaque sexe parle deux langues différentes[2]. Plus que

---

1. Alfred de Musset, *La Confession d'un enfant du siècle*, 1836.
2. Clémence Royer écrit : « Les deux moitiés de l'humanité, par suite d'une différence trop radicale dans l'éducation, parlent deux dialectes différents, au point de ne pou-

jamais dans l'histoire des sexes ? Peut-être, si l'on cherche à comprendre ces constats d'écrivains comme les symptômes de mouvements de civilisation : la société contemporaine se construit en fait sur un double mouvement, mouvement qui entraîne chaque sexe dans une direction différente. L'image la plus fréquente est l'opposition entre l'homme nouveau du XIXᵉ siècle, laïque et républicain, et la femme ignorante, pétrie de religiosité ; à qui l'homme laïque justement refuse l'égalité démocratique (le droit de vote notamment) par peur de son conservatisme intellectuel et moral, entretenant ainsi les femmes dans leur retard à l'égard du mouvement de civilisation. Mais en deçà de l'idéologie, de l'image du progrès et de la tradition, se profilent des tendances profondes : tandis que l'homme accède à l'autonomie de l'individu, à une ultime position de sujet, la femme est consacrée dans sa dépendance vis-à-vis du maître ; tandis que l'homme s'émancipe de la nature, dépasse même l'état de « maître et possesseur » de cette nature pour en devenir l'interprète et l'analyste sachant reconnaître l'évolution des espèces, l'histoire de la nature, tout comme son sens caché, sa biologie ou son inconscient, la femme est impérativement rappelée à sa fonction ancestrale de reproductrice de l'espèce, à son travail de mère, bref à une

voir que difficilement s'entendre sur certains sujets et même sur les sujets les plus importants », *Introduction à la philosophie des femmes* (1859), Paris, La Découverte, 1985.

nature hors du temps. Et pourtant la femme, cet être naturel et dépendant, est susceptible d'accéder aux privilèges de l'homme. Mais qu'elle puisse se hisser à la position de sujet et d'individu indépendant est une autre histoire, celle qui prend son essor tout au long des XIXe et XXe siècles et dont le féminisme (né après 1830) est la manifestation la plus voyante. Et si l'ère postrévolutionnaire commence par cet écart, ce jeu d'opposition entre les sexes, cela signifie deux choses : l'exclusion des femmes du monde politique, mises à distance du nouveau régime politique, mais encore plus fondamentalement leur fonction de support de ce à quoi elles ne sont pas conviées ; elles sont l'autre de la modernité, et par là même une de ses conditions de possibilité.

RUPTURES DANS L'INSCRIPTION HISTORIQUE DES FEMMES

Causes et conséquences de l'exclusion des femmes de la cité démocratique font de la rupture révolutionnaire un événement important pour l'histoire des femmes ; il déclenche en effet un mouvement de radicale distinction entre les sexes, un mouvement d'exclusion, nouvelle forme de la domination, dont on sait aujourd'hui qu'il entraîne un mouvement consécutif d'inclusion : chance inouïe dans l'histoire, la démocratie est un régime politique, en son principe premier, plus hostile aux femmes que la féodalité ou le libéralisme, mais par son processus même de développement, le mieux en mesure de rendre possible la circulation libre des femmes dans l'espace social, et l'accès égal aux activités et fonctions réservées jusqu'alors aux hommes.

Ce mouvement de bascule excède l'histoire de la démocratie et participe plus largement de l'histoire moderne, de la modernité comme telle. Pour le comprendre, il faut revenir à d'autres notions, notamment la « responsabilité » des femmes dans l'histoire.

Voilà, en effet, une manière de participer à l'histoire : y prendre sa part de responsabilité. La fin de l'Ancien Régime est marquée, dit-on, par le pouvoir excessif des femmes, de leurs salons, de leur esprit. Plus encore : on pense, tel Rousseau, qu'elles contribuent à la décadence des mœurs (donc du goût), à la décadence de la société tout entière[1]. Elles sont responsables de la mauvaise évolution de la société, elles sont fautives tout simplement parce qu'elles semblent avoir du pouvoir, elles sont, concluront des auteurs moins délicats que Rousseau, coupables. On passe aisément de la responsabilité à la culpabilité, d'une part de responsabilité à une totale culpabilité : en dégradant les mœurs, les femmes corrompent l'homme lui-même. L'argument réapparaît à plusieurs reprises au siècle

---

1. J.-J. Rousseau, *Discours sur les sciences et les arts*, 1750.

suivant, notamment lors de la guerre de 1870 et de la Commune.

Si les femmes sont responsables du mal, elles le sont aussi du bien. Au lendemain de la Révolution française on leur confie l'éducation des enfants, le rôle de gardienne des mœurs du foyer, la tâche de maintenir un bon niveau de moralité sociale. Rien de très nouveau, sauf que la responsabilité morale devient le pendant de la responsabilité civique : il y a ceux qui font les lois et celles qui font les mœurs, ceux qui ont des droits et celles qui ont des devoirs. Ce partage, pour caricatural qu'il soit, est dénoncé à satiété par les féministes du xixᵉ siècle. Et s'il est moins caricatural dans la réalité que dans le discours, il remplit bien sa fonction : contrebalancer l'exclusion politique des femmes, leur donner du pouvoir sans accès au pouvoir. Le pouvoir féminin de la fin des Lumières fut néfaste parce qu'il mélangeait morale et politique ; une femme ne saurait, en effet, faire d'elle-même la part entre les deux domaines ; ou plutôt, une femme ne saurait avoir de l'ascendant sur la société, dit clairement Rousseau, que s'il est bien dirigé, en un mot que si l'homme en énonce la règle d'usage. De là à conclure que la femme est irresponsable, il y a un pas vite franchi ; s'il ne l'est pas toujours, c'est parce qu'il faut en même temps se réserver la possibilité de rendre les femmes responsables du mal social. La faiblesse de leur volonté explique cette ambivalence : soit une femme ne sait pas ce qu'elle fait et elle est un danger politique si elle a tant soit peu de pouvoir, soit une femme laisse l'homme la diriger et elle peut faire le bien.

Alors, derrière le partage exclusif entre la loi et les mœurs, adouci par la vision complémentaire des sexes sur lequel il se fonde, se profile tout autre chose : l'idée que la volonté des femmes est incapable d'autonomie. Ce fut l'extraordinaire tentative de certains hommes nouveaux de la Révolution : soutenir la faiblesse de la raison féminine, plus même, douter de cette raison pour prouver combien elle doit dépendre de celle de l'homme. Tentative qui croise évidemment celle des femmes en sens inverse : pendant que le babouviste Sylvain Maréchal publie son pamphlet sous la forme d'un projet de loi « portant défense d'apprendre à lire aux femmes », Mme de Staël écrit deux romans, *Delphine* et *Corinne*, qui pourraient lui répondre. Car ces deux femmes romanesques usent pleinement de leur autonomie, dans le choix d'amour comme dans l'expression d'elles-mêmes. Elles désignent ainsi la délicate mutation des femmes qu'un seul mot dépeint, celui d'« opinion » : opinion des autres sur elles-mêmes, l'Opinion disait-on au XVIIIe siècle, et opinion comme idée personnelle, vérité de soi. Delphine et Corinne, l'une et l'autre, sont à la fois des victimes de l'Opinion et des figures de la femme nouvelle, sûres de leur droit à penser par elles-mêmes, à avoir une opinion. Elles subissent l'Opinion, mais aussi donnent leur opinion. Ce jeu sur les mots vaut mieux que sa subtilité : comme aux hommes, la modernité offre aux femmes la possibilité de devenir sujets ; sujets de droit a-t-on dit, mais aussi sujets de raison. Le droit et la raison sont une seule et même chose certainement ; la raison cependant ouvre un champ plus vaste d'activités. Elle est ainsi un meilleur critère pour juger d'une possible égalité entre les sexes : la possession et l'autonomie de la raison donnent aux humains une ressemblance qui excède les catégories auxquelles ces humains appartiennent, race ou sexe par exemple. Pour refuser l'égalité entre les sexes, il suffit de mettre en doute la possession et l'autonomie de la raison féminine (trop dépendante du corps, d'autrui) ; c'est l'entreprise de Sylvain Maréchal. En revanche, interpréter le moment révolutionnaire en termes de droits, égaux pour tous, rend la discussion difficile, et même sans issue pour les siècles à venir, jusqu'aujourd'hui : le débat entre identité et différence, support de la discussion sur des droits semblables pour tous ou particuliers suivant le sexe, marque continûment le féminisme et le progressisme républicain. Et ce débat, maintenant une comparaison impossible entre les sexes, fait écran à la subtilité d'une discussion sur la raison questionnant d'un même mouvement ressemblance et disparité entre hommes et femmes, masculinité et féminité de l'exercice de cette raison. Avoir, donner son opinion, est pour une femme un acte plus fort que de disposer du même droit ; même si l'acquisition d'un droit est une sorte d'autorisation pour avoir, exprimer une opinion.

Alors il est inutile d'attendre la lente conquête

des droits des femmes (parfois universels comme le droit politique, parfois particuliers comme les droits de protection de la maternité), pour voir quelle nouveauté implique la rupture révolutionnaire. Dans sa radicalité, le débat sur la raison ne laisse guère d'alternative : les femmes appartiennent au même monde que les hommes, et tout autre discours n'est que casuistique, arguties où se mêlent fantasmes et idéologie primaire, pour tenter d'établir que même si la femme a une raison elle est stupide. Quant à la discussion sur la part du sexe dans l'exercice de la raison des hommes ou des femmes, elle reste à mener[1].

La rupture révolutionnaire n'entraîne pas immédiatement la naissance du féminisme, elle en donne cependant la possibilité. Le conflit entre les sexes dont le caractère premier est d'être atemporel, pour ne pas dire éternel, a pourtant une histoire. Sous le nom de « querelle » on désigne depuis la fin du Moyen Âge les discours contradictoires tenus sur l'excellence, la précellence de l'homme sur la femme, et inversement. Joute oratoire sans fin où les arguments sont à la fois riches et pauvres, pertinents et stupides, querelle infiniment répétée avec plus ou moins de finesse et de talent. Or cette querelle

---

1. Cf. le colloque *Exercice du savoir et différence des sexes* organisé au Collège international de philosophie (juin 1990) avec Monique David-Ménard et Michel Tort, Paris, L'Harmattan, 1991.

cesse avec la Révolution ; non pas le conflit entre les sexes, mais cette expression particulière du conflit. La querelle, en effet, est portée au tribunal ; elle change de lieu avec l'ouverture d'un débat public politique. Car la Révolution introduit un échange rhétorique, un débat contradictoire où les procédures de la querelle se formalisent en fonction d'instances supérieures. Alors la querelle cesse d'être un simple échange, change ses formes d'expression : deux femmes répondent à Sylvain Maréchal, Albertine Clément-Hemery et Marie-Armande Gacon-Dufour [1], et elles ne répondent pas simplement pour dire le contraire ; elles intègrent dans leur texte la question rhétorique, celle de la procédure de langage : elles déconstruisent le texte de Sylvain Maréchal, dénoncent les contradictions, débusquent les arguments pervers ; bref elles convoquent un « tribunal de la raison », là où les arguments ont à faire leurs preuves. Ce sera une des tâches du féminisme de dénoncer les mauvais arguments et de fonder rationnellement ses propres exigences : l'émancipation des femmes est une affaire de bon sens, de logique, de justesse autant que de justice. La querelle cède la place au procès, conflit assujetti à des règles rhétoriques nouvelles ; elle se déplace dans un tribunal imaginaire, lieu politique où s'affronte-

---

1. Ces textes ont été réédités dans *Opinions de femmes. De la veille au lendemain de la Révolution française*, Paris, Côté-Femmes, 1989 ; le passage de la querelle au procès fait l'objet du dernier chapitre de *Muse de la raison, op. cit.*

ront désormais partisans et adversaires de l'égalité des sexes. L'image est de Stuart Mill, et la conclusion aussi : le procès n'aura jamais vraiment lieu car il est intenable ; l'échange d'arguments entre plaignants et juges est faussé par une relation entre les sexes, par la relation sexuelle, qui excède le lieu de la parole de raison. Et pourtant quelque chose a définitivement changé, précisément l'inscription des femmes dans le champ de la parole publique, leur droit à l'opinion, à une raison citoyenne. De là naîtra le féminisme. La responsabilité des femmes dans leur participation à l'histoire peut désormais ressembler à celle de n'importe quel acteur historique. Même si on continue pendant longtemps encore à voir dans les femmes des fauteuses de trouble en politique, une autre scène est possible où elles sont de simples sujets historiques.

La rupture historique de la Révolution française ne saurait servir de modèle pour réfléchir sur l'histoire des femmes. C'est seulement une « bonne occasion » : un événement, doublé d'une rupture politique. Elle entraîne tout un discours sur les causes et les effets de cette rupture où la différence des sexes joue un rôle non négligeable.

Par ailleurs, cette reconnaissance d'une « histoire sexuée » ouvre sur une autre perspective, celle d'une modernité construite avec la différence des sexes. En découvrant que le progrès pour l'un des sexes peut être régression pour

l'autre, que l'histoire prend en même temps plusieurs chemins, on comprend que les sexes ne
jouent pas seulement des rôles sur une scène,
celle de l'amour et de la guerre et du rapport de
domination entre hommes et femmes ; ils fabriquent l'histoire à partir de la différence des
sexes ; ou plutôt, un sexe trouve en l'autre sexe ce
que Dieu ou la nature lui donnait auparavant, et
le rapport entre sexes est partie prenante du
monde qui change. Telle pourrait bien être
l'« histoire sexuée » de la modernité.

5

Raison et nature

Nulle part la différence des sexes ne fait l'objet d'une théorie globale. En la matière, c'est l'éparpillement qui l'emporte, ou pour mieux dire l'éclatement ou la dislocation ; comme si une certaine cohérence du propos sur les sexes et leur différence ne devait pas se donner à voir ; comme si au contraire une certaine incohérence apparente était nécessaire au travail de la pensée ; considérons ce désordre comme significatif, comme partie intégrante du propos. Et si je livre ici des éléments organisateurs d'une représentation de la différence des sexes, il faut y voir le résultat d'un processus de reconstruction, comme pour un puzzle. Tout repérage de principes généraux relève ici d'une lecture après coup.

Reste que certaines époques entraînent une redéfinition de la différence des sexes telle qu'elle apparaît bien, en fin de compte, de l'ordre du fondement délibéré, quels que soient les masques dont elle se sert. Ces moments de brèche où est repensé le lien social nécessitent

inévitablement une reformulation du lien
sexuel. Le passage de la féodalité à la démocratie
pose évidemment, de façon très directe, la question de l'égalité des sexes, non seulement dans la
société civile, mais aussi dans la société politique. De manière abrupte, les penseurs de la
société nouvelle vont établir la nécessaire exclusion des femmes de la vie politique, et par conséquent de la vie publique en général, à travers
toute une série de mesures civiles, de préceptes
moraux et d'assertions scientifiques. À la question de savoir si cette exclusion est le produit de
l'histoire événementielle de ce temps ou un effet
de la mise en place de la structure démocratique,
j'ai répondu que l'exclusion des femmes, à la
croisée de ces deux interprétations, est inhérente à l'instauration de la démocratie, qu'elle
est au principe mais non dans l'essence même de
la démocratie. Par principe il faut entendre
aussi bien l'origine historique propre au lendemain de la Révolution française (mélange de critique de la place des femmes à la fin de la féodalité et de réaction négative à la présence des
femmes dans l'espace révolutionnaire) que le
mouvement premier de la pensée démocratique
qui recule devant l'annulation de la différence
sexuelle. Elle prétend en effet que l'égalité des
sexes signifie dans l'espace civil et politique rivalité incongrue entre l'homme et la femme et dans
l'espace privé dissolution de l'amour dans l'amitié. Or si cette pensée de l'identité démocratique
tient *a priori* à préserver la différence sexuelle,
elle n'échappe pas à son destin qui est de voir les

exclusions proférées à sa naissance à l'encontre des femmes se transformer nécessairement, par le jeu même de la démocratie, en inclusions progressives des femmes dans les lieux réservés aux hommes. Pour ce qui est de l'égalité des sexes à proprement parler, le féminisme, comme mouvement social et politique, se déploie effectivement au XIXe siècle, et fait ainsi preuve ; en cela le principe démocratique, originel et originaire, de l'exclusion se heurte à l'époque moderne à sa propre disparition.

Dans la formulation concrète du principe démocratique d'exclusion, qui me semble la pensée dominante de l'après-Révolution, comme dans la reformulation du lien sexuel qui l'accompagne, tout se joue, on ne s'en étonnera guère, autour de deux pôles, dualité de l'être humain, l'esprit et le corps. Dans le cadre postrévolutionnaire, ils ont pour dénomination plus singulière les termes de raison et nature. On considérera successivement l'un et l'autre, bien que l'un ne soit jamais absent quand on parle de l'autre.

LA RAISON

Chez des auteurs aussi divers que le babouviste Sylvain Maréchal, le républicain Condorcet, l'écrivain (et idéologue) Stendhal ou le partisan de la Restauration Joseph de Maistre, on trouve les trois mêmes registres d'arguments et de preuves pour décider de l'identité, ou non, de la raison de la femme au regard de celle de l'homme : il s'agit de la vérité historique, du fonctionnement social et de la preuve par la nature. Indépendamment du fait qu'ils sont appelés à servir une démonstration, ces trois niveaux d'arguments donnent les repères propices à l'analyse d'aujourd'hui.

Soit la vérité historique : la présence ou l'absence, dans l'histoire, de femmes ayant su dans les lettres, les arts ou la politique, faire usage de leur esprit aussi bien que les hommes, peut faire preuve, ou non, pour que toutes les femmes accèdent au savoir comme les hommes. Car leur caractère inévitable d'exception est à double tranchant : soit il est porteur de promesses (l'exception sert d'exemple, peut faire règle à l'avenir), soit il indique une anomalie indépassable, quasiment une minorité dans le genre féminin. Ainsi la vérité historique n'existe, on s'en serait douté, qu'au regard d'une interprétation qui lui confère sa véracité ; elle permet aussi, fût-ce déjà comme une simple énumération de faits, d'inscrire d'une manière ou d'une autre la vie des femmes dans le temps : soit le temps n'existe que comme simple répétition où apparaît régulièrement une exception et l'histoire ne change rien à la nature des femmes, soit le temps n'a un passé que pour soutenir un avenir le dépassant. Dans le second cas seulement on peut envisager la perfectibilité de la raison des femmes : l'expérience de quelques femmes passées peut justifier le droit de toutes les femmes futures, l'exception historique peut prêter main-forte à la mise en œuvre de la règle démocratique. Hormis Condorcet, on pense en général que l'exception féminine restera telle.

Quant à l'argument fondé sur le bon fonctionnement de la société, il tient en un mot : la destination ; il faut accorder la vie sociale à la destination de la femme, ou encore, inversement, il faut accorder la nature de la femme à sa destination sociale. Ainsi les termes sont permutables, la destination d'une femme est autant naturelle que sociale : la société fait dire à la nature ce qu'elle veut ou la nature fait dire à la société ce qu'elle doit. Ce type d'arguments en cercle se trouve par exemple chez Cabanis qui verrouille à plusieurs reprises son analyse du rapport entre physique et moral chez la femme par une affirmation quant à la place et au rôle social des femmes, par l'irruption d'un argument « fonctionnaliste » étranger à son champ d'analyse. D'une autre manière, Sylvain Maréchal analyse le naturel à partir du social et voit dans la fonction sociale de la différence sexuelle la certitude d'une disparité d'habits, donc de talents (donc de raison) entre l'homme et la femme. Dans l'un et l'autre cas, quelle que soit au départ la raison d'une femme, son usage est néfaste hors du champ, conjugal ou maternel, où évolue toute femme, et dans ce champ il est évidemment soumis à de rigides impératifs (production des bonnes mœurs, usage pour autrui et non pour soi).

L'invocation de la nature des femmes, quant à elle, relève du discours le plus classique et le plus pérenne. À ceci près que l'époque étudiée montre avec éclat combien ce discours est évolutif. Pris en main par les médecins à partir de la fin du XVIIIe siècle, il tente de se légitimer par l'apparence d'un savoir médical où les observations sur la texture musculaire se joignent à des considérations sur l'influence de l'utérus dans l'ensemble du corps féminin. Ainsi, nécessairement, la raison sera sexuée, c'est-à-dire aussi faible et fragile que le reste du corps de la femme.

La multiplicité des registres de démonstration — histoire, société, nature — unifiée dans son objectif, accorder impérativement aux femmes une raison différente de celles des hommes, une raison sexuée qui empêche, comme par définition, la femme d'être citoyenne, bute néanmoins sur l'incongruité d'une telle assertion. En effet, au lendemain des Lumières et de la proclamation des Droits de l'homme, on peut repousser l'égalité sociale et politique, on s'accorde cependant sur l'identité des êtres humains. Alors il semble délicat d'affirmer la dissemblance entre homme et femme là même où se donne la qualité principale de l'être humain, à savoir sa raison. Obstacle théorique réel auquel la rhétorique saura répondre : ce qui est vrai en théorie est faux en pratique ; si on ne doute plus de l'âme des femmes et si celles-ci sont des êtres de raison, on ne croira pas pour autant que l'usage de cette raison est semblable chez les deux sexes. De très nombreux textes, tout au long du

XIXe siècle, seront d'ailleurs construits à partir de cet argument : rien ne justifie l'inégalité entre les sexes puisqu'ils sont aussi parfaits l'un que l'autre, mais tout nous oblige à distinguer rôle et fonction dans la société, dans la vie privée comme dans la vie publique. Discours par excellence des réformateurs et des chrétiens (par exemple les Legouvé père et fils, ou l'abbé Grégoire), capables de s'indigner en dénonçant l'oppression des femmes tout en se faisant les champions de l'égalité dans la différence, exactement de l'inégalité par la différence.

Sans doute ce discours n'est-il pas uniquement français et l'emprunt à Kant de l'argument, vrai en théorie, faux en pratique, ne prend tout son sens que si on le rapporte également à la pensée de Kant sur les femmes, et en particulier au passage sur le « caractère de sexe », dans l'*Anthropologie*, c'est précisément comme « être raisonnable » que la femme est attachée à la reproduction de l'espèce ; sa tâche obligatoire de reproductrice ne la renvoie pas à l'animalité, à un moindre degré d'humanité ou à une infériorité naturelle ; au contraire : c'est la raison même, dans son identité avec l'homme, qui soutient la différence de finalité. On retrouve là, par un chemin opposé, l'argument des médecins philosophes (Roussel, Virey, Cabanis...) pour qui la participation des femmes au genre humain consiste à collaborer, de manière quasi indivise, à la survie de l'espèce cependant que l'activité masculine implique le développement et le dépassement de soi par sa raison indivi-

duelle. Dans les deux cas, la raison peut être dite
au fondement de la réalisation de soi. La raison
peut donc être à la fois sexuée et non sexuée.

Le lecteur d'aujourd'hui est sensible à l'argument en cercle qui lui est donné sans cesse : là où
l'on parle histoire ou société surgit la nature, là
où l'on parle raison vient toujours la nature car
on fait appel à la nature pour dire la raison féminine. Parce qu'à cette époque il n'y a pas d'esprit
délié du corps, mauvaise conséquence du matérialisme du xviiie siècle, il faut voir précisément
ce que ce corps, et la nature afférente, propose à
une femme.

LA NATURE

Renvoyer la femme à la reproduction de l'espèce n'est pas réduire la femme à son corps
femelle mais la constituer en tout point de son
corps comme un sexe, comme le Sexe. Si le discours des médecins philosophes dit clairement
que l'utérus porte son influence jusque dans le
cerveau féminin, marquant ainsi partout dans le
corps la différence entre un homme et une
femme, il signifie alors que le sexe féminin est
tout simplement présence du sexe comme tel ;
ce qui n'est pas le cas de l'homme, dont la fonction sexuelle reste séparée du reste de son corps
comme de son esprit. Tout entière dans son sexe,
une femme peut bien être à la fois un être raison-

nable et la reproductrice de l'espèce ; elle est dans un cas comme dans l'autre, comme raison et comme sexe, fondamentalement liée à la vie de l'espèce. C'est la raison d'être de l'humanité de se survivre, et le corps féminin représente la médiation fondamentale de ce processus de survie.

Cette destinée, cette destination exactement, peut se résumer en une image qui place immédiatement la nature féminine hors d'une représentation simpliste et mécaniste : il faut que la femme soit belle et la beauté, par-delà une donnée naturelle, est le résultat d'une élaboration personnelle. La femme prendra donc soin de son corps et de son apparence, et remplira du même coup sa vocation sociale. De fait, à l'esprit de l'homme correspond la beauté de la femme. Il faut donner à voir le beau visage et non pas le bel esprit, qui ne sera jamais un bon esprit. Tous les littérateurs reviennent sur cette alternative entre homme et femme, entre raison et corps, qui se présente à eux comme une réelle contradiction, et qui désigne ainsi, malgré tout, l'importante place des femmes dans la vie publique, dans l'espace de visibilité sociale. Et s'il est vrai que le moment postrévolutionnaire signifie aux femmes que leur place est au foyer, personne, hormis Sylvain Maréchal, ne tient à cacher les femmes loin de la société. Elles seront donc visibles par la beauté de leur corps, par l'apparence.

Or cette beauté, comme la reproduction, nécessite d'être entretenue, exactement perfectionnée. Il n'est pas question d'une immobilité de la nature mais bien de son mouvement vers le mieux. Le maître mot en la matière est l'hygiène. Il fera fortune au XIXᵉ siècle quand il s'agira de conjuguer progrès médical et moralisation des diverses classes sociales ; en attendant, dans les textes de 1800, il apparaît clairement comme une préoccupation liée au sexe féminin, comme si, là encore, seul ce sexe avait un corps. L'opposition nécessaire entre l'homme et la femme l'explique : si la femme est vouée à un perfectionnement, celui de son corps en vue de celui de l'espèce, l'homme, en revanche, est destiné à une infinie et indéfinie perfectibilité. Concept clé de la fin des Lumières, la perfectibilité, vue comme celle du genre humain, est en fait celle de l'individu singulier, de l'individu promis à une activité singulière, de l'individu de sexe masculin dont l'activité ne se fond pas dans une tâche globale et semblable à celle de tous les autres êtres masculins. À la reproduction féminine correspond la production masculine, au perfectionnement la perfectibilité.

Reste à souligner que cette notion de nature, où se place le corps de la femme, ne désigne pas un espace a-social ou ante-social où serait maintenu l'être féminin, ou un lieu imaginaire propre à maintenir une distance entre la femme et le reste du monde. Le raisonnement est effectivement toujours en cercle : la raison renvoie à la nature, qui renvoie elle-même à une raison transcendant cette nature, à une logique sociale ; ou encore la question politique relative aux femmes se résout dans un rappel de la nature et cette nature n'existe guère autrement que dans les termes où la société la pense. En aucun cas, la nature dont on entoure les femmes ne doit être prise au pied de la lettre, ne doit être représentée de façon réaliste : pour une lecture critique contemporaine, ce serait le meilleur moyen de prêter main-forte aux discours qu'on veut discréditer en accordant une validité épistémologique à ce concept de nature dont on cherche à démontrer l'illégitimité en matière politique. Plus important me semble, au contraire, le repérage des caractéristiques qui qualifient cette nature : l'indistinction des êtres féminins entre eux, fixés dans une semblable destination, le perfectionnement induit par ce processus adapté au progrès de la civilisation, et finalement, à l'évidence, l'enjeu social et politique d'une telle représentation (sa présence même dans l'ordonnancement social) qu'on aurait tort de croire archaïque. En effet, c'est dans un but éminemment moderne que la vieille nature des femmes est à nouveau reformulée.

LE CERCLE

La femme est un être raisonnable mais elle n'a pas la même raison que l'homme ; ce que son corps peut prouver, argueront les médecins philosophes. Sur la preuve de la raison par la nature, et inversement, reprenons un instant le texte de Kant, qui fait écho à la démonstration des révolutionnaires. Celle-ci tient en trois points fondamentaux : l'assujettissement de la raison des femmes à un but qui la transcende ; le perfectionnement de cette raison, au détriment de sa perfectibilité, en vue de son rôle social ; l'inadéquation entre la raison et la science au profit de la reproduction à l'identique d'un statut.

Ces trois points fondamentaux sont indiqués par le philosophe même de la raison, et l'*Anthropologie du point de vue pragmatique*, parue en 1798, est contemporaine de la pensée d'une nouvelle société. La coïncidence n'est pas surprenante et l'évoquer ici souligne à quel point le discours reconstitué à partir d'un corpus français de textes divers, de philosophes, d'écrivains, de publicistes, de médecins, etc., est en fait structuré comme un ensemble de propositions prenant sens les unes par rapport aux autres.

Dans *Le Caractère du sexe*, qui précède *Le Caractère du peuple* et *Le Caractère de la race*, Kant reconnaît que les deux sexes se rapprochent l'un de l'autre « pour l'union intime des corps, mais aussi, à leur titre d'*humains raisonnables*, en vue du but qui lui [la nature] est le plus cher, c'est-à-dire au maintien de l'espèce ; et que, d'autre part, en cette qualité [d'animaux raisonnables], elle leur a donné des inclinations sociales destinées à perpétuer leur communauté sexuelle dans une alliance domestique ». C'est donc au titre de la raison propre aux deux sexes que leur union se réalise aussi bien pour la reproduction de l'espèce que pour la production d'une vie sociale. Mais quelques pages après cette entrée en matière, la disparité entre l'homme et la femme se substitue à leur similitude, et les deux objectifs précédents deviennent uniquement ceux du sexe féminin : « On ne peut donc caractériser ce sexe qu'en utilisant pour principe non ce que nous nous *créons* pour fin, mais ce que fut la *fin de la nature* quand elle constitua la féminité... Ces buts sont : 1° la conservation de l'espèce, 2° la culture de la société et son affinement par la féminité. » Une femme ne saurait sortir de ces buts de la nature, ainsi sa raison tout entière se pliera à ces impératifs : elle ne sera jamais une raison pour elle-même.

En comparant avec les textes français, on retrouve exactement ces deux premiers points, prédominance de l'espèce sur l'individu féminin et rôle moral des femmes dans la société. Tout d'abord, la raison de l'espèce : la raison des femmes n'est pas à elle-même sa propre fin ; sa raison est en elle pour lui faire comprendre en quoi sa nature, c'est-à-dire d'abord son corps, l'emporte sur son esprit, en quoi son expression individuelle est inutile au regard de cette tâche de reproduction de l'espèce à laquelle chaque femme se donne dans un global mouvement d'ensemble. Le partage entre l'homme producteur et la femme reproductrice n'est donc pas un partage symétrique puisque la raison d'une femme consiste fondamentalement à comprendre le plan de la nature. D'où l'explication du renvoi permanent entre la nature d'une femme et son rôle social : elle obéit toujours à autre chose qu'à elle-même. D'où aussi l'importance qu'il faut accorder à l'apparence plutôt qu'à l'essence : le corps l'emporte sur l'esprit, et la femme se doit d'être belle ; et si en revanche l'esprit d'une femme l'emporte sur le corps, ce ne sera jamais qu'un « bel esprit », c'est-à-dire une raison dévoyée. Ce que confirme Kant : « Pour ce qui est des femmes instruites, elles usent des *livres* à peu près comme de leur *montre* ; elles la portent pour qu'on voie qu'elles en ont une ; peu importe qu'à l'ordinaire elle soit arrêtée ou ne soit pas réglée sur le soleil. » Là encore, ou la raison des femmes obéit à ce qui la transcende, ou elle n'a pas de sens ; elle reste prisonnière du corps physique ou du jeu social.

Ensuite la raison morale : affirmer l'importance de la présence de la féminité dans la société, la désigner par le terme de culture, indique un usage de leur raison qui fait primer le raisonnable sur le rationnel. En effet, de la maternité éducatrice à la responsabilité sociale et politique, les femmes sont celles qui font les mœurs pendant que les hommes font les lois. Alors que la raison de l'espèce annule celle de l'individu femme, la raison morale gomme l'historicité de la vie des femmes : en étant du côté de la nature, elles tournent le dos à la perfectibilité du genre humain, elles doivent travailler plutôt à leur perfectionnement, à l'amélioration de leur rôle privé et public (s'ajoutant au perfectionnement du corps par l'hygiène), qu'à la conquête du progrès. Même hors de l'histoire, la raison morale en fait des individus responsables, voire coupables des désordres sociaux. Le XIXe siècle ne cessera de dire aux femmes qu'elles sont des mères et des épouses, et que dans ces fonctions s'exerce la responsabilité de leur raison ; Kant encore : « Une femme raisonnable, dit-elle [la femme], est bien capable de ramener au droit chemin un homme égaré dans de vilaines manières. »

Enfin la raison pratique : elle s'oppose à la raison théorique, elle s'applique au corps comme à la vie quotidienne ; mais surtout la raison pratique introduit une confusion entre savoir et non-savoir. D'un côté elle est une disposition à la « science » du ménage, science qui apparemment ne s'apprend pas tout en pouvant se couvrir de termes savants comme celui d'économie domestique ; de l'autre côté elle est l'intelligence de la convenance sociale, la compréhension de la destination sociale des femmes, et, paradoxalement, elle n'est pas un savoir inné, elle nécessite une éducation (presque la totalité de l'éducation des filles peut y être consacrée). En bref, elle est l'expression d'une science de la nature, de ce qui est comme de ce qui doit être, de la « nature » féminine comme de son perfectionnement ; en aucun cas elle n'indique de direction vers le dépassement de cette nature. Voilà pourquoi cette raison pratique sait et ne sait pas, se connaît *a priori* et pourtant se cultive. Kant à nouveau : « Le sexe féminin doit pourvoir à sa propre formation et à sa propre discipline dans le domaine pratique ; les hommes n'y entendent rien. » C'est à comprendre au sens propre : l'entendement des hommes est inutile en la matière, matière pratique et matière qui suppose une formation en cercle où l'on cherche ce qui est au départ. Et si les hommes n'y entendent rien, cela n'empêche nullement qu'ils s'en mêlent.

Voilà donc les trois axes qui déterminent l'exercice de la raison chez une femme, raison unanimement reconnue par la pensée démocratique comme faculté présente chez toute femme, mais raison spécifique : elle est la raison de l'espèce plutôt que du genre humain, elle est la raison des mœurs et non celle des lois, elle est une raison pratique opposée à la raison théorique. On notera cependant une différence importante entre les textes français, ceux de Condorcet ou de Cabanis par exemple (l'un favorable, l'autre défavorable à l'identité de raison entre les sexes) et celui de Kant : ce dernier parle, au sujet des deux sexes, des « êtres raisonnables » et non de la raison ; peut-être parce que la qualité d'être raisonnable laisse la place à une diversité d'interprétations que le terme de raison ne permet guère.

Observons, pour finir, que le mécanisme de l'exclusion des femmes à l'origine de l'ère démocratique ne passe pas fondamentalement par la question de leurs droits ; le débat autour de leur raison suggère que le problème est plus large, ou encore que l'impossibilité de fonder, en droit, l'exclusion, suscite une entreprise philosophique, désordonnée peut-être, mais destinée à masquer la brutalité de la chose ; le meilleur masque étant l'espace de la moralité, là où se pensent les devoirs avant le droit, là où peuvent se conjuguer sans trop de mal l'identité et la différence des individus. La différenciation des droits entre hommes et femmes, après 1800, n'obéit pas à un seul critère mais à plusieurs (notamment on peut distinguer les raisonnements fondés sur l'infériorité ou sur l'incapacité des femmes) ; car cette différenciation des droits est un objectif, un but, jamais un fait de départ, un principe. Dans un besoin de reformulation propre à une rupture historique importante, on fonde sans fonder, on mêle débat philosophique et discussion concrète sur tel ou tel droit. On ne peut fonder ce qui est en contradiction avec les principes généraux de la démocratie [1]. La sphère du droit s'avère donc seconde et non première dans l'analyse.

Plus encore, la pensée démocratique en elle-même renforce l'étanchéité entre le monde des hommes et celui des femmes ; l'égalité des sexes s'avère impensable parce que leur identité est impossible ; deux thèmes le confirment, la réaf-

1. De ce point de vue, il serait intéressant de confronter les résultats de cette analyse des textes français avec celui du seul philosophe qui ait cherché à élaborer déductivement la subordination de la femme en matière de droit, à savoir Fichte dans *Fondement du droit naturel selon les principes de la doctrine de la science* (1796-1797), Paris, PUF, 1984.

firmation de la dépendance de l'être féminin, donc de son impossible autonomie de sujet individuel, et le refus que le principe démocratique qui suppose que l'exception fasse règle soit applicable au sexe féminin. Sur deux registres essentiels, celui de l'indépendance du sujet moderne et celui de l'appartenance collective à une société, on tente de verrouiller la différence des sexes, et la nature féminine s'avère là une aide précieuse. Par exemple on débat longuement pour savoir quel type de société est le mariage, s'il peut être l'objet d'un contrat entre deux volontés capables de consentement ou s'il est une union fusionnant hiérarchiquement les êtres dont l'un est, par nature, plus faible que l'autre ; par là, toute la relation entre un homme et une femme, entre l'espace public et l'espace domestique, se trouve définie. De même, si on reconnaît des exceptions au statut de reproductrices de l'espèce, on rejette l'idée de l'intégrer dans une dynamique de progrès, dans le processus logique d'une transformation de la règle sociale ; car les femmes comme groupe humain se rattachent à l'espèce et non à une possible démultiplication d'individus libres d'eux-mêmes. Ce n'est pas l'espace juridique, mais l'ère démocratique qui pose la question de l'égalité des droits.

Le passage de la féodalité à la démocratie implique finalement que la fonction remplie par la royauté de droit divin, comme autorité supérieure, soit renouvelée ; comment, si ce n'est par l'appel à d'autres « transcendances », autorité de

la nature d'un côté, autorité de la raison patriarcale de l'autre ? Une de mes hypothèses est que
la rigidité imposée dans la représentation de la
différence des sexes, dans l'affirmation de distinctions strictes entre hommes et femmes, est
une réaction conjuratoire, l'expression d'une
peur fondamentale, celle qui imaginerait une
confusion possible entre les deux sexes, la fin
d'une nécessaire différence ; celle-ci étant importante aussi bien pour assurer l'ordre dans le
monde sensible que pour maintenir la cohérence
du monde intelligible : la nature des femmes et la
raison des hommes laisseraient ouvert un espace
de transcendance.

6

L'homme générique
et le sexe reproducteur

> *Il n'y a aucune différence entre un médecin qui veille et un philosophe qui rêve.*
>
> Diderot,
> *Le Rêve de d'Alembert.*

Le moment historique choisi ici, les années 1800, se caractérise par la profusion des discours médicaux tenus sur la différence des sexes. Ces discours s'inscrivent entre deux points de repère, une révolution politique, passage d'une société à une autre, fin du lien féodal et apparition indécise d'un nouveau lien social (progressivement démocratique) d'une part, et une mutation épistémologique, indiquée par Michel Foucault, celle qui abandonne le classement des êtres visibles, la taxinomie, pour rendre possible la biologie, avec la notion d'organisme, seule susceptible de rendre compte du rapport entre la structure et la fonction d'un corps, d'autre part.

De l'identité des deux sexes à l'intérieur de l'espèce à la distinction des corps visibles, ou encore, de l'identité et de la différence des fonctions organiques au partage strict dans la distribution de la reproduction, il faut, d'un pôle à l'autre, réélaborer ressemblances et dissemblances entre hommes et femmes. De même, de l'identité du droit de l'homme, être humain, à la répartition des rôles domestique, civil et politique, à partir des fonctions organiques, on doit penser un passage dont on imagine la difficulté.

LE MÉDECIN PHILOSOPHE, DISCOURS SUR UN GENRE ET UN SEXE

Je me réfère ici aux discours de ceux qu'on appelle alors les « médecins philosophes », Roussel, Moreau de la Sarthe, Jouard, Cabanis, Virey, etc.[1], et je choisis de citer deux d'entre eux, dont les statuts sont tout à fait opposés, Virey et Cabanis. Ils disent sensiblement la même chose tout en introduisant chacun des nuances significatives.

1. Pierre Roussel, *Système physique et moral de la femme*. Paris, 1775 ; Pierre Cabanis, *Rapports du physique et du moral de l'homme*, 1802 ; Jacques Moreau de la Sarthe, *Histoire naturelle de la femme*, 1803 ; G. Jouard, *Nouvel Essai sur la femme considérée comparativement à l'homme, principalement sous les rapports moral, physique, philosophique, etc.*, Paris, 1804 ; Julien-Joseph Virey, *De la femme sous ses rapports physiologique, moral et littéraire*, 1823.

Julien-Joseph Virey est pharmacien avant d'être médecin et philosophe amateur : mais il est qualifié, et se qualifie surtout, de « médecin philosophe ». Il représente en effet une des ultimes figures de la lignée de ceux qui, comme médecins, s'autorisent à mêler pratique et théorie, hypothèses et convictions, pour dire avec autorité ce qu'il en est de l'homme et de la femme. Pierre Cabanis est médecin d'une part, et philosophe d'autre part, deux positions qu'il occupe à la fois dans les institutions et l'opinion, deux positions qui n'entraînent aucune dénomination simple de « médecin philosophe » mais qui se mêlent dans sa pensée, notamment dans son ouvrage, les *Rapports du physique et du moral de l'homme* (1802).

L'un et l'autre tiennent à mener une réflexion qui joigne savoir médical et travail philosophique. Dans son dernier ouvrage, *De la physiologie dans ses rapports avec la philosophie* (1844), Virey plaide encore pour l'articulation des deux, physiologie et philosophie : « Chaque jour la philosophie, dans le vol audacieux d'une métaphysique transcendante, accuse la *physiologie* d'ignorer le monde intellectuel et moral, en creusant péniblement le sillon des faits physiques, ou de n'étudier que l'univers matériel. Chaque jour la *physiologie*, fière à son tour de ses découvertes dans la profondeur des sciences naturelles, reproche à la psychologie de prétendre expliquer les facultés mentales de l'homme et des autres êtres, soit instinctifs, soit réfléchissants, sans avoir pénétré dans la sphère de l'organisa-

tion, et surtout dans celle de l'appareil ner-
veux [1]. » Pour Cabanis, en revanche, la médecine
est autant une science qu'un art, et comme telle
entretient des relations « très intimes avec l'histoire naturelle et différentes branches de la physique, avec la philosophie rationnelle et la morale [2] ». Virey renvoie dos à dos physiologie et
philosophie, supposant simplement qu'elles
devraient être complémentaires ; Cabanis pose
plus subtilement l'« étude de l'homme physique » au fondement de la médecine et de la
morale, comme support d'une définition de la
santé et des « moyens » de la garder d'un côté,
d'une analyse de l'intelligence et de la volonté
avec les « règles » du bonheur de l'autre.

Une certitude commune anime ces deux
démarches, celle affirmant un rapport entre le
physique et le moral de l'être humain, et cette
certitude les inscrit quelque part entre ceux qui,
à la manière cartésienne, séparent l'âme et le
corps, et ceux qui, matérialistes, font du corps
une détermination essentielle. Médecine et philosophie : ce choix philosophique exprime une
théorie du rapport du physique et du moral, du
corps et de l'esprit. Or, curieusement, dans ces
discours des médecins philosophes sur l'être
humain, la femme semble être l'objet principal
des réflexions : apparemment, elle occupe le

1. J.-J. Virey, *De la physiologie dans ses rapports avec la
philosophie*, Paris, 1844, p. v.
2. Cabanis, cité par F. Picavet, *Les Idéologues*, Paris, 1891,
p. 217 ; voir aussi la préface de l'ouvrage de Cabanis.

devant de la scène théorique, elle est objet de dissertation sous la plume de ces auteurs dont on n'oublie pas qu'ils sont tous masculins.

Pierre Roussel écrit un *Système de la femme*, Jacques Moreau de la Sarthe une *Histoire naturelle de la femme*, Virey intitule son ouvrage *De la femme* ; seul Cabanis écrit, c'est le titre du cinquième mémoire de son ouvrage, sur *L'Influence des sexes*. Il faut regarder encore de plus près : Roussel publie en second lieu un *Système de l'homme*, et Virey avait écrit tout d'abord une *Histoire naturelle du genre humain*. G. Jouard est peut-être l'auteur qui résume le mieux la situation en intitulant son ouvrage *Nouvel Essai sur la femme considérée comparativement à l'homme* (1804).

Ainsi apparaissent, d'un côté la femme et les sexes, le sexe et les deux sexes, et de l'autre, en quasi-symétrie, l'homme et le genre, comme une opposition entre particulier et général ; l'indication de tous ces titres nous mène aux remarques suivantes :

Les deux sexes ne sont pas traités de la même façon, le discours sur la femme est privilégié, très exactement on analyse en quoi son être sexué la rend irrémédiablement différente. Cet être sexué pourrait bien être la représentation même de la différence des sexes.

L'analyse de l'homme ne renvoie guère à son être sexué ; Roussel écrit sur l'homme sans parler de son sexe ; autant faire alors, comme Virey, une histoire de l'homme en général, de l'homme générique, du genre humain. Glissement des termes où l'on n'oppose plus femme à homme mais femme à genre (humain). Non pas le genre grammatical qui renverrait à l'un ou l'autre sexe, à une partie du genre humain, mais le genre spécifique et biologique qui subsume races et sexes, qui subsume le sexe au point de l'effacer, tel Virey qui annonce un chapitre sur la femme dans son histoire du genre humain... et ne l'écrit pas. La femme serait-elle le tout du sexe, et l'homme le tout du genre ?

Doit-on dire qu'il n'y a qu'un sexe, le sexe féminin ? La terminologie semble s'y prêter, on dit le Sexe avec une majuscule, le Beau Sexe avec deux majuscules, ou encore « les personnes du sexe ». Mais il y a un certain paradoxe dans la terminologie car, au moment où les auteurs cités semblent confondre un discours sur la sexualité avec leurs propos sur le sexe féminin, se perd l'expression « le sexe » pour laisser place à l'indication des deux sexes : Virey lui-même témoigne de cette mutation puisque, entre ses écrits de 1800 et les rééditions de 1825, un terme succède à l'autre, le sexe devenant le sexe féminin. Cela annonce-t-il un discours sur le sexe masculin ?

Cabanis, quant à lui, semble plus lucide en posant la question de « l'influence des sexes sur le caractère des idées », en comparant sans cesse l'homme et la femme, en conceptualisant, pourrait-on dire, la différence des sexes. À lire attentivement cependant (outre le fait que le contenu du discours est sensiblement identique aux autres), on est ramené à la démarche que Jouard annonçait dans son titre, méthode où l'homme sert de critère de comparaison entre les deux sexes, où la femme est mesurée à l'aune masculine : par exemple, « chez la femme l'écartement des os du bassin est plus considérable que chez l'homme », « indépendamment de ce que la femme ne sent pas comme l'homme[1] », etc. Androcentrisme sans surprise qu'une certaine distanciation théorique et une réelle lucidité terminologique ne remettent pas en cause. Est-il exclu, cependant, que l'homme soit mesuré à l'aune féminine ?

Avec ces histoires de titre et ces histoires de substantif, nous retiendrons deux figures de la question :

Soit la femme est partie d'un tout, elle est « fraction » du genre humain, « portion », dit Virey, et la différence entre les sexes est, elle aussi, un sous-ensemble du genre humain (dans le langage elle a une fonction prédicative...). Et l'on s'interroge sur la conséquence sociale d'une existence fractionnelle en termes de « place » : qu'on mette la femme à sa place, qu'on détermine sa « véritable place », dit Cabanis[2].

Soit la femme est un tout, le sexe, le sexe des deux sexes, ce qui est sexué dans le genre humain ; en ce sens la femme n'est plus fraction mais totalité. Ni prédicat du genre, ni membre du corps social, la femme est substance, ce qui est nature, naturel dans le social.

On a donc affaire à deux totalités distinctes, le

1. Cabanis, *op. cit.*, p. 220 et 242.
2. *Op. cit.*, p. 240 et p. 244.

genre et le sexe ; comment se superposent-elles et comment se disjoignent-elles ?

L'ESPÈCE ET L'INDIVIDU

À partir du visible de la femme, son corps, et avec l'évidence de sa fonction, la reproduction, on élabore une histoire naturelle de la femme, où s'articulent ensemble l'étude de la constitution physique du corps féminin et celle de sa fonction reproductrice.

Le corps d'abord.

Tous les auteurs insistent sur la grande différence de texture entre le corps de la femme et le corps de l'homme. La matière du corps féminin se qualifie par la mollesse de la chair, la faiblesse des fibres musculaires, l'absence de densité des os comme de la chair, l'extrême sensibilité nerveuse, et une grande mobilité de l'activité cérébrale. Inversement, le corps masculin est marqué par les qualificatifs de dureté, force, solidité, ténacité. Ainsi, la différence des sexes passe nécessairement par un jeu d'oppositions strictes, oppositions repérables « à l'œil nu » et qui appellent une complémentarité bienvenue : l'acte sexuel est un rapport d'excès et de défaut, une relation entre le plus et le moins. De la différence des sexes au rapport sexuel : seul le jeu d'oppositions permet que la différence devienne un rapport. Ainsi, si la ressemblance était trop grande, l'amour serait en danger. C'est par exemple l'opinion de Senancour dans *De l'amour* (1806). Le médecin philosophe et l'écrivain sont tout à fait d'accord pour identifier différence des sexes, rapport sexuel et amour (la notion de plaisir est assurément absente). L'acte sexuel, relation entre le plus et le moins, l'« excès » et le « défaut », est l'emblème du rapport entre les sexes, de tout rapport entre les sexes.

Le sexe ensuite,

Comme organe, le sexe féminin ne fait pas partie du visible et des différences visibles, comme organe de la reproduction il est néanmoins celui qui règne sur l'ensemble du corps, au principe même de toutes les différences entre les deux sexes. Ainsi dit Cabanis : « Les fibres charnues sont plus faibles et le tissu cellulaire plus abondant chez les femmes que chez les hommes [...] on ne peut douter que ce ne soit la présence et l'influence de l'utérus et des ovaires qui produisent cette différence [1]. » L'utérus, par son influence, détermine l'ensemble du corps. Déjà Roussel ouvrait son livre par cette affirmation célèbre : « L'essence du sexe ne se borne point à un seul organe, mais s'étend par des nuances plus ou moins sensibles, à toutes les parties ; de sorte que la femme n'est pas femme par un seul endroit, mais encore par toutes les faces par lesquelles elle peut être envisagée. »

1. *Op. cit.*, p. 223.

« Extension », dit Roussel en 1775, « influence », disent Cabanis, puis Virey, après 1800, extension et influence sont deux termes indiquant la présence, dit aussi Cabanis, du sexe, utérus et ovaires, dans l'ensemble du corps féminin. Le sexe de la femme et le corps féminin seraient-ils alors une même chose ? Là encore la relation, analogique, se joue entre le tout et la partie, et l'interprétation est double : le sexe féminin est partout dans la femme et la totalité l'emporte, la femme est tout entière comprise dans son sexe et la partie domine.

L'organe sexuel pour finir.

Si le corps et le sexe sont dans un rapport d'analogie, si même la femme est sexe, voire le sexe, il reste que le sexe est déterminant parce que c'est un organe. Or cet organe est, parmi les autres organes du corps, l'organe de la reproduction ; comme tel, il représente la fonction de reproduction et l'analogie devient identification : puisque la reproduction est féminine, la femme est la reproduction. Où l'on voit que l'on ne dissocie pas le corps de l'organe, ni la sexualité de la reproduction.

Entre le genre humain et le sexe féminin se glisse alors nécessairement un troisième terme qui fait le lien entre les deux ensembles, qui préside à leur intersection, c'est le mot d'espèce : la femme est reproductrice de l'espèce. Engendrer est sa « destination naturelle », souligne à tout propos Virey, et l'étymologie, la sienne, sert de preuve aussi abruptement que l'argument autoritaire de la nature : femme, *foemina, fœtare, fœtus*, ont une même racine linguistique [1]. Pouvoir engendrer, à partir de la puberté, est le principe de la différenciation sexuelle : « L'on voit donc que les organes de la génération, par leur éminente sensibilité, par les fonctions que la nature leur confie, par le caractère des liqueurs qui s'y préparent, doivent réagir fortement sur l'organe sensitif général et sur d'autres parties très sensibles comme eux, avec lesquels ils sont dans des rapports directs de sympathie. Cette réaction doit se faire remarquer particulièrement à l'époque où leurs fonctions commencent [2]. » Organe de la génération, le sexe n'est pleinement sexe qu'à la puberté et on comprend ainsi que l'état d'enfance reste, contre toute apparence pour ces fins observateurs, un état « équivoque » (Roussel), « confus » (Cabanis), « commun » (Virey). La différence entre homme et femme se fait par la dissemblance des sexes, mais surtout par la faculté accordée à l'un des deux d'être le lieu de la génération, l'instance principale de la reproduction.

Plusieurs remarques s'imposent autour de cette « évidente » notion de reproduction, que le XIXᵉ siècle saura si bien envelopper du thème de la maternité :

Reproduire consiste à se reproduire, c'est-à-dire à reproduire l'espèce à travers soi. On dis-

---

1. Cf. Geneviève Fraisse, « Le genre humain et la femme chez J.-J. Virey », *J.-J. Virey*, Paris, Vrin, 1988.
2. Cabanis, *op. cit.*, p. 230.

tinguera donc moins une femme d'une autre
femme qu'un homme d'un autre homme : « On
trouve moins de différence de femme à femme
que d'homme à homme : elles se tiennent plus
près de leur nature que nous de la nôtre ; la civilisation semble fortifier leurs penchants, tandis
qu'elle tend à diminuer les nôtres », dit Virey [1].
La femme, assignée à sa nature parce que reproductrice, est et reste du côté de l'espèce, et
l'homme, moins prisonnier de sa tâche de reproducteur, se tourne du côté de l'individu. Ainsi, la
civilisation, loin d'effacer l'écart entre les deux
sexes, le perpétue, renforçant la nature chez les
femmes, poussant les hommes vers la culture.
Plus le sexe féminin est placé dans l'ordre du
visible, plus le sexe masculin paraît invisible.
Bien que la biologie naissante quitte le champ
du visible de l'histoire naturelle et s'attache aux
fonctions organiques, il semble que la différence
sexuelle soit encore largement tributaire du
regard et de la perception.

Si femme, sexe et nature forment un lien tau-
tologique face à la perpétuation de l'espèce, il
faut néanmoins examiner le devenir de la
femme au regard du devenir en général, de l'histoire. Virey, le dernier médecin philosophe,
abandonne l'analyse du visible, très importante
encore chez Cabanis, et accorde peu de place à
l'étude du corps féminin et de son anatomie
(mais la « perception » de la différence des sexes
joue un rôle très fort). En revanche, les « âges de

---

1. Virey, *De la femme, op. cit.*, 2ᵉ éd. 1825, p. 254.

la femme » et la manière dont celle-ci est « affectée » par l'univers extérieur, ainsi que la chronologie de l'activité utérine requièrent toute son attention. Or cette chronologie affecte la femme de manière négative par des « incommodités », des « altérations », de la souffrance, disait déjà Cabanis : « Par une nécessité sévère attachée au rôle que la nature lui assigne, la femme se trouve assujettie à beaucoup d'accidents et d'incommodités : sa vie est presque toujours une suite d'alternatives de bien-être et de souffrance ; et trop souvent la souffrance domine[1]. » D'où la souplesse, la mobilité, par conséquent la faiblesse féminine, pour affronter ces affections extrêmes qui règlent le développement de la vie sexuelle. Ce développement se montre nécessaire et toute étape, perte de la virginité, réception du sperme, maternité, doit être respectée. La vie du sexe féminin est scandée par une suite de relations à autrui entraînant le développement tout en suscitant des altérations. L'histoire d'une femme est celle de ses « âges ».

Perpétuer l'espèce par le devenir du corps féminin revient à suivre l'histoire de la santé, à inviter au « perfectionnement » de ce sexe. Or le perfectionnement s'oppose à la perfectibilité du genre et cette opposition, qui n'est pas formulée par les textes, revêt pour l'interprétation une signification importante. En effet, le concept de perfectibilité, façonné au milieu du XVIIIe siècle,

1. Cabanis, *op. cit.*, p. 236.

est repris par Condorcet dans la perspective de l'idée de progrès de l'humanité. Et même s'ils s'en défendent, Roussel dans son *Système de l'homme*, et Virey dans son *Histoire naturelle du genre humain*, ne parlent que de perfectibilité, perfectibilité du genre à travers la perfectibilité de l'individu. Ils peuvent ainsi négliger la question du sexe masculin. Lorsqu'ils parlent de l'homme, il n'y a aucune symétrie avec leurs discours sur la femme car on ne questionne pas la place masculine dans la reproduction ; on rapporte l'homme à la civilisation. Seul Cabanis fait exception et maintient un regard, même s'il est inégal, sur les deux sexes. Pour résumer, on pourrait dire que le perfectionnement est à l'espèce ce que la perfectibilité est au genre humain. Alors, la seule façon, pour la femme, de participer à l'œuvre de perfectibilité est de contracter mariage, le mariage servant à symboliser, notamment pour Virey, sa tâche de reproduction de l'espèce.

Perfectionnement du sexe féminin : un mot condense la finalité et les moyens préconisés pour un tel but, ce mot clé est l'« hygiène ». Moreau de la Sarthe consacre toute la fin de son livre sur la femme à cette notion, alors très nouvelle, d'hygiène. Bien avant que les philanthropes s'emparent de cette idée neuve, l'hygiène apparaît significativement dans ces textes comme la seule conduite proposée au sexe féminin. L'hygiène doit avoir un double objet : elle concerne le *soin domestique*, entretien du corps et souci de son fonctionnement, et le *soin esthé-*

tique qui est travail de la beauté. Ainsi le dit Virey : « La manière d'acquérir de la beauté, qui ne subsiste qu'autant qu'on peut se reproduire, n'est qu'une considération purement hygiénique, qui dépend, outre l'hérédité, d'un genre de vie réglée, des soins cosmétiques, de l'éloignement des excès et des passions violentes [1]. » La raison d'une définition de l'hygiène alliant l'entretien du corps avec le souci esthétique réside dans le lien étroit que la beauté et la reproduction nouent ensemble, l'une existant par l'autre et réciproquement. Là, dans cette alliance entre l'image de l'éternité impliquée par la perpétuation de l'espèce et l'image de l'éphémère propre à toute beauté humaine, va se dessiner l'être féminin dont on contrôle les excès et les passions. L'hygiène est ce contrôle qui, avant d'être social plus tard dans le siècle, est l'exercice propre à discipliner la nature féminine. Sans doute est-ce pour cela que la question d'éducation s'avère si importante pour les femmes dans les décennies suivantes : l'hygiène entraînant inéluctablement avec elle la nécessité d'une éducation appropriée aux femmes, à qui on demandera, pour plus de certitude, d'œuvrer elles-mêmes comme éducatrices. Mais tout cela signifie que la nature des femmes, si clairement définie qu'elle soit, exige des artifices qui en règlent l'expression.

---

1. J.-J. Virey, *Histoire naturelle du genre humain*, Paris, 1801, p. 300.

LES DÉFAUTS DE LA NATURE

Ni l'amour de l'art ni la volonté d'eugénisme avant la lettre n'expliquent l'importance accordée à la beauté du point de vue de la reproduction de l'espèce. L'apparence physique est aussi importante que la santé pour la reproduction en raison du rôle de l'apparence dans la relation entre les deux sexes ; la femme montre sa beauté et l'homme, en retour, montre sa puissance. D'où l'équation beauté/faiblesse chez une femme, faible parce que belle, belle parce que faible : « Pour ajouter à la douce séduction du sexe et de la beauté, la nature ne semble-t-elle pas avoir pressenti qu'il convenait de mettre la femme dans un état habituel de faiblesse relative ? La principale grâce de l'homme est dans sa vigueur : l'empire de la femme est caché dans des ressorts plus délicats ; on n'aime point qu'elle soit si forte », assure Cabanis qui disait quelques pages avant : « Elles sentent leur faiblesse ; de là le besoin de plaire [1]. » Le jeu amoureux est donc codé, et les signes respectifs émis par chaque sexe en direction de l'autre doivent répondre au jeu des apparences.

Aucun trouble n'est possible : la femme peut et doit paraître belle mais elle ne peut se montrer savante. Tous les auteurs pratiquent l'amalgame

---

1. Cabanis, *op. cit.*, p. 237 et 224.

entre savoir et pédanterie comme si le savoir chez une femme était toujours un spectacle. La femme montre son corps, non son esprit. Le jeu d'interdépendances qui préside au rapport homme-femme préside aussi au rapport du physique et du moral, et nécessairement au rapport entre l'organe génital et l'encéphale, entre le sexe et le cerveau.

Pour Virey, le sexe et le cerveau sont aux deux extrémités d'une chaîne nerveuse les liant ensemble dans la tension, voire l'antagonisme. Il est impossible, d'après Virey, de développer les deux en même temps, mais abuser de l'un, c'est détruire l'autre ; en clair, plus un être est fécond, moins il est apte à l'activité intellectuelle, et réciproquement. Il suffit d'observer les animaux : les races fécondes, les rongeurs ou les poissons, sont aussi les plus stupides ; et les hommes aussi : les crétins sont lubriques et les hommes de génie sont froids[1]. En conséquence, les femmes, destinées à la reproduction, ne doivent pas développer leur cerveau ; on distinguera la reproduction de la production, la perpétuation de l'espèce, du semblable, de l'activité individuelle, singulière ; ce qui met, on l'a vu, la femme du côté de l'espèce et l'homme du côté de l'individu. Mais s'il n'est pas grave que l'homme de génie manque à son devoir de géniteur, il est certain que toute femme savante est une mauvaise mère.

En privilégiant l'activité cérébrale, la femme,

---

1. Virey, *De la physiologie, op. cit.*, p. 88-90.

dit Cabanis, « sort de son sexe », n'est d'« aucun sexe » : « Dans la jeunesse, dans l'âge mûr, dans la vieillesse, quelle sera la place de ces êtres incertains qui ne sont, à proprement parler, d'aucun sexe[1] ? » Que se passe-t-il lorsqu'une femme sort de son sexe ? Elle perd son sexe, dit Cabanis, elle se virilise, dit Virey, elle est « hommasse », « viragine », « mascula ». « Sortir » est le mot important car la virilisation guette les femmes qui sortent pour quelque raison que ce soit, notamment les femmes du peuple et les courtisanes : « Les courtisanes, les vivandières, se présentent avec ce maintien et ces qualités demi-viriles, comme si elles étaient déjà transformées à moitié en l'autre sexe à force de cohabiter avec les hommes[2]. » Si on condense l'argumentation de Virey, on comprend comment il affirme que les femmes philosophes de l'Antiquité aient toutes été des prostituées. En effet, avoir une activité cérébrale consiste à la faire voir, donc à la rendre publique ; or il n'y a qu'une sorte de femme publique, c'est la courtisane. Quoi qu'elle fasse donc, la femme est un sexe, sexe assigné à la fonction de l'espèce si elle respecte la différence entre l'homme et la femme, sexe hors de son sexe si elle se livre à l'activité masculine de l'esprit. Le sexe est partout, même hors de lui-même.

C'est pourquoi l'antagonisme entre le sexe et le cerveau féminin est factice, utile simplement

---

1. Cabanis, *op. cit.*, p. 243.
2. Virey, *De la femme, op. cit.*, p. 86.

à opérer une exclusion sociale. Opposer le sexe et le cerveau pouvait induire une contradiction avec l'idée, précédemment soulignée, d'une extension du sexe féminin à l'ensemble de son corps. De fait, l'opposition et l'antagonisme, formulés principalement par Virey, expriment le regard extérieur, social, porté sur la femme, le regard qui voit le « danger » d'une déviation, d'un abandon de la « destination naturelle » ; le regard, plus intérieur, porté sur le corps féminin, cherche surtout à voir comment le sexe s'étend jusqu'au cerveau et rend son activité problématique. Et les deux arguments coexistent très bien chez Virey.

Quant à Cabanis, dont le propos général est le rapport du physique et du moral, il fait de la sensibilité le lien entre l'utérus et le cerveau : l'utérus, l'organe féminin, « est sans doute de tous les organes celui qui jouit constamment de la plus éminente sensibilité », sensibilité transmise à toutes les autres parties du corps féminin, ainsi à la « pulpe cérébrale[1] ». En conséquence, le développement intelligent d'une femme (qui est autre chose qu'avoir de l'esprit) reste aléatoire : « Les femmes savantes ne savent rien au fond ; elles brouillent et confondent tous les objets, toutes les idées. Leur conception vive a saisi quelques parties : elles s'imaginent tout entendre... Incapables de fixer assez longtemps leur attention sur une seule chose, elles ne peu-

---

1. Cabanis, *op. cit.*, p. 238 et 229.

vent éprouver les vives et profondes jouissances d'une méditation forte [1]. »

Cette sensibilité est donc bien la marque du sexe féminin dans son ensemble, et cette sensibilité, par définition, est signe de fragilité. Là réside la véritable raison de la faiblesse féminine opposée à la force masculine. Il ne suffit pas d'éloigner la femme des activités violentes, cérébrales et publiques, il faut surveiller la sensibilité utérine en elle-même, car elle est toujours susceptible de dérèglements. Cela s'appelle l'hystérie, et la représentation de l'hystérie prend à cette époque des formes diverses : elle qualifie une affection morbide mais aussi un comportement excessif ; elle est un désordre, mais aussi une perfection en ce qu'elle exprime le sexe féminin. Sa place, difficile, correspond à cette volonté d'identifier la sexualité à la féminité pour mieux la définir dans l'espace imaginaire et social où elle se déploie. Si le féminin est le lieu où se loge le sensible, on peut supposer quelles conséquences réelles en seront induites.

LA CONSÉQUENCE EST BONNE

De la femme à la différence des sexes, la conséquence est bonne ; alors, que saura-t-on de l'homme ? Peu de choses, peu de choses surtout

1. *Ibid.*, p. 243.

sur sa sexualité, sur l'importance de son sexe, de son organe sexuel dans le rapport du physique au moral.

On sait qu'il est du côté de la perfectibilité du genre humain plus que du côté du perfectionnement de l'espèce. Il est un individu singulier plus qu'un représentant de l'espèce, il peut produire au lieu de reproduire. Pourrait-on dire que la fonction de reproduction masculine est de contribuer par son esprit à l'œuvre de la civilisation ? Mais sa sexualité ? Il faut souligner l'absence de toute analyse hors des textes concernant la femme.

Cabanis en dit quelques mots à la fin de son Mémoire lorsqu'il s'arrête sur les écarts, asymétriques, des sexualités masculine et féminine. L'absence d'activité utérine virilise une femme, la mutilation ou castration masculine fait bien plus que féminiser un homme, elle entraîne un processus de destruction : « La mutilation le sépare, pour ainsi dire, de son espèce : et la flamme divine de l'humanité s'éteint presque entièrement dans son cœur[1]. » La femme change de sexe, et l'homme change d'espèce. On ne dit rien sur son sexe peut-être, mais on sent une peur, celle qui appelle la perfectibilité pour mieux cacher une virtuelle dégradation.

Du physique au moral, la conséquence est bonne, et pourtant tous ces médecins philosophes, médecins et philosophes, ne se font pas faute de cheminer à rebours : du social au natu-

1. *Ibid.*, p. 254.

rel, la conséquence aussi est bonne (alors pourquoi pas du moral au physique ?). On a indiqué, par exemple, comment l'activité cérébrale est contredite par l'exercice public, comment le social conditionne le naturel, comment le public décide du domestique. Cabanis a beau critiquer ceux qui font un usage trop facile des causes finales, il ne cesse de se référer aux « rôles » masculins et féminins, de faire intervenir les « rapports sociaux » comme critère d'analyse de la nature féminine. On a le sentiment que le terme de « rôle » social est équivalent à celui « de fonction » d'un organe. Quelle est la philosophie sociale de ces médecins philosophes ?

De la différence à l'égalité, la conséquence est bonne si l'on dit, avec Virey, que l'égalité des sexes est du registre de l'harmonie, de la complémentarité, est une « presque égalité » ; mais quelle égalité ? Égalité sociale ou de réciprocité amoureuse ? Faut-il inclure la question de l'amour dans la représentation de la différence des sexes ? Il n'est pas sûr. En revanche, l'enjeu civil et politique transparaît évidemment. Si genre humain et citoyenneté vont de pair, on comprend que la femme naturelle soit placée dans la société domestique. L'important est d'affirmer la différence, est que les sexes ne se confondent pas, ne puissent pas se confondre. L'important est de maintenir une différence au moment où l'individuation du sujet démocratique souligne les identités.

De la classification visible à la subordination réelle, la conséquence est bonne et on subordonne l'espèce au genre, la femme à l'homme, l'organe à la fonction. Maintenir la différence suppose une organisation rigoureuse de la relation. La femme tient le rôle de médiatrice entre nature et société ; et elle exerce son « empire » du dehors de cet espace public où elle ne doit pas paraître : non pas son pouvoir, mais son « influence ». Ainsi, de la reproduction à la maternité, la conséquence est bonne. Mais l'effet, la fonction idéologique de la maternité interprétée par Élisabeth Badinter dans son ouvrage *L'Amour en plus* (1980), est second par rapport à la position de la femme dans un moment de redéfinition de la différence et du partage entre les sexes. L'enjeu excède en effet largement la question du sentiment maternel ; ou plutôt l'histoire du sentiment se rattacherait à la question du sensible en général alors qu'il s'agissait de réinscrire la maternité dans un éventail de registres où se donne à lire la pensée de la différence des sexes.

7

*La bayadère
et l'étudiante*

*Et le philosophe qui croit contempler,
n'est bientôt qu'un homme qui désire,
ou qu'un amant qui rêve*

Encyclopédie de Diderot,
article « Femme ».

Entre un savoir impressionnant et des principes colorés par l'humeur, les articles concernant le sexe féminin dans le *Grand Dictionnaire universel du XIXe siècle* affichent la certitude que les descriptions, les catégories, les connaissances historiques permettent une physiologie biologique et sociale, politique même, des femmes de l'époque. Affirmation qui passerait pour une évidence si le sujet, l'objet femme, n'était pas en lui-même problématique. Flaubert, dans le temps même de Pierre Larousse, traite tout autrement la question en écrivant *Bouvard et Pécuchet* ; ou plutôt ne la traite pas. On découvre en effet, dans le long périple de ces deux aventuriers de la connaissance, que tout est possible savoir, sauf pour ce qui est de la femme : chaque incidence — la différence anatomique entre l'homme et la femme, le mécanisme de la génération, le rôle social de la femme ou les morales de leurs aventures sentimentales — se clôt immédiatement sans qu'on s'en aperçoive, suscite un catégorique « je ne comprends pas », ou alors s'exprime par des « lieux communs » affirmés comme tels et qui détonnent avec l'apparente exigence des deux héros à tout comprendre. Le rapport à la femme n'est pas pour l'écrivain Flaubert ou pour ses personnages un rapport de savoir ; c'est un rapport en acte, lieu d'expérience délicate mais lieu réel, sans abstraction possible.

Les longues colonnes des articles du *Dictionnaire* de Pierre Larousse, qui traitent de l'« Utérus » sous tous ses aspects, normaux ou pathologiques (en vingt-neuf colonnes) ou qui tentent de dévaloriser le dogme nouveau de l'Immaculée Conception, illustrent tout autant que l'immense article « Femme » (quatre-vingt-huit colonnes), un des plus longs du *Dictionnaire*, l'irrépressible nécessité d'un discours, fait de savoir et de parti pris, sur la femme du XIXe siècle. On s'imaginait donc qu'avec quelques articles définis, « Femme », « Fille », « Grisette », « Corset », « Bayadère », « Vierge », etc., on pourrait reconstituer aisément l'ensemble d'une représentation et d'un savoir sur le sexe féminin. Comme s'il s'agissait d'une encyclopédie, celle de Diderot par exemple, où l'article « Femme » (anthropologie, droit naturel, morale, jurisprudence) semble structurer le champ avec toute une série de renvois, de sexe à hermaphrodite, de douaire à nourrice... Ou l'*Encyclopædia Universalis*, deux siècles plus tard, qui offre également un savoir ordonné — ethnologie, sexualité, images de la femme, etc. — et ses multiples corollaires. Que l'ensemble de cette *Encyclopædia* ait été réajusté à plusieurs reprises depuis vingt ans ne signifie en rien une hésitation quant au champ de l'objet, seulement la reconnaissance d'un renouvellement rapide d'une recherche sous la pression de la culture féministe. Les auteurs sont, d'ailleurs, fait nouveau dans l'histoire humaine, des femmes ; et l'exergue ci-dessus, rappelant que le philosophe ne saurait que contempler le sexe féminin, n'est plus de mise au XXe siècle.

ENTRÉES ET FIGURES FÉMININES

Du point de vue de l'ordonnancement du champ, le *Dictionnaire* réserve des surprises : c'est à l'article « Étudiant » qu'on trouve un long développement sur l'étudiante, cette dernière ne représentant pas les premières femmes admises à l'Université mais les nouvelles grisettes de la seconde moitié du XIXe siècle. À l'article « Utérus » en revanche, aucune digression malgré la longueur du texte mais tout sur les vices de forme et les pathologies. À l'article « Femme »,

en place centrale, l'analyse détaillée et très intéressante des thèses saint-simoniennes, fouriéristes, positivistes et proudhoniennes sur les
femmes, leur rôle domestique et social, leur
liberté, leur égalité ou inégalité avec l'homme.
Le mot féminisme, néologisme des années 1870,
aurait pu figurer dans un des suppléments du
Dictionnaire. Il est absent, représenté simplement par le « bas-bleu », terme vieux alors de
quelques décennies. À l'article « Conception »
est rangée l'analyse acerbe sur l'Immaculée
Conception, nouvel énoncé pontifical (1854) qui
s'avère d'un grand pouvoir dans la domination
religieuse, si exaspérante pour Pierre Larousse.
Ces quelques surprises nous ont fait chercher à
certains articles, évocateurs de points sensibles
dans le discours sur les femmes, d'éventuelles
digressions : aux articles « Luxe », « Lecture »,
« Auteur », rien de marquant sur le rôle économique des femmes, positif ou négatif, sur les
bienfaits ou méfaits de la lecture pour les jeunes
filles, sur la critique de la femme auteur. En
revanche, l'article « Larme » vaut par son développement sur les larmes des femmes comme
arme stratégique de la relation entre les sexes ;
de même l'article « Migraine ».

Restent les personnages imprévus, telle
l'écuyère, dont la fameuse Céleste Mogador. Les
écuyères, « ces pauvres et intrépides insoucian-
tes », à l'avenir souvent incertain, intéressent
Honoré de Balzac, Théophile Gautier ou Joseph
Proudhon. Le premier préfère les écuyères du
cirque aux danseuses de l'Opéra ; le deuxième y

voit un personnage qui par sa nudité est dans le « vrai » de la République ; quant au dernier, « le rigide Proudhon », le *Dictionnaire* reproduit une très longue lettre, réponse à une écuyère, dans laquelle il lui propose d'analyser sa situation : si elle confesse avoir choisi la vie d'artiste parce qu'elle redoutait « les ennuis d'une existence aussi peu accidentée » que celle du mariage bourgeois, Proudhon lui répond que « son malheur a été de séparer par la pensée ces deux choses : travail et liberté, travail et art, travail et amour. Vous vous êtes dit : je laisserai de côté cette servitude laborieuse et toute cette trivialité, tout ce convenu de la vie commune, et je me consacrerai exclusivement à la liberté, à l'art, à l'amour [...]. Le résultat vous est connu. En ne suivant que le beau et l'idéal, vous êtes arrivée au grossier et à l'ignoble ; de personne libre que vous étiez, vous vous êtes faite esclave ». L'erreur était de concevoir l'économie domestique comme « graillons et fumée » alors qu'« il faut bien du talent, sachez-le, à une femme, pour faire de son appartement un tableau et un paysage ».

Les figures de femmes défilent dans le *Grand Dictionnaire*. À côté des grandes catégories, la femme, la fille, la mère, des personnages ont leur importance : l'étudiante, la grisette et la lorette, l'écuyère, la bayadère ou le bas-bleu. Entre les places assignées et les rôles en couleur, les marginales ne sont pas oubliées : la fille mère et la vieille fille ne sont pas maltraitées, au contraire.

LES IDÉES DU « GRAND
DICTIONNAIRE »

Clémence Royer, qui traduisait l'*Origine des espèces* de Darwin à la même époque, traduction au « retentissement immense » dit sa notice, aimait à dire que sous le second Empire on maniait les idées plutôt que les pavés. Oui, si on sait que l'un n'existe pas vraiment sans l'autre : si on entend par idées autant les connaissances historiques et scientifiques que les principes de pensée, républicanisme et laïcité ; et si on entend par pavés ce qui, au-delà du parti pris, donne des positions aussi décidées qu'une diatribe contre la réhabilitation de Marie-Antoinette ou que la description souvent chaleureuse d'héroïnes féministes comme Eugénie Niboyet, Pauline Roland, Julie-Victoire Daubié ou encore Hubertine Auclert.

Cependant, les contradictions ne manquent pas. Sur le travail des femmes, par exemple : nocif et néfaste lorsqu'il s'agit du travail en atelier ou en fabrique, idéalisé lorsqu'il est question de la grisette, de l'ouvrière parisienne gaie et colorée qui parcourt les rues de Paris. Ou sur les causes de nymphomanie, qui pour la femelle animale témoignent toujours d'un manque de vie sexuelle quand chez la femelle de l'homme la chose est plus compliquée — c'est le trop peu ou le trop de sexe qui en détermine le trouble. Où l'on voit ainsi que tout dépend de l'objectif de la démonstration : qu'une femelle appelle un mâle est sans ambiguïté alors que la femme de l'homme demande autant qu'elle menace, pèche par défaut comme par excès. De même la travailleuse à qui on refuse d'être une ouvrière car elle casse le rapport de force entre l'ouvrier et le patron en faisant concurrence, mais qui, grisette ou modiste, respecte le partage social des sexes. Mais parler de contradictions est un peu excessif si on se souvient que Pierre Larousse n'est pas l'unique rédacteur et si, surtout, on veut bien imaginer que la contradiction potentielle est dans le réel avant d'être dans la pensée, dans la société du XIXe siècle avant d'être dans les articles du *Grand Dictionnaire*.

La science aussi est un sujet d'incertitudes ou de thèses contraires. L'exemple le plus frappant étant, à l'article « Hystérie » comme à l'article « Nymphomanie », l'hésitation sur leur cause : le sexe ou la tête, l'utérus ou l'encéphale. Il est amusant de penser que cette hésitation sur ce qui semble deux extrêmes sera enlevée par la psychanalyse qui saura dire sans mécanicisme que l'âme et le corps n'existent pas l'un sans l'autre. Quant au savoir sur la reproduction, il s'exprime à deux niveaux : d'abord celui des connaissances contemporaines qui ont montré que la femme n'est pas pure passivité ; l'article « Menstruation » est à cet égard explicite, même si subsistent des opinions contraires à la nécessité du lien entre la disparition du cycle menstruel et la grossesse. Ensuite, au niveau des conséquences sociales, le rôle de la mère s'en trouve renforcé comme on sait : de l'allaitement à l'éducation morale, tout le XIXᵉ siècle redit combien la mère est essentielle.

LE RESPECT DES FEMMES

De fait, le rôle de la mère qui pèse si lourd au XIXᵉ siècle, à la fois norme, obligation et idéal, est montré ici dans ses difficultés, dans ses défaillances, dans son injustice. Ainsi la fille mère est décrite dans son triste contexte, jusqu'à expliquer l'infanticide inévitable : qui, de la société ou de la jeune fille abusée, est coupable ?

La vieille fille aussi fait l'objet d'un long développement, personnage tant caricaturé par les romanciers et dessinateurs du siècle, et qui obtient ici les égards du rédacteur : celle qui n'a pas pu se marier en a long à dire pour expliquer sa situation, là aussi beaucoup plus subtile que les charges de ses contemporains le laissent entendre. On distingue celles qui n'ont pas voulu de celles qui n'ont pas pu trouver de mari ; on s'intéresse surtout à la façon dont on devient vieille fille. Et l'article renvoie à Balzac, au portrait de Rose Cormon dans les *Scènes de la vie de province*.

Il y a les laissées-pour-compte du mariage, de ce mariage incontournable en ce siècle, passeport pour obtenir le respect, et il apparaît des personnages exceptionnels pour qui les critères de jugement sont plus politiques. Ils échappent à la vie normée des femmes et personne ne s'en soucie. Mme de Staël est admirée, décrite avec beaucoup de délicatesse, respectée dans son désir de se consacrer à la gloire, devant sa difficulté au bonheur. Ce que Chateaubriand confond justement avec son idée de perfectibilité, sa philosophie : « Votre talent n'est qu'à demi développé, la philosophie l'étouffe », lui dit-il. Ainsi devinrent-ils amis. Quant à Marie-Antoinette, elle n'a droit à aucune excuse, alors que l'air du temps serait à la clémence. Pas moins de deux articles, « Marie-Antoinette » et l'« Autrichienne », pour s'en convaincre : « On nous trouvera peut-être sévère à l'égard d'une reine malheureuse, d'une femme ; mais qu'on n'oublie pas que cet article est écrit au moment où les ennemis de la Révolution cherchent à canoniser Marie-Antoinette, à enrichir notre martyrologe d'une nouvelle sainte. Or, en fait de calendrier, le *Grand Dictionnaire* donnera toujours la préférence au Calendrier républicain. » Larousse ne craint pas de faire de la politique, de défendre la République contre ceux qui voient en la monarchie un régime compatible avec le progrès et la civilisation.

Reste la Sainte Vierge, figure plus que personne réelle, qui ne saurait pourtant transcender l'humaine condition : il serait illogique qu'elle soit née immaculée, conçue sans péché, non seulement vierge mais innocente. Il faut donc reprendre chaque argument et en démontrer la non-pertinence : l'énoncé pontifical de 1854 est un danger. Là encore, deux notices pour désacraliser la Vierge chrétienne : à l'article « Conception (Immaculée) », on remarquera qu'elle est mise au rang d'un simple aspect du mot « conception », et à l'article « Vierge », on peut lire : « Le christianisme s'est attribué comme propre à lui seul, le dogme de la maternité virginale de celle qui mit au monde son Dieu incarné Jésus-Christ. La science historique des religions a démontré le peu de fondement de cette prétention. » Car la Vierge mère est une image problématique à plus d'un titre, et dans un siècle où la mère est tant célébrée, il ne s'agit pas de tomber dans l'excès. Celui d'Auguste Comte, par exemple, qui manifeste une religiosité paradoxale au regard de son épistémologie : son utopie de la Vierge mère nécessite une procréation uniquement féminine (apparemment envisageable aux yeux de Comte). On ne développera pas les conséquences philosophiques que ce dernier y voit ; on remarquera seulement que le *Dictionnaire*, fort de la science nouvelle qui donne aux deux sexes la responsabilité de la procréation, assuré, comme tout le siècle, de l'importance de la maternité, s'insurge quand la religion chrétienne ou la religion positiviste sacralise la maternité. Car le monde change ; et si à l'article amour on oppose l'immuabilité de l'amour maternel à la relativité de l'amour paternel influencé par le milieu social et la législation en cours, il est dit que « la grande différence que la société avait établie entre l'amour paternel et l'amour maternel tend à s'effacer dans les mœurs modernes... ».

Si le *Grand Dictionnaire* s'emporte contre l'Autrichienne, la reine de la fin de la royauté, et contre la Vierge Marie, la mère de Jésus, c'est parce qu'il faut éduquer les lecteurs, susceptibles de subir des influences diverses. Ainsi, après le long exposé de l'utopie de la Vierge mère d'Auguste Comte, il conclut : « Mais à quoi bon insister sur les points faibles d'une utopie que beaucoup de nos lecteurs trouveront ridicule, et que nous n'avons exposée ici que pour signaler un curieux exemple des erreurs où peut se laisser entraîner un grand esprit. » Le parti pris politique, républicain et laïque, est aussi très pédagogique. Les si longues descriptions de la physiologie féminine ou de l'histoire des femmes depuis l'Antiquité ne sont peut-être pas très différentes des diatribes démonstratives.

L'ÉGALITÉ DES SEXES

Flaubert, toujours dans *Bouvard et Pécuchet*, met l'émancipation de la femme au rang des « préjugés ». Sans déclarer Pierre Larousse favorable ou défavorable à l'égalité des sexes, grande question du XIXe siècle, on remarque aisément que lui se garde des préjugés. Sur la virginité, si essentielle aux sociétés patriarcales, et dont il déclare qu'il n'existe aucune preuve sûre, scien-

tifique, de la pureté d'une jeune fille. Sur la que-
nouille, « emblème des devoirs de la femme » et
de son « esclavage » ; sur le corset, plus néfaste à
la vie des femmes qu'instrument de beauté ; sur
l'ambiguïté de la dot aussi, qui favorise un
divorce éventuel tout en servant à protéger la
femme. Et puis sur le bas-bleu, appellation tellement méprisante chez Daumier ou chez Barbey
d'Aurevilly, à qui le *Dictionnaire* préfère Théophile Gautier : la mélomane, la « tapeuse de pia-
no », est bien plus insupportable que la femme
auteur, qui au moins ne dérange personne. Mais
plus sérieusement : soit on enferme les femmes
dans des harems, en leur interdisant la lecture et
l'écriture, soit elles participent « à la vie universelle » et elles sont à même d'exprimer leurs
idées. L'article « Sapho » est d'ailleurs également amusant : « La critique moderne, embar-
rassée de trouver réunis dans la même personne
tant de talent poétique et une liberté de mœurs
qui ne cadre plus avec nos usages, avait pris au
siècle dernier un excellent parti : c'était de
dédoubler le personnage et d'en faire deux
Sapho, l'une poétesse et l'autre courtisane. »

Un excellent parti : oui, il vaut mieux dissocier
les mœurs et l'écriture (est-ce nécessaire lorsqu'il s'agit d'un homme ?) ; oui, la femme
auteur, le bas-bleu, n'est pas une monstruosité
sociale, à condition qu'elle reste une exception.

L'émancipation du rôle traditionnel doit rester une exception et ne jamais être imaginée
comme une règle possible. C'est pourquoi ni le
bas-bleu ni la travailleuse ne doivent être vus

comme des ensembles sociaux, ce serait reconnaître l'indépendance des femmes. En revanche, le *Grand Dictionnaire* sait défendre les femmes opprimées, critiquer les préjugés, valoriser certaines femmes et, dans le détail, faire mille et une remarques qui témoignent du respect du sexe féminin, par conséquent de sa nécessaire liberté face à l'homme, et d'une égalité potentielle. Ces multiples facettes du regard sur les femmes ne résultent pas d'une attitude ordonnée, ne sont pas l'effet d'une thèse rigoureuse ; elles expriment plutôt une bienveillance globale qui se garde bien de s'engager au-delà de la convenance. En témoignent les analyses de l'article « Femme » et notamment l'étude des quatre grands pôles des pensées de l'égalité ou de l'inégalité des sexes, les saint-simoniens, Fourier, Proudhon et Auguste Comte.

Sous couvert d'anatomie d'abord, dans la première partie de l'article « Femme », on s'installe dans des représentations plus anciennes que la science moderne si souvent invoquée de la reproduction. En effet, on pense plutôt à Pierre Roussel, à Pierre Cabanis, à Julien-Joseph Virey (régulièrement cités dans d'autres articles), aux médecins philosophes des années 1800, décrivant la femme par rapport à l'homme, rapprochant la femme de l'enfant, aimant donner toutes les variétés géographiques du sexe féminin.

Du côté de l'histoire, domine une vision de progrès, « ce long progrès des mœurs et des lois qui a fait sortir la femme du plus abject esclavage pour l'élever jusqu'aux confins de l'égalité civile ». Et l'idéal d'égalité des sexes est bien vu comme « les confins de l'égalité civile ». Ce mot « confins » fait rêver, comme la « presque égalité » chère à d'autres hommes éclairés du siècle : pas d'égalité politique et une très approximative égalité civile. Et surtout, ne pas rentrer dans le détail car cesserait l'illusion de ces hommes éclairés qui veulent une compagne à condition d'en rester le maître. Le *Dictionnaire* est certainement du côté d'un féminisme modéré, celui qui se contente plus souvent d'une représentation de l'égalité que de droits réels.

Viennent justement les thèses sur les « droits » de la femme. D'une grande clarté, l'exposition des thèses est à la fois très scientifique et très transparente quant à l'opinion de l'auteur. Ainsi, chez les saint-simoniens, Bazard, le sage, respectueux du lien sacré du mariage, est préféré à Enfantin, le fantasque. Fourier est apprécié pour sa reconnaissance de la différence sexuelle et sa critique du mariage, qui révèle l'autonomie de l'individu ; il est dit aussi que ses disciples ont trahi sa pensée pour protéger l'institution conjugale. Quant à Auguste Comte et Proudhon, ils tiennent la position du refus de l'égalité des sexes. D'ailleurs le titre de chacune de leur partie est devenu « les droits et le rôle », curieuse association terminologique : les droits d'un individu ne préjugent pas en général d'un rôle à tenir, ce dernier étant plutôt octroyé en fonction d'un ensemble social. Est-ce cette contradiction que, dans toute l'objectivité du résumé des différentes thèses, le *Grand Diction-naire* laisse entendre ?

Pour ne pas clore sur ce sentiment d'indéter-mination, mélange d'exposé des connaissances et de choix idéologiques, d'une pensée républi-caine exigeante et d'opinions raisonnables, on conclura sur une image, celle, mouvante, de la jeune Parisienne — grisette ou lorette, cocotte ou étudiante —, où l'ouvrière se mêle à la prosti-tuée : la frontière entre le gain du travail et la vente de l'amour est plus mobile que jamais.

Tout d'abord la grisette, « jeune ouvrière galante », dit la notice qui renvoie à étudiante, où elle apparaît comme « la petite ouvrière du Quartier latin en robe grise », simple et joyeuse, désintéressée surtout. Mais elle a dégénéré en lorette, en étudiante, voire en cocotte ; elle est devenue une femme fascinée par le luxe ; et l'étu-diante, au lieu d'être le plaisir et le délassement de l'étudiant, empêche ce dernier de travailler. La lorette est un terme déjà passé de mode et proche, finalement, de la cocotte à laquelle on est renvoyé. Contrairement aux idées reçues, la cocotte n'est pas une « plaie de la société », elle « accomplit ici-bas une mission providentielle et sociale ». On n'injuriera pas les cocottes, car elles sont un « mal nécessaire », une « force équilibrante » qui fait circuler la richesse dans la société ; « elles ne sont qu'un effet » de « la cor-ruption dorée, gangrène du temps où nous vivons ». La cocotte se souvient de son origine ouvrière, et elle a honte, redoutant, le dimanche,

« le sifflet des ouvrières en bonnet et des travailleurs aux mains calleuses ».

Les statues de Paris nous rappellent encore ces cocottes : au square Montholon, avec ce groupe de jeunes femmes plein d'entrain, dédié, c'est écrit sur le socle, « à l'ouvrière parisienne », et à l'orée du boulevard Richard-Lenoir, avec cette jeune femme, « la grisette », dont la simplicité a la lumière d'une autre époque.

Entre la bayadère, qui est une « prêtresse du plaisir », et l'étudiante, qui n'est que la « femelle de l'étudiant », les ouvrières et les jeunes diplômées qui annoncent l'émancipation des femmes du xxe siècle n'ont pas encore trouvé là leur espace.

TROISIÈME PARTIE

GÉNÉALOGIE
DE LA PENSÉE
FÉMINISTE

L'idée d'égalité et la naissance de la démocratie donnent au féminisme sa vitalité sociale et politique. Il y avait dans l'histoire des femmes des gestes et des textes féministes. Il y a désormais un mouvement collectif et une pensée féministes. Le féminisme n'est pas seulement de la colère ou de la caricature ; il naît avec cette nécessité de penser à la fois la similitude et la différence entre les sexes. Le sentiment amoureux et la fraternité démocratique illustrent vraiment bien les deux extrêmes de cette discussion.

Mais le débat s'enracine sur tous les terrains, celui de la théorie du droit comme des sciences nouvelles, celui de l'expression politique comme de la tradition morale. L'écriture, le journalisme, le débat public sont les lieux où il faut montrer une logique, convaincre du sens, bref trouver des arguments, encore et encore, pour plaider la cause de l'égalité des sexes ; ou plutôt son bien-fondé. Que des héroïnes s'échappent de cette lourde tâche n'a, au fond, rien de très surprenant.

8

L'amour, l'amitié à l'ère démocratique

Non pas l'amour ET l'amitié, cela va de soi ; mais l'amour et l'amitié comme formes mêlées de l'éros contemporain. À lire les textes célèbres sur l'amitié, le livre VIII de l'*Éthique à Nicomaque* d'Aristote ou le chapitre XXVIII du livre premier des *Essais* de Montaigne, on découvre combien l'amour fut pensé comme une forme d'amitié. L'un définit l'amour comme une catégorie spécifique d'amitié et l'autre comme une figure minimale d'amitié. Je reparlerai de ces distinctions. Mais cet usage un peu vague du mot amour paraît bien délicat, tant il faudrait, à la manière d'Aristote justement, spécifier l'amour de soi et l'amour d'autrui, l'amour du même homme ou l'amour de l'autre sexe ; voire distinguer soigneusement l'amour et le mariage, le sentiment et l'institution. Or la mise en commun de l'amour et de l'amitié est spécifique d'une période historique, la nôtre, même si elle retrouve, par la question démocratique justement, une réflexion née de l'Antiquité. Et rappelons que d'autres couples d'opposition sont pertinents en d'autres temps, celui d'Éros et d'Agapê, de la Grèce et de la chrétienté, du désir et du don ; ou celui, qui nous est plus familier, entre l'amour et le mariage, la passion et l'alliance.

J'avance donc ici l'importance contemporaine du lien conceptuel entre l'amour et l'amitié. Cela ne nous empêchera pas de garder en mémoire la difficulté à parler de l'amour en général et je reprends là volontiers une définition de Denis de Rougemont, une note en bas de page, en plein milieu d'un raisonnement, en plein milieu de son livre, *L'Amour et l'Occident* : l'amour, « je parle de cette chose abstraite et frappante, irréelle mais signifiante, qu'est la moyenne des expressions typiques de l'amour à une époque donnée... Il est des signes qui ne sont pas toute l'époque — dans chacune il y a de tout — mais qui sont d'une époque plutôt que d'une autre. Je ne dis rien de plus ni rien de moins [1] ». Et pour la distinction amour-mariage, on aura en tête que les deux siècles passés ont plutôt cherché à résoudre la tension entre la multiplicité et l'errance du désir et une institution qui se survit et se transforme ; et que, pour mon propos, cette progressive neutralisation de la question (de Balzac et sa *Physiologie du mariage* à Léon Blum et sa volonté de libéraliser les mœurs des filles avant mariage) est de peu d'importance. J'insiste : l'amour, l'amitié donnent le tracé d'une

1. Denis de Rougemont, *L'Amour et l'Occident* (1939), Paris, Plon, 1958, p. 248.

perspective contemporaine. Perspective éclairée par deux hypothèses de réflexion et quelques lectures.

La première hypothèse est celle si bien dite par Tocqueville, où il apparaît que les mœurs sont en rapport direct avec la donnée politique, où la relation entre les sexes n'est pas étrangère à la citoyenneté moderne. Déjà Mme de Staël comparait la situation des femmes en régime féodal et en république pour souligner les maux de chaque système. Tocqueville est encore plus explicite et, sans citer Montesquieu, dessine son champ de réflexion autrement : « Il y a des philosophes et des historiens qui ont dit, ou laissé entendre, que les femmes étaient plus ou moins sévères dans les mœurs suivant qu'elles habitaient plus ou moins loin de l'équateur. C'est se tirer d'affaire à bon marché... Je ne nierai pas que dans certains climats, les passions qui naissent de l'attrait réciproque des sexes ne soient particulièrement ardentes ; mais je pense que cette ardeur naturelle peut toujours être excitée ou contenue par l'état social et les institutions politiques [1]. » Et les institutions politiques, tout est là : la démocratie exerce une « influence » sur la famille, sur les relations entre sexes et entre parents et enfants. L'ère démocratique est consciente de fabriquer aussi les relations entre hommes et femmes. La théorie des climats, mais

1. A. de Tocqueville, *De la démocratie en Amérique*, 1840, 3ᵉ partie, chap. XI et XII.

aussi les positions religieuses et juridiques réglementant les relations entre les sexes dans l'Ancien Régime ont tout à gagner à être lues au regard de la vie politique offerte à ces hommes et à ces femmes. Que l'amour ait une histoire n'est pas une opinion fréquente hors de notre époque. Descartes, par exemple, pense que si l'amour est difficile à connaître, c'est par son mélange avec « les sentiments confus de notre enfance » et les multiples passions de l'âme[1].

Ma seconde hypothèse est plus personnelle. J'ai conclu d'une étude sur les mécanismes de l'exclusion des femmes de la vie politique, par les révolutionnaires et les démocrates de 1789, qu'une des causes de cette exclusion reposait sur la peur des hommes, peur qu'une confusion s'instaure entre les deux sexes : une trop grande identité entre hommes et femmes serait une ressemblance néfaste, rivalité, et non, comme le souhaitera Fourier, noble concurrence, amitié plus qu'amour entre des êtres faits pour se désirer passionnément[2]. Que l'égalité menace de produire de l'identique est l'idée arrêtée de quelques écrivains, littéraires et politiques. On imagine la conséquence : les sexes parce que égaux seront semblables et la saine différence entre hommes et femmes rendue confuse ; de même se mélangeront l'amour et l'amitié. Les

---

1. Descartes, *Lettre à Chanut*, 1er février 1647.
2. Geneviève Fraisse, *Muse de la raison. La démocratie exclusive et la différence des sexes*, Aix-en-Provence, Alinea, 1989 ; rééd. Gallimard, coll. « Folio », 1995.

avis de l'époque divergent cependant sur l'interprétation à donner des faits, au regard de ce double fantasme si puissant, disparition de la différence sexuelle et indistinction entre l'amour et l'amitié ; et je crois bien que ces représentations agissent encore aujourd'hui. Des trois livres intitulés *De l'amour*, publiés entre 1800 et 1822, on retient trois opinions ou thèses distinctes. Senancour d'abord, l'auteur d'*Oberman*, qui mêle le premier la question de l'émancipation et celle de l'amour : pour que l'homme et la femme se rencontrent sur le chemin du bonheur, « il faut que d'un mutuel accord chacun y arrive par des pentes diverses, en se livrant aux penchants naturels dont la douce opposition est un grand moyen de repos. L'égalité convient à peine entre deux personnes du même sexe : l'égalité parfaite serait le dernier effet d'une vieille, ou d'une mâle amitié... Entre une femme et un homme, rien ne serait moins désirable que de s'asservir à une fraternité contraire aux lois essentielles du rapprochement des sexes [1] ». L'égalité va bien de pair avec la fraternité, mais pour un même sexe. La fraternité parle uniquement pour les frères. D'où le contraste, l'opposition entre l'homme et la femme pour qu'advienne l'amour. Mais comment craindre que l'amour soit menacé simplement parce que les femmes accéderaient à l'usage de leur raison, préférant la lecture au tricot (ce à quoi Stendhal essayait de convertir sa sœur Pauline) ? Sten-

---

1. Senancour, *De l'amour*, 1806, 1834, p. 74.

dhal est en effet serein en répondant à l'objection qu'aurait pu formuler Senancour : « Les femmes deviendraient les rivales, et non les compagnes de l'homme. — Oui, aussitôt que par un édit vous aurez supprimé l'amour. En attendant cette belle loi, l'amour redoublera de charmes et de transports, voilà tout. La base sur laquelle s'établit "la cristallisation" deviendra plus large. » Et de conclure : « C'est comme si l'on craignait d'apprendre aux rossignols à ne pas chanter au printemps[1]. » L'amour entre êtres intelligents entraînera le compagnonnage ; l'amour gagnera dans l'échange entre homme et femme ; et surtout l'amour ne risque rien face à une émancipation des femmes, conquête de leur raison. Si ce livre est un éloge de l'amour dont on commentera pendant longtemps la figure originale, « la cristallisation », on voit qu'il s'accorde aussi avec les temps nouveaux ; sans perdre, au contraire, la notion d'un dérèglement possible des sens et des affects. Destutt de Tracy semblerait plus modéré. Il publie discrètement (en Italie) un chapitre destiné primitivement aux *Éléments d'idéologie*, intitulé aussi « De l'amour ». L'amour est pour ce philosophe idéologue « l'amitié embellie par le plaisir... la perfection de l'amitié », ou encore « le résultat de la combinaison du besoin de reproduction et du besoin de sympathie ». Idée de l'amitié qui va de pair avec l'image d'une femme égale de l'homme, cela

1. Stendhal, *De l'amour*, 1822, chap. LV : « Objections contre l'éducation des femmes ».

est sûr : « On peut dire que les femmes ne sont plus ni souveraines ni esclaves ; elles sont presque ce qu'elles seront un jour prochain : des compagnes aimables et de tendres amies. De là vient qu'il y a plus de bonheur et plus de vertu, car l'une et l'autre augmentent à mesure qu'augmentent l'égalité réciproque et la liberté réciproque [1]. » La compagne souhaitée par Stendhal est une amie pour Destutt de Tracy.

Reprenons l'histoire : que l'amitié soit une forme contraire à l'amour, comme le dit Senancour, est une idée moderne. Auparavant, Aristote et Montaigne définissent les deux termes ensemble. Stendhal et Destutt de Tracy semblent alors, au contraire de Senancour, se loger dans cette tradition, avec les variations propres à leur époque. Ce mélange de reprise et de rejet de la tradition m'intéresse. Les trois auteurs des textes intitulés *De l'amour* offrent chacun une voie de réflexion sur le rapport entre éros et politique. Trois questions donnent l'enjeu, celle de l'égalité, celle de la similitude, et celle de la vertu.

Que l'amitié suppose l'égalité, Aristote le démontre rigoureusement, insistant sur l'importance de l'amitié en démocratie ; qu'ensuite il existe des amitiés entre inégaux, comme celle de l'homme et de la femme, ne fait pas problème, le rapport de justice peut être de proportion : « L'affection entre mari et femme est la même

1. A. Destutt de Tracy, *De l'amour* (1819), Paris, 1926, p. 3, 20, 15.

que celle qu'on trouve dans le régime aristocratique puisqu'elle est proportionnée à l'excellence
personnelle, et qu'au meilleur revient une plus
large part de biens [1]. » En étant une forme de
l'amitié, la relation sexuelle est nécessairement
un rapport d'inégalité, une figure aristocratique
dans un monde qui peut être fondé sur la démocratie. Senancour a très bien compris et il imagine comment le moment révolutionnaire, la
modernité du rapport homme-femme peut réin-
terpréter cette distinction. Elle risque justement
de ne pouvoir la maintenir, la poussée individuelle égalitaire étant trop forte ; et qu'ainsi
l'amitié entre hommes égaux s'étende à l'amour
entre êtres inégaux. Il en a peur. Mais quelle est
la menace ? Elle est une tout en étant double, elle
est menace de la perte de la jouissance, d'une
jouissance sexuelle annulée par trop de ressemblance entre un homme et une femme, et d'une
jouissance politique, celle bien connue du chef
de famille. Ainsi l'écrivain et le citoyen se rejoignent pour dénoncer l'ancien lien entre l'amour
et l'amitié au nom d'une urgence existentielle.
Senancour exprime sa peur dans une période
encore troublée, incertaine ; son livre paraît en
1806. Quelques décennies plus tard, Tocqueville
y voit plus clair et reprend Aristote sans trop s'in-
quiéter de définir l'amour et l'amitié ; point de
vue uniquement politique : les Américains,
contrairement aux Français, « croient que dans
la petite société du mari et de la femme, ainsi que

1. Aristote, *Éthique à Nicomaque*, VIII, 13.

dans la grande société politique, l'objet de la démocratie est de régler et de légitimer les pouvoirs nécessaires, et non de détruire tout pouvoir ». La démocratie n'est pas une société d'amis égaux, dans ou hors mariage ; la démocratie produit une égalité réglée par des pouvoirs (cela s'appelle la liberté), l'égalité sans la similitude : on croit, en Europe, qu'on peut « mêler les sexes en toutes choses, travaux, plaisirs, affaires » ; or, en les confondant, « on les dégrade tous les deux[1] ». L'égalité entre inégaux est possible si l'égalité ne se confond pas avec la similitude : égal ne veut pas dire pareil.

Car la similitude est le deuxième enjeu de l'amitié ; la croyance en la similitude détruit la différence sexuelle ; ce qui semble aberrant à Stendhal, à cause de la puissance de l'amour justement ; mais tout à fait vraisemblable à bien des hommes du XIXe siècle. Mais qu'est-ce que l'annulation de la différence sexuelle ? La production d'« hommes faibles » et de « femmes déshonnêtes », dit Tocqueville, la confusion du masculin et du féminin. Soit. Mais surgit en parallèle une autre interprétation, celle de la fin d'un sexe au profit de l'autre, de la destruction du féminin par masculinisation des femmes : si les sexes deviennent amis, alors il n'y aura plus que des hommes. Alors c'est à exacerber la différence sexuelle qu'il faut se consacrer. Nietzsche ne cesse de le rappeler : l'émancipation de la femme, qui est masculinisation, détruit le pou-

1. A. de Tocqueville, *op. cit.*, chap. XII.

voir des femmes en liquidant la féminité : « Nier
l'antagonisme foncier qui les [l'homme et la
femme] sépare et la nécessité d'une tension irréductible, rêver peut-être de droits égaux, d'une
éducation identique, de privilèges et de devoirs
égaux, c'est là un signe typique de la platitude
intellectuelle [1]. » Ainsi, avec le « goût démocratique », la femme « régresse », « dégénère ». La
perte de la différence sexuelle signifie masculinisation et par conséquence dévirilisation. S'il y
a menace, elle est aussi celle de la perte du sexe
en général. L'infinie complexité de la pensée
nietzschéenne suppose que ce thème soit rapporté à d'autres qui lui fassent écho (c'est ainsi
pour ma part que je procède avec Nietzsche).
Ainsi, tout en dénonçant l'émancipation démocratique, il souligne néanmoins la transformation de la relation amoureuse, du mariage où
se conjuguent intelligence et sensualité. Une
expression, pour finir, qui dénote la forme
d'amitié possible entre homme et femme : le
mariage comme « longue conversation » : « Il
faut, au moment de contracter mariage, se poser
cette question : crois-tu pouvoir tenir agréable-
ment conversation avec cette femme jusqu'à la
vieillesse ? Tout le reste est transitoire dans le
mariage, mais presque tout le temps de
l'échange revient à la conversation [2]. » Ce thème
de la conversation évoque le compagnonnage
souhaité par Stendhal, si impatient de voir

---

1. F. Nietzsche. *Par-delà le bien et le mal*, § 232-239.
2. F. Nietzsche, *Humain, trop humain*, § 406.

s'éveiller la raison des femmes. Il préfère qu'une femme lise Shakespeare plutôt qu'elle ne colorie une rose, il pense qu'une femme acquiert « des idées, sans perdre les grâces de son sexe » ; le compagnonnage de l'homme et de la femme repose sur un échange d'idées, il est conversation.

Nietzsche remarque cependant : « Les sexes se trompent l'un sur l'autre », leur différence est telle que les malentendus ne finissent jamais ; la conversation est faite de mauvaise écoute. Parce que, et la chose est définitive, les sexes sont différents, il faut y insister.

Nietzsche nous entraîne au-delà, ou en deçà du compagnonnage, j'en reparlerai. Stendhal, lui, a une version plus douce du jeu entre amour et différence sexuelle. Le compagnonnage est une forme d'amitié. Michelet, avec excès, parlera de la « fusion » des sexes (qui n'est pas confusion) ; le *Livre I de l'amour*, publié en 1858, débute ainsi : « L'objet de l'amour, la femme, est un être fort à part, bien plus différent de l'homme qu'il ne semble au premier coup d'œil ; plus que différent, opposé, mais gracieusement opposé dans un doux combat harmonique qui fait le charme du monde. » Non seulement les sexes sont différents, mais opposés ; et leur fusion est le fruit d'un doux combat. Michelet lui-même précise : la fusion des oppositions, l'union des contraires s'inscrit dans la problématique démocratique, est compatible avec la forme d'amitié sociale qui s'appelle fraternité : « Les sciences de la vie, qui sont celles de l'amour [...] nous disent la vie identique, la commune parenté et la fraternité des êtres. » On se souvient, Tocqueville voulait conserver l'iné- galité entre les sexes en préservant la différence ; Michelet préfère la fusion asymétrique à la hié- rarchie proportionnée. Dans l'un et l'autre cas, l'amour participe de la vie politique. Pour Michelet, qui défend un amour intime et posses- sif, il n'est pas question pourtant d'ignorer les amis et la république ; au contraire, on assiéra « l'épouse, la mère et la vierge » à la « table de la fraternité » ; la femme ne sera pas exclue de l'amitié masculine et républicaine ; elle en sera le témoin privilégié. Le compagnonnage sexuel et la république masculine vont très bien ensemble.

La peur de l'égalité sépare l'amour et l'amitié que la tradition avait pensés ensemble, par crainte que l'amitié ne soit plus seulement celle des frères, mais celle des frères et sœurs. La peur de la confusion sexuelle admet que les deux sexes soient compagnons, s'il est ainsi attesté que l'homme et la femme ont une différence faite de contrastes et de contraires, éloignant toute menace de fraternité républicaine. La position de Destutt de Tracy est une troisième figure, conciliatrice puisqu'elle cherche à intro- duire l'amitié dans l'amour et, par là, l'égalité dans la relation sexuelle. Que son discours appa- raisse très mesuré, pris dans une recherche de la vertu qui donne une image un peu raisonnable du rapport homme-femme, ne le réduit nulle- ment à une simple attitude morale ; car il ne nie pas l'aléatoire du désir ni l'excès de la passion. Par la vertu, Destutt de Tracy vise deux enjeux de la relation entre les sexes : en insistant sur la liberté du sujet femme (plus que sur le développement de sa raison, comme Stendhal), il réclame une certaine égalité des sexes (voir par exemple sa défense du divorce) ; en soulignant la sympathie qui lie les sexes, il plaide pour une entente, pour la paix entre hommes et femmes. En effet, si la Révolution a apporté avec elle l'idée d'égalité, elle a découvert, et c'était moins prévisible, que les femmes pouvaient s'allier pour dénoncer la maîtrise masculine. L'amitié ainsi proposée serait une voie pacifique du règlement du conflit que la démocratie nouvelle pourrait introduire. Non que le conflit entre les sexes soit nouveau, il y a bien longtemps qu'on parle de guerre des sexes, mais le conflit politique est une affaire moderne. En un mot, l'amitié sied mieux à la vie amoureuse que l'inimitié car elle est le meilleur garant contre la guerre. La vertu de l'amour permet d'éviter la guerre dans la cité comme dans le foyer.

Destutt de Tracy ne le dit pas si clairement parce qu'il ne fait pas référence à la protestation des femmes révolutionnaires. Mais tout son propos insiste sur les meilleures conditions de l'amour en vue du bonheur de la société entière. Denis de Rougemont, lui, dirait qu'il est vrai que la démocratie a fait disparaître tous les obstacles extérieurs à l'expression de la passion, qu'elle a permis au mythe né avec Tristan et Yseult de se faire réalité sous forme de ce qu'il appelle un

« équilibre » du couple, notamment par la tentative de conjuguer l'amour et le mariage (même pour le pire avec l'eugénisme des pays totalitaires, fascisme et communisme) ; qu'il est vrai aussi que si, depuis l'amour courtois, l'érotisme et la guerre ont partie liée et pas seulement par le langage guerrier comme moyen d'expression de l'amour, cette correspondance se défait au XXᵉ siècle puisque l'amour du mythe devient possible.

Ce regard de Denis de Rougemont sur notre époque vaut à mes yeux pour ce qu'il dévoile de l'implicite du discours de Destutt de Tracy, à savoir que l'amour ne va pas sans la guerre et que la pacification, vertueuse ou hygiéniste, de la relation sexuelle n'épuise ni la représentation du désir ni le malentendu conflictuel des sexes. Denis de Rougemont n'a qu'une phrase pour la question féministe, dont il ne sait que dire. Ses contemporains, Adorno et Horkheimer, font le lien entre les différentes guerres, parlant de « réconciliation ». Les sexes se réconcilient périodiquement, disent-ils, sur la base de la domination masculine où la femme semble assumer librement sa défaite et l'homme lui concéder la victoire [1]. Ils se réconcilient sans que l'horizon de la guerre s'efface ; Nietzsche le disait si bien : « L'amour, dans ses moyens, la guerre, dans son principe, la haine mortelle des sexes [2]. » Cette

---

1. T. Adorno et M. Horkheimer, *La Dialectique de la raison* (1944), Paris, Gallimard, 1989, p. 115.
2. F. Nietzsche, *Le Cas Wagner*, § 2.

guerre dont Adorno et Horkheimer lisent les figures : lorsque « le plaisir s'allie à la cruauté », lorsque la transgression naît de l'aliénation et de la civilisation, lorsque amour et jouissance empruntent des chemins autonomes, si ce n'est contraires ; intuition de Sade que « la dissociation de l'amour est œuvre du progrès ». Lecture de Sade et de Nietzsche par l'école de Francfort, qui a le mérite de mettre en parallèle aux textes cités au départ un tout autre aspect de l'amour à l'ère démocratique, celui où le plaisir et la jouissance ont aussi peu de limites que la guerre.

Du point de vue de Denis de Rougemont, l'amour et la guerre se sont dissociés au XXᵉ siècle, lorsque la réalisation possible du mythe de l'amour, version démocratique, se désolidarise d'une guerre devenue le creuset du totalitarisme où la passion continuera sa destruction. Du point de vue d'Adorno et d'Horkheimer, la démarcation de l'amour et de la jouissance naît de la dialectique des Lumières, de la raison moderne, qui est « la contradiction insoluble qu'implique l'ordre, qui transforme le bonheur en parodie du bonheur lorsqu'il le sanctionne, et ne le procure que là où il le proscrit. En immortalisant cette contradiction, Sade et Nietzsche ont contribué à sa conceptualisation[1] ».

On peut appeler cela une contradiction, et dans l'analyse de l'école de Francfort sur les méfaits de la raison des Lumières cette contra-

---

1. T. Adorno et M. Horkheimer, *op. cit.*, p. 118-122.

diction prend tout son sens. Ma recherche de l'amour au temps de la démocratie me laisse plutôt penser les choses en termes de tension ; où les deux aspects de l'amour sont comme des voies parallèles, des contraires plus qu'une contradiction. Je livre cette piste de recherche comme telle. Elle ne sera pas développée ici parce qu'il faudrait mobiliser d'autres champs de savoir, la psychanalyse par exemple, de manière à élargir encore la problématique. Ou l'anthropologie au sens où Deleuze dit que Sade et Sacher-Masoch sont des « anthropologues » [1]. Anthropologues par leur regard sur la sexualité rencontrant la perversion, sadisme, masochisme ; noms de perversions tirés de noms d'auteur : ni le malade ni le médecin, mais l'écrivain, les écrivains ont laissé leurs noms à ces perversions. Repartir de ce « point littéraire », dit Deleuze ; j'ajouterai : de ce point littéraire où le sexe et l'histoire se pensent. Le temps de la démocratie, qui est aussi bien le temps des guerres, a proposé aux deux sexes autant d'engagements d'amitié que d'affrontements privés et politiques avec le féminisme. Mon propos, aujourd'hui, fut de montrer comment l'amour, cette « chose abstraite et frappante, irréelle et signifiante », se trouve, entre amitié et violence, conversation et passage à la limite. Et cela depuis ces années 1800 qui virent écrire Sade et

1. Gilles Deleuze, *Présentation de Sacher-Masoch*, Paris, éd. de Minuit, 1967.

Stendhal. Mais je ne les mets pas côte à côte. Et ce sera ma conclusion.

Si je vous ai promené dans ce paysage littéraire et philosophique, en espérant rendre sensible cette tension moderne de l'amour entre amitié et violence, ce n'est pas tout à fait sans but. Nietzsche encore : « L'antiquité a profondément et fortement vécu, médité et presque emporté dans sa tombe l'amitié. C'est son avantage sur nous : nous pouvons lui opposer l'amour sexuel idéalisé. Toutes les grandes vertus antiques s'appuyaient sur le fait que l'homme épaulait l'homme et qu'aucune femme n'avait le droit de prétendre constituer l'objet le plus proche, le plus haut et même l'objet unique de son amour, — comme la passion enseigne à le sentir. Peut-être nos arbres ne poussent-ils pas si haut à cause du lierre et de la vigne qui s'y accrochent[1]. » L'amitié possible entrevue par les hommes (et par les femmes, mais mon corpus ici est uniquement masculin) du XIXᵉ siècle ne se délie pas de la fraternité. Or la fraternité est bien telle que son nom l'indique, une histoire de frères. Qu'on cherche à la partager entre les deux sexes et elle se brise sur la violence du conflit pour le coup immémorial entre les sexes. Ce n'est pas une vue pessimiste de ma part ; plutôt une indication : on a cru, on croit que l'émancipation des femmes (autonomie, libération, ce que vous voudrez) serait favorisée, accompa-

1. F. Nietzsche, *Aurore*, V, 503.

gnée par l'amitié fraternelle ; l'histoire des républiques et des socialismes ne l'a pas vraiment prouvé, même si elle l'a aussi déclenchée. Il faut accepter que l'amour et l'amitié soient désormais dissociés. En revanche, il n'est pas sûr que l'autre voie, celle de l'excès, du malentendu, ne soit pas porteuse de ce « droit de prétendre », comme dit Nietzsche, qui donne à la femme un espace irréductible à la règle masculine.

9

Du droit naturel
à l'histoire de l'origine

Si le féminisme se définit comme la protestation à l'égard d'une situation d'oppression et l'exigence de transformation de cette condition, il existe dans l'ensemble de l'histoire des sociétés occidentales des moments et des événements qualifiés de féministes. Cependant, c'est à partir de 1830 que le féminisme émane d'un groupe social constitué comme tel et soucieux de définir l'identité et la place des femmes dans la société.

Si donc le féminisme apparaît comme une doctrine ou une idéologie sociale, quels sont les fondements philosophiques des discours féministes qui mettent en cause les rapports sociaux fabriqués par la différence des sexes ?

Contemporaine de l'avènement de la pensée démocratique et de la pensée socialiste, l'idéologie féministe trouve des points d'appui chez les philosophes des Lumières comme chez les socialistes utopiques du XIXe siècle. Elle n'a aucune filiation directe avec tel ou tel philosophe ; il n'y a pas de fondateur du féminisme comme il peut en exister pour le ou les marxismes et socialismes. Sans doute n'y a-t-il que des figures du féminisme. Cependant, le féminisme, conçu comme « cas d'aspiration collective vers l'égalité[1] », entretient une relation privilégiée avec le socialisme, à la recherche, lui aussi, de l'amélioration d'un groupe social. Cette relation est d'abord une relation d'émergence. Leurs apparitions sont en effet contemporaines (aussi bien en 1830 qu'en 1970...). Liaison de fait ou liaison de droit ? Liaison de fait vraisemblablement puisque le socialisme de Proudhon, par exemple, exclut le féminisme, liaison de droit peut-être, si l'on considère leur articulation au « problème social ».

Mais le féminisme en appelle aussi aux philosophes des Lumières et à la Révolution française. Il faut alors, hors de la recherche des appuis philosophiques invoqués par les textes, mettre au jour les questions philosophiques qui sont au fondement même de l'expression féministe. La réalité de la différence des sexes est confrontée à l'exigence universelle du droit, le fait féminin au droit civil et politique. Il faut voir ce qui peut faire preuve, pour la revendication féministe, à l'intérieur de l'ordre politique : est-ce la nature des femmes (dont la ou les définitions font problème), ou est-ce l'état social qu'invoquent les recherches historiques et anthropologiques ?

1. Léon Abensour, *Le Problème féministe*. Paris, 1927.

*Lumières démocratiques
et socialismes utopiques*

L'utilisation du terme de féminisme se généralise à la fin du XIXᵉ siècle : c'est par dizaines que se comptent entre 1880 et 1914 les sociétés et les journaux féministes ; des tendances aussi s'institutionnalisent : féminisme chrétien et féminisme libre penseur, féminisme socialiste et féminisme philanthropique. Là encore, le parallèle avec le mouvement ouvrier reste très marqué puisque cette diffusion du féminisme liée à l'apparition de « tendances » correspond au développement et à l'ère des ruptures des socialistes français. Fait remarquable, ces féminismes multiples ne cassent en rien l'image et l'idée d'un féminisme univoque. Ainsi, Léontine Zanta, agrégée de philosophie et première femme docteur en philosophie en 1914, assimile le féminisme à toute doctrine professée par son auteur (tel le calvinisme ou le spinozisme, dit-elle) et le définit comme « une philosophie spécialement élaborée par les femmes[1] ». Philosophie cependant dont elle-même a du mal à rendre compte puisque son ouvrage s'intitule *Psychologie du féminisme*. Cette difficulté à exposer sur quoi et comment se fonde le féminisme est essentielle.

Ainsi, la question des fondements est double :

---

1. Léontine Zanta, *Psychologie du féminisme*, Paris, Plon, 1922.

définir les points d'appui philosophiques sur lesquels s'affirment la multiplicité et la diversité des féminismes, dégager les principes théoriques et politiques qui autorisent à penser l'unité du féminisme comme unité de doctrine.

Face aux adjectifs associés au terme féminisme à la fin du XIXe siècle, chrétien, socialiste, républicain ou franc-maçon, nous sommes invités par les auteurs mêmes des textes féministes à reconnaître les philosophes qui auraient à tel endroit de leurs écrits, ou à tel moment de leur argumentation, exprimé des pensées sur les femmes et sur leur place dans l'organisation sociale. Ces références semblent en général servir à soutenir un discours en manque de légitimation théorique.

On s'étonne d'abord du jeu d'opposition qui caractérise ces références et qui fait des textes et des auteurs cités, soit un soutien, soit un obstacle. Il paraît impossible d'établir clairement les écrits philosophiques propres à autoriser des filiations directes avec le discours féministe :

S'il s'agit du socialisme, il est clair, dès 1848, qu'il n'est pas question de s'appuyer sur le saint-simonisme, malgré l'ouverture théorique qu'il donne au féminisme ; sa pratique paraît, en effet, abusive et contradictoire. Reste alors Charles Fourier pour ses écrits et Victor Considérant pour ses prises de position pendant la révolution de 1848. Mais Proudhon surtout est cité pour son socialisme misogyne, comme si le féminisme se réclamait du socialisme avec lucidité critique plus que confiance aveugle[1]. Après le temps des utopistes, ce sont Marx et les marxistes qui alimentent le débat. Débat qui se déplace : parce que Marx et Engels font l'analyse de la famille plus qu'ils ne soutiennent le mouvement féministe, ce sont leurs épigones, August Bebel et Paul et Laura Lafargue, qui sont cités. Comme il s'agit en général de trancher entre le bon et le mauvais féminisme (dit bourgeois), leurs prises de position apparaissent moins comme des éléments d'analyse de la condition des femmes et de la nécessité féministe, que comme des articles qui font autorité[2] pour justifier la subordination de la lutte des femmes à la lutte des classes.

Le féminisme s'autorise aussi du mouvement démocratique et républicain et fait appel aux philosophes du XVIIIe siècle. Si Condorcet est une référence positive permanente, il n'en va pas de même de Montesquieu, Voltaire, Diderot et Rousseau, qui servent tantôt de précurseurs du féminisme, tantôt de responsables de l'assujettissement moderne des femmes. Ainsi, Montesquieu est loué pour le chapitre sur le gouvernement des femmes dans l'*Esprit des lois*, mais repoussé pour certaines réflexions méprisantes à l'égard des femmes[3]. Voltaire est réputé indifférent à la condition des femmes ou au contraire

1. Jenny d'Héricourt, *La Femme affranchie*, 1860.
2. Par exemple, Marthe Louis-Lévy, *L'Émancipation politique des femmes*, 1933.
3. Référence positive pour Léon Abensour, négative pour Ernest Legouvé, *Histoire morale des femmes*, 1849, Paris, Gustave Sandré.

favorable, à travers sa relation avec Mme du Châtelet, à leur émancipation[1]. Diderot est condamné pour son sensualisme qui le porte à prendre les femmes pour des objets, ou reconnu parfois comme un homme sans préjugés, convaincu de la créativité des femmes[2]. Rousseau est généralement haï pour le livre V de l'*Émile*, consacré à Sophie, Sophie qui sera si proche de trop de femmes du xixe siècle, mais il est quelquefois racheté par la figure de Julie dans *La Nouvelle Héloïse*[3].

Pour le christianisme, la contradiction est encore plus flagrante, et on ignore s'il a contribué à l'oppression ou à l'évolution progressiste des femmes. Certains textes font de l'Évangile le creuset de la subordination de la femme occidentale, et saint Paul est le premier responsable. D'autres reprennent l'appel à la « femme forte » de l'Ancien Testament pour y lire la nécessité pour toute femme d'accéder aux responsabilités sociales de la cité[4].

Ainsi, dans un même temps, on constate soutien ou refus de telle ou telle philosophie. Et ce double usage des textes marque la relation apparemment d'extériorité que les textes féministes entretiennent avec la philosophie. Peut-être

1. Référence positive pour Émile Faguet (*Le Féminisme*, 1910), négative pour Ernest Legouvé.
2. Référence positive pour Léon Abensour, négative pour Jeanne Oddo-Deflou (*Le Sexualisme*, 1905).
3. Référence positive pour Jeanne Oddo-Deflou.
4. Cf. abbé Bolo, *La Femme et le clergé* ; Étienne Lamy, *La Femme de demain*, 1909.

faut-il alors reprendre la question première et s'interroger sur la période du temps où le féminisme, comme expression d'un groupe social, à la fois s'unifie et se démultiplie.

Léon Abensour explique l'importance du mouvement féministe depuis 1830 par le fait démocratique. Il constate que, si toutes les formes de gouvernement peuvent voir surgir sans contradictions avec leur principe la question féministe, seule la démocratie ne peut l'ignorer, ni même en faire l'économie. Affirmation ou constatation qui peut sembler paradoxale lorsqu'on examine comment la fin de la Révolution française interdit aux femmes la vie publique et politique, et comment la Déclaration des droits de l'homme et du citoyen fonde, avant même l'exclusion des femmes de la sphère politique et sociale, leur absence de droits.

L'étude de ce paradoxe permet de poser réellement la question des fondements du féminisme. Paradoxe qui fait appel, tout au long du XIXe siècle, aux mœurs des femmes comme à la fois l'avant-garde et le démenti des lois ; paradoxe qui montre des femmes conscientes de leur différence sexuelle et de leur spécificité féminine dans leur demande d'égalité face au monde de l'universel et de la démocratie ; paradoxe donc qui exige de l'universalisme qu'il se réalise à partir et avec le partage sexuel. Ce qu'un homme féministe nommait l'« Humanisme intégral [1] ».

---

1. Léopold Lacour, *L'Humanisme intégral*, 1897.

Réfléchir sur ce paradoxe oblige à quitter le
domaine des mœurs pour aborder le problème
du droit des femmes, et présentement du droit
de nature, dont la définition varie suivant les
diverses positions théoriques au sein du féminisme. Cette diversité n'épouse pas nécessairement les traditions culturelles et philosophiques
invoquées précédemment et invite à un partage
plus fondamental redistribuant autrement les
choix philosophiques.

*Esclaves ou citoyennes, ilotes ou
affranchies*

La première raison pour les féministes du
XIXᵉ siècle de jouer le jeu du droit et de se situer
dans le champ de la loi, fût-ce à rebours, en
usant de l'argument des mœurs, c'est leur
conviction qu'après bien des siècles la vie en
société a enfin dominé les rapports de force physique. Car, pour réclamer des lois adéquates aux
mœurs, encore fallait-il être sûr que l'ère du
droit avait succédé à l'ère de la force. Affirmation surprenante pour sa méconnaissance de
l'histoire et du fonctionnement des sociétés,
mais affirmation fréquente. Sans doute le droit
nouveau de la démocratie offre-t-il la possibilité
d'un véritable contrat social, ce qu'aucun droit
précédent ne pouvait accomplir.

Dans cette perspective, la question du droit
apparaît comme une constante du discours
féministe : les droits civils aussi bien que les

droits civiques. Or l'histoire n'a voulu retenir bien souvent que la demande des droits civiques, et en particulier celle du droit de vote parlementaire ; ce qui réduit le féminisme au suffragisme et permet de faire du féminisme un mouvement bourgeois de pure tradition républicaine. Cette affirmation ne résiste pas à une véritable étude historique. En effet, les femmes socialistes s'engagent davantage dans des actions spectaculaires (inscription sur les listes électorales, campagnes de candidates à la députation) que les féministes républicaines qui, telle Maria Deraismes, placent le droit de vote après la demande des droits civils.

La question du droit s'ouvre donc sur un malentendu, et sur un paradoxe. Paradoxe parce que l'urgence du droit de vote est mise au premier plan par celles qui ne se satisfont pas d'un État républicain et du suffrage universel pour participer à la vie politique, et parce qu'on ne comprend pas qu'elles l'aient, elles-mêmes parfois, stigmatisé comme l'affaire des « bourgeoises ». Malentendu parce que la demande du droit de suffrage, mise trop rapidement en avant par les historiens, est exceptionnellement l'objectif principal du féminisme. Tout au plus peut-on souligner avec Émile Faguet [1] qu'être partisan du suffrage des femmes, après 1900, est un critère distinguant le féminisme d'opportunité qui suit bon gré mal gré un mouvement social inéluctable, du féminisme « intégral » qui sait

1. Émile Faguet, *op. cit.*.

que, sans participation à la vie politique, les femmes n'obtiendront qu'une émancipation relative.

Les diverses demandes de droit paraissent traversées d'enjeux politiques complexes. Un retour au Code civil napoléonien, c'est-à-dire au statut de la femme dans la société du XIXᵉ siècle, permet une meilleure approche. L'intérêt n'est pas de faire la liste des interdits et des empêchements imposés aux femmes ; situer même le principe d'exclusion semble difficile. Si les contraintes sont signifiées clairement dans le détail, il est impossible d'en trouver l'origine. Au contraire, note Léon Richer, le Codé civil s'ouvre sur une curieuse confusion : l'article 7 distingue les citoyens de l'ensemble des personnes exerçant des droits civils, mais l'article 8 dit que tout Français jouira des droits civils ; or les femmes ne jouissent que de certains droits civils [1]. Alors, qui sont-elles ? Faut-il mettre en cause leur qualité de Françaises ou celle de personnes humaines ? Malaise qui tient à l'informulé du code et des textes législatifs de l'époque, informulé qui sera retourné comme une arme contre la loi elle-même : il n'est pas écrit qu'il est interdit de passer le baccalauréat, d'accéder à l'enseignement supérieur, de s'inscrire sur les listes électorales ; c'est permis, diront les pionnières, puisque « tout Français... ».

La question du statut des femmes dans la société du XIXᵉ siècle est importante. Mme de

1. Léon Richer, *Le Code des femmes*, 1883.

Staël notait en 1800 : « L'existence des femmes en société est encore incertaine [...] dans l'état actuel, elles ne sont pour la plupart, ni dans l'ordre de la nature, ni dans l'ordre de la société[1]. » Sont-elles des êtres sans définition, ou plutôt des êtres hybrides ?

Elles ne sont pas citoyennes, nous le savons. Sont-elles esclaves alors, suivant les partages antiques ? Nombreuses et nombreux sont ceux, tel John Stuart Mill, qui voient dans la femme mariée une femme aussi peu libre qu'une esclave, et il est vrai que le mariage enlève alors à la femme de nombreux droits. Néanmoins, il est difficile de faire commencer l'esclavage de la femme au mariage, puisque les veuves et « filles majeures », si elles possèdent quelques droits civils en plus, ne sont pas pour autant citoyennes.

Ni citoyennes ni esclaves, sont-elles des affranchies ? C'est l'idée de Mme de Staël, qui trouve là leur qualité d'êtres hybrides dont on ne supporte, dit-elle, ni la trop grande ambition pour certaines, ni la trop grande obéissance pour d'autres. Claire Demar pense au contraire que les femmes n'ont pas encore atteint cet état et réclame « l'Affranchissement des femmes[2] ». Terme qui paraît rapidement trop réducteur et

---

1. Mme de Staël, *De la littérature considérée dans ses rapports avec les institutions sociales*, 1800.
2. Claire Demar, *Appel d'une femme au peuple sur l'affranchissement de la femme*, 1833, réédité par Valentin Pelosse, Paris, Payot, 1976.

minimal face à l'idéal féministe, remplacé alors par celui d'émancipation.

On n'émancipe pas une esclave, on émancipe une ilote, diront souvent les textes féministes, jusqu'en 1870. À reprendre les définitions d'alors, plutôt que l'origine spartiate du terme, l'ilote est une personne « réduite au dernier état d'abjection, d'ignorance », une personne opprimée par des moyens matériels et moraux.

Ce terme, par le vague qu'il comporte, paraît bien rendre compte de la confusion entretenue autour du statut social des femmes. Il ne s'agit pas d'affranchir une personne, de lui donner ou de lui rendre des droits perdus ; il faut, par une émancipation, bouleverser au plus profond de l'être les mécanismes de l'oppresseur et de l'opprimé, atteindre à une libération. L'« ilotisme séculaire », écrit Julie-Victoire Daubié, a des racines plus lointaines que les confusions volontaires du Code civil[1].

En deçà du Code civil, la Déclaration des droits de l'homme et du citoyen est le texte de référence, expression du droit naturel qui porte en son principe l'égalité entre Blancs et Noirs, hommes et femmes. Déclaration qui favorise l'usage de la logique, comme le fera John Stuart Mill, dans son livre *L'Assujettissement des femmes*, où il dénonce la contradiction entre principe et réalité d'une société. Usage de la logique aussi chez un juriste, Joseph Barthéle-

---

1. Julie-Victoire Daubié, *L'Émancipation de la femme*, 1871.

my[1], qui, étonné que le féminisme fasse du vote l'expression d'un droit naturel, alors que lui l'analyse comme une fonction sociale (qui peut donc être exercée aussi bien par un groupe que par l'ensemble des membres de la société), reconnaît néanmoins qu'une démocratie assimile le droit de vote à un droit naturel puisqu'elle ne peut, sans contradictions, ne pas l'attribuer à l'ensemble des citoyens. Démarche logique qui justifiait déjà qu'en 1848 le suffrage ne soit plus, pour les hommes, censitaire, mais universel.

Mais les féministes usent peu de cet argument, sans doute parce que l'état de confusion de leur statut juridique entretient un malaise : elles ne se conçoivent pas d'emblée dans la sphère du droit et l'argument logique peut leur être étranger dans la mesure où il « force », avec une naïveté voulue, l'entrée de cet espace légal. Et c'est pourquoi l'argument de la preuve a prévalu chez les féministes, preuve où leur pratique sociale doit justifier la transformation de leur statut juridique. En 1850, elles appellent cela les mœurs, en 1930, Léontine Zanta parle « des faits, des actes, des réformes » accomplis par les femmes. Ce qui fait preuve, ce n'est pas le principe d'appartenance, c'est la réalité d'égalité.

La preuve par la réalité des faits face à la difficulté, reconnue par John Stuart Mill lui-même,

---

1. Joseph Barthélemy, *Le Vote des femmes*, 1920. Cette pensée de la fonction plus que du droit émane d'un futur garde des Sceaux de Vichy.

de la preuve par le droit engage une réflexion sur l'universalisme, entendu ici précisément comme l'égalité principielle entre l'homme et la femme. Ainsi, il paraît curieux qu'Olympe de Gouges dans sa *Déclaration des droits de la femme*, publiée en 1791, ne cesse de distinguer, même si c'est pour les montrer semblables, l'homme et la femme. En effet, elle ne dit pas : les droits de l'homme sont aussi ceux de la femme, mais : la femme a tel et tel droit, comme l'homme. La nuance est importante car elle n'efface pas la différence dans l'espace même de la similitude. Attitude fréquente chez les féministes, qui consiste à maintenir dans la pensée de l'universalité la réalité de la spécificité, ou encore à établir la revendication des droits à partir de la situation « naturelle » ou historique des femmes.

Or cette condition des femmes n'est pas envisagée de la même façon dans les divers appels à la révision de la loi :

Ou bien, et c'est le cas de la pétition adressée par Louise Dauriat à la Chambre des députés en 1837, la mère et l'épouse, parce que les plus spoliées par le Code, doivent faire l'objet des premières réformes. Ou au contraire, c'est la mère sans mari, suivant Olympe de Gouges, qui doit faire reconnaître ses droits. L'accent est mis sur l'obtention des pleins droits civils ; ce sera aussi l'objectif principal de Léon Richer et Maria Deraismes, au début de la IIIe République.

Ou bien les droits civils ne se pensent pas sans les droits civiques, et la lutte se mène sur les deux fronts en même temps ; avec une priorité sans doute pour le droit de vote, puisque la femme qui vote aura les moyens de défendre ses intérêts particuliers. C'est la position de Julie Daubié, qui définit ainsi le terme d'émancipation.

Émancipation sociale ou émancipation sociale et politique ; la demande féministe d'égalité des droits n'est pas univoque. La question des fondements du féminisme comme doctrine se précise d'un partage qui a peu à voir avec les clivages obéissant à des étiquettes politiques. D'où la nécessité d'analyser ce partage et ses raisons. En déclarant priorité politique, soit la demande de droits civils, soit celle du droit civique, sans qu'on puisse dire celle qui est la plus socialiste ou la plus révolutionnaire des deux, le féminisme du XIXᵉ siècle revêt une originalité incontestable.

UN EXEMPLE :
LES ANNÉES 1830-1850

La plupart des expressions féministes de ces années-là appartiennent aux mouvements socialistes. Néanmoins, pour dégager ce qui relève d'une pensée du droit [1] il faut abandonner

---

1. Édouard Laboulaye, par exemple, oppose dans les *Recherches sur la condition civile et politique des femmes depuis les Romains jusqu'à nos jours*, Paris, 1843, le droit naturel ou droit philosophique à l'étude historique des lois qui seule peut être utile pour le présent.

ces repères : les diverses écoles regroupées sous
le terme de socialisme utopique n'abordent pas
le problème de l'émancipation ou de l'affranchissement des femmes sur une base juridique.
Ou, plus exactement, l'affirmation de l'égalité
entre hommes et femmes ne se fonde pas en
droit, et ce serait un autre travail de montrer
comment cette égalité est justifiée. Pourtant, la
question du ou des droits des femmes se rencontre dans ces problématiques. Rencontre est
sans doute le terme exact : ou bien certains
textes, centrés sur une argumentation de droit,
paraissent dans des revues ou sous l'appartenance d'une école [1], ou bien, çà et là, on prend
position pour le droit des femmes (divorce ou
droit de vote par exemple), ou bien encore (et
c'est le cas, unique, de Flora Tristan) un texte
fondamental du socialisme, en l'occurrence
l'*Union ouvrière*, articule le droit naturel des
femmes avec la pensée sociale.

Le cadre d'un usage militant

Ni la réflexion sur le droit des femmes ni l'acte
de la revendication juridique ne sont absents
entre ce moment célèbre de la *Déclaration des
droits de la femme* par Olympe de Gouges et la
période féconde du tournant du XXᵉ siècle, où
s'obtiennent successivement quelques droits

1. C'est le cas d'Égérie Casaubon, Louise Dauriat, Luc
Desages.

civils[1]. Je me bornerai à distinguer trois démarches différentes et complémentaires, fondées toutes trois sur le principe même du droit, où les partages politiques semblent moins pertinents que les affinités théoriques.

De la monarchie de Juillet au coup d'État de Napoléon III, le droit naturel des femmes est invoqué sous trois formes différentes :

— Il est l'héritage nécessaire de la Déclaration des droits de l'homme de 1789 (et non de celle des droits de la femme d'Olympe de Gouges, peu citée à l'époque).

— Il sous-tend l'exercice du droit de pétition, dont on use alors pour réclamer de nombreux droits particuliers, civils en général.

— Il structure le rapport entre le droit public des femmes et l'association des travailleurs ou socialisme ; il oblige à la reconnaissance d'un droit politique.

Deux textes constituent les références obligées des analyses, critiques et revendications : la Déclaration des droits de l'homme (avec l'image de la Révolution et de la prise de la Bastille), et le Code civil de 1804. Si l'une a une fonction positive et l'autre négative, si l'une est le symbole de la liberté et l'autre celui de l'assujettissement des femmes, ils ont cependant un point commun : signifier aux femmes leur absence de la citoyen-

---

1. 1897 : droit à témoigner dans les actes d'état civil et les actes notariés ; 1907 : libre disposition du salaire de la femme mariée ; 1908 : électorat et éligibilité aux conseils de prud'hommes ; 1912 : recherche en paternité des enfants naturels, etc.

neté et de la vie de la cité. De nombreux textes féministes dénoncent la situation des femmes comme celle de hors-la-loi, et s'interrogent sur le moyen de réintégrer les femmes dans la vie « légale » de la société. Légale signifie ici légitime, et c'est au nom du droit qui transcende les lois que se regroupent les diverses positions féministes. Celles-ci hésiteront seulement entre deux solutions : exiger la transformation de la loi, en faisant valoir l'absurdité de ce statut de hors-la-loi, ou au contraire faire comme si les droits civils et politiques de la femme avaient été implicitement déclarés. De toute façon, en appeler aux droits naturels des femmes est une attitude d'emblée égalitaire. C'est pourquoi Louise Dauriat peut écrire, dans *La Tribune des femmes*, journal des saint-simoniennes, que l'homme n'a pas plus le droit d'opprimer la femme que de l'affranchir : égale, elle est de plain-pied avec lui dans la sphère du droit, et capable de s'émanciper elle-même[1].

Le 1789 des femmes ou le nouveau contrat social

Flora Tristan « mentionne les femmes » dans l'*Union ouvrière* tout au long d'un chapitre

---

1. Lettre à *La Tribune des femmes*, 8 octobre 1833. Ce n'est pas par hasard si Louise Dauriat choisit ce journal pour signifier son refus de se laisser affranchir ; c'est une attaque du saint-simonisme officiel.

centré sur une « proclamation » des droits de la femme[1]. Aucun droit spécifique n'est réclamé ; elle veut d'abord affirmer le principe de l'existence légale et juridique de la femme.

Lorsque Olympe de Gouges avait rédigé sa *Déclaration des droits de la femme*, elle avait calqué ses articles ainsi que son préambule sur la première Déclaration des droits de l'homme. Une lecture précise a montré que ce calque n'est pas une reproduction fidèle. En effet, à l'être générique homme ne correspond pas l'être générique femme, mais plutôt des êtres relatifs à l'homme (« mères », « filles », « sœurs »), et par conséquent différents. Derrière ces termes relatifs se glisse aussi la notion éminemment paradoxale de « supériorité » des femmes (le terme est dans le texte), qui ne manque pas de surprendre chez qui se réclame du principe d'égalité.

Flora Tristan appelle à une Déclaration des droits de la femme dans un tout autre contexte. Elle se réfère plus à l'esprit qu'à la lettre de la déclaration de 1789 ; elle énonce les droits de la femme dans le cadre d'une argumentation ambivalente à l'égard des droits de l'homme. L'*Union ouvrière* s'ouvre sur une critique des droits de l'homme et de la charte de 1830 où est omis le droit premier de l'ouvrier, celui de vivre et de travailler. Seul ce droit au travail peut faire que les autres droits ne soient pas seulement

---

1. *Union ouvrière*, 1843, Paris, éd. Des Femmes, 1986, chapitre III : « Le pourquoi je mentionne les femmes ».

l'apanage de la classe bourgeoise. Et l'union ouvrière doit en quelque sorte pallier ce manque.

Flora Tristan opère un décalage en abordant le chapitre des femmes : « ouvrières ou toutes », dit-elle ; l'ensemble des femmes est concerné. Alors elle utilise positivement l'avènement des droits de l'homme qui placent, dès 1789, le prolétaire à égalité avec son ancien seigneur. Cette égalité de principe fut rapidement corroborée par les faits, dit-elle, quand surgirent des rangs des prolétaires des généraux et des artistes, des savants et des financiers. Donner l'égalité des droits, c'est libérer des énergies ; il en sera de même pour les femmes « lorsque leur 1789 aura sonné ».

Néanmoins, cet appel aux droits de la femme reste pensé dans certaines limites : Flora Tristan invite à une reconnaissance, « au moins en principe », de ces droits, car cet acte formel serait déjà fondamental pour ce qu'on nommerait aujourd'hui un changement de mentalités : dans la représentation du rapport entre soi et l'autre, entre l'homme et la femme. Proclamer les droits de la femme ne servira pas à fonder une nouvelle constitution, comme lors de la Révolution. Cette proclamation donnera l'impulsion nécessaire à un changement de mœurs. Seules des mœurs nouvelles peuvent susciter une révision de la loi. Position éthique, plus que juridique : pour Flora Tristan, le droit naturel des femmes est d'abord un droit moral.

Malgré l'expression « ouvrière ou toutes »,

cette revendication doit opérer d'abord dans le monde ouvrier. Car, s'il existe une différence de situation entre le prolétaire et la femme devant les droits naturels (dits droits de l'homme), le parallélisme n'est pas moins légitime entre l'ouvrier et l'ouvrière, dans la mesure où tous deux sont privés du droit fondamental à la subsistance (comme d'ailleurs, à cette époque, du droit politique). D'opprimé à opprimé ou d'opprimé à plus opprimé, dans ce lien peut s'effectuer la prise de conscience de la nécessaire émancipation des femmes. Flora Tristan pense qu'il appartient aux ouvriers, dignes héritiers de leurs ancêtres de 1789, de proclamer les droits de la femme. Parias, les femmes restent en deçà de la loi.

À ces limites d'une démarche légaliste, j'ajoute une réserve « féministe ». Les deux maux du prolétariat sont la « misère » et l'« ignorance », et à ce double mal correspond un double remède, matériel d'une part, moral de l'autre. Le remède matériel s'appelle l'union ouvrière, le remède moral l'instruction. Ce dernier se donne par les femmes puisque ce sont elles qui maîtrisent l'éducation. Leur émancipation apparaît ainsi comme un maillon utile au progrès, comme une nécessité stratégique plus que comme un objectif propre.

Si proclamer les droits de la femme n'implique pas une bataille juridique, c'est que cette problématique du droit s'inscrit sur un registre beaucoup plus large, celui de la constitution d'une classe ouvrière comme force politique. Et s'il faut changer d'abord l'image dévalorisée des femmes, s'il faut travailler les mœurs avant d'attaquer la loi, comment comprendre que Flora Tristan envoie en 1837 au gouvernement une pétition pour le rétablissement du divorce ? Peut-être parce que, en dehors de toute analyse biographique, elle pense que sur cette question-là, la loi est suffisamment en retard sur les mœurs pour qu'il apparaisse urgent de l'y conformer.

Déclarer les droits de la femme, c'est vouloir intégrer les femmes dans la société nouvelle issue de la reconnaissance du droit naturel de chacun, société qui n'obéit plus à une hiérarchie de droit divin, mais repose sur un contrat entre les personnes. Plus encore, c'est admettre un contrat d'égalité qui fait de chaque individu(e) un contractant à part égale des autres. Ainsi se lit *Le Nouveau Contrat social ou Place à la femme*, texte dans la mouvance saint-simonienne qu'Égérie-A. Casaubon publie en 1834. L'auteur souhaite la participation des femmes aussi bien au gouvernement de la famille qu'à celui de l'État. Égérie Casaubon conclut en appelant à un « 89 moral ». Là encore, le droit naturel est un droit moral avant d'être un droit légal : un contrat n'est pas un *Code* avec des articles de lois, c'est la reconnaissance d'un respect mutuel entre les contractants. Cette égalité entre hommes et femmes n'exclut nullement leur différence ; ce n'est pas une égalité terme à terme.

Cette argumentation peut inclure, sans grande difficulté alors, l'affirmation d'une « supériorité » féminine. Le terme et l'idée sont présents dans les textes d'Olympe de Gouges, Flora Tristan, Égérie Casaubon. Égalité et supériorité, dans leurs pensées d'émancipation, ne se contredisent pas, puisque l'égalité proposée est avant tout un principe.

L'exercice du droit de pétition

On recense par dizaines les pétitions relatives au droit des femmes adressées à la Chambre des députés après 1830 et la nouvelle Charte. Celle-ci, représentée comme le nouveau contrat social après l'époque autoritaire de l'Empire et de la Restauration, fournit le socle juridique sur lequel peut enfin s'opérer la conquête des droits particuliers. Dans la mesure où les femmes ne sont politiquement ni représentées ni représentables, on voit toute l'importance que revêt pour elles le droit de pétition. Ce droit apparaît légitimement à certaines comme un droit politique (droit d'expression et de représentation de soi auprès des députés). C'est clairement dit d'ailleurs dans un débat législatif en 1851 où, pour combattre l'agitation bonapartiste, il est question de restreindre pour les femmes le droit de pétition. Laurent de l'Ardèche et Victor Schœlcher les défendent. Leur argumentation distingue le droit de vote, comme exercice de la souveraineté politique, et le droit de pétition, comme exercice d'un droit naturel — ce dernier étant donc propre à tout membre de la société [1].

Envoyer une pétition est un geste politique. Or, d'après les comptes rendus relatifs aux pétitions sur le droit des femmes, les députés répondent par le silence. Le rapporteur propose toujours de passer sans commentaires à l'ordre du jour. Ces pétitions sont « hors de propos », hors la loi pourrait-on dire, hors du champ de perception juridique, en tout cas. Je citerai deux exemples de ces tentatives : celui de Louise Dauriat, « femme de lettres », auteur d'une *Demande en révision du Code civil* (1837), et celui de la *Gazette des femmes, journal de législation et de jurisprudence*, qui parut de 1836 à 1838. Dans les deux cas, fait important pour l'analyse des rapports entre féminisme et bataille juridique, les revendications de droit civil ne sont pas strictement séparées d'une demande de droits politiques. De manière générale, ces démarches oublient volontairement, et non sans ironie, les raisons de l'exclusion ou de l'absence des

---

1. M.I. Ostrogorski, *La Femme au point de vue du droit public*, Paris, 1892. Laurent de l'Ardèche : « Pour les électeurs, la pétition n'est qu'une faculté accessoire, supplétive, tandis qu'elle est la principale, l'unique, la seule ressource des citoyens qui sont privés des droits politiques et qui ne peuvent pas trouver dans la pratique électorale une occasion naturelle, une occasion pacifique de dire ce qu'ils pensent... Il ne s'agit pas ici de l'exercice d'un droit naturel... Gardons religieusement, si vous voulez, le monopole de la souveraineté officielle ; mais toutefois ne faisons pas trop les autocrates, et permettons à ceux qui vivent sous nos lois de nous dire ce qu'ils pensent de notre gouvernement » (p. 166-167).

femmes dans les lois, pour faire jouer la logique du système juridique.

Je résume trop rapidement le cadre de l'argumentation de Louise Dauriat. Dans son discours d'ouverture à un cours de droit social pour les femmes, qu'elle donne au Ranelagh en 1836, elle justifie le droit naturel à la fois par le « Code évangélique » (exprimé dans le christianisme) et par le « sentiment » intérieur des femmes à connaître leurs droits, à la fois par la raison et par la conscience. Ainsi, le Code civil s'est établi « contre les droits des femmes », ses articles sont « subversifs du droit des femmes », expression d'un « droit dépravé ». Tels sont les termes de la pétition pour la révision du Code civil. Inversement, cette révision doit se fonder sur « l'équité, la morale, la religion, la vertu et la nature ».

Toute la démonstration de Louise Dauriat repose sur l'absurdité logique du Code et ses aberrations concrètes. L'article 213 stipulant l'obéissance de l'épouse est pris entre l'article 212, qui parle de respect mutuel, et l'article 214, qui contraint la femme à suivre son mari n'importe où. L'épouse d'un condamné subit elle-même une pénalisation puisqu'elle passe sous l'autorité du juge, etc. Quant au droit politique officiellement non réclamé dans une pétition sur le droit civil, il ne cesse d'être sous-entendu. Il transparaît dans l'expression constante de « droits civils, politiques et religieux », et dans la conclusion de la *Demande* qui se permet deux remarques acides : l'une sur l'anachronisme de la loi salique qui interdit le trône aux femmes, l'autre sur le cynisme des hommes si prompts à utiliser les services des femmes pendant les révolutions, pour les renvoyer ensuite à leur vie privée...

Qu'est-ce que le droit social des femmes pour Louise Dauriat ? Le droit à l'égalité stricte entre hommes et femmes. « Je ne plaide pas dans les intérêts d'une seule moitié de la société, mais dans les intérêts de toutes deux », dit-elle dans l'introduction de sa pétition. Égalité qui se démarque de la conviction saint-simonienne où l'affranchissement se conjugue avec un « règne de la femme » sans déterminations précises. Égalité qui n'est nécessaire à aucune stratégie sociale ou politique. Elle ne doit servir rien d'autre qu'elle-même, et ne sera que l'image de la justice pour tous.

On comprend sa déception lors de la lecture de sa pétition à la Chambre des députés, son désespoir aussi puisqu'on refusa de suivre une démonstration de simple logique. Restait à prendre d'autres chemins : s'adresser à l'« opinion publique », porter « au sein du peuple » ses convictions[1].

Échec donc de la voie de pétition, mais non d'une problématique juridique. Louise Dauriat reste convaincue qu'on ne mettra pas fin à l'état

1. Post-scriptum à la *Demande en révision du Code civil*, Louise Dauriat rédigera cependant une nouvelle pétition dix ans plus tard pour obtenir « la suppression de l'enseignement donné par les hommes dans les institutions de demoiselles ».

d'illégalité sociale des femmes sans reconnaître leur droit naturel, antérieur à toute loi, qui par là même les autorise à se situer *dans* la loi.

La *Gazette des femmes* offre un magnifique éventail de pétitions en faveur du droit des femmes. Frédéric Herbinot de Mauchamps et Madeleine Poutret de Mauchamps, qui la rédigent conjointement (même si la part essentielle revient au premier[1]), mêlent deux éléments dans leur stratégie : d'une part, ils réclament une déclaration des droits de la femme (avec le texte de la charte de 1830), d'autre part, ils usent largement du droit de pétition. Chaque numéro de la *Gazette* s'ouvre en effet sur une pétition (le journal en présente une douzaine en tout). Les analyses d'Herbinot de Mauchamps dénoncent elles aussi les absurdités du Code civil. Elles développent surtout une logique juridique où le plaidoyer, toujours très rigoureux, joue à son tour le jeu de l'évidence du bon droit.

Publier des pétitions dans un journal, c'est poursuivre un double but : chercher à modifier la loi, mais aussi convaincre l'opinion que ce changement est juste. Faut-il forcer les femmes à être libres ? « Oui sans doute, écrit Frédéric de Mauchamps, non point en les contraignant par la force, mais en les obligeant par la persuasion de la loi naturelle » (n° 2, 1837). La pétition est

---

1. Voir M.-L. Puech, « Le mystère de la *Gazette des femmes* », *La Grande Revue*, mars 1935.

un exercice pédagogique, presque un moyen d'instruction des femmes.

Les femmes de 1830 sont dans la situation des bourgeois de 1780, qui payaient des impôts sans jouir pour autant des droits civils ou politiques (ou même encore des roturiers ; n° 5, 1836). Il faut combattre les derniers privilèges, ceux de l'« aristocratie du sexe ». Ce nouvel appel à 1789 renoue avec la problématique de la *Déclaration des droits de la femme*, mais, au lieu d'en établir une originale, les rédacteurs du journal décalquent, un peu à la manière d'Olympe de Gouges, les droits et les devoirs des femmes sur ceux des hommes, tels que les définit alors la charte de 1830. Première lecture de cette charte : puisque les Françaises ne sont pas nommément exclues, elles sont impliquées dans ce texte par l'expression « droit public des Français ». Mais encore faut-il le préciser. Une pétition, adressée à Louis-Philippe et affichée dans Paris, exige que ce roi qui n'est plus roi de France, c'est-à-dire roi d'une terre, mais roi des Français, donc d'un ensemble d'individus, soit déclaré également roi des Françaises. Par voie de conséquence, de nombreux textes de loi antérieurs à cette charte lui sont désormais contradictoires, « antipathiques », suivant le terme du comte de Lanjuinais [1].

Plus généralement, on peut relever toutes les contradictions du Code civil lui-même : entre les

---

1. Juriste et homme politique de la Révolution française, pair de France sous la Restauration.

articles 212 et 213, bien sûr, qui veulent à la fois l'égalité et l'inégalité entre époux, mais aussi, par exemple, entre les articles 37 et 71, dont l'un stipule que la femme ne peut être témoin dans les actes d'état civil, et l'autre qu'elle peut attester l'identité d'une personne en cas de perte de ses papiers, etc.

De même, rien n'explique qu'une mère n'ait pas autant de droit que le père pour consentir au mariage d'un enfant, qu'une femme non mariée payant deux cents francs d'impôts ne soit pas électrice au même titre qu'un homme de condition semblable, que toute femme ne puisse être gérante d'un journal, jurée, médecin, avocate, etc. À l'exposé des contradictions s'ajoute l'argument de la non-contradiction. Ces raisonnements se fondent uniquement sur une définition de la loi naturelle comme principe d'égalité absolue entre tous les êtres humains, indépendamment de tout objectif politique particulier. Cela explique probablement l'inutilité d'établir des priorités entre les revendications et, de même, l'absence de hiérarchie entre le droit civil et le droit politique. Il n'en sera plus ainsi dans les décennies suivantes.

La *Gazette des femmes* n'affirme peut-être aucune politique. Elle fait néanmoins des choix qui sont ceux d'une certaine classe sociale, la bourgeoisie ; Herbinot de Mauchamps prône l'égalité des droits, mais non l'égalité des conditions. On ne trouve rien sur le droit au travail, si fondamental pour Flora Tristan, rien sur l'éducation populaire des femmes, si évidente pour

Louise Dauriat. Une réelle agressivité se manifeste en revanche à l'égard des prostituées et de la prostitution, phénomène dont on réclame la réglementation par la police dans un langage assez indifférent au fait social[1].

Cependant, après la publication de la pétition en faveur du vote des femmes (n° 5, 1836), le journal est saisi pour avoir fait de la politique sans en avoir le droit. Malgré son allégeance à la bourgeoisie, son objectif était jugé trop subversif, et la suite de l'histoire le confirme. Dénoncé pour une affaire de mœurs qui ne fut jamais clairement élucidée, le couple de Mauchamps disparaît en prison, laissant vacante et rapidement négligée la place d'une lutte strictement juridique. La plupart des droits civils alors réclamés seront obtenus autour des années 1900. Sans doute cette bataille légale venait-elle trop tôt.

Droit politique et association des travailleurs

À nouveau dans la rue en 1848, les femmes en profitent pour traduire leurs analyses et revendications en actes. La révolution de 1848 inscrit dans les mœurs l'expérience d'une république sociale, tout en instaurant dans la loi le suffrage

---

1. C'est sans doute dans ce même esprit que les rédacteurs de la *Gazette* ne font pas de pétition pour la recherche en paternité des enfants naturels, pourtant si fréquemment évoquée au XIXᵉ siècle.

universel. La femme reste seule privée du droit politique, exclusion partagée jusqu'alors avec le prolétaire[1]. La réforme du suffrage politique donne une force nouvelle à la réclamation féministe et rend insuffisante toute reconnaissance de principe du droit des femmes. Désormais, la loi naturelle doit s'exprimer dans les faits et dans les actes. Ainsi faut-il lire la lettre (anonyme) adressée à Jules Michelet à la suite de l'un de ses cours. Celui-ci affirme l'égalité des droits entre hommes et femmes, mais renvoie à plus tard leur application, avec l'argument, devenu classique, que faire voter les femmes reviendrait à donner quatre-vingt mille bulletins aux prêtres. Hormis le fait que « faire voter » n'est pas « laisser voter », l'auteur de la lettre remarque qu'on ne décide pas de l'opportunité ou non de l'exercice d'un droit, sous peine d'en faire une « fiction »[2].

Après les journées révolutionnaires de février 1848, la revendication de principe a perdu sa raison d'être. Il n'est plus temps de déclarer les droits de la femme, il faut agir. Et le champ d'action sera nécessairement politique. La vie privée ne se prête guère à la provocation légale et n'est pas un lieu susceptible de mobiliser l'opinion. Le

1. Marguerite Thibert, *Le Féminisme dans le socialisme français de 1830 à 1850*, Paris, Giard, 1926, voit dans cette séparation le point de départ de l'autonomie du féminisme. Je pense cependant que les années antérieures expriment aussi cette autonomie.
2. *Droit politique des femmes* : à M. Michelet (par « une femme de votre auditoire »), Paris, 1er mai 1850.

droit naturel dès lors invoqué se soucie moins du droit civil et se concentre sur le droit politique des femmes. L'enjeu fondamental est alors la transformation de la société.

Pauline Roland, essayant de voter en 1848, et Jeanne Deroin, posant sa candidature en 1849, sont les figures exemplaires de ce passage à l'action. Action dont on peut comprendre qu'elle s'en tienne, en partie aussi, à la reconnaissance d'un principe. Ainsi, Jeanne Deroin demande à l'assemblée du quartier Saint-Antoine « un vote de *sympathie* en faveur du *principe* du droit des femmes à l'égalité civile et politique[1] ». À ce moment, le principe cesse d'être une bonne parole sans conséquence, pour devenir un point de non-retour. Il est affirmé au sein même de la vie politique, et non dans une enceinte professorale.

Comment Jeanne Deroin défend-elle son geste politique ? On sait que 1789 représente la fin de l'ère de la force et l'avènement de l'ère du droit. Elle fait donc valoir que lorsque les bureaux des réunions électorales lui refusent la parole, ou déclarent sa candidature inconstitutionnelle, bien loin de s'en tenir à la légalité, ils en restent au contraire au niveau du « droit du plus fort ». Ce ne sont pas quelques individus mais le peuple souverain, affirme-t-elle, qui défi-

---

1. *Campagne électorale de la citoyenne Jeanne Deroin*, 1849. C'est moi qui souligne. Jeanne Deroin utilise pour ce combat l'arme « juridique ». Mais elle n'est pas la seule.

nit ce qui est juste. La loi naturelle invoquée signifie donc bien l'égalité entre l'homme et la femme. Elle est surtout inscrite dans la conscience individuelle du peuple (et non pas de quelque penseur éclairé). Il existe, proclame Jeanne Deroin, un « droit sens des masses ».

Par conséquent, ceux qui refusent la parole à la candidate ne sont pas en contradiction avec eux-mêmes ; ils sont dans le non-sens pur. Et c'est le même non-sens qu'exprime la Constitution de 1848 qui a aboli tous les privilèges (de race, de caste, de cens électoral), en oubliant de supprimer le « privilège de sexe ». Cet oubli, provoquant une situation absurde, dénonce la loi comme « incomplète ». Ce terme, fréquent sous la plume de Jeanne Deroin, approfondit les démarches fondées sur la contradiction ou la non-contradiction du Code et des lois, eu égard au droit des femmes. En effet, l'incomplétude de la loi renvoie à l'imperfection d'une humanité où la femme est esclave. Le peuple souverain se compose de l'homme et de la femme, et la pensée du droit s'enracine chez Jeanne Deroin dans une pensée sociale éminemment concrète.

Dans son rappel des principes de la Révolution française, Jeanne Deroin cite toujours la triade « liberté, égalité, fraternité », et il semble que cette dernière l'emporte. Car la fraternité fait le lien entre la république et une démocratie socialiste, entre le droit politique des femmes et l'association des travailleurs. À l'aube du suffrage universel, il n'y a pas contradiction à penser le droit et la révolution. Nous n'en sommes pas encore aux débats entre droit bourgeois et militantisme révolutionnaire. De plus, il est important à ses yeux de représenter la fraternité comme une association, parce que l'association est aussi celle de l'homme et de la femme. Elle justifie donc le droit des femmes par le mécanisme même de sa logique socialiste.

C'est exactement le sens de la démonstration de Luc Desages dans la *Revue sociale* de Pierre Leroux. Les socialistes, explique-t-il, ne passeront pas à l'« état d'association » sans reconnaître aux femmes l'égalité politique. L'association est l'organisation idéale des travailleurs, mais elle est déjà ce qui régit naturellement les relations entre hommes et femmes. Il n'y a pas « union » entre les deux sexes, comme le veut Proudhon, justifiant par là l'inégalité. L'association seule fait d'êtres semblables des personnes égales. Là encore, une déclaration de principe ne suffit pas : en 1851, Pierre Leroux dépose à l'Assemblée nationale un projet de loi en faveur des droits politiques des femmes...

La question de l'origine

La question du droit des femmes, de l'épouse, de la mère ou de la citoyenne, fait appel à la pensée du XVIIIᵉ siècle et du début du XIXᵉ. La seconde moitié du siècle engage une réflexion tout autre que celle de l'origine de principe des rapports sociaux ; elle s'interroge sur l'origine historique, sur l'évolution des sociétés ; elle ouvre l'ère de l'anthropologie. Pour le féminisme, l'apport théorique est important, et on a la chance d'en mesurer l'impact grâce à une figure particulière, celle de Clémence Royer (1830-1902). Philosophe et anthropologue, féministe de surcroît, Clémence Royer prend des positions propres à éclairer les partages à l'intérieur du féminisme, tels qu'ils apparaissent dans le problème du droit.

Elle soutient une thèse féministe assez particulière, qui reflète tout un courant de pensée du féminisme lui-même : elle est hostile au droit de vote, convaincue que les femmes sont incapables de l'exercer tant que leur éducation est aussi médiocre, tant que leurs conditions de vie et de pensée produites par des siècles d'assujettissement ne sont pas transformées dans leurs structures mêmes.

Ce choix féministe, minoritaire au XIXe siècle, est pour Clémence Royer le résultat de ses convictions scientifiques : en refusant l'idée d'un droit naturel susceptible de s'appliquer immédiatement, en mettant l'accent sur la durée de l'acquisition d'un droit, Clémence Royer se fonde sur la théorie de l'évolution humaine qui donne à la fois les raisons de l'état de société et les conditions des étapes historiques nécessaires.

Elle s'oppose non au droit de vote mais à l'urgence de sa revendication : les mœurs des femmes n'ont pas la qualité nécessaire à l'exercice d'un tel droit. Elle est au plus loin du féminisme cité plus haut qui voyait dans le progrès des mœurs des femmes le droit à exiger un changement de loi. Pour ce féminisme, l'état des mœurs faisait preuve, affirmation non dénuée d'un certain volontarisme politique ; pour Clémence Royer, les mœurs sont le produit d'une histoire, celle de l'assujettissement. Et la démocratie récemment instaurée, qui sert d'argument ultime à la preuve par les mœurs, est justement pour Clémence Royer l'état politique le plus nuisible à la liberté et à l'émancipation des femmes. La démocratie, au contraire de l'autocratie, renforce la vie civique au détriment de la vie privée, renforce le pouvoir des hommes et relègue encore plus les femmes.

Cette exigence de transformer les mœurs, cette méfiance envers la toute-puissance d'une loi démocratique témoignent bien du refus d'une logique de la nature, nature des êtres humains égaux par principe. Le légalisme féministe, même s'il implique une certaine différence entre hommes et femmes, s'en tient à une pensée générale du genre humain. Clémence Royer qui réfléchit en termes d'évolution et non de définition de nature assume une pensée de la différence.

Tournant le dos à la théorie politique, Clémence Royer argumente au niveau anthropologique. Avec la théorie darwinienne de l'évolution des espèces, elle propose une étude de l'origine de l'homme et des sociétés où elle analyse les rapports des deux sexes [1]. Résumons-la : primiti-

---

1. Clémence Royer a publié *L'Origine de l'homme et des sociétés* un an avant que Darwin ne publie *Descent of Man (La Descendance de l'homme)* et revendique cette priorité.

vement règne ou plutôt se donne l'égalité, et ni la faiblesse physique des femmes ni la fonction de maternité ne sont, contrairement aux discours de l'époque, les facteurs déterminants d'inégalité entre hommes et femmes. La nature des femmes n'est pas la cause de leur assujettissement ; plutôt une dynamique dans la constitution de la famille et de la division sexuelle du travail : affirmations aujourd'hui plus familières qu'en 1870 ; affirmations qui expliquent que les femmes soient opprimées et surtout « atrophiées » dans leur intelligence. Pas d'inégalité de principe entre hommes et femmes, mais pas non plus d'égalité absolue entre tous les êtres humains. Clémence Royer critique Rousseau et assure que l'inégalité est naturelle.

À défaut de résoudre ce dernier problème en politique, elle propose de supprimer l'inégalité « instituée » entre hommes et femmes grâce à l'éducation des femmes. Leur atrophie intellectuelle s'interprète en termes de retard et cela, théorie de l'évolution oblige, peut se rattraper. Clémence Royer retrouve là un grand nombre de féministes effrayées par la complaisance des femmes à consentir à leur oppression. Mais elle seule structure par des raisons scientifiques le sens de cette position féministe.

Il serait important d'interroger ce rapport entre science et morale politique, entre l'anthropologie et la critique de la démocratie. Mais mon propos visait seulement là à mettre au jour le fondement d'un discours féministe, et Clémence Royer nous donne la possibilité exceptionnelle de pouvoir être lue aux deux niveaux de discours, scientifique et idéologique. Double position qu'elle revendiquait théoriquement : « L'anthropologie, ce dernier anneau des sciences physiques, qui la relie à la série des sciences morales, devait donc être fondée, pour servir de base à la morale, elle-même principe du droit et de la législation. Mais l'anthropologie ne pouvait se dégager que d'une vue d'ensemble de la biologie. » La science, biologie et évolutionnisme, modifie les appuis théoriques du féminisme. Désormais le droit et l'histoire, la politique et le savoir scientifique organiseront ensemble la réflexion.

Pour interroger les fondements philosophiques du féminisme il faut à la fois respecter les références officielles et les ignorer pour découvrir d'autres partages théoriques, idéologiques et scientifiques. En pensant l'unité du féminisme comme doctrine, il est possible d'en mesurer les tensions, d'en expliquer ainsi la multiplicité réelle. La pensée féministe au XIXᵉ siècle se partage entre une réflexion sur la nature des femmes, spécifique ou fondue dans le genre humain, et une analyse d'un rapport entre les sexes, entre les femmes et la société.

Enjeux de la démocratie, d'une volonté républicaine à la fois sociale et politique ; mais débats scientifiques aussi qui s'articulent à ces enjeux et exigent une réflexion plus indépendante des mouvements sociaux d'une époque.

10

Les bavardes,
féminisme et moralisme

Madame la marquise de Saisseval se fesait coiffer par sa femme de chambre dont le babil et les prétentions fatiguaient le Marquis, occupé dans la même chambre à lire les observations grammaticales de Vaugelas, son auteur favori.

— Mon dieu! mademoiselle, pour ajuster des fleurs sur la tête de ma femme, vous n'avez pas besoin de tant bavarder ; si encore vous parliez bien ; mais vous offensez à chaque instant mes oreilles par vos barbarismes.

— Pourtant monsieur le Marquis sait bien que je suis fille d'un maître d'école ; j'étais élevée pour être institutrice et je...

— C'est bien, c'est bien, coiffez madame...

La femme de chambre toute interdite ne répliqua pas, et garda un moment le silence ; puis elle l'interrompit bientôt, et s'adressant à la Marquise :

— Madame mettra-t-elle des perles de ce côté ?

— Non.

> — *Comme madame voudra ; c'est
> qu'il y a des personnes qui s'en* soucis-
> sent, *d'autres qui ne s'en* soucissent *pas.*
>
> M. *de Saisseval, à ce barbarisme,
> laissa tomber son Vaugelas et s'écria :*
>
> — *Hé ! mademoiselle la fille d'un
> maître d'école, dites donc s'en* soucient
> *ou ne s'en* soucient *pas.*
>
> — *Monsieur le Marquis ne prend pas
> garde sans doute que je parle au
> féminin.*
>
> « La Belle Parleuse »,
> *L'Utile et l'agréable*, 1828.

Les femmes peuvent être ensemble ; elles peuvent être séparées, isolées. Dans l'espace social comme dans l'espace familial, elles forment des groupes ou ne sont que des individualités. Des femmes, une femme : c'est parce qu'elles ne participent pas d'emblée à un collectif que tous et toutes, pendant longtemps encore, gloseront sur la question de savoir si les femmes forment une entité sociale et politique, non pas comme les ouvriers, mais au moins comme les Noirs ou les Juifs ; ou si au contraire la ligne du partage des classes est une frontière interdite où de chaque côté les femmes retrouvent leurs hommes.

J'ignore la réponse à cette question et je ne peux que souligner le fait suivant : il y a des moments historiques où les femmes se définissent en tant que telles, comme *sujets* de l'histoire ; ce sont les explosions féministes. Saint-simoniennes de 1830, femmes de 1848, socialistes de 1880, libertaires ou bourgeoises de

1900, pacifistes de 1914..., nous les avons rappelées à la mémoire et il est volontiers reconnu qu'elles avaient été oubliées par l'histoire et les historiens (les historiennes aussi). Mais ce qu'on dit moins, et c'est déjà plus délicat, c'est que leurs objectifs, comme leurs moyens de lutte, furent sources de tension avec leurs frères en socialisme ou en réformisme, que leurs luttes ne se sont jamais glissées sans heurts à l'intérieur des grands partages sociaux.

Il est plus rassurant alors de faire un compromis : ne parlons ni de politique ni de sujet historique, occupons-nous des femmes de tous les jours, absentes, c'est vrai, du grand livre historique, mais présentes dans l'analyse (récente) des mentalités et de la vie quotidienne. Il n'est pas difficile de décrire les effets de la division des sexes dans l'histoire tant qu'il s'agit du cadre journalier. Il y avait jadis les gravures coloriées de la femme porteuse d'eau, filant la laine ou tenant son intérieur ; nous saurons maintenant si elles étaient plus ou moins analphabètes que les hommes, et quels sont les facteurs de fécondité ou de limitation des naissances. L'histoire des mentalités requiert évidemment la prise en compte des rôles sexuels mais ne nécessite pas pour autant d'interroger la différence des sexes et l'oppression des femmes qui en résulte. Il reste possible alors de repolitiser le débat : les femmes, dans leurs tâches et leurs occupations quotidiennes, ont une force sans cesse à la limite de la subversion. Qu'elles soient très présentes dans les rues du XVIIIe siècle ou qu'elles partici-

pent à des émeutes de ménagères au début du
xxe siècle, elles apparaissent quand même hors
du travail et du foyer, sur la scène sociale.

Autre réassurance : à côté de l'histoire du quo-
tidien, familial et domestique, il y a celle du travail salarié, travail qui pour les femmes est à la
fois semblable et différent de celui des hommes :
au cours du xixe siècle, elles sont de plus en plus
nombreuses à aller en usine et de manière générale à travailler « à l'extérieur ». L'histoire de
cette mise au travail (salarié) commence à se
construire : il y est nécessaire d'appréhender les
femmes comme groupe social, ce qui change la
perception du monde dans son ensemble et
touche au plus profond des préjugés masculins
sur le travail des femmes. Mais c'est encore sans
danger pour les institutions politiques et syn-
dicales : le mouvement ouvrier a aussi ses
ouvrières.

On peut malgré tout ne pas en rester à ces
polémiques, et reconnaître que ces histoires des
femmes, anonymes de tous les jours, ou oubliées
des grèves et des révolutions, concourent à leur
rendre la place qui leur revient dans le déroule-
ment historique. Aucun féminisme ne peut être
contre l'évidence de cette nécessité.

Reste une troisième histoire, celle du féminisme justement. Or prendre en compte le féminisme d'hier redistribue le jeu historique tout
autrement. Il n'est plus question de remplir un
blanc ou d'ajouter un appendice ; il faut plutôt
obliger à situer les femmes dans l'histoire poli-

tique de tous et voir ainsi sous un autre jour l'évolution de leur condition (foyer et travail). Il ne s'agit pas seulement de poser le problème de la différence des rôles sexuels, encore moins d'analyser ces rôles, il est important d'appréhender l'histoire des femmes comme l'histoire possible d'un sujet historique. Non pour contresigner l'affirmation d'une lutte des sexes contre une lutte des classes mais au contraire pour échapper à ce débat.

Il y a des bourgeoises *et* des ouvrières parmi les féministes de 1848. *La Voix des femmes*, leur journal, participe d'un mouvement révolutionnaire *et* en est exclu. Que faut-il en penser ? Le féminisme n'est-il pas toujours, dans un même temps, avec et contre les « camarades-hommes » ?

Le travail des femmes obéit aux lois générales de la société capitaliste et pourtant les travaux qu'elles effectuent sont souvent déterminés par leur sexe. Non pas suivant une définition naturelle qui dirait par exemple qu'on leur propose des métiers en rapport avec leur force physique (on sait ne pas en tenir compte quand il le faut) mais suivant la nécessité d'une certaine organisation sociale, variable bien sûr. On peut distinguer le travail de l'ouvrière de celui de l'ouvrier mais on doit aussi analyser les métiers féminins si bien définis par lesdites qualités féminines. Ces derniers sont un enjeu, positif ou négatif, de la libération des femmes, et cet enjeu n'a pas toujours un sens dans la lutte contre le capitalisme : la profession d'institutrice est proposée dans le cadre d'une socialisation de la maternité tout en donnant par ailleurs une possibilité d'indépendance financière à la fille de la petite-bourgeoisie ; celle de domestique, au contraire, symbolise la prolétarisation féminine (elle est peut-être plus riche mais elle est plus exposée aux dangers sociaux que l'ouvrière) et enferme une femme, mercenaire, dans la dépendance d'une autre femme, celle qu'elle sert ou remplace. Exploitation capitaliste ou oppression sexiste ? Libération des unes ou des autres ?

Situons-nous au point de rencontre de ces problèmes.

Les femmes qui sont restées dans la vie anonyme des travaux et des jours ont le mutisme des gens qu'on dit sans histoire (mutisme historique s'entend car pour ce qui est de la parlote, on sait bien à quoi s'en tenir...). Les féministes qui apparaissent sur la scène sociale et politique parlent dans des clubs, des associations ou des groupes, écrivent dans des journaux, les leurs ou ceux des hommes. Elles agissent aussi bien sûr, un peu comme aujourd'hui, pratiquant la manifestation spectaculaire (pétition, démonstration, provocation) comme l'organisation de quartier ou de travail. Parler et agir, c'est la constante de bien des luttes subversives et révolutionnaires. Et de fait, dans les luttes de femmes, ce sont d'abord la parole et l'écrit qui dominent. Pourquoi ? Peut-être parce que avant d'agir, les féministes ont toujours à savoir quelle oppression elles dénoncent et qui d'entre elles ou plutôt comment chacune est concernée par cette oppression. Dans le débat lutte des sexes/lutte des classes, il arrive qu'on définisse les femmes comme une caste ou comme une classe. Du point de vue de l'histoire du féminisme, ce qui frappe d'abord, c'est comment se regroupent ou ne se regroupent pas les femmes révoltées. Le féminisme peut être individuel et individualiste, c'est-à-dire choix personnel de ne pas se conformer au modèle et à la norme imposés à la femme : les héroïnes politiques ou littéraires en sont l'image tapageuse mais beaucoup d'autres femmes, anonymes, rompent régulièrement avec la tradition d'une façon à l'évidence féministe. Dans le cas des héroïnes, leur comportement plus que leurs écrits ou leurs luttes signe leur féminisme ; il est d'ailleurs rare que la femme ou le féminisme soient au centre de leurs écrits ou de leurs discours.

À l'inverse, le féminisme militant est la rencontre et le regroupement de femmes qui se reconnaissent dans une communauté d'oppression et de révolte. Par définition, cette rencontre brise un isolement spécifiquement féminin : malgré les multiples circulations des femmes et leurs différents lieux (du marché à l'atelier), chaque femme est d'abord la propriété d'un homme dans la famille (père ou mari), des hommes sur le trottoir. Et si, par définition également, l'enjeu du féminisme est dans le rapport à l'homme et à la société masculine, sa première caractéristique est que les femmes se regroupent et parlent là où elles ne sont pas autorisées à le faire. Le féminisme se marque d'abord par son apparition, ses *apparitions* : journaux, associations, lieux de rencontre.

Apparaître et prendre la parole. On dit que les femmes sont bavardes en privé et coites en public. Si donc elles se mettent à discourir, il se passe sûrement quelque chose de très particulier ; à commencer d'abord par enlever aux hommes la prérogative de dire aux femmes qui elles sont et qui elles doivent être pour les agréer ou agréer la société. « Femme, ose être », tel était l'exergue favori de Félix Pécaut lorsqu'il s'adressait aux élèves de l'École normale de Fontenay-aux-Roses [1]. Exhortation reprise ensuite par des générations d'institutrices féministes : exergue de la brochure de Maleleine Vernet pour défendre Hélène Brion lors de son procès en 1917 [2], exergue du journal d'Hélène Brion, *La Lutte féministe pour le communisme*, il est aussi en première page du *Bulletin des groupes féministes de l'enseignement laïque*, supplément entre les deux guerres à *L'École émancipée* ; et j'en oublie sûrement... « Ose être » : curieux impératif tout de même pour qui vit déjà d'existence quotidienne et concrète ; sauf si l'important c'est d'oser, c'est-à-dire de s'autoriser à transgresser.

Regroupement et transgression : l'hétéro-

---

1. Félix Pécaut, inspecteur général de l'Instruction publique. Il fut le directeur des études à l'École normale supérieure de Fontenay-aux-Roses de 1880 à 1896.

2. Madeleine Vernet, *Hélène Brion : une belle conscience et une sombre affaire*, novembre 1917.

sexualité de tous les jours, les multiples couples que chaque homme et que chaque femme forme dans la société s'effacent devant cette question de l'identité féminine que pose un collectif féministe. En effet, les temps forts des luttes de femmes écartent la question évidente et habituelle de la différence des sexes pour ne plus voir que celle de la définition d'existence d'un des deux sexes, la femme.

LES LUTTEUSES

Elles peuvent se donner le droit de parole et d'écriture, elles ne seront pas entendues pour autant : on voit souvent le vouloir-dire féministe, le discours public des femmes ne pas atteindre l'*oreille* et l'écoute rationnelle de l'interlocuteur, mais sa *vue* : c'est d'abord comme image que la femme révoltée apparaît dès l'émergence d'un moment féministe et c'est cette image qui reste. Image-caricature bien sûr, on rit des féministes : de la série de Daumier sur *Les Bas-Bleus* en 1840 aux caricatures de *L'Assiette au beurre* en 1900[1] et aux folles du MLF des bandes dessinées, quelque chose perdure de l'ordre de la neutralisation du discours. Même si on sait que certains font des efforts louables pour entendre, il n'en

1. Voir par exemple les numéros 375 (juin 1908) et 442 (septembre 1909) de *L'Assiette au beurre*.

reste pas moins que cette surdité est étonnante, que le filtre de la caricature pose un curieux problème : se moque-t-on, d'habitude, des opprimés ? Ainsi, pourquoi des féministes ? Douterait-on de la légitimité de leur lutte ? Mais alors pourquoi cette surdité ? N'est-elle pas le signe au contraire d'une mise en cause radicale que la société patriarcale ne peut souffrir ?

C'est tellement plus simple de se réfugier derrière l'écran de l'hystérie et c'est tellement déroutant de ne pas l'y trouver : en 1848, une respectueuse marquise, rédactrice du *Conseiller des dames*, se drape dans ses soixante-dix ans pour se rendre au club de *La Voix des femmes*. Prévenue contre le féminisme avant et après avoir feuilleté *La Voix des femmes*, elle reconnaît pourtant s'être trompée d'image : « Je jetai les yeux sur la présidente, c'était madame Niboyet. — J'aurais voulu à cette dangereuse place une héroïne, une Théroigne de Méricourt, une Hortense de Gouges — de la jeunesse, de l'entrain, de la folie même, tout ce qui peut faire excuser chez une nature faible et délicate une erreur honorable ; je n'ai pas eu cette satisfaction. Madame Niboyet est une femme grave, qui n'a aucune prétention à la jeunesse, dont le maintien est plein de décence, et le caractère digne en tout de respect. Cette pensée m'a vivement attristée[1]. » La marquise de Vieuxbois imagine trop de jeunesse ou trop de folie chez les féministes, d'autres ne se gênent pas pour voir ce

---

1. *Le Conseiller des dames*, juin 1848.

qu'ils imaginent ou généraliser ce qu'ils voient : le type même de la féministe, c'est la Vésuvienne castratrice ou la Virago vengeresse.

On sait bien qu'elles ont existé, qu'elles existent encore ; on sait aussi qu'elles n'ont jamais fait l'unanimité chez les féministes. Surtout, les images cachent le discours. Or, de manière générale, les textes paraissent beaucoup plus « raisonnables » qu'on pourrait croire ou qu'on voudrait nous faire croire. Raisonnable, c'est exactement le mot qui convient : peu d'articles ou de livres sont dans le délire (dans l'irréel plutôt ?), beaucoup, en revanche, sont construits à partir d'argumentations très morales — à différents niveaux.

> *Le monde n'a pas de tolérance pour la femme.*
>
> Sophie Ulliac Dudrezène[1]

Il faut partir, pour parler morale, de quelques vérités reconnues :

La femme, gardienne des valeurs, assure la droite ligne de l'existence. Elle transmet au jour le jour les vertus nécessaires à toute continuité sociale.

1. *Le Conseiller des femmes* : « Des femmes en général et de leur véritable émancipation, par Sophie Ulliac Dudrezène, décembre 1833 et janvier 1834.

L'homme, à côté, incarne la possibilité d'une double morale : vérité en deçà, vérité au-delà ; c'est le même qui condamne la femme adultère et engrosse sa domestique, soupçonne la vertu d'une jeune fille seule et s'offre une garçonnière.

La féministe, une fois qu'on la dépouille de la caricature, apparaît comme celle qui exige la mise au grand jour de cette duplicité, refusant à l'homme que ses actes ne soient pas en accord avec ses paroles et proposant que la femme soit enfin vertueuse sans être opprimée.

Quoi de plus simple à partir du moment où la femme dispose librement de son corps et de son désir, de son salaire ou de son espace : la femme fait les *mœurs*, disaient les féministes du XIXᵉ siècle et l'homme fait les *lois* ; elle pratique pendant qu'il discourt. C'est ce partage moral qu'il faut changer, disent-elles.

En effet, l'homme discourt si bien qu'on peut croire la femme fautive si ça se passe mal : au nom de la double morale, c'est la domestique enceinte qui est coupable ; au nom du pouvoir mâle, c'est la féministe exigeante qui a tort de sortir de sa place et de son sexe. Le paradoxe, c'est qu'en matière de morale la faute retombe justement sur celles qui ne provoquent pas la faute.

Les féministes rejoignent ainsi leurs sœurs d'oppression dans la culpabilité globale par laquelle l'homme maîtrise la femme : les féministes sont *a priori* coupables de n'être plus des femmes, c'est-à-dire d'être de mauvaises épouses, de mauvaises mères, de mauvaises ménagères. C'est encore vrai aujourd'hui. Or, hier, elles avaient peur de cette mise en cause systématique ; ce qui veut dire qu'elles ont à la fois *assuré* l'homme de leur bonne foi et qu'elles l'ont *rassuré* quant à l'issue de leur lutte. Et ce n'est ni par lâcheté tactique ni par volontarisme suspect. Voyons comment.

Elles sont de bonne foi puisqu'elles tiennent à respecter les rôles et la différence des sexes. Non pas qu'il s'agisse de définir la nature de l'homme et de la femme mais bien plutôt un moment d'histoire : « Aujourd'hui, l'homme tout préoccupé de ses *droits*, oublie parfois ses devoirs ; la femme longtemps préoccupée de ses devoirs, a longtemps oublié ses droits. » La femme qui parle, Sophie Ulliac Dudrezène, participe au *Conseiller des femmes*, journal saint-simonien lyonnais fondé par Eugénie Niboyet[1]. Dans ces débuts du féminisme du xixᵉ siècle, Sophie décrit avec beaucoup d'ironie les tours et détours des « Seigneurs et Maîtres » les hommes et, parallèlement, l'évolution nécessaire des « ilotes », les femmes. Elle n'exige rien des hommes et ne les interpelle que pour leur dire : les femmes sont là et s'émancipent sans danger réel pour vous, les hommes, puisqu'il y aura parité plutôt qu'égalité, puisque la liberté, quelle qu'elle soit, ne peut être négative pour personne. Il s'agit donc de « *prouver* ses droits » et de *rappeler* à l'homme ses devoirs : « Ainsi s'établira par

1. *Le Conseiller des femmes*, novembre 1833-septembre 1834.

la force des choses une *émancipation* RÉELLE : il ne s'agira plus de vains débats sur une égalité plus ou moins incontestable, et l'homme en s'accoutumant à trouver dans l'épouse, dans la sœur, dans la femme, une amie, une compagne, effacera peu à peu du Code les lois qui montrent combien la raison *acquise* de l'homme civilisé reste souvent au-dessous de la raison *native* des *Ilotes* du monde entier [1]. » Pas de guerre avec le genre masculin et pas de revendications trop fortement égalitaires, l'important est de se faire reconnaître par les actes et par les faits, d'accomplir l'épanouissement de la femme dans sa nature et ses déterminations historiques : ainsi l'homme se rendra à l'évidence. Sophie exprime là les débuts d'une idéologie présente longtemps encore dans les décennies suivantes.

Sophie interpelle les hommes sans trop d'animosité et parle même avec humour du cauchemar dans lequel le féminisme les plonge. Les femmes de 1848 n'hésitent pas à se servir de leur collaboration financière ou écrite ; un homme même, Léon Richer, fonde avec Maria Deraismes un journal féministe en 1869 [2]. Pourtant, peu à peu, les féministes se méfient de l'alliance avec les hommes progressistes, perdent le respect à l'égard de ceux qui pourraient les soutenir. Bientôt elles n'hésitent plus à les culpabiliser. Elles disent moins : « C'est au nom de nos devoirs que nous réclamons nos droits », que :

1. Article cité, 14 décembre 1833.
2. *Le Droit des femmes.*

« Vous nous empêchez de remplir nos devoirs et vous récupérez nos droits en les pervertissant. » L'histoire de Madeleine Vernet est à ce propos exemplaire : libertaire à son arrivée à Paris en 1904, elle publie une brochure prônant l'amour libre, seul remède au mariage forcé de la jeune fille bourgeoise ou du mariage raté de l'ouvrière : « Il me parut que l'amour libre libérerait la femme [1]. » Cette brochure, éditée en 1905, eut un succès immédiat mais donna lieu à une lecture très différente de celle qu'espérait Madeleine Vernet : « Je fis la remarque que les hommes la lisaient beaucoup plus que les femmes ; et je ne fus pas au bout de mes surprises. J'eus la stupéfaction d'entendre des hommes couvrir par cet argument : "la liberté de l'amour" les pires lâchetés et saletés à l'égard des femmes. Et lorsque je protestais, indignée, on me répondait : Mais puisque vous êtes partisane de l'amour libre [2] !... »

Et Madeleine s'est rétractée, disant publiquement en 1907 puis en 1920, qu'elle s'opposait à la réédition de sa brochure : elle avait écrit *L'Amour libre* pour poser l'existence de la vie sexuelle de la femme, désirs et besoins semblables à ceux de l'homme ; elle n'avait pas prévu qu'elle confortait d'abord l'attitude phallocratique qui consiste à rejeter la femme après usage, en lui laissant éventuellement des enfants

1. Madeleine Vernet, *L'Amour libre*, 1920, p. 11.
2. Madeleine Vernet, « Réponse sur *L'Amour libre* », *Annales de la jeunesse*, novembre 1907.

sur les bras. Elle renie donc sa brochure mais pas le principe de sa thèse qui, par amour libre, entendait en fait liberté de l'amour : « La *liberté de l'Amour*, à mon sens, est une plus juste définition que l'Amour libre. Ce dernier prête à l'équivoque ; et permet de supposer un état de libertinage et de dérèglement sexuel où le caprice serait la loi. En disant la "Liberté de l'Amour", au contraire, j'exprime l'idée de l'amour libéré de toute servitude, préjugé ou asservissement [1]. »

Cette histoire, exemplaire pour le féminisme, l'est à deux niveaux :

Madeleine recule non dans ce qu'elle pense mais dans ce qu'elle décide de pouvoir dire en l'état actuel de la société. L'homme, même et surtout camarade, est suspect. Ce n'est pas nouveau, les saint-simoniennes le savaient déjà ; sauf que là, Madeleine les dénonce publiquement : *son* féminisme, théorique dans sa brochure de 1905, se heurte à *leur* pratique. Ce sont eux les responsables.

Cette responsabilité fait d'eux des coupables : à la proposition d'une égale liberté dans l'amour, ils répondent par l'exercice déculpabilisé (grâce au féminisme) de leur muflerie traditionnelle. Il faut donc, inversement, les culpabiliser.

C'est tout à fait ce que le féminisme d'aujourd'hui a su mettre en pratique : interdiction aux hommes de parler à la place des femmes, suspects *a priori* de trouver tous les déguisements

---

1. Madeleine Vernet, à propos de la réédition (contre son gré) de sa brochure, *La Mère éducatrice*, juin 1920.

possibles à leur phallocratisme ; culpabilisation générale à l'égard de leurs attitudes : « tout homme est un violeur en puissance » par exemple...

On pourrait dire, un peu vite, que les féministes se sont senties, progressivement, de moins en moins coupables de se révolter et de moins en moins tolérantes à l'égard des hommes. À la femme *a priori* fautive dont je parlais au début succède l'homme *a priori* coupable. Mais la culpabilisation de la femme ne cesse pas pour autant. Simplement, chaque sexe culpabilise l'autre ; ce qui ne signifie pas du tout une réciprocité absolue : dans une société où l'homme est le bénéficiaire évident de l'organisation des rapports entre les sexes, il culpabilise la femme pour que rien ne change ; tandis que la femme le met en accusation justement pour que tout change.

De plus, dans le temps même où la femme se révolte, elle doit protéger sa libération : elle réclame le droit au divorce puis le droit à l'amour libre, mais c'est toujours avec la garantie d'aimer mieux et vraiment (elles sont révolutionnaires en 1848, ou pacifistes en 1914, avec l'idée qu'en contribuant ou en s'opposant à la politique masculine elles sont indispensables aux hommes eux-mêmes). C'est comme si la libération et l'autonomie des femmes impliquaient des garanties ou des justifications, et qu'on reste, pour finir, sur le terrain privilégié de la femme, celui des valeurs. L'homme y serait convié et la femme redorerait les valeurs bafouées par la duplicité et les contradictions masculines. La femme révoltée rejoindrait celle qui garde la tradition, mais cette fois-ci en vue du progrès social. Inversement, l'homme se verrait contraint de changer les lois (rétablissement du divorce en 1884, droit de recherche de la paternité en 1912...), c'est-à-dire de changer son discours. Mais ce sont des conditionnels : si dans le discours des féministes la morale de la tradition se fond dans la morale de l'utopie, dans le discours masculin aucune exigence n'est posée d'accorder les mœurs à la loi. Les hommes peuvent toujours détourner ce qui semble être un acquis des luttes féministes. Quant aux femmes, elles redoublent de sagesse : au contraire d'une libération échevelée décrite par leurs adversaires, se perpétue un moralisme prudent qui exaspère les hommes de gauche (et les femmes aussi).

Mais la notion de culpabilité n'épuise pas l'analyse. Seul le contenu de ces discours moralistes peut leur donner un sens libérateur, en inscrivant leurs luttes, dans le domaine social, politique, professionnel, personnel...

LA PASSION DU DEVOIR

Le féminisme, insistons-y, ne s'occupe pas seulement de la vie privée des femmes ; inversement, la vie des femmes nourrit leurs revendications. Les féministes de 1848 en donnent tout à fait l'image. Leur statut d'épouse, de mère et de ménagère règle leurs demandes : le droit de voter comme celui de travailler, le droit de divorcer comme celui d'éduquer s'obtiendront par l'extension de leurs devoirs de femmes. Éduquant leurs enfants, elles peuvent éduquer la société ; pratiquant l'économie domestique, elles peuvent œuvrer à la réorganisation de l'État. Inversement, elles réintroduiront dans la famille les effets positifs des droits acquis au-dehors. Même si le droit de voter ou d'exercer des professions libérales n'est encore qu'un idéal, la reconnaissance du principe a déjà un sens : la politisation des femmes permet d'abord d'éduquer et de soutenir le mari, la médecine et les études de droit sont d'un usage immédiat dans le foyer et la famille. Elles proposent donc d'être à la fois de meilleures femmes traditionnelles et de nouvelles femmes aptes à une participation sociale.

Sortir de la famille pour œuvrer dans toute la société et renouveler leur rôle familial en fonction de cette ouverture sociale, ce double mouvement déjoue tous les impératifs qu'on pourrait leur imposer. Leur moralisme signifie le refus des leçons de morale et le désir d'une morale nouvelle.

Il y a trois sortes de revendications : le droit au travail (fin des salaires de misère et de la prostitution forcée), les droits civiques (mixité des assemblées, droit de vote) et les droits civils (indépendance dans le mariage, divorce, recherche de la paternité pour les mères abandonnées). Or à chaque fois apparaît l'exigence de réaliser une ou plusieurs qualités spécifiquement féminines : celle de la ménagère, celle de l'épouse, celle de la mère. Explicite en 1848, ce trait devient beaucoup plus confus ensuite lorsque le féminisme se diversifie et acquiert progressivement un droit de cité dans la vie politique.

Comme le disait si bien Sophie Ulliac Dudrezène, il faut *prouver* ses droits par l'accomplissement des devoirs. Or, pendant la révolution de 1848, il est un domaine où il est immédiatement possible de passer à l'acte : l'organisation du travail. Face aux problèmes des ouvrières sans travail, elles refusent de s'en tenir à la traditionnelle charité des dames patronnesses et proposent d'intervenir dans le système de production. Elles réclament des ateliers nationaux pour les femmes et cherchent des débouchés pour les marchandises. Organiser le travail des femmes (des ouvrières, exactement des femmes dans la nécessité de travailler), c'est lutter contre leur habituelle prise en charge d'éternelles assistées de la société masculine, et c'est rendre convaincante l'intervention des femmes dans la construction d'une nouvelle société. Bien des féministes d'aujourd'hui seraient d'accord avec ce programme. Quant aux féministes de 1848, elles disent y voir le prolongement de leur travail de ménagères puisque les ateliers nationaux donnent une possibilité rationnelle de subsistance, conséquence d'une bonne prévoyance domestique.

À l'inverse, il paraît difficile de prouver la légitimité des droits civiques, droits du citoyen et de la citoyenne : pour les femmes dont toute la vie privée et quotidienne rappelle qu'elles sont en tout des mineures, dans leur foyer comme dans la rue, l'accès à la vie politique semble impossible. Le travail ou le divorce sont des droits exigibles face à un état de fait, à une oppression visible, tandis que le droit de vote ou la participation à la vie publique ne semblent répondre à aucune carence apparente de la vie sociale : les hommes ne voient pas que les femmes sont absentes de la vie politique alors qu'ils peuvent à l'inverse remarquer que, *de toute manière*, les femmes travaillent dans l'exploitation, vivent le mariage dans l'adultère ou le despotisme du chef de famille. Or la revendication du droit de vote, si exorbitante qu'elle soit, est déjà là en 1848. Même si les féministes ne croient pas vraiment à cette autonomie politique pour l'immédiat et qu'elles se proposent plutôt d'être les auxiliaires des hommes, qu'on leur reconnaisse au moins le droit d'être des épouses intelligentes et averties... Argument tactique, premier pas modeste sur la voie d'une réelle participation ? Ce serait oublier que les féministes ont toujours eu l'idée que leur rôle politique serait différent des rôles masculins, en raison de leur calme et de leur non-violence par exemple. Même lorsque les droits civiques seront acquis au XXe siècle, l'objectif restera le même : les femmes entrent en politique pour y apporter autre chose que les hommes. Argument de droite comme de gauche, mais surtout argument où la complémentarité sexuelle est mise au premier plan, où l'on ne sait finalement pas très bien quelle composante naturelle ou historique laisse croire que la femme est différente de l'homme face au monde politique.

Les droits civils sont les plus faciles à imaginer puisqu'ils concernent explicitement la femme du foyer et de la famille, l'épouse et la mère. Il est inutile de faire intervenir les qualités féminines, elles sont l'objet même de la revendication. Cette dernière s'appuie sur l'état idéal du mariage et de la maternité, cependant que la réalité des féministes renvoie souvent (malgré elles peut-être) à une marginalité : que ce soit George Sand qui écrit *Lélia* et donne l'image d'une femme libre tout en clamant haut et fort que seuls le mariage et la fidélité sont enviables dès qu'ils peuvent être réussis, ou que ce soient les femmes de 1848 qui ne réclament le divorce que pour appeler à l'accomplissement réel de l'amour et dont on apprend qu'elles avaient des maris absents ou des enfants sans père. Au niveau d'un simple constat, leur vie n'est pas en accord avec leur discours.

Reprendre la façon dont s'articulent ces diverses revendications permet de préciser les éléments de leur moralisme :

Il représentait, je l'ai dit, une tactique de réas-surance à l'égard du monde masculin et de son pouvoir ; bien compris, le féminisme ne devrait pas faire peur.

On pourrait ajouter qu'elles ne pouvaient pas faire autrement, que leur révolte personnelle était telle qu'il fallait payer un certain prix de conformité : représenter l'amour libre, oui, mais ne pas le dire ; rêver de combats politiques, bien sûr, mais se défendre d'être un homme.

Il faut aussi voir comment se légitimaient leurs revendications : si l'équation droit-devoir donne une preuve de sérieux irréfutable, donner des preuves c'est déjà presque faire ses preuves.

Le moralisme apparaît alors à la fois comme un idéal, une nécessité provisoire, un prix à payer : ou encore comme une tactique, un système d'argumentation, simplement un discours. La question reste de savoir si tout cela se fond dans une stratégie. Mais de quelle stratégie s'agirait-il ? Entre 1848 et 1914, le féminisme a-t-il continué à développer ces forces moralistes ?

Jacques Donzelot, dans *La Police des familles*, est très critique à l'égard des féministes : dans leur apologie de la maternité et dans leur acceptation d'être des femmes morales et moralistes, il voit une erreur historique, par laquelle elles seraient devenues des alliées objectives de la philanthropie (et du pouvoir). Utilisées pour leurs forces réactionnaires et conservatrices, les femmes auraient consolidé leur rôle de gardienne du foyer ; ce qu'il appelle « l'alliance décisive entre le féminisme promotionnel et la phi-

lanthropie moralisatrice [1]. » Il n'est pas nouveau
de s'entendre dire que le moralisme des femmes
renforce la rigidité sociale et conforte l'Église et
la famille ; certains affirment aussi que le féminisme est à contre-courant des révoltes. Mais
que dit exactement Donzelot ? « En majorant
l'autorité civile de la mère, le médecin lui fournit
un statut social. C'est cette promotion de la
femme comme mère, comme éducatrice,
comme auxiliaire médicale, qui servira de point
d'appui aux principaux courants féministes du
XIXᵉ siècle [2]. » Le féminisme a la figure d'une
maternité militante.

Donc la femme, c'est la mère. Il est vrai que le
statut d'épouse et de ménagère s'efface au
XIXᵉ siècle derrière la prédominance de la maternité. Il est vrai aussi que cette définition est franchement insuffisante : si le discours du pouvoir
a poussé les femmes à être mères à partir de la
fin du XVIIIᵉ siècle, il les a pensées, un siècle plus
tard, en fonction de leur rôle de ménagères.
Mères puis ménagères, mères et ménagères, ce
qu'on attend de la femme évolue. Or il est loin
d'être évident que les discours féministes suivent le même chemin. Au contraire même : au
milieu du XIXᵉ siècle, le discours dominant voudrait que les femmes (entendons la femme bourgeoise et petite-bourgeoise) s'en tiennent à leur

---

1. Jacques Donzelot, *La Police des familles*, Paris, éd. de
Minuit, 1977, p. 38 ; cf. l'article de Danièle Rancière, « Le
philanthrope et sa famille », *Les Révoltes logiques*, nᵒˢ 8/9,
hiver 1979.
2. Jacques Donzelot, *La Police des familles*, *op. cit.*, p. 25.

intérieur ; les féministes, de leur côté, réclament le droit au travail hors du foyer en proposant la socialisation de leurs vertus familiales dans un va-et-vient entre l'intérieur et l'extérieur de chez elles. Et lorsque à la fin du siècle personne ne peut plus nier que le travail des femmes augmente (autre que celui des ouvrières déjà très important), et qu'il faut, avec ou sans aide domestique, planifier la double journée de travail de la femme, les féministes n'en sont plus à lancer des ponts entre la vie du foyer et la vie sociale, à faire des parallèles : elles veulent tout à la fois, une profession *et* la maternité. Cette volonté d'assumer une double vie des femmes se réfère de moins en moins à une définition traditionnelle : certaines revendiquent même, dès le début du XXᵉ siècle, la participation des hommes aux tâches ménagères. Et Madeleine Pelletier pense que le triomphe du féminisme entraînera la destruction de la famille [1], en cassant l'unité fermée du foyer et en imposant à la société la plupart des tâches ménagères et maternelles de la femme. Moment à partir duquel le féminisme commence à rompre avec son respect de la tradition sans abandonner son moralisme, qui s'exprimera dorénavant ailleurs, dans la sphère publique. La lutte contre le viol, la drague, le droit de cuissage rejoint ce que j'appelais le mouvement progressif de culpabilisation des hommes.

Il faut distinguer, à l'inverse de Donzelot, le

---

1. Madeleine Pelletier, *Le Féminisme et la famille*, s.d.

moralisme des féministes de la moralisation des femmes jugée nécessaire au progrès social par les philanthropes : les objectifs ne sont pas les mêmes. Cela n'empêche pas, répondra-t-on, une collusion objective : les féministes auraient servi malgré elles la réaction. Cet argument ne cesse de m'étonner car il est vraiment inhabituel de réduire ainsi une lutte contre l'oppression. C'est comme si on reprochait aux femmes d'avoir manqué de radicalité, de s'être justifiées ou de s'être défendues, comme si elles étaient coupables. Il n'y a alors qu'un pas pour imaginer que c'est, en fait, de s'être regroupées que les féministes sont coupables... D'autant que le moralisme des féministes au XIXe siècle est peut-être bien autre chose qu'une tactique de réassurance ou de légitimation, ou encore qu'une stratégie soumise à suspicion.

La morale revendiquée par les féministes de 1848 n'est pas seulement une arme : en deçà du respect pour les rôles multiples de la femme, épouse, ménagère et mère, s'affirme la reconnaissance de l'importance effective de la maternité comme détermination essentielle des générations futures. Une fois qu'on ne réduit pas la femme à la mère, on peut replacer la maternité dans une perspective sociale et politique : elle est au fondement de tout changement de société. La mère éducatrice « instaurée » au XIXe siècle est aussi la mère consciente : au début du XXe siècle, elle intervient de deux façons (éventuellement contradictoires) dans le discours féministe, avec le néo-malthusianisme, et avec le pacifisme. Le néo-malthusianisme, mouvement animé surtout par des hommes, Paul Robin puis Eugène Humbert (mais où on trouve aussi Nelly Roussel), entame la lutte pour la limitation des naissances au nom du droit à une famille « saine » et au nom du refus de fabriquer de la chair à canon. Après 1920, il s'agit du droit des femmes à disposer d'elles-mêmes [1]. Quant au pacifisme féministe, il rejoint le courant anarchiste tout en y ajoutant le droit des mères à intervenir sur la scène politique : les ligues de femmes contre la guerre sont aussi des ligues de mères. Madeleine Vernet est l'image la plus représentative de ce droit des mères à dire non à la guerre mais nombreuses sont les femmes activement pacifistes pendant la guerre de 1914. Ce n'est pas toujours au nom de la maternité, mais c'est de maternité qu'il est question. En faire une affaire sociale (en termes de population) ou une affaire politique (en termes de guerre) c'est inscrire la morale féministe bien en dehors du simple cadre familial. Peut-on toujours dire alors qu'il s'agit de promouvoir la mère ? Et peut-on vraiment croire que la morale n'est qu'une arme ou une tactique défensive ?

---

1. Voir par exemple l'article d'Henriette Alquier, « Maternité, fonction sociale », dans le *Bulletin des groupes féministes de l'enseignement laïque* en 1927 et le procès qui s'ensuivit.

LA FEMME SEULE

Au moment où les socialistes sont des utopistes, les idéaux féministes paraissent bien raisonnables : pas de phalanstère ou de vie quotidienne démesurément socialisée, mais de l'indépendance et de la pédagogie. Pourquoi ? Peut-être parce que la vie quotidienne de la femme est en sa base même très menacée. Encore une fois survient le problème de la maternité : toute femme peut être une mère, certes ; mais toute mère n'est pas épouse. Or il n'est pas évident au xixe siècle qu'une femme vive seule, encore moins une mère. Jacques Donzelot retrouve le discours dominant où tout est fait pour que la femme ne soit qu'une mère de famille : la femme est exclue de toute vie publique et la maternité justifie et compense en même temps cette exclusion. Exclusion d'autant plus effective que la mise en place de la fonction publique favorise les hommes en leur réservant les concours, que l'introduction des machines dans l'industrie dévalorise le travail artisanal surtout accompli par des femmes, que l'apparition des grands magasins remet à l'honneur les vendeurs masculins. Le xixe siècle enferme les femmes plus qu'avant.

Cette analyse, qui est celle de Julie-Victoire Daubié dans *La Femme pauvre*, sert une double cause : elle veut à la fois régénérer la famille en prônant l'épanouissement de la mère et favoriser les métiers féminins pour sauver la femme seule de la déchéance. « L'ancien régime, organisé pour la *famille* de manière à assurer toujours une valeur économique aux travaux de l'épouse et de la mère ; le nouveau régime, créé pour l'*individu* ne donne aucun prix à ces occupations de foyer » ; l'idéal est bien l'insertion de la femme dans la famille, mais la réalité, pour beaucoup, oblige à trouver une subsistance individuelle. La femme pauvre n'est pas l'indigente mais celle qui n'a pas assez de ressources pour vivre sans travail rémunéré, sans métier. S'il existe un « féminisme promotionnel », il se trouve non dans la promotion de la femme comme mère mais plutôt dans la promotion professionnelle, la promotion de la femme indépendante (ce qui est ignoré délibérément dans l'histoire du féminisme).

Julie-Victoire Daubié, première femme à passer le baccalauréat en 1861, imagine, comme les femmes de 1848, concilier systématiquement les vertus féminines et les contraintes professionnelles : les femmes sont ouvrières ou vendeuses, elles pourraient être secrétaires, employées de l'assistance publique, institutrices... c'est-à-dire exercer des métiers réputés féminins : ils n'exigent aucune force particulière, ils impliquent une notion de service social et requièrent un minimum d'apprentissage ou d'instruction. Elle réclame la rationalisation du dévouement et du service pour répondre à la fois à une urgence sociale et à une recherche d'identité nouvelle.

Promotion familiale de la mère, non ; promotion sociale de la femme, oui : mais on voit bien que cette promotion n'a rien d'exaltant. Les métiers dont rêvait Julie-Victoire Daubié hier sont ceux qui renvoient les femmes d'aujourd'hui à leur oppression traditionnelle : ils confortent la hiérarchie et restent au service de l'homme, du patron, de l'inspecteur, du médecin. Le féminisme rencontre là brutalement l'évolution sociale globale : si de nombreuses femmes ont gagné par leur métier une indépendance financière, rares sont celles qui y trouvent leur libération. À moins d'accéder aux métiers d'hommes, d'hommes au pouvoir s'entend. Inversement, celles qui tentent de se débrouiller à l'égal des hommes se retrouvent trop souvent, de fait, de l'autre côté de la barrière : elles ont sous leurs ordres des secrétaires, des infirmières, des domestiques, celles qui justement... À quoi s'ajoute, à la différence des hommes, l'enjeu d'une libération. Libération individuelle qui, certes, transforme les rapports sociaux entre les sexes, mais sans libération totale : que se passe-t-il entre celles qui exercent un métier intéressant et celles qui les aident à assumer leur double journée, à assurer la permanence domestique et familiale ? Au mieux un arrangement positif individuel, au pire un rapport de classe surchargé par l'atmosphère privée d'un foyer.

Rien n'est simple. Il faudrait pouvoir penser les transformations de la vie des femmes autrement qu'en termes de « féminisme promotionnel », ailleurs que dans l'alternative entre pouvoir domestique et pouvoir social. La femme enfermée dans la famille s'arroge un pouvoir parfois très explicite et celle qui se libère par un métier intéressant participe au réseau des pouvoirs sociaux. Que signifient d'ailleurs ces pouvoirs du point de vue du féminisme ? Pouvoir, maîtrise, compensation, reconnaissance ? À côté de cela, le féminisme introduit une autre différence, définie justement par Julie-Victoire Daubié : se donner des moyens de subsistance, acquérir une indépendance financière, c'est se poser comme être humain à part entière, refuser de demeurer un être relatif à un homme ou à une famille. Pour J.-V. Daubié, c'était une nécessité négative, pour d'autres ce fut et c'est un idéal : « Femme, ose être... »

BAVARDAGES ET DISCOURS

Prises de parole, réformes, transformations du statut et de la place des femmes dans la société, tous ces enjeux ne s'inscrivent dans aucune progression linéaire. Il est en effet remarquable que le féminisme, même s'il se pense en termes d'acquis, même s'il avance à chaque fois des armes nouvelles avec une force plus incisive, se fonde lors de ses émergences successives sur une certaine répétition. Comme s'il fallait toujours redire les choses les plus fondamentales : le droit à la parole, le droit à l'exis-

tence et à l'autonomie (de la mère comme de la
citoyenne) ; comme si la lutte des femmes tou-
chait à un problème de nature. Les discours
féministes ont ceci de particulier, comparés à
ceux d'autres opprimés, qu'ils s'appuient toujours pour argumenter sur une définition de la
femme, sur une définition de son essence : les
rôles d'épouse, de mère et de ménagère se pensent (même et surtout dans leur évolution) à
partir de déterminations premières, femme et
maternité, femme et intériorité, femme et
dépendance. Les féministes de toutes les
époques tournent et retournent ces images de
leur nature pour les détourner de leur situation
d'oppression ; bien que certaines s'y refusent et
préfèrent définir la femme comme un être
humain plus que comme un être sexué : « Je
peux comme et autant que les hommes. » À
défaut de détourner une image, on passe à une
autre ; mais apparaît toujours la prévalence de la
définition. C'est la problématique essentielle de
la révolte et des revendications.

La difficulté du féminisme vient de là. Le discours et le langage d'une lutte aux prises avec des
définitions, à la fois essentielles et instables,
paraissent souvent inefficaces pour des revendications concrètes, ou trop confusément idéologiques pour avoir valeur de vérité. La répétition
du dire féministe, c'est aussi cela : prouver son
existence et répondre à sa nature ne sont pas des
objectifs *a priori* historiques. John Stuart Mill,
au premier chapitre de *L'Asservissement des
femmes*, dit très bien que prendre le parti de

l'égalité des sexes, c'est émettre une *opinion* contraire à un « *sentiment* largement répandu », c'est opposer dans l'argumentation l'intelligence au sentiment, la raison au préjugé. Affrontement délicat car dans cette opposition le sentiment et l'opinion prévalent sur l'intelligence, tandis que celle-ci s'épuise à fournir, en vain, des arguments pour plaider sa cause.

En l'occurrence, c'est aux femmes, dont on affirme l'infériorité, de prouver l'inexactitude de cette accusation, alors qu'inversement leurs adversaires trouvent inutile de démontrer sa véracité. Pis encore, il faut qu'elles fassent reconnaître leur droit à la liberté, droit qui, d'habitude, est toujours posé *a priori* : « En matière de droit, on considère que la charge de la preuve incombe aux adversaires de la liberté, aux partisans des mesures restrictives ou prohibitives, qu'il s'agisse de limiter de façon générale la liberté des actions humaines ou de frapper d'une incapacité ou d'une disparité une personne ou un groupe de personnes par rapport à d'autres. La présomption *a priori* est en faveur de la liberté et de l'impartialité. » Tout simplement : on ne s'inscrit jamais théoriquement contre la liberté.

Tel est le paradoxe du féminisme : ce ne sont ni les accusateurs qui fournissent les preuves, ni les opposants à la liberté qui justifient leur restriction. Aux féministes, hommes et femmes, d'user de toutes les raisons possibles : « Avant d'espérer marquer des points, il me faudrait non seulement répondre à tout ce qu'ont jamais pu dire les partisans du point de vue contraire, mais imaginer tout ce qu'ils pourraient dire, leur trouver des raisons et y répondre, et quand j'aurais réfuté tous les arguments de mes adversaires, on me demanderait en plus de fournir des arguments positifs irréfutables à l'appui de mon opinion. Et même si j'y parvenais et que la partie adverse se révèle incapable de répondre à mes arguments, alors que j'aurais moi-même réfuté les siens, on considérerait que je n'ai guère avancé[1] ! » Peine perdue alors de discuter ? Abîme incommensurable où notre raison s'épuise ? Est-ce là aussi la cause de la répétition de nos discours ? Il est temps de se souvenir de ce que disait Sophie Ulliac Dudrezène, de ce qu'essayèrent les femmes de 1848 : prouver par le comportement, par les faits, par l'être plus que par le raisonnement ; donner à voir pour emporter la conviction...

N'allons pas croire que cette volonté de preuve par l'être et le faire produit des militantes sans discours. Nous avons vu suffisamment qu'elles parlent et qu'elles discourent ; à perdre haleine. Mais toutes les tentatives de dire se heurtent à la difficulté de se faire entendre, à l'impossibilité de convaincre définitivement.

Ni les définitions nouvelles du statut et des rôles qui marquent à chaque fois l'avancée du féminisme dans les questions sociales, ni les preuves démultipliées de l'égalité n'ont de

---

1. John Stuart Mill, *L'Asservissement des femmes* (1869), Paris, Payot, 1975, p. 58-60.

conséquences irréversibles dans l'opinion. Reste
à s'affirmer et à affirmer sans cesse les mêmes
évidences ; toujours sur le même terrain.
Démarche paradoxale où, sur fond de répétition, se joue la relation entre une progression
certaine et une défense nécessaire.

Logorrhée des plaintes, logorrhée des revendications ; les femmes sont bavardes. Et bavarder, c'est évidemment se répéter. Y aurait-il
alors la bonne et la mauvaise répétition, celle qui
reproduit à chaque fois la force de la révolte et
celle qui cherche l'essentiel sans jamais vraiment l'atteindre ? Si le bavardage semble être
une parade devant le symbolique, devant les
grandes questions, celle de la différence des
sexes par exemple, il a l'avantage de ne pas croire
produire une nouvelle image, représentation
moderne à opposer aux vieilles images traditionnelles, révoquées pour cause d'oppression.
Le féminisme d'aujourd'hui a souvent fait appel
à un imaginaire féminin, territoire à conquérir
pour y affirmer une liberté inconnue jusqu'alors. Ne faudrait-il pas penser et réfléchir à
ce discours bavard qui, dans ses démêlés mala-
droits avec les vieilles images, mène peut-être
plus loin sur le chemin de la libération ?

La psychanalyse insiste toujours sur l'idée du
devenir de la femme, itinéraire temporel différent du chemin masculin, démarche qui serait
contrariée lorsque la femme s'interroge justement sur ce qu'est une femme ; comme si la
question contrariait le devenir. L'histoire du

féminisme paraît bien prise dans ces deux dimensions mais peut-être sans l'opposition entre la question et le devenir : à travers les disparitions et les renaissances du mouvement des femmes s'affirme quelque chose qui ne se jauge pas seulement en termes d'acquis, de lois ou de réformes, et qu'il est difficile d'appréhender vraiment ; inversement, la répétition, non des revendications, mais de la révolte simple, pose une question trop fondamentale pour que la réponse historique soit suffisante. À moins qu'il ne s'agisse là d'un devenir de la question : la répétition des forces interrogatives permet peut-être justement que l'histoire du féminisme perdure, que les féministes continuent à chercher comment la différence des sexes s'inscrit dans l'histoire. Autrement dit encore, l'histoire concrète du féminisme est indissociable du discours qui y est tenu ; elle n'a aucun intérêt hors de cette quête d'une identité qui n'est ni identification ni représentation.

11

Les femmes libres de 1848

Jeanne-Marie raconte, dans *La Voix des femmes*, comment elle prit la parole dans un club « au nom de toutes les femmes du peuple, qui n'oseraient faire le récit de leurs malheurs ». Certaines parlent et d'autres se taisent ; des femmes écrivent et publient *La Voix des femmes*, d'autres prennent la parole dans les clubs qui s'ouvrent.

À travers l'explosion au grand air de revendications et de reproches accumulés, par-delà des objectifs de lutte quotidienne qu'un groupe de femmes, bourgeoises et ouvrières, se donne, apparaît une volonté obstinée pour savoir et comprendre ce que peut une femme hors de son rôle familial, pour proposer et démontrer ce en quoi elle se réalisera au mieux pour elle et pour la société tout entière.

Les débats et polémiques féministes sont nourris d'une argumentation qui veut sans cesse fonder en droit ou en fait les propositions tactiques des ouvrières-lingères ou des sages-femmes, les objectifs stratégiques des éduca-

trices ou des déléguées ouvrières. Ces démonstrations ne relèvent pas d'un système ou d'une
doctrine constitués, mais on y reconnaît pourtant, malgré des articles parfois contradictoires
ou confus, une rationalité singulière. Nous nous
intéresserons ici aux articles de *La Voix des
femmes* de mars à juin 1848, et aux quelques
numéros de *La Politique des femmes* et de *L'Opinion des femmes* qui lui firent suite l'été et l'hiver 1848, période de reflux mais aussi de projets
précis et d'essais de réformes. Dans ces textes
écrits par les femmes elles-mêmes, on fera la
part des articles sur les femmes ou pour les
femmes de ce qui définit la politique générale de
ces journaux, tout en rappelant que *La Voix des
femmes* se reconnaît dans le courant socialiste,
non pas celui de Louis Blanc ou de Proudhon
mais dans l'héritage du saint-simonisme, dans
celui de Cabet, Pierre Leroux et Victor Considérant (sont donc exclus de fait les journaux de
Mme de Beaufort et de Mme Legrand).

L'intérêt de ces textes réside dans leur
urgence, articles éphémères qui, même théoriques, sont toujours en rapport avec la vie politique du moment. Ce va-et-vient entre « théorie » et « pratique » n'empêche pas de percevoir
le système d'arguments qui sous-tend les analyses et les propositions, les descriptions et les
utopies des femmes de 1848.

Les militantes qui écrivent dans *La Voix des
femmes* sont pour la plupart socialistes et bien
des thèmes, et le vocabulaire, sont communs
aux luttes ouvrières. Pourquoi donc se sont-elles

regroupées uniquement entre femmes ? Pourquoi ne s'être pas contentées des groupes déjà existants, convaincues que la lutte des femmes est un appendice nécessaire mais secondaire à une politique de subversion ? Parce que « c'est une erreur de croire qu'en améliorant le sort des hommes, on améliore par cela seul celui des femmes [1] ». Non parce qu'il y a des problèmes spécifiques que les hommes sont incapables de comprendre, mais qu'il existe des femmes seules, sans hommes, sans maris servant d'intermédiaire entre elles et la société, leur procurant ainsi par contrecoup le bénéfice des réformes sociales. La politique des hommes exclut de fait ces femmes sans famille qui sont une des préoccupations majeures du féminisme du XIXe siècle (voir Julie Daubié, *La Femme pauvre*). Ce fut une des raisons pour que les femmes se rassemblent, conscientes de la différence de leur politique, derrière « le vaste étendard du socialisme ». Plutôt que de comptabiliser les différences et ressemblances avec les mots d'ordre des autres groupes politiques, mieux vaut comprendre comment les femmes les utilisent, à partir d'arguments féminins, pour résoudre les problèmes de métier, d'éducation ou de vie sociale.

Des hommes collaborent au journal. Olinde Rodrigues, banquier mais aussi saint-simonien, finance *La Voix des femmes* ; Victor Hugo et Jean Macé écrivent des articles, Paulin Niboyet, fils d'Eugénie Niboyet, la directrice de *La Voix des*

---

1. *La Politique des femmes*, n° 1.

femmes, y publie un feuilleton... Quelle place ou quel crédit les femmes leur accordent-elles ? Protecteurs, garants ou collaborateurs ? Quant aux femmes, les signatures de Jeanne Deroin, Désirée Gay, Eugénie Niboyet reviennent le plus souvent peut-être parce qu'elles étaient les plus actives mais aussi parce qu'elles ont un passé, souvent celui du saint-simonisme. Beaucoup d'articles sont anonymes, aussi semble-t-il secondaire d'insister sur les diverses personnalités, *La Voix des femmes* revendiquant le plus souvent une unanimité de pensée et de rédaction respectée.

À l'œuvre !

Plus d'incertitudes !
Plus d'hésitations !
Posons-nous nettement cette question :
Que voulons-nous ?
Nous voulons notre émancipation totale,
                                                    complète,
C'est-à-dire : être reconnues, en ce qui est de
                                                    l'intelligence,
égales aux hommes.
Mettons-nous donc hardiment à l'œuvre.
Plusieurs de nos sœurs sont effrayées à ce mot :
l'émancipation.
Il ne faut pas qu'elles tremblent
qu'elles reculent
Notre œuvre est pure [1].

1. *La Voix des femmes*, nº 1.

> *Les bonnes mœurs font la force des*
> *républiques et ce sont les femmes qui font*
> *les mœurs.*
>
> *La Voix des femmes*, n° 7.

L'énergie républicaine du printemps 1848 est une des forces de ces luttes féministes, avec l'idée que l'*émancipation* des femmes (et non la *libération*) s'inspire du principe de moralité et de moralisation nécessaire à l'organisation de la société républicaine. Ouvrir aux femmes la vie publique n'est pas risquer la décadence des mœurs, au contraire : la femme libre ne faillira pas aux responsabilités de la citoyenne, elle sera un élément essentiel de cette morale que tous appellent comme le principe fondamental du progrès et de la régénération sociale. L'émancipation des femmes n'est pas un bien souhaitable, c'est une nécessité et une urgence pour la société tout entière. Dans les tâches impératives justement, il est question des ouvrières, les premières à souffrir de la perturbation du marché du travail aggravée par les bouleversements de la révolution. Les industries du vêtement furent touchées dès le début et les femmes n'ont pas, comme les hommes, la possibilité de s'enrôler dans l'armée. En revanche, la prostitution peut servir de palliatif, asservissement extrême, celui de la solitude et de la maternité honteuse ; *La Voix des femmes*, n° 11 : « On se plaint de l'immoralité des femmes. Comment veut-on qu'il en soit autrement quand, après avoir travaillé toute une journée, elles se trouvent avoir gagné 10, 15 ou 20 sous au plus ; quel courage, quelle vertu peut tenir contre un tel état de choses ? » Puisque l'immoralité est une conséquence et non un défaut originel, il faut prendre le mal à sa racine et réorganiser le travail des femmes. L'arme morale doit d'abord servir à convaincre de la nécessité de la réorganisation du travail, création d'emplois et égalité des salaires pour « régénérer » la république. Plus largement, ce n'est pas seulement la moralité de l'ouvrière, mais celle de toutes les femmes qui est en jeu puisqu'elles portent la responsabilité morale de la société dans son ensemble. La femme libre a une mission à remplir, qui ne se définit plus dans un abstrait utopique imprégné de saint-simonisme (pourtant présent), mais à partir d'une analyse des vertus féminines qui se précise peu à peu.

> *C'est au nom de nos devoirs que nous réclamons nos droits.*
>
> La Voix des femmes, nº 1.

Quels sont ces droits et quels sont ces devoirs ? Le droit de voter comme celui de travailler, le droit de divorcer comme celui d'éduquer ; tous les droits sont un jour ou l'autre

réclamés à partir de devoirs bien remplis, toujours les mêmes, ceux de l'épouse, de la mère et
de la ménagère. Mais ces devoirs permanents
peuvent s'accumuler comme une arme convaincante : « Nos actes justifient notre foi, nous ne
discutons pas, nous agissons pour conquérir nos
droits, nous multiplions nos devoirs, c'est par le
côté moral que nous voulons être acceptées[1]. »

> *En moralisant les femmes, on améliore
> les hommes.*
>
> La Voix des femmes, n° 14.

Multiplier les devoirs pour se donner le plus
de chances d'obtenir satisfaction est une étape
nécessaire vers une société nouvelle, c'est aussi
l'objectif même des femmes appelées à devenir
la pierre angulaire du nouvel édifice social :
puisque les droits revendiqués provoquent pour
la plupart une ouverture à la vie publique, le
champ d'application des devoirs n'aura plus les
bornes de la cellule familiale, il s'étendra jusqu'aux limites de la société elle-même. Reconnaître les droits des femmes les met au service
des hommes : « Pourquoi voudriez-vous limiter
notre dévouement à un seul être et nous refuser
le droit de nous sacrifier pour l'humanité tout

1. *La Voix des femmes*, n° 11.

entière[1] ? » Débauche donc de générosité vertueuse et promesse confiante dans leurs forces.

Cette ouverture au champ social n'est pas
parole en l'air : ce don d'elles-mêmes que les
femmes veulent faire à l'humanité signifie bien
que, loin de n'être qu'une conséquence positive
de leur lutte, leur mission sociale est une nécessité pour assurer la liberté réelle de l'humanité :
« Si les femmes qui comprennent leur mission
sociale réclament l'égalité des droits, c'est en vue
de la régénération de l'humanité[2]. »

« Dans votre égoïsme, vous croyez que le
monde n'a pas besoin de la femme pour se gouverner... vous vous croyez forts. Et c'est cette
assurance qui fait votre faiblesse, Hommes des
siècles, prenez garde : la République de 93 est
tombée parce que vous n'aviez pas su conserver
l'estime et le respect pour la femme. Vous êtes
tombés parce que les femmes l'ont voulu...
Occupez-vous d'elles ou votre République tom-
bera. L'Empire lui-même n'a-t-il pas croulé lorsque Napoléon a répudié la fille du peuple pour
admettre dans son lit la fille des rois[3] ? »

Ainsi la société tout entière est concernée par
l'émancipation des femmes. Car, poursuit l'article, le privilège de l'homme sur la femme permet à tout autre privilège de resurgir ; argument
bien connu qui rappelle qu'un oppresseur n'est
jamais libre. Offrir la femme pour la libération

1. *La Voix des femmes*, nº 20.
2. *La Voix des femmes*, nº 27.
3. *La Voix des femmes*, nº 42.

de l'humanité dit en positif ce qui se démontre en négatif : la perpétuation de l'oppression des femmes sera comme un ver dans le fruit de la société nouvelle. Le mouvement des femmes n'est pas une des têtes de l'hydre de la révolution, c'est le corps même de la révolte et du changement possible : « Le degré de liberté accordé à la femme est le thermomètre de la liberté et du bonheur de l'homme[1]. » Est-ce là un motif de plus à l'autonomie nécessaire d'un groupe de femmes qui se refusent à comprendre leur combat comme une « contradiction secondaire » et qui questionnent aussi la politique des hommes ? Ce serait sans doute projeter notre XXᵉ siècle. Voyons plutôt quelle présence est accordée aux hommes, quelle part éventuelle ils peuvent prendre à ce mouvement précis et autonome. Ils ont financé, écrit, pris parti publiquement pour *La Voix des femmes*, mais les femmes, qu'en pensent-elles ? Elles ne savent pas si elles peuvent les admettre aux réunions-enseignements qu'elles organisent : « Nous ne voulons exclure personne de notre journal ; mais nous désirons "nous faire accepter par l'estime", et pour que nos réunions n'effraient ni les pères, ni les maris, elles auront lieu entre nous. Plus libres dans notre pensée, nous chercherons alors à triompher de notre inhabileté pour soutenir sérieusement la discussion sur le terrain où nous l'avons placée[2]. » Elles veulent bien de leur

---

1. *La Voix des femmes*, nº 35.
2. *La Voix des femmes*, nº 8.

« protection » mais c'est aux femmes qu'elles demandent leur « concours »[1]. Parce que, quand les hommes se mettent à écrire, cela ne se fait pas sans mal : Victor Hugo dans *La Voix des femmes* (n° 17) veut « éveiller l'intérêt en faveur des femmes, un peu déshéritées par les hommes » ; puis il se risque aux définitions : « Pure et noble compagne de l'homme, si forte quelquefois, souvent si accablée, toujours si résignée, *presque* égale à l'homme par la pensée, supérieure à l'homme par tous les instincts mystérieux de la tendresse et du sentiment, n'ayant pas à un si haut degré, si l'on veut, la faculté virile de créer par l'esprit, mais sachant mieux aimer, moins grande intelligence peut-être, mais à coup sûr, plus grand cœur. » *La Voix des femmes* ne fait ici aucun commentaire ; parfois cependant elle critique : Desplanche par exemple qui les soutient mais affirme que la femme ne sortira pas du cercle du foyer domestique[2].

> *L'auréole de la femme lui vient de son sexe.*
>
> *La Voix des femmes*, n° 33.

La femme ne se perdra pas dans les débordements d'une agitation ridicule. Rien ne sert de

---

1. *La Politique des femmes*, n° 2, août 1848.
2. *La Voix des femmes*, n° 16.

« braver l'opinion publique » comme le fit Lola Montès par l'extravagance de sa conduite (n° 4) ; en politique surtout il faut rester de bon ton : *La Voix des femmes* annonce dans son numéro 8 la création de la société des Vésuviennes qui regroupe des ouvrières pauvres, mais ne les suit pas sur la voie de la militarisation que le citoyen Borme leur propose.

Les Vésuviennes : « Légion de jeunes femmes de quinze à trente ans, pauvres travailleuses déshéritées qui s'organisent en communauté, dans le but d'améliorer leur sort. Leurs règlements sont très sévères. La nourriture et le logement sont assurés à chacune... Nous trouvons l'œuvre des Vésuviennes digne de toutes nos sympathies ; mais pourquoi ce nom de Vésuviennes ? Leur jeunesse, leur dévouement à la cause publique l'autorise, l'intérêt général le commandait-il [1] ? »

Les Vésuviennes : « C'est là, disent-elles, le premier nom de dérision qui a servi à nous désigner au ridicule et nous mettons notre amour-propre à le réhabiliter. Mais il peint merveilleusement notre pensée. Seulement la lave si longtemps contenue, qui doit enfin se répandre autour de nous, n'est nullement incendiaire, elle est toute régénératrice. »

Mais *La Voix des femmes* ignore les Vésuviennes pour ne pas abîmer l'image de la femme.

En revanche, la femme n'a pas à renier le jeu ambigu des femmes célèbres, elles sont l'excep-

---

1. *La Voix des femmes*, n° 8.

tion qui confirme la règle et, quelle que soit la raison de leur renommée, elles ont prouvé tout simplement l'existence de la femme sur la scène sociale : puisque certaines femmes illustres sont associées à la gloire des hommes, toutes les femmes ont droit à l'honneur et au bien-être futur : « Que la gloire des femmes illustres et méritantes qui nous ont précédées, se reflète en ce moment sur les femmes du travail et du dévouement obscur[1]. » Il est donc inutile de rompre avec la femme du passé, il faut accumuler toutes les preuves de l'importance de la femme dans la société : celles qui furent célèbres peuvent servir d'image de marque ; quant aux femmes anonymes, leur étouffement passé est prometteur : « Si malgré tout [malgré sa dépendance] la femme s'est associée aux gloires comme aux malheurs de la France... que n'avez-vous à attendre d'elle quand ses fers seront brisés[2]. » « Nous commençons plus tard que les hommes et nous irons probablement plus vite qu'eux parce qu'il y a en nous des habitudes innées d'ordre et d'union[3]. » On peut prendre en compte le passé, même s'il témoigne de ce qui fut oppression, exception ou règle ; reste à savoir s'il s'agit d'assumer ce passé, d'en tirer éventuellement gloire, ou même si les femmes peuvent y puiser leur force.

1. *La Voix des femmes*, n° 2.
2. *La Voix des femmes*, n° 3.
3. *La Voix des femmes*, n° 14.

> *La femme a reçu une double puissance*
> *de création : une physique, une morale :*
> *l'enfantement et la régénération.*
>
> La Voix des femmes, n° 31,
> discours de Jeanne-Marie.

L'homme ne sera libre que si la femme l'est aussi, et Jeanne-Marie proclame que « la mère de nos fils ne peut plus être esclave [1] : c'est surtout comme mère que la femme joue, pour la société, sa liberté. Une femme libre est mère et épouse pour sa famille comme pour la nation. La première tâche implique logiquement la seconde comme un fait de nature : promesse est faite d'un épanouissement à la mesure des qualités mises en jeu, jusqu'à présent si mal employées. Or, si l'analyse est claire et les principes bien fondés, la pratique concrète est plus aléatoire : l'ouverture à la vie publique apparaît bien souvent comme une importation à l'intérieur de la famille du rôle que les femmes pourraient jouer à l'extérieur. La vie politique doit rentrer à l'intérieur du foyer pour qu'hommes et femmes y participent ensemble : le numéro 1 de *La Voix des femmes* admire Pauline Roland qui a fait dresser le procès-verbal du refus de son vote, elles adressent une pétition au gouvernement provisoire pour réclamer le droit de vote, mais

1. *La Voix des femmes*, n° 31.

dès le numéro 4 elles acceptent les restrictions qu'on leur impose : hommes et femmes ont différentes « sphères d'action » et la femme peut participer à sa manière à la vie civique.

« Faits divers : une ouvrière ayant porté au corps de garde le dîner de son mari, alors en faction, prit le fusil et fit sentinelle, tandis que celui-ci avalait le consommé conjugal [1]. »

« Chaque électeur doit trouver une voix de femme qui le guide ou lui serve d'écho. » Bien sûr, il faut ne pas s'avouer battues en attendant qu'un verrou saute (on sait bien qu'il fallut un siècle encore pour pouvoir voter), mais que dire de ce conseil : « C'est à elles, comme épouses, comme mères, comme filles, comme sœurs, de vous éclairer, riches, et de vous ramener franchement dans la voie large et pure du progrès et de la fraternité [2]. » On demande aux femmes de la famille d'avoir, comme telles, un rôle politique. Sans préjuger ce rôle d'auxiliaire revendiqué pour la femme, il est certain que l'accès à la citoyenneté est possible avant même que soit mis fin à son exclusion politique ; c'est parce qu'elle est mère que ce compromis est possible.

« La Révolution de 1830, on se le rappelle, eut son moment d'espoir, son moment d'effervescence : un cri d'émancipation s'éleva parmi les femmes de la grande cité et alla vibrer dans mille cœurs, au fond de nos provinces... ; ces vœux et ces besoins trouvèrent des échos, des interprètes

1. *La Voix des femmes*, n° 4.
2. *La Voix des femmes*, n° 25.

parmi les hommes les plus généreux et les plus éclairés de cette époque ; ces hommes se posèrent en apôtres de l'émancipation des femmes...

« Mais lorsque Enfantin a tenté de proclamer la femme libre, lorsqu'il l'a désignée comme prêtresse de l'avenir, l'odalisque indolente, la femme ignorante et sensuelle, il a renié son maître et rompu avec le premier disciple, Rodrigues, qui voulait conduire l'homme à l'égalité sainte de la fraternité[1]. »

Encore faut-il comprendre comment les femmes de 1848 se représentent la mère et la nation : la mère n'est génitrice qu'investie d'une fonction divine, elle est prêtresse comme par une institution naturelle. On retrouve l'héritage du saint-simonisme dont certaines femmes de *La Voix des femmes* renient l'immoralisme jugé rétrospectivement manipulateur, tout en gardant l'inspiration mystique. Ainsi Désirée Gay : « Les femmes sont prêtresses par leur nature comme les prêtres de toutes les religions le sont par leurs attributions, et la fonction sacerdotale qu'elles exercent des siècles dans la famille et autour d'elles, devra prendre rang comme fonction sociale, afin de s'étendre successivement à la grande famille humaine[2]. » La société se décrit souvent au XIXe siècle sur le modèle de la famille, et ce n'est pas particulier à la lutte des femmes. Des représentations implicites de la mère et de la société servent aux femmes pour

1. *La Voix des femmes*, n° 27.
2. *La Voix des femmes*, n° 10.

argumenter en faveur de leur majorité ; et cet implicite les entraîne dans des confusions ou contradictions qu'à un siècle de distance on déchiffre peut-être trop aisément.

> *La femme aura pris date en face de l'histoire.*
>
> *La Voix des femmes*, n° 23.

Prendre date ; la revendication de l'instruction se perd dans la disproportion entre le possible et le souhaitable ; la morale prime pour appuyer toute tentative de changement ; l'exigence d'égalité dans le savoir apparaît peu, bien qu'on dénonce la ségrégation des sexes dans l'éducation et la vie professionnelle. C'est dire qu'on justifie encore, par un surcroît de vertu et d'intention, ce qui devrait être une revendication légitime. Le problème de l'instruction est celui qui laisse voir le plus de divergences dans *La Voix des femmes*. Certaines voix sont prêtes à privilégier la conscience morale ; il ne faut pas croire que le mal est dans l'ignorance ou le manque d'instruction mais dans « l'oubli des principes d'une liberté sage qui repose sur les droits et les devoirs[1]. » Pour d'autres au contraire, « la femme n'est impuissante que

---

1. *La Voix des femmes*, n° 4.

parce qu'elle est ignorante[1] ». Néanmoins, les revendications au savoir et à l'instruction sont précises et le désir d'accès aux professions masculines toujours présent. Eugénie Niboyet, présidente de *La Voix des femmes*, propose un enseignement public pour les femmes[2], Joséphine de Besnier établit un Projet d'une fondation nationale pour l'éducation, l'enseignement intellectuel et professionnel des jeunes filles du peuple[3], et Élisa Lemonnier, l'une des fondatrices de l'enseignement professionnel quinze ans plus tard, se préoccupe déjà à l'intérieur des ateliers nationaux de la formation des ouvrières. Mais pour toutes l'éducation et l'instruction se dissocient malaisément : « La génération actuelle est bonne, loyale, généreuse, les tourmentes politiques l'ont mûrie ; ses enfants, qui profiteront de son expérience, deviendront encore meilleurs, si on les préserve, par l'éducation, des écarts résultant de principes faux ou vicieux, et en leur enseignant de bonne heure, les devoirs du chrétien, le respect pour la famille, l'amour du travail, l'union entre tous, la tolérance pour les idées, pour les croyances, l'humanité envers les affligés. Il est un moyen prompt, infaillible d'arriver à ce résultat si désirable pour le bonheur des peuples et l'affermissement des institutions, c'est de commencer par l'éducation des

1. *La Voix des femmes*, n° 23.
2. *La Voix des femmes*, n° 8.
3. *La Voix des femmes*, n° 37.

femmes[1]. » Et tout le monde est convaincu que l'enseignement sauvera les ouvrières de la dépravation puisque savoir coudre garantit le travail et donc la liberté. Apprendre, c'est compter sur son intelligence et non sur un éventuel argent familial, c'est assurer son indépendance : « La liberté que donne la richesse est illusoire, celle que donne le travail est la seule réelle[2]. »

Cette évidence n'est pourtant pas simple, et les justifications théoriques pour l'accès au savoir en amoindrissent la portée : les femmes veulent être avocats et médecins, mais devant l'énormité de leur requête, elles en signifient tout de suite l'utilité, utilité interne à la famille ; système d'autodéfense qui viendra renforcer les qualités naturelles de la mère : « Il faut que la femme puisse désormais défendre et protéger elle-même la fortune et l'avenir de ses enfants. Quant à la médecine, c'est en règle générale, dans le même but que la femme doit s'y adonner : appelées par Dieu à donner l'existence, nous devons apprendre à la conserver à ceux à qui nous l'avons donnée. » Encore une fois, savoir c'est pouvoir se prendre en charge, être indépendante, l'exercice de la profession restant dans le vague de l'avenir. Même si l'argument est à court terme, on remarque à nouveau qu'un droit ne se justifie qu'en rapport avec un devoir, une utilité.

De la même manière, l'instruction générale de la mère servira d'abord la famille : témoin cette

1. *Ibid.*
2. *La Voix des femmes*, n° 31.

discussion fictive du premier numéro de *La Politique des femmes* :

« Il faut bien que nous puissions causer avec nos maris.

« — Il faut bien que nous puissions instruire nos enfants.

« — Nous nous instruirons ensemble et nous seconderons les hommes. »

Il arrive que la femme réclame pour elle-même, ainsi s'instruire pour être institutrice, mais alors à l'inverse elle apportera dans l'exercice de son métier ses qualités familiales. Amélie Praï publie une série d'articles[1] exclusivement consacrés à l'éducation des filles, dans le but d'ouvrir un pensionnat primaire et secondaire (il n'existe pas alors d'école publique secondaire pour les filles). Elle veut développer l'instruction des jeunes filles, mais l'éducation de la petite fille reste dans l'espace maternel ; la maternité prime la fraternité : « Nous ne prétendons pas attaquer l'éducation publique, elle est particulièrement propre au développement de la fraternité tendant à l'universalité. Ce que nous constatons, c'est sa mauvaise direction et son insuffisance quant à l'instruction des jeunes filles. » Pas d'éducation trop collective pour les filles : « Qu'est-ce qu'une pension de jeunes personnes ? C'est une grande famille dont la directrice est la mère, le prêtre et la croyance... elle a 3 ou 4 élèves : d'une part, c'est la tendresse maternelle, de l'autre, la confiance filiale.

1. Amélie Praï, *La Voix des femmes*, n°s 1, 13, 31 et 39.

Enfants qui n'ont fait que passer du sein d'une mère au sein d'une autre mère. Quelle touchante sollicitude. La chambre où reposent les élèves est tout à côté de celle de l'institutrice ; elle les protège la nuit... » Les difficultés surgissent quand le groupe s'élargit et quand les petites filles grandissent, le problème majeur étant la tendance à la dissimulation induite par la situation de groupe. On reste au niveau des principes en insistant sur le cadre spécifique nécessaire à l'éducation des filles, et les problèmes du contenu de l'enseignement ne sont guère abordés. Car l'important était d'intégrer la réflexion sur l'éducation dans une toile qui tisse réellement des liens entre la morale comme arme de combat et la maternité comme le creuset où se forge cette arme : « La mère seule est appelée à sauver la génération future : oui, l'éducation maternelle et l'instruction publique ou particulière, voilà, après le naufrage, notre seule ancre de salut [1]. »

L'Ère de la force et l'ère de l'intelligence.
Jeanne Deroin, *La Voix des femmes*, n° 7.

Ainsi la violence n'est pas une arme nécessaire. Idée commune à un certain nombre de protestataires du XIXe siècle : la société n'obéit

---

1. *La Voix des femmes*, n° 39.

plus de façon prépondérante aux rapports de force physiques et matériels et permet alors l'usage de la rationalité logique et morale. Jeanne Deroin veut mettre de côté la probable différence de force et de faiblesse entre les hommes et les femmes et croire que l'ère de l'intelligence ouvre la voie à l'émancipation des femmes. Reste à articuler l'exercice enfin possible de l'intelligence de la femme et ses qualités naturelles et ancestrales d'épouse et de mère, pour que toutes les femmes concourent au changement social. Si les femmes ne s'appuient pas sur la force pour obtenir le droit d'existence, il est hors de question qu'elles utilisent ou préconisent la violence : « L'ordre, qui est la paix se personnifie dans les femmes[1]. » C'est aux femmes « d'apporter des paroles de paix aux partis exaspérés, et de leur crier, avec un accent maternel : vous n'irez pas plus loin !... »[2]. Refuser la violence ne signifie pas refuser la politique mais proposer un autre style de vie politique où la femme aurait pour tâche d'effacer au mieux l'éternel rapport de force. Ce serait forcer le trait que d'y voir un choix idéologique délibéré, critique de la violence et du pouvoir comme tels. Car la nature intemporelle, l'essence même de la femme commande ce rôle pacifiste et moralisateur. Pour nous, ni la nature, ni la morale, ne sont des concepts opérants ou des critères d'analyse. Des femmes de 1848 en revanche refusent

---

1. *La Voix des femmes*, n° 3.
2. *La Voix des femmes*, n° 27.

par là l'usage de la force, à deux niveaux : pour les revendications spécifiquement féministes elles se désolidarisent des Vésuviennes : le ridicule comme la violence sont de l'ordre de la démesure et du désordre, et plaident en défaveur des femmes. De même pour les revendications ouvrières, les derniers numéros de *La Voix des femmes*, qui relatent, fin avril, les difficultés des ateliers nationaux, se démarquent peu à peu des manifestations violentes : « Les femmes, nous en répondons, ne feront plus d'émeutes bruyantes. Mais chaque fois qu'un fait se produira contre elles, leur dévouement ne faillira point. Les amazones de la paix marchent en colonnes serrées [1]. » Les exhortations sont les mêmes lorsque Désirée Gay est destituée de ses fonctions de déléguée des ateliers du deuxième arrondissement : « Les ouvrières du deuxième arrondissement ne se révolteront pas violemment, elles savent que les femmes sont fortes par le calme et par la volonté persévérante [2]. » Les femmes, en 1848, ne sont pas seules à plaider pour des armes calmes et raisonnables. Mais elles sont originales lorsqu'elles justifient cette politique par la définition des qualités spécifiquement féminines, poussant à l'excès l'idée de leur vocation : « Nous ne venons pas pour détruire la loi mais pour l'accomplir. » La non-violence n'est pas une idéologie affirmée ou une méthode spécifique de subversion ; elle se dis-

1. *La Voix des femmes*, n° 25.
2. *La Voix des femmes*, n° 28.

sout dans une vague théorique entre la prééminence de l'arme intellectuelle sur l'arme physique et matérielle, et l'importance de ne pas perdre la nature de la femme dans l'arène houleuse de la politique.

> *L'homme a l'honneur de tracer le chemin !*
>
> *La Voix des femmes*, n° 3.

À tout prendre d'ailleurs, la femme ferait mieux de ne sortir ni dans la rue ni même hors du cercle de la famille : « Nous ne sommes faites, ni pour la lutte, ni pour le combat. Il nous est donné de calmer les âmes, de les inspirer, d'indiquer la route ; [...] femmes, femmes, ce n'est pas dans la rue que vous triompherez d'abord des temps et des hommes, c'est dans la famille, c'est autour du foyer, puis au milieu de vous [1]... » L'ouverture revendiquée est économique et sociale, guère politique ; elles se révoltent contre le mécanisme d'exclusion dont elles sont victimes, mais elles ne vont jamais vraiment jusqu'au bout de la logique de leurs revendications, freinées sans doute par les faits mais surtout par leur grille d'argumentation, celle de la mère-épouse. Paradoxalement, elles donneraient plutôt raison à George Sand (à distance dès le

---

1. *La Voix des femmes*, n° 3.

début) qui réclame les droits civils avant les droits civiques (le divorce avant le vote), qui se voulait révolutionnaire en morale avant de l'être en politique. Sauf que la vie personnelle, plus que les problèmes collectifs, fait de George Sand une femme subversive. Au fond, elles donnent raison à George Sand à l'envers : dans le sens d'une consolidation de la famille et non de son éclatement, bien qu'elles débattent longuement dans leurs derniers numéros de la question du divorce envisageable seulement pour « rendre quelque considération au mariage [1]. »

Conseiller aux femmes de rester chez elles signifie autant l'impossibilité d'apparaître sur la scène politique parlementaire que la volonté de reconnaître leurs qualités, ordre, douceur et modération. D'où des points de vue contradictoires : tantôt elles critiquent ceux qui disent (en l'occurrence Desplanche) que l'homme doit créer et la femme moraliser (avec un post-scriptum affirmant que la femme ne restera pas, *dans l'avenir*, à l'intérieur du cercle du foyer domestique), tantôt elles écrivent, et c'est le plus fréquent, que *pour aujourd'hui* sans doute, il faut conserver une certaine décence. Y a-t-il des priorités stratégiques ?

Et l'épouse, la femme du couple plus que celle du foyer ? « La tête et le bras de l'humanité c'est l'homme, le cœur de l'humanité c'est la femme [2]. » Ces images ne sont pas rares : « L'homme

---

1. *La Voix des femmes*, n° 40.
2. *La Voix des femmes*, n° 3.

est un généreux combattant, la femme une inspiratrice dévouée [1]. » Elle est « comme un rayon
de lumière et d'amour pour vivifier l'intelligence
de l'homme ». L'important est moins l'affirmation des différences entre homme et femme que
la nécessaire subordination de la femme à
l'homme : elle est dévouement, lumière qui inspire, réchauffe ou éclaire, présence nécessaire
mais auxiliaire. L'émancipation des femmes
n'est pas dangereuse, croyez-le bien : « Le
mariage peut bien devenir une association et
cesser d'être un système de dépendance [2]. »
L'égalité dans la différence n'exclut pas cependant la subordination : « Vous affranchirez la
femme lorsque vous aurez compris qu'elle ne
veut pas prendre votre place, mais marcher à vos
côtés pour vous aplanir les aspérités du chemin [3]. » Or, si Jeanne-Marie s'adresse ici aux
hommes du club de l'Émancipation des Peuples,
s'il est évident qu'elle cherche à convaincre
avant tout, est-ce une raison pour accepter la
modestie du propos ? Il apparaît difficile de
trancher entre une détermination pour
« prendre date en face de l'histoire » et, hors de
toute tactique, en deçà ou au-delà du mouvement historique, l'affirmation d'une nature
féminine.

---

1. *La Voix des femmes*, n° 8.
2. *La Voix des femmes*, n° 31.
3. *Ibid.*

> *Les ouvrières souffrent..., organisons le travail.*
>
> **La Voix des femmes**, n° 36.

L'économie fait le partage entre la bourgeoise et l'ouvrière, partage qui n'est pas une opposition, mais une proposition de coopération productive. Si « la pensée de notre époque, c'est la pensée d'association sous toutes les formes », cela signifie aussi bien des regroupements internes à chaque profession que la croyance en un changement par le dialogue plus que par l'exacerbation des luttes. Réunissons donc bourgeoises et ouvrières dans un rapport d'échange et non de dépendance, et supprimons l'aumône qui perpétue les problèmes en se bornant à pallier les manques. Il faut une « fraternité » efficace à la place d'une charité ponctuelle, il faut organiser le travail des ouvrières. Concrètement, on propose un concert au profit des ouvrières sans ouvrage, mais théoriquement on critique Mme de Lamartine, qui veut « rendre la charité possible à toutes les classes par la mutualité de secours organisés entre plusieurs familles » : « Mme de Lamartine a l'habitude des bonnes œuvres et celle-ci est certainement la plus complète, la plus large qu'elle ait conçue ; c'est une forme transitoire du communisme, un moyen terme entre le passé et l'avenir, la transformation de l'aumône en mutualité de secours.

Est-ce bien cependant ce qui doit prévaloir et l'humanité n'a-t-elle pas mieux à attendre de la fraternité ? » Certes, il est moins humiliant pour le pauvre de s'adresser à une organisation plutôt qu'à une dame patronnesse, mais le secours n'est qu'une charité bien ordonnée : « L'ouvrière a raison de se révolter, ce que l'ouvrière veut, ce n'est plus l'aumône organisée, c'est le travail justement rétribué[1]. » Le travail, on le verra, est celui proposé par les ateliers nationaux. Se battre contre la charité c'est demander aux riches une aide réellement efficace, c'est aussi refuser que les femmes se rendent entre elles des services gratuits, c'est exiger que tout travail social d'une femme soit reconnu comme tel et justement rétribué ; la femme est effectivement appelée à se dévouer mais le dévouement se paye : les sages-femmes qui suppléent bien souvent le manque de médecins, notamment dans les familles pauvres, réclament un statut et des droits en accord avec leur tâche. La femme se propose d'œuvrer à la régénération sociale à partir de ses qualités féminines, elle se refuse cependant très clairement au sacrifice : son sacerdoce n'est pas du bénévolat.

Que peut faire la bourgeoise dans une telle perspective ? Elle apporte son soutien aux organisations de travail, en finançant et en consommant. Financer signifie donner du travail : à partir du mois d'avril, *La Voix des femmes* lance des appels aux lecteurs et lectrices pour qu'ils don-

1. *La Voix des femmes*, nº 23.

nent « des travaux à confectionner par nos sœurs ouvrières », ou inversement pour proposer des ouvrières spécialisées : « Nous pouvons procurer comme journalières, ou pour du travail à domicile, des ouvrières de tous états dont nous garantissons la moralité. Notre association ne prélève aucun droit et fait tourner à leur profit le prix intégral de leur travail[1]. » Or, si les femmes produisent, il faut vendre les produits ; toutes les femmes sont appelées à consommer, malgré cette période de crise de l'industrie du vêtement où les dépenses secondaires sont négligées. Achetons donc avec une frivolité militante, demande Henriette aux femmes du monde : « Qu'est-ce que nous vous demandons ? de ne point interrompre le cours de vos dépenses ; [...] si nous étalons sous vos yeux nos industries, ne détournez point la tête avec un superbe dédain ou avec une coupable indifférence, ne thésaurisez point. L'argent dans une petite main blanche et délicate sied moins que ces jolis riens nouveaux qui donnent à la jeune ouvrière tant de peine à confectionner pour attirer de vous, un sourire d'envie, un regard de convoitise[2]. » Mais aussi, poursuit *La Politique des femmes*, sachons analyser les « rapports très intimes » entre la mode et la politique des hommes, autre regard sur la production industrielle : la reine d'Angleterre, en bannissant les modes françaises de son royaume, a fait une grande faute féminine : « La

1. *La Voix des femmes*, nº 35.
2. *La Voix des femmes*, nº 12.

coquetterie des femmes anglaises les portera à faire une révolution contre un ordre si barbare, et les ouvrières parisiennes se coaliseront pour faire des modes si jolies, si séduisantes, qu'il faudra bien que la petite reine elle-même leur rende les armes[1]. »

Ainsi la solidarité féminine peut s'exercer aux différents stades de la fabrication d'un produit, de sa production à sa distribution. Toute une évolution sépare *La Voix des femmes*, qui prétend à une coopération étroite entre bourgeoises et ouvrières, de *La Politique des femmes*, qui se dit journal d'ouvrières uniquement et qui paraît après l'euphorie, après les journées de juin, à un moment d'analyse et de critique des ateliers nationaux : dès le mois d'août en effet, il n'est plus question d'organiser ou de réorganiser le travail, mais de comprendre l'articulation nécessaire entre la production et la consommation. Il s'agit surtout de voir quel parti tirer de la mode sur le plan politique. Ce n'est plus l'urgence financière de la situation des ouvrières qui guide l'argumentation, mais une compréhension à long terme de la femme et de l'image féminine bourgeoise, nécessaire pour que l'ouvrière acquière son indépendance économique.

> *[...] le grand ménage mal administré qu'on nomme l'État.*
>
> Jeanne Deroin, *L'Opinion des femmes*, n⁰ 1.

1. *La Politique des femmes*, n⁰ 2.

L'organisation du travail fournit une nouvelle preuve du mérite des femmes et de leur utilité dans la grande famille sociale. On apprécie moins leurs qualités de mère que leurs bonnes habitudes de ménagères soucieuses de régler la vie du foyer, en l'occurrence, d'assurer la production et la consommation. Ainsi le comprend Marguerite Thibert : « Si le titre de mère devait faire accorder à la femme son entrée dans la cité, ses qualités de bonne ménagère l'y rendaient désirable[1]. » On ne se paye plus de mots au niveau de l'organisation du travail où les femmes peuvent faire leurs preuves tout de suite ; à l'inverse étendre les devoirs maternels à la société tout entière reste un discours un peu abstrait, déclaration d'intentions plus que pratique immédiate : « Nous devons persuader avant de convaincre [...] les ouvrières souffrent [...] organisons le travail [...] Quand les œuvres parleront pour nous [...] n'aurons-nous pas consacré nos droits et pourront-ils nous les refuser[2] ? » La mère a proposé ses services mais la ménagère réalise concrètement ; les hommes alors ne douteront plus de l'utilité sociale et politique des femmes ; et cette utilité, justifiant leurs droits, rendra leur émancipation nécessaire. Elle sera une preuve pour contredire l'infériorité prétendue de la femme. La morale du féminisme de 1848 se lit dans le contenu des revendica-

---

1. Marguerite Thibert, *Le Féminisme dans le socialisme français de 1830 à 1850*, Paris, 1926, p. 323.
2. *La Voix des femmes*, n° 36.

tions, mais elle est aussi à l'œuvre dans la tactique politique : on obtient ce qu'on a le droit d'avoir à partir d'une justification tangible, concrète, de ce droit. Quelles furent donc les mesures concrètes prouvant les qualités économiques et sociales de la femme ?

> *La condition d'ouvrière s'ennoblira...*
> *La Politique des femmes*, n° 2.

À court terme, il est possible de se battre pour une meilleure organisation du travail loin des débats généraux, ceux pour l'éducation, le vote ou le divorce. Bien sûr, l'urgence de la conjoncture, crise et révolution, commande un nouvel aménagement du travail ouvrier ; de plus, pour les femmes de 1848, militer pour les conditions de travail des ouvrières est plus simple, d'un point de vue moral, que de revendiquer le divorce (justifié face aux mariages ratés, souhaitable pour la consolidation du mariage) ou l'instruction des femmes (néfaste peut-être aux tâches de la mère ou de l'épouse). Le travail étant une liberté sérieuse, la peur d'être soupçonnées d'immoralité est beaucoup moins grande. Ainsi, elles accepteront un peu vite que Marrast, recevant leur pétition pour le droit de vote, les éconduise, pendant qu'il les réconfortait en reconnaissant la priorité des problèmes des ouvrières.

On leur rétorque aussi, et elles se disent elles-mêmes, que le milieu de l'atelier est pernicieux pour les femmes lorsqu'il est mixte, dangereux pour les jeunes filles lorsqu'elles se retrouvent avec des femmes plus âgées : « Il y a dans nos ateliers nationaux des femmes dont le langage est dangereux à entendre pour les jeunes filles ; ces femmes sont ensuite les premières à accuser lorsqu'elles succombent ; elles devraient être plus prudentes, plus indulgentes, et songer que des jeunes étourdies se laissent facilement entraîner, surtout lorsqu'elles ne gagnent que douze sous par jour [1]... » Elles répondent qu'être ainsi réunies par la misère dans le travail est une occasion de se « rendre meilleures », de se donner mutuellement une éducation morale et civique ; et à tout prendre, mieux vaut un travail salarié que la prostitution, condamnant définitivement la femme. Elles refusent le discours ouvrier qui nie en droit la nécessité du travail des femmes ; en dépit des faits. À l'inverse, les femmes de 1848, comme toutes celles du XIXe siècle, partent du fait même, conscientes des difficultés de la femme, surtout si elle est veuve, si l'homme est malade ou mauvais sujet, ou si elle ne trouve pas à se marier [2]. Il n'est plus temps de discuter des principes.

---

1. *La Politique des femmes*, n° 2.
2. *La Politique des femmes*, n° 1.

Organiser, c'est moraliser.

La Voix des femmes, n° 14.

Pratiquement, les féministes rejoignent les luttes communes à toute la classe ouvrière : dénonciation du travail gratuit ou sous-payé, dans les couvents ou les prisons, ouverture des ateliers nationaux.

Dès le numéro 1, *La Voix des femmes* cite les ouvrières-lingères qui exigent la suppression du travail dans les prisons, concurrence déloyale par sa faible rétribution ; injustice flagrante que *La Voix des femmes* reconnaît volontiers. Mais le désœuvrement des prisonnières est tout aussi injuste car le travail est salutaire, pour différentes raisons : il permet d'améliorer leur nourriture, d'économiser, et de constituer une réserve pour leur libération, de supporter la monotonie de la réclusion et surtout, il est vertueux en lui-même ; il permet « l'extinction des vices que la morale réprouve [1] ». Que faire alors pour donner satisfaction aux unes et ne pas priver les autres ? Ce n'est pas compliqué : il suffit que l'État et non des industries privées fournisse le travail, que les institutions soient clientes des prisons : donnez par exemple aux prisonnières, le linge de l'armée à confectionner [2]. Quant au

1. *La Voix des femmes*, n° 1.
2. *La Voix des femmes*, n° 7.

travail dans les couvents, on ne trouve aucune solution proposée. Est-ce par désintérêt pour ces femmes retirées de la vie sociale ?

Ce sont surtout les ateliers nationaux ou plutôt municipaux qui mobilisèrent l'énergie des femmes de 1848. Ils devaient être une solution à la mesure des problèmes posés : « Les femmes sans travail recevaient 50 centimes comme subsides, elles recevront désormais du travail dans les ateliers nationaux, leur dignité n'en sera plus blessée[1]. » Une commission fut créée au Luxembourg, avec des représentants des corporations pour organiser le travail ; on ouvrit des ateliers pour les hommes et non pour les femmes. Elles obtinrent alors, à force de protestations, que les maires de Paris réunissent les ouvrières sans travail (elles seront vingt-cinq mille) et que cinq déléguées soient nommées pour prendre la responsabilité des ateliers. Désirée Gay, vice-présidente de *La Voix des femmes*, fut l'une d'entre elles, dans le deuxième arrondissement. Elle nous fait suivre l'actualité de ces ateliers municipaux qui proposèrent principalement des travaux de couture. Le bilan de cette tentative se trouve dans *La Politique des femmes*, et dans *L'Opinion des femmes*.

Désirée Gay, dès le début, critique le fonctionnement des ateliers. Les qualifications inégales des ouvrières devraient être harmonisées par un enseignement professionnel « sur le tas » :

1. *La Voix des femmes*, n° 23. Cf. Édith Thomas, *Les Femmes de 1848*, Paris, PUF, 1948.

« Classer les ouvrières par séries de 10 : cinq sachant travailler, et cinq ayant besoin d'être enseignées. Les plus habiles seraient les mieux payées, les autres, ne sachant rien faire, auraient cependant besoin de vivre et recevraient 75 centimes par jour[1]. » D'autres difficultés concernent les rapports entre les ouvrières et les bourgeoises qui les encadrent : Désirée Gay critique le modèle de chemise arrêté par les dames de la Commission du Luxembourg, surchargé de piqûres, piqûres décoratives qui donnent un travail inutile aux ouvrières, surtout si l'on sait que l'ouvrière est payée à la chemise, 60 centimes chaque, et que certaines mettent un ou deux jours pour en faire une (un ouvrier gagne en moyenne 2 francs par jour). De plus, la disproportion des gains est trop grande, les chefs gagnent de 1,50 franc à 3 francs par jour. D'où une haine contre les « générales » qui n'ont rien à faire, pendant que les ouvrières ne gagnent pas assez pour se nourrir. *La Voix des femmes* n'est pas seule à s'indigner contre ces bourgeoises : Mme Bassignac, rédactrice du *Volcan*, journal plus « démocratique » que socialiste, féministe également, décrit ainsi les ateliers : « Entrez et jugez : ces dames à chapeaux recouverts de voiles de prix, drapées dans de grands châles sortis des magasins de la rue Vivienne et les pieds ensevelis sous leurs longues robes de soie ; ces dames qui lisent nonchalamment le journal, accompagnant chaque phrase d'une fraise au

1. *La Voix des femmes*, n° 29.

sucre et au vin de Bordeaux, ces dames sont les déléguées générales, payées à raison de trois francs par jour ! Pour quoi faire ?... Écoutons ces deux jeunes filles et nous le saurons : "Mam'zelle Julie croyez-vous que je ne ferais pas bien de demander à la générale si elle a obtenu une carte pour moi, car j'étais malade lorsqu'on les a distribuées, et sans cela je ne pourrais pas rentrer demain. — Gardez-vous-en bien Mam' zelle Charlotte, la générale n'aime pas quand on la dérange, quand elle lit son journal principalement, et en tout temps elle ne prend guère nos intérêts, elle est trop fière pour s'occuper de pauvres ouvrières comme nous. — Si j'engageais la petite déléguée à lui parler pour moi ? — Gardez-vous-en bien, la générale ne peut pas souffrir la petite déléguée, parce que celle-ci n'a pas voulu donner cinq sous comme les autres déléguées pour acheter une écharpe à la générale, lorsque nous autres, les ouvrières, nous avons acheté celles de nos petites déléguées. — Mon Dieu ! Comment ferais-je ! Je ne suis pas couturière. Je mets trois jours pour faire une chemise payée 20 sous, juste de quoi acheter du pain ; si cette ressource vient à me manquer, que faire ?" Exemple pris entre mille. » Pas question, et c'est la troisième critique de Désirée Gay, qu'on place encore une directrice au-dessus des chefs de division : « Les ouvrières veulent être réellement dirigées, elles ne veulent plus de directrices fictives. » Les ateliers de femmes (comme les ateliers d'hommes) sont un échec : « L'ouvrage qu'on leur donne à l'atelier est un leurre ; l'organisation du travail des femmes, un despotisme sous un nouveau nom et la nomination des déléguées des femmes, une mystification que les hommes ont faite aux femmes, pour se débarrasser d'elles. » Autant dire qu'à la suite de cet article, Désirée Gay fut destituée de ses fonctions de déléguée de l'atelier national de la Cour des Fontaines, dans le deuxième arrondissement. On retiendra la conclusion de son article qui encourage les femmes à se servir du pouvoir de s'élire entre elles, qui demande aux femmes de se prendre en main elles-mêmes.

Les ateliers ne furent pas une bonne solution et l'appel à la coopération de la bourgeoise et de l'ouvrière, aussi justifié et démontré théoriquement soit-il, s'avère irréalisable. L'initiative ouvrière doit compter sur ses propres forces. Témoin ce dialogue fictif transcrit dans le numéro 1 de *La Politique des femmes* :

« [...]

LA DAME : Mes chères amies, voici une des vôtres qui parle sagement, j'aime les ouvrières qui sont ainsi, et je suis toute disposée à m'unir à elles pour moraliser celles qui sont moins éclairées.

UNE VOIX : Nous n'avons pas besoin de leçons de morale.

LA DAME : C'est ainsi que je l'entends ; aussi plusieurs de mes amies et moi nous voulons nous dévouer aux ouvrières et les organiser.

UNE VOIX : Nous ne voulons plus de dames patronnesses.

LA DAME : Je suis votre amie et pas autre chose.

LA SOCIALISTE : Eh bien, alors, aidez-nous à nous organiser d'après nos goûts et nos idées, au lieu de chercher à nous organiser d'après les vôtres. »

La bourgeoise n'a plus qu'à se mettre au service de l'ouvrière, et cesser de l'encadrer pour organiser et écouler la production. Le meilleur exemple de cette initiative ouvrière fut les associations professionnelles. Quant à l'expérience des ateliers, son échec fut unanimement reconnu. L'important pour nous tient au décalage entre le discours féministe et ses justifications théoriques et morales (les femmes au travail sont les ménagères de l'État) et une pratique contradictoire. L'argumentation des femmes, dans les années suivantes, n'en fut pas modifiée, sans doute parce qu'elle était une arme autant qu'un manifeste.

Associer, c'est régner.
La Voix des femmes, nᵒ 14.

L'association est l'alternative aux systèmes de charité autant qu'aux ateliers nationaux. Veulent s'associer les lingères, les couturières, les chemisières aussi bien que les domestiques, les sages-femmes, ou les institutrices. Toute association insiste sur la solidarité entre ses membres, et sur la responsabilité de chacun vis-à-vis du groupe. La pétition des couturières, publiée dans le numéro 2 de *La Politique des femmes*, distingue les « associées libres », ouvrières membres de l'association qui ont droit aux bénéfices et aux secours éventuels, et les « associées responsables » qui auront le pouvoir de décision. La solidarité et la responsabilité sont deux niveaux de participation qui s'articulent l'un à l'autre, mais qui impliquent, tous deux, un engagement moral, garantie du bon fonctionnement de l'association. Le travail en sera plus soigné et les salaires meilleurs par la réduction des intermédiaires dans le circuit de production. Toutes les tutelles sont mises en cause, celle de l'aumône, comme celle des « cadres bourgeois ». S'associer, c'est accéder à l'autonomie et à la majorité, c'est se donner, grâce à la « conscience professionnelle », un pouvoir qui signe l'émancipation de la femme. Désirée Gay le redit en décembre 1848 dans le journal de Victor Considérant, *La Démocratie pacifique* : « L'association est pour la femme, plus que la transformation du compagnonnage en univers de solidarité ouvrière ; elle doit servir à l'émancipation des femmes en leur permettant d'obtenir un travail plus rémunérateur et moins pénible et en leur donnant les moyens de s'affranchir de la tutelle individuelle des hommes. »

L'association permet l'émancipation de la femme, sans attenter à ses vertus, en s'appuyant sur les vertus de l'individu responsable. Alors, la perspective change et les qualités traditionnelles de la femme, mère et épouse, disparaissent.

Preuve en sont les revendications des associations de domestiques ou de sages-femmes qui insistent sur leur fonction, comprise comme un exercice réglé, loin d'une relation psychologique qui les cantonnerait au dévouement. Il faut sortir de l'isolement domestique, et créer une maison de travail et de placement, une association de femmes à gages qui s'assure de leur moralité ou de celle de leurs maîtres, qui accueille celles qui sont sans emploi, et qui donne à leur profession le caractère objectif d'une fonction, d'un service public et au plus loin de la servitude[1]. Quant aux sages-femmes dont on ne reconnaît pas l'« utilité publique », elles veulent être fonctionnaires de l'État : « Lorsque, devant la position douloureuse des mères, nous abandonnons nos droits à une rétribution bien légitime, nous faisons une sorte d'aumône qui ne peut qu'humilier les familles ; [...] mais pour que le corps si utile et si honorable des sages-femmes puisse vivre de la rétribution due à son travail, et aussi pour que la dignité du peuple soit conservée, il faut qu'un fonds social soit destiné à cet effet. La rétribution des sages-femmes par l'État est un acte de justice et de haute moralité ; il consacre pour le peuple le droit d'avènement à la vie. La jeune république doit saluer la naissance de chacun de ses membres ; elle le doit, car tous sont appelés à concourir à son bonheur et doivent devenir force active de l'État. Réclamer cette mesure, c'est demander que l'enfant du peuple

---

1. *La Voix des femmes*, n° 34.

ne soit plus une charge, mais une joie pour la famille[1]. » Suzanne Voilquin, ancienne ouvrière-brodeuse et sage-femme elle-même, rédige la pétition, et montre bien comment, même si cette profession est un « rôle dévoué et presque sacerdotal », elle doit être « affranchie et régénérée par les lois de la République démocratique[2] ». Ainsi ce sont les métiers où la relation psychologique est la plus forte, maternelle pour les sages-femmes, domestique pour les femmes à gages, qui suscitent un désir de prendre des distances avec le rôle traditionnel de la femme, revendiqué par ailleurs avec tant d'insistance. Mais que dire, sinon que toutes les luttes se retrouvent pour forcer la porte d'entrée de la société et de la vie publique ? Et le travail n'en est pas le seul attrait.

> *Exclure les femmes des clubs, c'est diminuer les chances que leurs maris y aillent et enlever aux femmes leur bonne humeur.*
>
> La Politique des femmes, n° 2.

Hors de l'atelier, il existe deux autres lieux où les femmes de 1848 vivent loin de la maison familiale, deux espaces qui n'existèrent que le

1. *La Voix des femmes*, n° 11.
2. *La Voix des femmes*, n° 28.

temps de l'effervescence révolutionnaire, les restaurants nationaux, tentative pour socialiser la
vie quotidienne, et les clubs qui surgissent partout après de si longues années de censure.

Dans le numéro 14 de *La Voix des femmes*,
Désirée Gay propose « des restaurants nationaux où les familles d'ouvriers viendraient
prendre leur repas à des tables d'hôtes ».
L'homme seul ne sortirait plus boire ou manger
loin de sa femme et de ses enfants ; on adoucirait
les mœurs, on éloignerait les hommes « des
cabarets et de tous les lieux funestes à la morale
publique ». En soi, l'idée que l'homme ne soit
plus tenté d'oublier ses responsabilités familiales et civiques est bonne. Mais n'est-ce pas
offrir hommes et femmes à la tentation, dès que
la femme aura droit à une vie sociale qui la rendra autonome ? À cette objection, Désirée Gay
répond « que c'est un moyen d'épurer les mœurs
et de les adoucir, que ces réunions de famille où
des épouses, des mères respectables, seront
admises avec leurs enfants, et que la présence
des femmes contribuera puissamment à concilier les esprits, à faire régner l'harmonie et le respect des convenances sociales ». Ainsi, sortir du
foyer est inutile lorsque c'est impossible, comme
pour le vote, ou contradictoire avec la nature,
comme lors d'une éventuelle violence politique ;
la vie publique est bénéfique, lorsqu'elle ne met
pas la famille en cause. Au contraire, la femme
retrouve là sa mission moralisatrice.

De même, les clubs sont une tribune pour la
voix rédemptrice de la femme. Laissons de côté

les clubs de femmes qui furent souvent de timides et malheureuses expériences, et arrêtons-nous simplement aux clubs des hommes, où, dès juin, les femmes n'eurent plus l'autorisation d'aller. Il s'agit non de réunions spécifiquement féministes, mais du simple droit d'avoir accès, pour une femme, à des discussions hors de son foyer ; c'est à nouveau condamner les hommes à aller au cabaret, à boire plutôt qu'à profiter de leur temps libre pour s'instruire ou discuter. Plus encore, un club d'hommes n'a pas les mêmes vertus qu'un club où les femmes viennent tempérer l'atmosphère par leur présence ; le numéro 2 de *La Politique des femmes* affirme que cette interdiction supprime le principe de moralisation et cite un orateur convaincu que la présence des femmes le forçait à modérer l'expression de sa pensée : « Exclure les femmes des clubs c'est en exclure la liberté polie, c'est livrer les clubs à la violence des énergumènes ou à la censure des agents du pouvoir. »

Les clubs et les restaurants apparaissent comme une alternative possible au cabaret, où l'homme va seul dilapider son salaire et se détériorer la santé ; ils sont aussi, outre un remède, une proposition concrète pour effacer la coupure entre la famille et la société, pour que la famille se diffuse hors du foyer. Ainsi, soit la femme est contrainte à la vie domestique et elle y intègre la vie sociale et politique comme pour la question du vote ; soit des lieux publics se créent où elle sera la bienvenue et elle y transporte toute sa famille, mari et enfants, pour qu'ils restent ensemble dans cette vie collective. Quoi qu'il en soit, la femme demeure investie de sa mission moralisatrice et régénératrice. La femme seule reste l'exception malheureuse dont on tient compte, mais sans jamais justifier sa place dans la société.

Après un temps de subversion, les énergies se calment et se séparent, pour suivre des rythmes différents. *La Politique des femmes*, dès août 1848, n'est plus qu'un journal d'ouvrières à la tête duquel se retrouve Désirée Gay ; en 1849, Jeanne Deroin se lance dans la campagne électorale pour souligner, une fois encore, la discrimination politique de la femme ; elle se retrouve aussi, à la même époque, dans une association d'instituteurs et d'institutrices socialistes avec Pauline Roland ; en 1850, elles créent ensemble une union des associations ouvrières qui les mène en prison ; Élisa Lemonnier fonde en 1862 l'Enseignement professionnel pour jeunes filles. Quant à Eugénie Niboyet, elle publie en 1863 *Le Vrai Livre des femmes* qui s'inscrit toujours dans le mouvement féministe, bien que la fin du livre contienne des confessions très partagées, où elle raconte comment la révolution de 1848 fut l'époque la plus douloureuse de sa vie ! Elle était pour la Régence et la duchesse d'Orléans, puis ne voulait pas que la République reproduise les « anciennes tricoteuses ». Elle tenta donc de « centraliser les femmes, de les éduquer ». C'est ainsi qu'elle devint présidente de

La Voix des femmes, présidence qu'elle supporta malgré elle, dans la mesure où elle eut toutes les responsabilités (notamment celle de diriger leur club, ce qui lui valut à la fois le ridicule et les dettes). Elle accepta de soulever la question du divorce, ce qu'elle aurait bien évité, cependant que la priorité restait pour elle le sort des ouvrières. Tout cela n'exclut pas qu'elle fut favorable à Napoléon III ! Pour finir, elle souhaite que la femme soit l'associée de l'homme, qu'elle ait droit à l'instruction mais qu'elle soit avant tout la conservatrice du genre humain : « Il lui appartient de faire le cœur de ses enfants comme elle fait leur sang. Sa mission est donc dans la famille, sa tâche est la maternité. »

En citant longuement cette mise au point tardive, nous ne voulons pas laisser croire que ces femmes reculèrent après leurs excès révolutionnaires (bien au contraire, puisque la plupart radicalisèrent leurs objectifs de lutte), mais signifier que *La Voix des femmes* reposa sur une unanimité limitée dont on peut questionner la représentativité. N'était-ce qu'un groupe d'intellectuelles coupées de la plupart des femmes et malgré tout loin des ouvrières que leur socialisme affiché voulait rallier ? Ce qui expliquerait le décalage entre leur théorie et leur pratique, entre leurs principes et la réalisation des réformes. On a vu comment l'expérience des ateliers nationaux entama la rationalité de leurs discours. On a vu aussi comment elles voulaient bien être ménagères de l'État mais à condition

d'être rétribuées ; ou faire preuve d'un dévouement maternel dans la mesure où il était insti-
tutionnalisé. Remettons donc à leur place ces
professions de foi abstraites pour mieux
comprendre comment elles perdent leur signification conservatrice une fois traduites dans les
faits. Et qu'est-ce que la maternité au XIXᵉ siècle ?
Reconnaître la valeur de son existence et son
importance dans la famille, loin de sa simple
fonction de reproduction, n'était-ce pas déjà un
bouleversement ?

Les femmes de 1848, au total, ne croient pas
pouvoir penser l'émancipation de la femme
autrement qu'en élucidant sa nature et son
essence plus que son histoire, autrement qu'en
définissant d'éternelles qualités de la femme,
adaptées à la situation présente. Comprendre
notre histoire pour espérer s'en détacher est le
problème des femmes d'aujourd'hui, non celui
des femmes de 1848. Toutes proportions gar-
dées, nous sommes peut-être encore tributaires
de cette recherche de définition intemporelle ;
même si nous ne voulons plus être automatique-
ment épouses, mères et ménagères, il nous
importe d'« être femmes » distinctes du monde
des hommes. L'enjeu est-il la « féminité », dernier bastion d'une éventuelle nature ? Cette
féminité est-elle un objectif ou une simple vengeance qui retourne les instruments de l'asservissement en une arme du combat pour l'indépendance ? Il n'est pas simple de se reconnaître
dans les raisons et les armes que se donne un
mouvement de femmes.

On s'étonne que les femmes de 1848 ne mettent pas en cause les valeurs établies qui les ont opprimées, qu'elles veuillent sans cesse se garder de tout soupçon, affirmer leurs bonnes intentions. Ne croyez pas qu'elles se battent pour l'instruction et le travail tout en masquant un désir de jouissance et de plaisir sans vertu, véritable mobile de leur agitation. Elles sont honnêtes et ont un idéal pour elles comme pour la société ; plus encore, le moralisme joue à un autre niveau, plus « opérationnel » : il faut faire ses preuves, démontrer sans cesse la justesse des revendications ; il faut des faits convaincants qui déjouent toutes les craintes d'un éventuel double jeu, et dire que des droits se payent par des devoirs signifie qu'ils se méritent. Mais n'avons-nous pas été ainsi ? La bataille pour l'avortement visait-elle seulement à disposer de son corps ou ne s'accompagnait-elle pas d'arguments honnêtes selon lesquels un enfant, pour être heureux et bien élevé, avait tout intérêt à être désiré ?

Nous avons extrait la morale de son contexte chrétien pour tenter de la réfléchir comme une réalité sociale. Ne faudrait-il pas alors déplacer la question et dire comme Saint-Just que seule la suppression des lois et leur remplacement unique par des institutions permet un réel changement, qu'il vaut mieux des organisations sociales qui se réadaptent sans cesse plutôt que des impératifs qui se transmettent et s'imposent ? Mais n'est-ce pas, aussi, ce que les femmes de 1848 ont dit lorsque leurs devoirs abstraits de mère et d'épouse de la nation tout entière cédaient le pas à des propositions et des réformes concrètes inscrites dans leur vie sociale ?

12

Des héroïnes symboliques ? George Sand et Louise Michel

C'étaient des femmes seules, célibataires, indé-
pendantes surtout ; des femmes exceptionnelles ? Femmes de personne, elles pouvaient ignorer la vie quotidienne, se donner à leurs activités
multiples ; des femmes masculines ? Des femmes
singulières sûrement, idéalisées, reconnues dans
leur solitude même, solitude sans honte, gran-
diose plutôt. Que cet isolement les ait éloignées
des femmes opprimées, ou qu'il les neutralise en
les rendant incomparables importe peu. Ce qui
compte, ce qui me touche, c'est le lien qui
manque entre ces femmes d'exception et leurs
contemporaines, entre celles qu'on nomme les
pionnières du féminisme et les féministes elles-
mêmes, celles des groupes militants. Suffit-il
d'être porte-drapeau, d'être une représentation
forte et imagée de l'histoire des femmes ?

À coup sûr, leur vie individuelle, remarquable,
compte beaucoup dans la constitution de leur
rôle idéal : avoir rompu avec la norme les classe
d'emblée dans le rang des héroïnes positives, sti-
mulantes pour aujourd'hui (dépêchons-nous,

mes sœurs), chaleureuses à notre esprit (hier déjà). Et pourtant de leurs vies individuelles, elles n'ont jamais fait principe ; aucune dialectique ne relie leur vie de femme et leur engagement politique ; l'une est coupée de l'autre et ce cloisonnement même se revendique. Faisaient-elles déjà assez de scandale comme cela ? Leur était-il impossible de généraliser cette indépendance, cette émancipation-là ?

Il y a de bonnes et de mauvaises raisons pour que l'histoire oublie ces contradictions et fixe en symboles des destins individuels ; il y a justesse et fausseté à proclamer ces femmes féministes comme à les renvoyer à leur salut personnel et égoïste de femmes différentes des autres, plus courageuses ou plus chanceuses.

George Sand, Louise Michel, Flora Tristan et d'autres « sortirent de leur sexe » (Proudhon à propos de George Sand). L'une écrivait (« la vache à écrire »), l'autre parlait et exhortait (« la péroreuse »). Pour les retrouver derrière l'image aujourd'hui toute faite de leur héroïsme féministe, il faut lire les quelques textes, toujours un peu accidentels, où elles s'expliquent sur leur féminisme distant de tout militantisme, et qui témoignent de leur émancipation singulière, du décalage entre leur réputation et leur pensée propre (signes de leur vie charnelle ou falsification voulue ?). Si la postérité a choisi, il apparaît à les lire qu'elles n'ont guère de doctrines, tout juste quelques principes, et qu'il faut reconstruire une démarche intellectuelle plus empirique que systématique — et contradictoire parfois.

GEORGE SAND :
UNE INTELLECTUELLE
ET LE FÉMINISME

> *Être mâle par la virilité, femme par l'in-*
> *tuition divine*
>
> *La Voix des femmes*, 6 avril 1848.

George Sand s'est retrouvée féministe malgré elle ; son image et ses romans firent d'elle un porte-drapeau et un porte-parole sur fond d'un tapage romantique qui ne demandait qu'à se trouver des idoles : la *Gazette des femmes* mélange les éloges littéraires avec le soutien politique à son divorce, et ses premiers livres font d'elle une idéologue autant qu'une romancière. « J'avais fait du saint-simonisme sans le savoir », écrit-elle lors de la réédition de *Valentine* en 1852. Elle peut et elle veut bien supporter cette réputation mais elle en rejette les conséquences : elle qui ne se refusait guère aux rencontres reste étrangère aux femmes de 1848 : « Je n'ai pas l'honneur de connaître une seule des dames qui forment des clubs et rédigent des journaux[1]. »

Ceux et celles qui savent comment elle resta à

---

1. Lettre à *La Réforme* et à *La Vraie République*, 8 avril 1848.

distance des saint-simoniennes et des femmes de 1848 font état de son rôle d'avant-garde : son féminisme est la conséquence de sa vie même, il est peut-être limité et partial mais les libertés qu'elle a prises ont contribué à la libération globale de toutes les femmes. Il faut bien des noms et des images pour représenter une lutte... Tant pis si elle ne supporte pas d'être « l'enseigne d'un cénacle féminin », elle est un symbole qui dépasse les querelles de chapelles. Elle refuse la politique des femmes tout en se voulant « femme politique ». Si elle changea souvent d'opinion politique, parcourant au long de sa vie l'éventail des engagements de la gauche à la droite, ses positions sur le féminisme sont extrêmement stables. Elle établit des priorités entre les démarches individuelles et collectives, entre le désir d'égalité et la nécessité de spécificité de la femme du XIXe siècle, et fonde son analyse sur la nature féminine. Ses articles, quelques lettres et quelques courts textes laissent entrevoir sinon une doctrine, en tout cas une opinion bien arrêtée.

> *Et vous prétendez représenter quelque chose quand vous n'êtes pas seulement la représentation de vous-mêmes ?*
>
> Brouillon de réponse à *La Voix des femmes*, adressé aux membres du Comité central, mi-avril 1848, publié en 1904.

Entre 1830 et 1850, George Sand croise les féministes, les saint-simoniennes au début des années trente, Flora Tristan et Pauline Roland, puis le groupe de *La Voix des femmes* en 1848 ; elle les croise et ne les rencontre guère.

On dit qu'elle a bénéficié des acquis des saint-simoniennes quant à l'amour libre ; pourtant elle condamne leur morale : c'est une « erreur impraticable » dont « l'opinion générale a déjà fait justice ». Elle se rend aux réunions [1] et y voit le « renversement de tout ordre social et des flots de sang à faire couler ». Elle est d'accord avec certaines saint-simoniennes, celles du *Livre des actes*, les bourgeoises du mouvement, plus inféodées au Père Enfantin que les prolétaires rédactrices de *La Femme libre* : une lettre à Marie Talon de novembre 1834 montre que la morale est bien le point de litige : elle se félicite de ce que ses romans, *Lélia* et *Jacques* (qui appellent à la liberté de l'amour), ne soient pas compris comme un appel à la révolte ; elle y affirme que le saint-simonisme des femmes est encore à inventer, et que « les femmes n'ont encore rien à dire, ce me semble ».

Maxime Du Camp, et à sa suite Karénine [2], racontent qu'elle fut sollicitée pour être la Mère, égale du Père Enfantin et incarnation de la femme-messie : les saint-simoniens auraient vu

---

1. Lettre à son mari du 4 février 1831.
2. Maxime Du Camp, *Souvenirs littéraires*, 1882 ; Wladimir Karénine, *George Sand*, Paris, Plon-Nevrit 1912.

dans les premiers livres de George Sand le parti
de l'émancipation de la femme. Ce n'est pas dans
la famille saint-simonienne qu'ils ont cherché la
Mère, mais en Orient ou parmi les célébrités (la
duchesse de Berry, par exemple). La demande à
George Sand n'est pas invraisemblable mais il
n'en existe aucune trace. Les commentateurs
hésitent sur le médiateur et sur les dates. Fla-
grant délit de projection où l'historien se laisse-
rait aller au même mouvement que l'entourage
de George Sand : la mettre à une place où, à elle
seule, elle représenterait les femmes ? En tout
cas, ses relations officielles avec le saint-simonisme passent par les hommes, le chansonnier
Vinçard ou le critique littéraire Gueroult, relations qui culminent en 1835 lorsque la Famille
lui confectionne des étrennes pour elle et son
fils. De son côté, elle oscille entre une sympathie
évidente (« J'aime le saint-simonisme parce que
l'avenir qu'il offre aux hommes, est admirable de
vigueur et de charité », écrit-elle à Marie Talon)
et une méfiance certaine : « Mettez-vous au service d'une idée et non pas au pouvoir d'Enfantin », refusez « le fanatisme pour des hommes et
des noms propres », écrit-elle à Gueroult. Elle
est très sensible à l'oppression résultant de toute
hiérarchie et de tout système ; cette indépendance, célèbre, justifie ses refus de s'engager et
masque en même temps ses choix politiques :
elle est avec les républicains (les destructeurs)
loin des saint-simoniens (les rebâtisseurs), écrit-
elle à Vinçard ; elle tient le même langage aux
femmes quand elle veut à la fois détruire le

mariage tyrannique, s'en tenir à la morale ancienne... et laisser à d'autres le soin de trouver la solution. Le saint-simonisme plus que les saint-simoniennes fait problème ; et sa vie de femme disparaît derrière les problèmes politiques.

Quelques années plus tard, George Sand rencontre Flora Tristan (en 1836) et Pauline Roland (en 1842). Autres héroïnes moins prestigieuses, en tout cas moins célèbres. Elle aura de la sympathie pour l'une et de la haine pour l'autre. De Pauline Roland, qui collabora avec elle à la *Revue indépendante* de Pierre Leroux à partir de 1844, elle dira : « Je voyais aussi cette tête exaltée et généreuse, cette femme qui avait les illusions d'un enfant et le caractère d'un héros, cette folle, cette martyre, cette sainte, Pauline Roland[1]. » Toutes deux partagent un destin singulier qui fait paraître délibérée leur volonté de rester seule dans la lutte, de s'en tenir, quant au féminisme, à leur individualité propre : Pauline Roland se bat seule en 1848 en choisissant de faire enregistrer à Boussac, en compagnie de Pierre Leroux, son incapacité juridique à voter. Mais cette singularité affichée est aussi de l'individualisme, peu sororal, parfois même intolérant : Flora Tristan et George Sand se haïssent ; la première trouve George Sand démagogue avec les poètes ouvriers, stupide quand elle rend

---

1. *Histoire de ma vie*, Gallimard, Bibl. de la Pléiade, t. II, 1970, p. 348.

une bourgeoise amoureuse d'un prolétaire (voir ses remarques sur George Sand dans *Le Tour de France*) ; la seconde ne comprend pas une femme qui abandonne sa fille pour son apostolat, cette mauvaise mère « impérieuse et colère ». À la mort de Flora Tristan, en 1844, George Sand s'occupe de sa fille amenée par Pauline Roland et écrit à un de ses amis : « J'aimerais bien mieux que nous lui fissions un sort [à sa fille] que d'élever un monument à sa mère, qui ne m'a jamais été sympathique, malgré son courage et sa conviction. Il y avait trop de vanité et de sottise chez elle [1]. » Il y avait aussi trop de ressemblance entre elles deux [2] ; la littérature, des maris insuffisants et des divorces orageux ; l'ouverture aux ouvriers et aux poètes prolétariens, même si Flora fit de l'apostolat pendant que George s'adonnait à la philanthropie (à l'égard même de Flora Tristan en souscrivant, comme Pauline Roland, à l'*Union ouvrière*).

Toutes trois sont des *figures romantiques* plus ou moins concurrentes ; après 1848 on rencontre des *militantes*, et lors de la Commune des *révolutionnaires*. D'autres images d'héroïnes vont surgir.

1. Lettre à E. de Pompéry, janvier 1845.
2. La ressemblance va même jusqu'à la confusion : le 10 septembre 1838, l'attentat de Flora Tristan par son mari Chazal est rapporté par les journaux comme étant celui de George Sand. Ce parallèle, présent hier et repris aujourd'hui, ne manque pas d'intérêt : les femmes excentriques et exemplaires jouaient un rôle qu'on pouvait doubler pourvu qu'il ait la même fonction : celle de faire éclater une certaine image de la femme soumise.

1848, moment révolutionnaire, engage George Sand dans la politique, politique des hommes cela va de soi. Elle court à Paris et se met au service de la République, rédigeant les Bulletins officiels dans l'ombre de Ledru-Rollin. Sa polémique avec *La Voix des Femmes* et Eugénie Niboyet est en général mise au passif de son féminisme (légendaire indépendance orgueilleuse et libération limitée à la vie privée)[1].

Or, derrière les incidents et les circonstances, elle précise sa position politique à l'égard de l'émancipation des femmes. La polémique éclate au grand jour à propos du vote ; les militantes féministes ne cesseront, à partir de 1848, de faire appel aux célébrités pour dénoncer l'exclusion des femmes de la vie politique institutionnelle (de George Sand à Louise Michel en passant par Maria Deraismes) tout en faisant elles-mêmes des actions d'éclat (Jeanne Deroin en 1849). Mais si aujourd'hui les femmes célèbres acceptent souvent de servir de caution pour attaquer une loi sexiste (manifeste des 343 pour l'avortement), les femmes du XIXe refusent, trop solitaires ou trop seules plutôt ; pionnières trop scandaleuses déjà pour pouvoir jouer leur réputation ?

1. Cf. *La Voix des femmes* des 6, 9 et 10 avril 1848. On y trouve à la fois une admiration sans bornes pour son « génie » et une certaine lucidité pour son statut d'exception (« elle a renié son sexe et son nom »). À les lire, l'initiative du plébiscite ne vient pas d'elles mais des hommes. Elles n'auraient fait que la reprendre à leur compte (celui du *droit des femmes*) en lui donnant ainsi un autre sens. En tout cas, elles se refusent à avoir voulu la prendre pour *drapeau*.

Début avril, au club des Jacobins, on pose la candidature de George Sand à l'Assemblée nationale ; à son insu. Elle proteste par voie de presse, dans *La Réforme* et *La Vraie République* dès le 8 avril, et commence un brouillon de réponse à *La Voix des femmes* sous forme de lettre adressée aux membres du Comité central. Elle note dans ses *Souvenirs*, sans parler de cet incident, qu'il est insupportable que les femmes se fourvoient dans l'arène politique, que c'est ridicule (c'est cette démesure qui l'amène à protester) : « Quel que soit l'avenir, nos mœurs et nos habitudes se prêtent peu à voir les femmes haranguant les hommes et quittant leurs enfants pour s'absorber dans les clubs » (7 mai 1848). Pire même, elles y risquent leur réputation et la destruction des mœurs, antagonisme évident avec la libération des femmes : « Comment ces dames entendent-elles l'affranchissement de la femme ? Est-ce comme Saint-Simon, Enfantin ou Fourier ? Prétendent-elles détruire le mariage et proclamer la promiscuité ? S'il en est ainsi, à la bonne heure, je les trouve très logiques dans leurs prétentions à la vie politique, mais je déclare que je me sépare personnellement et absolument de leur cause, qui, sous cet aspect, me devient étrangère. Alors je n'ai plus rien à dire. Je ne réplique pas, je ne discute rien. Je m'éloigne, et laisse à la morale publique le soin de faire justice de cette déplorable fantaisie » (brouillon de réponse à *La Voix des femmes*).

Ce risque de perdre toute moralité retient

George Sand, prise entre le désir de minimiser la réalité de ces femmes (« Nous n'avons point trouvé jusqu'ici la protestation de ces dames assez significative pour qu'il soit nécessaire de la contrarier en la discutant ») et la colère devant leur erreur historique : « Vous êtes donc coupables d'avoir retardé, depuis vingt ans que vous prêchez sans discernement, sans goût et sans lumière, l'affranchissement de la femme, d'avoir éloigné et ajourné indéfiniment l'examen de la question. » Quelle est donc l'erreur commise par-delà le ridicule de ces manifestations ? Quel rôle reste-t-il à la femme dans la vie politique ? George Sand seule peut nous le dire, elle qui est à la fois reine chez les hommes et roi chez les femmes (affirme Jules Janin dans la *Gazette des femmes*, octobre 1836). Et tandis qu'elle invective les femmes, à la fois inconséquentes et coupables, elle reconnaît aux hommes une certaine disponibilité vis-à-vis de l'émancipation des femmes : « Le principe d'autorité individuelle sans contrôle s'en va avec le droit divin et les hommes ne sont pas généralement aussi féroces envers les femmes qu'il plaît à quelques-unes d'entre elles de le répéter à tout propos. Cela se voit une ou deux fois dans la vie, à l'occasion, mais elles seraient bien plus dans le vrai et dans la justice si elles reconnaissaient que la plupart des hommes sont très disposés en fait, au temps où nous vivons, à faire de l'égalité conjugale la base de leur bonheur. » Bonheur qu'ils savent différer s'ils sont exigeants et veulent ajouter l'égalité juridique à l'égalité morale : « Il fuyait la société des femmes. On eût dit qu'il les haïssait, et pourtant la cause de leur émancipation avait en lui un défenseur opiniâtre. Il semblait qu'il se réservât pour le temps où elles seraient dignes d'être admises à l'égalité sociale, car il ne voulut jamais se marier[1]. » Aux femmes de bien s'y prendre.

> *En admettant que la société eût beau-coup gagné à l'admission de quelques capacités du sexe dans l'administration des affaires publiques, la masse des femmes pauvres et privées d'éducation n'y eût rien gagné.*
>
> *Bulletin de la République*, n° 12.

Son refus des féministes, plus que du féminisme, est un refus ou le politique rationalise et justifie le psychologique. Dans un *Bulletin de la République*, elle parle publiquement des femmes en 1848, du haut de sa responsabilité d'écrivain au service du pouvoir révolutionnaire.

L'erreur grossière, dit George Sand, est de privilégier la revendication des droits civiques au détriment du besoin urgent des droits civils (c'est à tort qu'elle comprend ainsi le féminisme des années 1830-1850). Elle établit des priorités : quitte à poser la question des femmes, il

1. *La Fauvette du docteur*, 1844.

faut parler du mariage et du divorce, du travail et de l'éducation. Seule une femme majeure pourra faire de la politique ; il faut faire cesser la tutelle maritale (non le mariage) et favoriser l'éducation, il faut rendre possible l'indépendance de la femme. Les femmes et le peuple se retrouvent, car tous deux sont encore du côté de l'enfance : « Nous voyons la cause de la femme et celle du peuple offrir une similitude frappante qui semble les rendre solidaires l'une de l'autre. Même dépendance, même ignorance, même impuissance les rapprochent ; même besoin d'enthousiasme facile à exploiter, même élan impétueux et sans rancune prompt à s'enflammer, prompt à se laisser vaincre par l'attendrissement, même vivacité d'imagination, même absence de prévoyance, même témérité ignorante des dangers et impatiente des obstacles, même mobilité, mêmes emportements, même résignation, mêmes orages, même ignorance des intérêts personnels les plus sérieux, même exclusion des intérêts sociaux. Et cette similitude s'explique par un mot, le manque d'instruction[1]. »

Bourgeoises, élitistes, les féministes ne servent qu'elles-mêmes, ce qui est bien peu ; tandis que George Sand, dont on dit le féminisme à la mesure de sa situation personnelle, refuse les luttes des femmes au nom même de son cas individuel : « Nous ne faisons pas un plaidoyer per-

---

1. *Questions politiques et sociales*, 1879, réponse à diverses objections, décembre 1844.

sonnel. Il y a longtemps qu'au spectacle des maux de tous nous avons été forcés d'oublier ceux qui ne frappaient que nous-mêmes. Nous ne faisons même pas un plaidoyer pour la cause des femmes ; nous ne séparons pas en causes diverses cette grande, cette éternelle cause des ignorants et des pauvres [1]... » Cette culpabilité explique l'étroitesse de sa vision du féminisme ; et la femme du peuple est la seule que George Sand veut aider en 1848 (dans le *Bulletin* n° 12, elle décrit l'angoisse et la misère de celles dont le choix est entre un travail sous-payé et la prostitution).

George Sand n'est pas loin de la future position du mouvement ouvrier jusqu'aujourd'hui : le problème des femmes est secondaire par rapport à la lutte ouvrière ; les priorités de combat établies à partir d'une hiérarchie de l'oppression obligent à des priorités dans le temps : la lutte des classes passe avant la lutte des femmes et le succès de l'une entraînera le succès de l'autre ou inversement : « L'homme n'étant pas libre, comment la femme pouvait-elle sagement aspirer à l'être plus que lui [2] ? »

Il ne faut pas qu'un homme obéisse à une femme, c'est monstrueux. Il ne faut

1. *Questions politiques et sociales, op. cit.*
2. *Bulletin de la République.*

pas qu'un homme commande à une femme, c'est lâche.

Brouillon de réponse
à *La Voix des femmes*.

Vous serez toutes de grands orateurs au foyer domestique.

Bulletin de la République.

Sa position et son engagement politique se nourrissent de réflexions, d'idées très précises quant à la nature et aux rôles respectifs de l'homme et de la femme.

Si la conquête des droits civils précède celle des droits civiques, les femmes ont intérêt à rentrer chez elles au plus vite : « Quant aux femmes qui veulent commencer par les droits politiques, elles s'amusent à un enfantillage : Votre maison brûle, votre foyer domestique est en péril et vous allez vous exposer aux railleries et aux affronts publics, quand il s'agirait de défendre votre intérieur et d'y relever vos pénates outragés ? » (Brouillon de réponse à *La Voix des femmes*). Ces droits s'enracinent dans les mœurs, qui commandent tout (puisque les hommes sont prêts, que les femmes le soient aussi) : « Veuillez être les égales de vos maris pour ne plus être exposées par l'entraînement de vos passions et les déchirements de votre vie domestique à les tromper et à les trahir. Veuillez être leurs égales afin de renoncer à ce lâche plaisir de les dominer par la ruse [1]... » La volonté des femmes détermi-

1. *Bulletin de la République.*

nera un nouveau droit qui déterminera une nouvelle morale qui... C'est à l'intérieur du foyer que
les femmes peuvent être morales : c'est au nom
de l'amour que George Sand lutte contre les
unions mal assorties, et c'est au nom de la conjugalité et de la maternité qu'elle dénonce le
mariage irresponsable de son époque. Le lieu du
combat est domestique, individuel ; la politique
est hors jeu et la nature triomphe.

Tout en laissant à chacun le choix de sa liberté
et de son degré d'oppression assumée (entre le
mariage qui privilégie l'époux, le divorce qui
reste scandaleux et le célibat intenable hors de la
littérature) George Sand propose aux femmes de
mesurer ces impasses et d'écouter en même
temps leurs pulsions d'amour et de maternité.
Les *Lettres à Marcie* de 1837 et la lettre
d'août 1842 à Marie-Sophie Leroyer de Chante-
pie sont des suites de conseils parfois contradictoires, toujours individualistes :

« Maintenant, vous me demandez si vous
serez heureuse par l'amour et le mariage. Vous
ne le serez ni par l'un ni par l'autre, j'en suis bien
convaincue. Mais si vous me demandez dans
quelles conditions autres je place le bonheur de
la femme, je vous répondrai que, ne pouvant
refaire la société, et sachant bien qu'elle durera
plus que notre courte apparition en ce monde, je
la place dans un avenir auquel je crois fermement et où nous reviendrons à la vie humaine
dans des conditions meilleures, au sein d'une
société plus avancée, où nos intentions seront

mieux comprises et notre dignité mieux établie...

« [...] L'amour, la fidélité, la maternité, tels sont pourtant les actes les plus nécessaires, les plus importants et les plus sacrés de la vie de la femme. Mais, dans l'absence d'une morale publique et d'une loi civile qui rendent ces devoirs possibles et fructueux, puis-je vous indiquer les cas particuliers où, pour les remplir, vous devez céder ou résister à la coutume générale, à la nécessité civile et à l'opinion publique ? En y réfléchissant, mademoiselle, vous reconnaîtrez que je ne le puis pas, et que vous seule êtes assez éclairée sur votre propre force et sur votre propre conscience, pour trouver un sentier à travers ces abîmes et une route vers l'idéal que vous concevez. »

Mais la conscience individuelle ne supprime pas les devoirs ; elle s'y tient, même au milieu des difficultés : la responsabilité maternelle s'impose plus encore que l'harmonie conjugale : « Les femmes qui prétendent qu'elles auraient le temps d'être député et d'élever leurs enfants ne les ont pas élevés elles-mêmes. Sans cela elles sauraient que c'est impossible. Beaucoup de femmes de mérite, excellentes mères, sont forcées par le travail de confier leurs petits à des étrangères, mais c'est le vice d'un état social qui à chaque instant méconnaît et contrarie la nature humaine [1]. » Antagonisme résolu, pour la plupart des féministes d'alors, par l'élargisse-

---

1. *Histoire de ma vie*, t. IV.

ment de la fonction maternelle à l'ensemble de la société, en accord avec l'évolution sociale. George Sand reste plus traditionnelle dans sa séparation du privé et du politique : sa fille, Aurore Sand, rajoutera en revanche, dans le Brouillon de réponse à *La Voix des femmes*, un passage sur la socialisation des devoirs féminins (éducation, comptabilité, médecine) tandis que, par un mouvement inverse, l'écrivain George Sand insiste sur ses propres qualités de mère : « J'aurais pu être bonne d'enfants ou institutrice[1]. »

Sans poser ni système ni doctrine, elle arrive pourtant, en affirmant une nature féminine, à offrir une théorie très précise de la différence des sexes face au mouvement d'émancipation : « Il ne nous est point prouvé, d'ailleurs, que l'avenir doive transformer la femme à ce point que son rôle dans la société soit identique à celui de l'homme. Il nous semble que les dames socialistes confondent l'égalité avec l'identité, erreur qu'il faut leur pardonner ; car en ce qui les concerne eux-mêmes, les hommes tombent souvent dans cette confusion d'idées. L'homme et la femme peuvent remplir des fonctions différentes sans que la femme soit tenue, pour cela, dans un état d'infériorité[2]. » L'homme et la femme n'ont pas à être égaux au sens où ils seraient pareils mais ils sont identiques au sens où ils ne sont pas différents : l'égalité n'implique

1. *Ibid.*.
2. *Souvenir de 1848*, 7 mai.

pas la similitude. Qu'est-ce à dire ? Que le caractère et le corps ont un sexe, mais non l'intelligence ; que l'égalité doit se trouver dans l'amour, le mariage et l'éducation, et la spécificité de la femme dans la maternité et l'affectivité. Que la mère n'est plus mineure à quatre-vingts ans et qu'il n'y a plus de domination à l'intérieur du couple, cet « être dédoublé » proposé par la nature.

Sur ce point, George Sand changera d'avis à la fin de sa vie lorsqu'elle placera l'égalité conjugale sous « la souveraineté de la loi de la reproduction », l'égalité naturelle effaçant, pour finir, les problèmes sociaux : « Ô progéniture chère et sacrée, inspirons-nous de toi et laissons dormir nos questions de préséance et d'égalité sexuelles tant que nous n'aurons pas assuré ton sort [1]... »

Nous autres, femmes artistes, qui pouvons vivre presque comme les hommes, nous restons femmes en dépit de tout

À Hortense Allart, juillet 1851.

Vivre comme un homme et rester femme permet à George Sand de faire de la politique dans le même temps où elle prêche à ses compagnes le contraire, de faire de la politique comme une femme de l'époque pouvait en faire, c'est-à-dire

1. « L'homme et la femme », *Le Temps*, 4 septembre 1972.

hors des institutions ; comme une femme devrait toujours en faire, pense-t-elle. Être une femme politique c'est se mettre à l'ombre du pouvoir sans imaginer le prendre. Après avoir suivi Michel de Bourges et Pierre Leroux, elle se glisse derrière Ledru-Rollin au printemps 1848, pour rédiger des *Bulletins de la République* : « La femme peut bien, à un moment donné, remplir d'inspiration un rôle social et politique mais non une fonction qui la prive de sa mission naturelle : l'amour de la famille [1]. » Inspiratrice et non instigatrice, la femme rencontre la politique par instants fugitifs, exceptionnels. En 1863, certains rêvent qu'elle entre à l'Académie ; elle répond : « La place des femmes n'est donc pas plus à l'Académie de nos jours qu'elle n'est au Sénat, au Corps législatif ou dans les armées, et l'on nous accordera que ce ne sont point là des milieux bien appropriés au développement du genre de progrès qu'on les somme de réaliser [2]. » Ces progrès qui sont des devoirs : « Ramener les bonnes mœurs et le charme de l'urbanité française par les grâces de l'esprit, par l'empire de la raison et par la douceur des relations. »

Une révolte personnelle recouverte par le respect de la tradition, une force maternelle qui l'unit aux autres femmes et une vocation politique qui l'en éloigne, tel est le labyrinthe de son féminisme qu'elle sait individuel et exemplaire à la fois : « Je relèverai la femme de son abjection,

1. *Histoire de ma vie*, t. IV.
2. *Pourquoi des femmes à l'Académie ?*, 1863.

et dans ma personne et dans mes écrits [...] que l'esclavage féminin ait aussi son Spartacus. Je le serai, ou je mourrai à la peine » (à Frédéric Girard, avril-mai 1837). De sa personne à ses écrits, un glissement s'opère où le poids de sa personne lui donne des *droits* dans la lutte : « Pardonnez-moi de vous parler avec cette vivacité, mon âge mûr et peut-être quelques services rendus à la cause de mon sexe par de nombreux écrits me donnent le droit de remontrance » (lettre à Hortense Allart). Elle pouvait se permettre de critiquer les autres femmes, de doser son féminisme jusqu'à l'édulcorer ; l'important était ailleurs : « Dans ce siècle qui a pour loi d'achever la Révolution française et de commencer la révolution humaine, l'égalité des sexes faisant partie de l'égalité des hommes, une grande femme était nécessaire. Il fallait que la femme prouvât qu'elle peut avoir tous nos dons virils sans rien perdre de ses dons angéliques ; être forte sans cesser d'être douce. George Sand est cette preuve... » Victor Hugo ajouta lors de sa mort : « Elle était une idée. » *Preuve et idée*, la fonction de l'exception... George Sand suggérait l'idée de la femme libre : elle fut investie d'un rôle où se jouaient pêle-mêle les différents désirs d'émancipation d'une frange de la société ; son nom a fonctionné comme une image qui autorisait à croire à la possibilité réelle d'un changement dans la situation de la femme. Mais ce qu'elle prouvait ne l'intéressait pas ; il lui suffisait de se prouver à elle-même, en échappant à une attitude de revendication propre aux féministes. Choix d'une lutte individuelle qui s'oppose à la volonté de se servir d'une héroïne, fût-ce contre son gré ? Posons simplement la question : comment est-il possible qu'une femme représente les autres femmes sans creuser le fossé entre une célébrité et l'anonymat séculaire des autres ?

Victor Hugo savait qu'une seule femme n'ouvrirait pas la voie de l'émancipation : il soutient et collabore à *La Voix des femmes* en 1848, il est accueillant à Louise Michel, jeune fille poète de 1850, il est l'ami de Louise Michel révolutionnaire.

De l'amante romantique à la pure révolutionnaire, on entre dans un temps où la femme est reconnue peu à peu comme un être politique. Contrairement à 1848, il devient imaginable que la femme soit présente à l'événement, et la Commune en témoigne, hors de toute structure bien sûr ; quelques années plus tard, l'organisation du mouvement ouvrier remettra les femmes à leur place. Ainsi Louise Michel est féministe, pour nous et pour ses contemporains, par son appartenance à la Commune où les femmes, avant même d'être revendicatrices, *prouvent* quelque chose qui n'est pas simplement de l'ordre de l'identification masculine : en les appelant Pétroleuses (on parlait des Vésuviennes en 1848...) on neutralisait par l'injure un comportement spécifiquement féminin dans un espace défini au masculin.

Louise Michel n'a rien à voir avec George

Sand : on la dit laide, vierge, sainte, sorcière même ; George Sand plaît, est polygame, provocatrice, amante et mère plutôt ; deux femmes différentes dans leurs excentricités respectives. Ce qui les rapproche : on raconte d'elles deux, elles racontent d'elles-mêmes, comment elles portèrent des habits masculins (George Sand souvent, Louise Michel parfois), comment elles signèrent d'un nom d'homme (Louis Michel pour les premiers articles parisiens). Issues de familles bâtardes, elles bénéficient toutes deux d'une éducation réservée aux garçons, ou plutôt d'une liberté qu'on laisse rarement aux filles, même à la campagne. Aussi sont-elles tentées par l'écriture et sensibles à la vie politique. Là s'arrête le rapprochement : l'une était riche, l'autre non ; la première fut d'abord un écrivain ensuite une femme politique, la seconde fut une militante difficilement doublée d'une femme-écrivain. Ce qui réunit le destin de ces femmes, c'est d'être des pionnières. Ce qui les sépare, c'est la façon dont leurs destins trouvent dans le réel une voie singulière d'expression. On y découvre beaucoup d'ambivalence par rapport à leur révolte première.

Je laisse de côté les désirs d'écrivain de Louise Michel, bien que ses démêlés avec Marguerite Tinayre (qui signe Jean Guétré) ne manquent pas d'intérêts politiques et féministes [1]. Quant à

---

1. Marguerite Tinayre écrit la première partie de *La Misère*, Louise Michel la seconde ; puis Louise Michel se refuse à collaborer pour la seconde partie des *Méprisées*. Elle dit dans ses *Mémoires* (p. 219) que son choix révolutionnaire

ses opinions et ses engagements féministes, ils ne sont pas absents. Sans être déterminants, ils ont leur place ; au cours de sa vie, elle en parlera de plus en plus.

LOUISE MICHEL :
UNE COMBATTANTE SÛRE
DE SES DROITS

Vous êtes des hommes, et moi, je ne suis qu'une femme, et pourtant je vous regarde en face.

À son procès,
Gazette des tribunaux,
17 décembre 1871.

Elle qui se disait en 1861, dans une réponse à un article sur la femme-écrivain, « bas-bleu obscur », eut une réputation et une postérité riches en qualificatifs extrêmes, héroïques ou injurieux : elle est la Jeanne d'Arc de la Commune et la Théroigne de Méricourt de la République, la nonne rouge, l'ange du pétrole, la virago populacière, la reine de l'écume, la pythonisse, la prêtresse de la Révolution, l'Euménide de la Commune, la pucelle de Belleville, une Don Qui-

les sépare. Il resterait à savoir ce qui les avait réunies, toutes deux femmes et écrivains ; pour quelle raison aussi Marguerite Tinayre voulait-elle un pseudonyme masculin ?

chotte en jupon ; la druidesse de l'anarchie, finit par dire Édith Thomas [1] qui s'y met aussi. C'était témoigner de son ascendant mais bien peu la définir ; seule sa mère restait dans la mesure en la qualifiant d'« artiste en révolution ». Façon de la comprendre autrement qu'en femme révolutionnaire masculine ou caricaturale.

Cette démesure est aussi la sienne. « Tu mentais contre toi terrible et surhumaine », écrivait Victor Hugo en décembre 1871 [2], premier sans doute à comprendre pourquoi elle exagérait ses crimes ; exagération et mensonges du procès de 1871 racontés dans ses *Mémoires* et qui n'avaient pas pour seul but de se faire valoir : elle savait la femme plus susceptible d'être niée dans ses croyances et dans ses actes ; sentait-elle le besoin d'en dire et d'en faire plus pour se faire reconnaître dans un espace étranger aux femmes ? « Un homme prisonnier n'a à lutter que contre sa situation, telle que les adversaires la lui ont faite ; une femme prisonnière a non seulement la même situation, mais encore les complications de l'intervention des amis qui lui attribuent toutes les faiblesses, toutes les bêtises, toutes les folies [3] ! » Elle savait le prix à payer pour s'égaler à l'homme ; par les outrances, et par la maîtrise aussi :

« Souvenez-vous de ceci, femmes qui me

1. Beaucoup de dates et de références sont tirées du livre d'Édith Thomas, *Louise Michel ou la Velleda de l'anarchie*, Gallimard, 1971.
2. *Toute la lyre* (Viro Major).
3. *Mémoires*, Paris, Maspero, 1976, p. 192.

lisez : on ne nous juge pas comme les hommes. Quand les hommes, même de mauvaise foi, accusent d'autres hommes, ils ne choisissent pas certaines choses, si monstrueusement bêtes, qu'on se demande si c'est pour tout de bon [...]

« [...] Et il faut qu'une femme ait mille fois plus de calme que les hommes, devant les plus horribles événements. Il ne faut pas que dans la douleur qui lui fouille le cœur elle laisse échapper un mot autre qu'à l'ordinaire.

« Car les amis, par la pitié qui les trompe ; les ennemis, par la haine qui les pousse, lui ouvriraient bien vite quelque maison de santé, où elle serait ensevelie, pleine de raison, avec des folles qui, peut-être, ne l'étaient pas en entrant [1]. »

Mieux vaut provoquer la caricature que de passer vraiment pour folle, tout en tissant en même temps, comme dirait sa mère, la toile de sa révolution : avant la Commune, Louise Michel rencontre la Société du droit des femmes, présidée par le très modéré Léon Richer, et ce n'est pas un hasard : ses *Mémoires* la montrent très consciente de sa difficulté de femme, institutrice qui se veut aussi écrivain. Elle signe ses articles Louis Michel, entre 1860 et 1870 pour accroître ses chances de publication, dit-elle. Lors de la Commune, elle se veut constamment sur un double front : chez les hommes et chez les femmes. Elle appartient aux deux comités de Vigilance de Montmartre et ce

---

1. *Ibid.*, p. 274.

n'est pas une double adhésion de principe. Elle veut à la fois :

— le « droit au péril et à la mort » (à Ferré en prison) : « Les femmes affirment leur droit et leur devoir de prendre part aux deuils de la patrie[1] ; »

— le droit de se battre comme un homme, dit-elle ;

— le devoir de mettre en œuvre les forces propres des femmes : leur détermination, leur sens de l'administration, leur dévouement aux soins.

Elle voulait tout cela à la fois, d'où la reconnaissance de sa masculinité, de ses moments d'identification. « J'y allais en homme », écrit-elle dans ses *Mémoires*, non pour décrire ses combats, mais pour raconter son éducation de petite fille consciente du sexisme de l'instruction. Elle s'habille en homme pour rentrer tranquille le soir, ou le 18 mars 1871, en garde national, pour ne pas attirer les regards. Surtout « elle se bat comme un homme », attitude beaucoup plus choquante que de prendre les insignes extérieurs, le nom ou l'uniforme.

En osant se conduire comme un homme et faire peu de cas de son aspect physique, elle a la certitude de ne pas contredire son être de femme, d'exprimer spontanément et avec force son droit à vivre. Elle dit de Marie Ferré qu'elle avait la douceur de la femme et l'énergie de l'homme ; comme si la dualité était une issue à la

---

1. 13 janvier, à propos de la mort de Victor Noir.

révolte. George Sand, et d'autres encore ne diraient pas le contraire. Bisexualité consciente ou compensation maladroite ?

L'important était la *possibilité* de l'égalité, et cette possibilité dépend de l'instruction : ce sera sa préoccupation constante et une des seules réformes qui l'intéressent pendant la Commune. L'éducation est le *droit* qu'il faut imposer aux institutions et à la société ; tous les autres se prennent.

> *Nous sommes pas mal de révoltées, prenant tout simplement notre place à la lutte, sans la demander*
>
> *Mémoires*, p. 81.

« Rassurez-vous encore, messieurs, nous n'avons pas besoin du titre pour prendre vos fonctions quand il nous plaît !...

« Vos titres ? Le temps n'est pas loin où vous viendrez nous les offrir, pour essayer par ce partage de les retaper un peu.

« Gardez ces défroques, nous n'en voulons pas.

« Nos droits, nous les avons. Ne sommes-nous pas près de vous pour combattre le grand combat, la lutte suprême ? Est-ce que vous oserez faire une part pour les droits des femmes, quand hommes et femmes auront conquis les droits de l'humanité[1] ? »

1. *Mémoires*, p. 85.

L'« exceptionnel » est sa conscience de n'avoir rien à payer à la société pour se donner le droit d'exister, de n avoir pas à monnayer par des devoirs (de bonne épouse, de bonne mère, comme disent les féministes du xixe siècle) ses droits de citoyenne. Il est inutile d'offrir aux hommes, pour les « aider », la force des femmes ; car ils en auront nécessairement besoin...

Cette force des femmes, qui étaye leur droit, a la violence de ce qui fut longtemps contenu : « Gare pour le vieux monde le jour où les femmes diront : c'est assez comme cela ! Elles ne lâchent pas, elles ; en elles s'est réfugiée la force, elles ne sont pas usées. Gare aux femmes ! » (p. 106). Cette force est pure, sans compromis, cette force ridiculise tout désir de gouverner : « Soyez tranquilles ! Nous ne sommes pas assez sottes pour cela ! Ce serait faire durer l'autorité, gardez-la afin qu'elle finisse plus vite ! » (p. 83).

Elle a confiance dans les femmes, elle a confiance dans la femme dont elle souligne sans cesse la détermination, quasi naturelle ; elle n'hésite pas à octroyer aux femmes la force qu'elle leur suppose : lors de la Commune, elle rajoute des signatures à ses textes. « Il m'est arrivé presque toujours dans mes manifestes de me servir de noms d'honnêtes femmes du peuple, pour qu'elles aient part aux idées d'éducation et de dignité des femmes. »

La présence des femmes au combat lui importe ; ce n'est pas pour elle seule qu'elle prend des droits. Le 18 septembre 1870, elle accompagne des femmes à l'Hôtel de Ville pour prendre des armes et aller défendre la ville de Strasbourg ; ce fut un échec, on l'emprisonna quelques heures avec André Léo et ce fut tout. Fin novembre, des femmes qui veulent se faire enrôler sollicitent le comité de Vigilance de Montmartre. Malgré son désaccord, Louise Michel, avec le comité, les accompagne « comme femmes afin de partager leurs dangers, mais non comme citoyennes [1] ». Elle fera deux jours de prison.

Comme femmes mais non comme citoyennes : elle demeure partagée entre deux révoltes et ne mesure pas toujours la place des femmes dans la lutte. Elle sait pourtant décrire les qualités féminines propres à la vie sociale et politique.

> *Les femmes, je le répète, ne commirent pas de lâchetés : cela vient de ce que ni les unes ni les autres nous aimons à nous salir les pattes. Peut-être sommes-nous un peu de la race féline.*
>
> *Mémoires*, p. 131.

Lors de son procès, elle a affirmé être à l'origine du Manifeste de l'Union des femmes, section féminine de l'Internationale, Union des femmes pour la défense de Paris et le soin aux blessés. Or Élisabeth Dimitrieff en est l'organi-

1. Édith Thomas, *Les « Pétroleuses »*, Gallimard, 1963, p. 59.

satrice, et Louise Michel est directement affiliée
à l'Internationale ; plus même, le comité de Vigilance de Montmartre n'eut pas toujours de bons
rapports avec l'Union. L'Union a des activités
définies pour les femmes : la défense de Paris
alliée au secours des blessés et à l'organisation
du travail. Louise Michel y reconnaît un style
d'action, tout en s'inscrivant parallèlement : par
une adresse aux citoyennes de Montmartre, fin
novembre 1870, où elle leur demande de veiller,
c'est-à-dire de participer à l'administration de la
cité ; par la mise en place d'une ambulance. Elle
fait bande à part. Elle préfère la charité à un travail d'organisation sociale global comme le veut
l'Union. Quand elle raconte dans *La Commune*
comment elles fondèrent l'ambulance de Montmartre en faisant la quête dans les églises et chez
les riches, on imagine bien comment il lui fallait
agir seule et à sa façon ; indépendante elle aussi,
incapable de se plier ou même de participer à un
groupe organisé. Est-ce là sa distance à l'égard
des groupes des femmes ?

Définir la place des femmes dans la vie politique consiste soit à affirmer sans hésitation, et
Louise Michel le prouve, le droit des femmes au
combat armé, soit à faire appel à la charité
maternelle, présente en toute femme. (Elle est
scandalisée qu'on refuse aux prostituées le droit
de soigner les blessés [1].) Quoi de nouveau ? Les
femmes n'ont-elles pas toujours tenu ce rôle ?
Sauf que Louise Michel veut *à la fois* se battre et

1. *Les « Pétroleuses »*, *op. cit.*, p. 123.

soigner ; être elle-même dans la lutte, et utiliser *en positif* les qualités féminines invoquées en général pour reléguer les femmes aux arrières de la politique ; d'ailleurs on soigne aussi à l'avant-poste ; le devoir des ambulancières est de « panser, sur le lieu du combat, les blessures faites par les balles empoisonnées de Versailles, de prendre, quand l'heure l'exige, le fusil comme les autres [1]. » Mais ce double rôle semble peu reconnu par les hommes de la Commune [2] ; est-ce le signe d'une subversion féminine ?

La subversion se voit dans sa pratique de la charité. En prison, elle n'est pas passive devant l'institution, elle y est aussi active que les bonnes sœurs, toujours préoccupée par le sort des femmes miséreuses, des prostituées surtout. Elle les prend en charge comme pour combler le fossé qui les sépare d'elles : « Dans les prisons de Versailles où elle languit près de 6 mois, elle était adorée de toutes les femmes qui s'y trouvaient entassées. Elle écrivait les lettres des unes, raccommodait les effets des autres, aidait les mères à soigner leurs marmots [3]. » Cette générosité légendaire l'éloigne des révolutionnaires et des militantes plus classiques. Cette générosité s'adresse à tous et se sert de tout : elle s'accorde avec les bonnes sœurs de Saint-Lazare mais aussi, plus tard, avec la duchesse d'Uzès, Séverine, Sarah Bernhardt... Cette subversion chari-

---

1. *La Sociale*, 25 avril 1871.
2. *Les « Pétroleuses »*, *op. cit.*, p. 161.
3. Paule Minck, *Les Mouches et les Araignées*, Paris, 1869.

table lui est propre et ne peut servir de principe politique...

La politique de Louise Michel oscille entre la certitude de la détermination révolutionnaire des femmes et la nécessité d'utiliser leurs qualités traditionnelles ; sauf qu'il faudrait d'abord les employer pour elles-mêmes : les femmes opprimées sont souvent loin de pouvoir entrer dans la lutte.

> *Toutes les femmes engagées dans la ligue doivent reconnaître que la guerre et la prostitution ne sont point le but pour lequel les mères élèvent leurs enfants.*
>
> Manifeste de la Ligue internationale des femmes révolutionnaires, 27 août 1882.

Quand elle propose une organisation des femmes en 1882, avec quelques anciennes Pétroleuses, quand elle propose une grève des femmes pour conquérir l'égalité, elle fonde son analyse de l'oppression des femmes sur l'état de prostitution généralisé. La situation de l'ouvrière est catastrophique parce que la situation de la femme l'est aussi :

« Et le salaire des femmes ? Parlons-en un peu ; c'est tout simplement un leurre, puisque, étant illusoire, c'est pire que de ne pas exister. Pourquoi tant de femmes ne travaillent-elles pas ? Il y a deux raisons : les unes ne trouvent pas de travail ; les autres aiment mieux crever de faim... Il y en a qui tiennent à la vie. Alors, poussées par la faim, le froid, la misère, attirées par les drôles et les drôlesses qui vivent de ça — il y a des vers dans toutes les pourritures — les malheureuses se laissent enrégimenter dans l'armée lugubre qui traîne de Saint-Lazare à la Morgue[1]. » La prostitution est le vice premier ; la supprimer, c'est rendre possible un travail honorable pour la femme et l'instruction est au fondement de cette suppression. Ces thèmes sont présents tout au long de sa vie, de la Commune à ses conférences anarchistes, et résument sa perception de l'oppression : l'instruction attaque la prostitution au travers de l'action politique. Tout le reste en dépend...

Louise Michel répète souvent que la prostitution est aux filles ce que l'armée est aux garçons, qu'on doit refuser la pâture des passions autant que la boucherie des rois ; d'où la ligue fondée en 1882 : la lutte des femmes s'inscrit toujours dans l'espace social tout entier, même si la femme y joue un rôle particulier. La femme œuvre aussi pour le peuple, tout autant exploité qu'elle. Il est entendu qu'elle seule se délivrera de la prostitution, mais également « que le sexe fort est tout aussi esclave que le sexe faible, qu'il ne peut donner ce qu'il n'a pas lui-même et que toutes les inégalités tomberont du même coup, quand

1. *Mémoires*, p. 84.

hommes et femmes donneront pour la lutte décisive[1].

Dénoncer la particularité de l'oppression des femmes ne permet pas d'en déduire une politique nouvelle ; et d'abord parce que les femmes, démunies, en sont incapables. Elles les exhorte et les valorise, et constate que la réalité est tout autre. Elle s'irrite aussi contre les femmes : elle n'aime pas leur bavardage et prendrait bien l'une pour battre l'autre ; elle préfère la compagnie des hommes : « Il sait qu'il ne peut y avoir échange d'idées entre les autres prisonnières et moi, parce que, plus ou moins, elles ont les qualités et les défauts des femmes et que, précisément, c'est ce que je n'ai pas[2]. » Tous ses discours généraux sur et pour les femmes ne sont-ils qu'un idéal, loin de la réalité qu'elle rencontre ? Mais est-ce la peine, d'être misogyne ? Curieux mélange que la révolte individuelle et la haine des femmes.

> *Femme, j'ai le droit de parler des femmes.*
>
> *Mémoires*, p. 85.

Louise Michel parle des femmes mais parle

1. *Ibid.*, p. 100.
2. A. Ferré, cité par Édith Thomas, *Les « Pétroleuses »*, *op. cit.*, p. 117.

peu de l'ouvrière ; elle participe, en 1869, à une « société démocratique de moralisation » dont le but est de faire vivre les ouvrières de leur travail[1] ; elle dit dans ses *Mémoires* avoir soutenu une grève de fileuses à Lille avec l'argent de ses conférences (vers 1880). Mais elle pose le problème de la prostitution avant celui du salaire féminin, et elle s'isole des femmes du mouvement ouvrier sans rejoindre pour autant les féministes. Son discours sur la prostitution peut sembler plus moderne que d'autres, mais il est difficile de savoir si elle y voyait le point de départ d'une lutte de femmes. On a l'impression qu'elle s'en tient à la révolte et que, pour le reste, toutes ses forces sont absorbées par son entrée impétueuse dans la vie politique. D'où son refus de se battre pour le vote des femmes, son rejet des revendications dites féministes ou féministes bourgeoises.

Son mépris anarchiste pour l'autorité et les titres (masculins par définition, ajoute-t-elle) l'éloigne des élections et du droit de vote des femmes ; elle n'imagine en aucun cas utiliser sa célébrité de femme pour lutter contre les pré-

---

1. Un an plus tard, l'assistance devient l'objectif premier, témoin cette annonce dans *La Marseillaise* : « La société démocratique de moralisation par le travail fait appel à tous les citoyens pour l'aider à fonder des orphelinats et des asiles de vieillards. Nous faisons également appel aux instituteurs et institutrices pour la création de cours professionnels gratuits, de 6 heures à 9 heures du matin, pour les enfants en apprentissage. Pour le comité d'initiative, Louise Michel » (21 juillet 1870).

jugés masculins. Elle refuse par deux fois, en 1880 et en 1885, d'être présentée aux élections : la première fois, les comités anarchistes d'arrondissement la sollicitent, elle et Paule Minck ; la deuxième fois, un groupe de femmes (Maria Deraismes, Léonie Rouzade, Mme Edmond Adam) l'inscrit sur une liste de candidatures féminines. Les deux fois, elle proteste :

« Je ne puis m'élever contre les candidatures de femmes, comme affirmation de l'égalité de l'homme et de la femme. Mais je dois, devant la gravité des circonstances, vous répéter que les femmes ne doivent pas séparer leur cause de celle de l'humanité, mais faire partie militante de la grande armée révolutionnaire. Nous sommes des combattants et non des candidats...

« Les candidatures de femmes ont été proposées, cela suffit pour le principe ; et comme elles n'aboutiraient pas, et dussent-elles même aboutir, *elles ne changeraient rien à la situation*. Je dois donc, pour ma part, prier nos amis de retirer mon nom [1]. » Refus de croire à une représentation possible du peuple et conviction que les problèmes sont ailleurs (« le prix dérisoire du travail des femmes », la prison, le trottoir) ; et puis les luttes des femmes, si spécifiques soient-elles, se fondent dans la Révolution. Nous sommes des combattants, dit Louise Michel ; était-elle sûre que ses compagnes pouvaient l'être ? Combien de femmes de militants étaient obligées de rester chez elles ? Combien de mili-

---

1. *La Révolution sociale*, janvier 1881.

tantes étaient les « cantinières » de la lutte ? Ni combattante ni candidate, l'idéal de Louise Michel est celui de l'homme révolutionnaire. Elle a la force d'y adhérer ; comment pensait-elle, pratiquement, le généraliser ?

Alors que des images s'imposaient, au XIXe siècle, pour représenter une lutte ballottée entre le mouvement ouvrier et des prises de conscience féministes, le début du XXe siècle commémorait les naissances ou les morts de ces héroïnes à intervalles rapprochés[1] ; elles n'étaient plus des figures de proue nécessaires, mais des pionnières à qui on devait reconnaissance. Il n'était plus temps de s'interroger sur leur indépendance et leur individualisme délibéré ; elles n'étaient plus celles qui ignorent les autres femmes en lutte, celles qui seraient bien capables de misogynie : elles devinrent la mémoire de celles qui n'avaient pas eu de nom, la représentation de celles qu'elles n'avaient pas voulu rejoindre. Paradoxalement, elles avaient plus « fait pour leur sexe » dans leur solitude que dans la solidarité... renvoyant à l'oubli toutes les femmes anonymes (autre paradoxe : peut-on haïr les femmes et plaider leur cause ?...).

Leurs difficultés à être solidaires n'étaient pas superficielles. Elles se sentaient réellement différentes des femmes rencontrées, comme si elles croyaient que leurs qualités négatives étaient des signes indubitables d'une nature immobile,

----

1. Cf. les dossiers de la bibliothèque Marguerite-Durand.

pendant qu'elles se pliaient à leur destin d'exception. À l'inverse, la solidarité joue lorsqu'une femme comprend ce qu'elle déteste chez les autres femmes comme un potentiel de révolte au mieux, comme des contraintes historiques conjoncturelles au pire ; lorsqu'elle pense qu'elle est une femme étrangère aux autres peut-être, mais pas réellement différente.

Les héroïnes du XIXe siècle n'avaient pas le choix ; les risques qu'elles prenaient de vivre comme elles l'entendaient ne leur laissaient sans doute que la possibilité d'être putains ou héroïnes. Mieux valait donc forcer sur l'idéal, les caricaturistes ne se gêneraient pas pour autant... Ce chemin-là rend les héroïnes féministes si personnelles, si personnifiées, comparées aux héros du peuple qui semblent toujours abstraits, emblématiques.

George Sand et Louise Michel (Flora Tristan, Élisabeth Dimitrieff...), sont des figures à la fois pour le socialisme et pour le féminisme. Or l'accord n'est pas toujours simple à réaliser. Les féministes peuvent être bourgeoises, celles qui appartiennent à des groupes socialistes sont parfois très critiquées par leurs camarades masculins, d'autres encore inféodent le socialisme au féminisme et non l'inverse. L'isolement de George Sand et de Louise Michel les situe au cœur de ces problèmes : elles sont d'accord avec le mouvement ouvrier lorsqu'elles minimisent la lutte des femmes par rapport à la lutte des classes, se conformant ainsi aux théories dominantes ; en même temps elles s'écartent des

« femmes socialistes », saint-simoniennes ou communardes, quand elles refusent de reconnaître leur dépendance et leur assujettissement. Elles se mettent à la place des hommes ? C'est vite dit quand on sait leurs qualités féminines. Ce serait plutôt comme si leur salut personnel les obligeait à ne pas prendre de risques idéologiques... Alors, les femmes saint-simoniennes ou celles de l'Internationale paraissent plus proches des inorganisées, telles les féministes de 1848 ; la ligne de partage se situe entre les groupes et les femmes seules.

Reste que ces héroïnes dérangent. Rares sont en effet les femmes du XIXe siècle qui s'intéressent si peu aux droits à conquérir, qui choisissent sans hésitation la révolution rêvée par les hommes et qui ne se soucient pas de plaider pour l'égalité homme/femme dans la démocratie et la république naissantes. Elles sautent une étape pour elles-mêmes. Conséquence de leur succès personnel ou lucidité suprême ?

QUATRIÈME PARTIE

D'UN SIÈCLE
À L'AUTRE

Le nombre de celles qui participent à la république naissante donne de nouvelles perspectives à l'histoire des sexes. Les femmes se sentent libres d'être égales. Elles prennent part au mouvement social, conquièrent les espaces du savoir, l'enseignement et la pensée, décident de s'immiscer dans les affaires de l'État. Elles vont à l'école, elles travaillent, et parfois payent un lourd tribut affectif à ce gain d'émancipation. Les débats d'aujourd'hui sur les effets négatifs de l'émancipation des femmes n'ont vraiment rien de neuf.

Car la nouveauté est ailleurs. Elle est dans l'inscription historique que tentent ces femmes comme individus libres. S'éloignant de l'assujettissement à la reproduction de l'espèce et à la dépendance familiale sans pour autant tourner le dos à l'amour et à la maternité, les femmes contemporaines s'essaient à être ces actrices de l'histoire que leurs frères, les hommes, sont sans conteste. Nous savons que cette inscription est désormais un enjeu de l'écriture même de l'histoire.

13

Individue, actrice,
sujet féministe

L'histoire des femmes dans sa généralité mais surtout l'histoire du féminisme dans sa spécificité ont recours depuis quelques années au concept de sujet ; ce sujet historique, doublé d'un sujet politique exprimant l'idée qu'il faut connaître et reconnaître la femme comme acteur, agent de l'histoire.

Le sujet féministe se pense à partir d'une double appartenance collective, celle de l'ensemble des femmes, ensemble sexué, et celle du groupe d'individus féministes, groupe politique. Il n'existe de groupe, c'est-à-dire de mouvement féministe qu'à partir de 1789, plus précisément même après 1830 et jusqu'aujourd'hui. Le sujet se pense comme individuel et comme collectif.

Le féminisme est une réalité sociale historiquement récurrente depuis cent cinquante ans mais il est aussi une représentation idéologique, ce que dénote l'apparition du néologisme « féminisme » au XIXe siècle. Comme pratique politique contemporaine de la démocratie, on peut en affirmer, malgré les divergences pratiques et théoriques, l'unité de doctrine caractérisée par la dénonciation de l'oppression et de l'exploitation des femmes et par l'affirmation d'une stratégie ayant pour objectif l'égalité des sexes. Il est possible de contester cette utilisation nominaliste du féminisme puisque ces divergences réelles sont aussi des contradictions idéologiques. Mais il me paraît historiquement important, théoriquement utile et politiquement nécessaire d'appréhender le féminisme de manière globale. De même, si le terme égalité se prête aussi à des définitions multiples, la base reste commune, celle de la dénonciation de l'inégalité entre les sexes. Je me tiens volontairement à ce stade nominaliste.

RECONSTITUTION HISTORIQUE

Prendre en compte le sujet historique féministe appelle quelques commentaires. Il a pu sembler paradoxal d'affirmer l'existence d'un sujet individuel et collectif au moment où l'histoire philosophique depuis la fin du XIXe siècle et l'histoire politique depuis le milieu du XXe siècle mettent en doute la pertinence du sujet comme référent fondamental. Le soupçon à l'égard du sujet connaissant, de l'homme théorique d'une part, à l'égard du sujet politique, groupe ou classe d'autre part, paraît déplacé au regard de la positivité affichée par le féminisme. Or ce dernier joue justement sur ce double registre : la représentation collective de la contestation d'un ordre et d'une tradition sert de support à la proclamation de l'individu femme comme être autonome, source de sa propre loi.

Il suffit d'un rappel historique pour rendre la logique de ce paradoxe. En effet, quoi de plus simple à comprendre que l'émergence de ce sujet-là, la femme ou les femmes, quand on sait avec quelle force le discours politique (et en arrière-fond, le texte philosophique) met l'être féminin en situation de non-sujet. Soit de façon explicite quand est formulée une interdiction professionnelle, civile, politique, voire intellectuelle à l'encontre des femmes, interdiction qui s'avère être une discrimination, c'est-à-dire, au sens propre du terme, une séparation entre les deux sexes ; soit de façon implicite quand un discours générique oublie de préciser qu'il exclut les femmes (le meilleur exemple est l'instauration du suffrage dit universel en 1848), oubli qui pratique alors non pas la discrimination mais l'absorption négative d'un sexe par l'autre.

Il ne faut pas se méprendre : le paradoxe à user de la notion de sujet historique féministe n'implique nullement qu'il se fabrique à contre-courant. En effet, on n'en conclura pas (même si cela peut se trouver épisodiquement et localement) qu'il faut affirmer l'essence d'un être féminin spécifique ou l'évidence révolutionnaire du mouvement féministe. Je le disais précédemment : la représentation du sujet collectif féministe sert potentiellement de support à la représentation de la femme ou des femmes comme sujets de l'histoire et sujets construisant leur propre histoire. Si la notion d'acteur peut suffire à rendre compte de la place des femmes au regard de l'historien, le terme de sujet restitue leur position dans la dynamique d'un processus politique. L'affirmation du sujet n'implique pas nécessairement une revendication de spécificité ; il ne s'agit ni d'ériger un nouveau sujet connaissant fondé sur une féminité riche d'originalité spéculative, ni de penser le mouvement féministe comme un sujet révolutionnaire porteur d'une ultime utopie sociale. Dans l'équilibre entre ces deux pôles, le collectif et l'individu, se place l'enjeu d'un devenir-sujet. Et s'il paraît évident que le sujet collectif féministe n'est pas plus pertinent que n'importe quel autre sujet révolutionnaire, prolétariat, Noirs, colonisés, il n'est pas moins légitime de considérer la collection d'individus que sont les acteurs féministes comme un ensemble de témoins d'une recherche d'identité historique ; témoins, car ces acteurs sont les figures d'un processus qui excède le féminisme comme tel. Si le féminisme est une réalité historique, il n'a pour finalité que de disparaître, et s'il conquiert une identité historique représentée par l'affirmation du sujet féministe, c'est pour mettre au jour un sujet femme et non pas un sujet féminin[1]. Le sujet

1. Je me situe délibérément à l'écart de deux problématiques : celle qui fait la distinction entre sujet femme et sujet féminin mais pour évacuer le terme féminisme soupçonné de signifier le désir d'avoir plutôt que le désir d'être, ce par-

femme reconnaît la différence sexuelle, mais n'en tire pas un parti idéologique : c'est en second lieu que se greffent sur lui, suivant les niveaux, les discours de la différence ou de la ressemblance des sexes. Il ne s'agit pas d'esquiver un débat sur le féminin mais de le remettre à sa place. L'enjeu de l'histoire du féminisme récent, celui de la société démocratique, est d'inclure les femmes dans celle-ci.

Qu'on dise les femmes ou la femme, leur représentation publique n'est pas une évidence spontanée et elles apparaissent souvent comme socialement atomisées. Car si dans la sphère du public les individus peuvent faire masse, une multitude d'individualités privées fait rarement bloc ; sauf exception ; événements rares où les ménagères descendent dans la rue, les mères protestent contre la guerre, les épouses apportent leur soutien à une société militaire, des femmes réclament de nouvelles lois...

------

tage me paraissant inopérant pour qualifier une recherche d'identité (cf. Antoinette Fouque, « Féminisme et/ou Mouvement de libération des femmes », publication du CEFUP présentée par Martine de Gaudemar, Aix-en-Provence, 1982. p. 177-187) ; et celle qui dénonce l'usage du terme sujet parce qu'il serait abusivement employé pour décrire la condition des femmes en donnant ainsi une vision finalement positive de l'oppression (cf. Nicole-Claude Mathieu, « Quand céder n'est pas consentir », *L'Arraisonnement des femmes, Essais en anthropologie des sexes, Cahiers de l'homme*, n° XXIV, Paris, 1985, p. 169-245). Cette dernière critique est justifiée mais elle est, à mon avis, le symptôme des analyses qui, voulant démontrer l'oppression, s'interdisent d'articuler leur propos avec une réflexion sur les pratiques de résistance dont l'histoire du féminisme, pour sa part, témoigne.

La qualité de féministe accordée ou octroyée à un individu surgit dans le discours d'une double façon : soit elle caractérise de manière rétroactive, avant l'apparition du néologisme au XIXᵉ siècle, toute personne qui se révolte contre l'oppression des femmes et en appelle à l'égalité des sexes, soit elle est donnée, à partir de l'ère démocratique, à celles et ceux qui se réclament d'une idéologie, d'une doctrine favorable à l'émancipation, la libération du sexe féminin. Ainsi cet adjectif « féministe », avant de qualifier un individu, a été rendu nécessaire dans la langue française par l'émergence d'un événement social, d'une réalité collective et non plus seulement d'un geste individuel. Être féministe relève d'un comportement minoritaire et un groupe d'individus féministes est toujours non représentatif du tout social où se joue par définition le rapport individu/multitude. On peut déjà imaginer que le féminisme étant porteur de la contestation d'un ordre, l'analyse de l'individu féministe risque de n'être ni analogique ni même comparable à celle des diverses représentations de l'individu telles qu'elles se dessinent depuis le XIXᵉ siècle.

Le chemin de l'histoire se prend alors à rebours : un double soupçon pèse d'emblée sur la réalité historique des individus féministes. Un soupçon sur le nombre car le mouvement féministe au XIXᵉ comme au XXᵉ siècle est considéré dans la forme confuse, globalement qualifiée d'idéologie, plutôt que quantifié, somme d'acteurs, qui en signifient l'importance. Le féminisme ressemble alors à une idée volatile qui prête au fantasme et permet de faire l'économie de sa fonction historique. Un soupçon sur la qualité de l'acteur car le féminisme comme abstraction idéologique autorise à imaginer l'individu féministe sous la forme d'une caricature : ni bonne image de femme ni bonne image de militante, la féministe récolte un lot d'attributs réducteurs où, du qualificatif d'intellectuelle à celui d'hystérique, elle est privée de son caractère d'acteur historique. C'est toujours en passant, justement dans le langage, qu'il est dit que tel ou tel événement féministe n'est le fait que d'une poignée d'intellectuelles ou encore n'est le produit que d'un passage à l'acte hystérique. Par essence, et cela mériterait une étude, le féminisme ne peut échapper à la caricature.

L'adhésion au féminisme se fait de l'intérieur d'un groupe, mais aussi en marge, ou même de l'extérieur. Et ce flou dans le repérage de l'adhésion est peut-être plus remarquable que dans d'autres mouvements sociaux. La deuxième question est induite par la distinction entre l'individu femme et l'individu féministe : comment les qualifier, comment en déterminer les caractères ? Problème de définition qui introduit rapidement une notion de valeur.

L'histoire du féminisme participe de l'histoire sociale, histoire où des individus, pris dans un réseau, mouvement politique ou groupe de pression, agissent dans la protestation, révolte ou révolution. Or, si ces individus sont porteurs d'un changement social et politique, comment représentent-ils ce changement ? La question est double : qui sont les représentants de cette histoire, quels sont ceux qui portent la marque, à la fois réelle et symbolique, d'une pratique collective ? Et, à l'inverse, comment chaque individu, tout individu, est-il représentatif ?

LA REPRÉSENTATIVITÉ

Il faut attendre un siècle après la Révolution française pour que soit formulée la réalité sociale collective avec les termes de foule en sociologie, de masses en histoire, et de classes sociales aussi. Ainsi s'affine le débat sur la causalité en histoire : entre l'évolution des structures et l'enchaînement des événements, on s'interroge sur le fait que les hommes sont et font l'histoire. Comme le dit Henri Berr au début du XXe siècle : les individus sont ce qu'il y a de plus tangible en histoire[1]. Ce dernier distingue trois niveaux de causalité historique, la contingence, la nécessité, la logique, et il fait apparaître l'individu à deux de ces niveaux. Dans la perspective de la contingence, l'ensemble social devient « le fouillis des individualités au milieu duquel se trouvent les véritables acteurs de l'histoire » ;

1. Henri Berr, *La Synthèse en histoire, essai critique et théorique*, Paris, Alcan, 1911.

s'opposent alors l'individu « négligeable » et le personnage, le grand homme, le précurseur, etc. Le discours de la logique atténue l'antagonisme en cherchant moins à comprendre l'importance d'un individu dans l'histoire que son degré de représentativité : « Ainsi le *meneur* ne se distingue de la foule que par le *degré* et non par la nature de son activité. »

Comment, dès lors, un individu se dégage-t-il du fouillis de la multitude ? « Précisément parce que l'individu est un être social, parce que la société ne lui est pas extérieure, mais, en quelque sorte, *passe par lui*, il peut s'élever à un rôle socialement supérieur : au lieu d'être simple élément social, il peut être *agent* social, il peut être *inventeur* social. » De l'élément à l'agent, de l'agent à l'inventeur se dessine l'éventail des degrés de représentativité.

Les historiens de la société rencontrent d'emblée ce problème du rapport de représentation entre l'individu et le groupe. Dès les années trente, ils déplacent progressivement les éléments de l'analyse. Non plus deux, mais trois termes sont en présence : les masses, les pionniers et les obscurs. Que ces masses soient « ouvrières » comme chez Lucien Febvre préfaçant Édouard Dolléans[1], ou « populaires » comme chez Jean Bruhat[2], on leur opposera les pion-

---

1. Édouard Dolléans, *Histoire du mouvement ouvrier, 1830-1887*, Paris, A. Colin, 1936.
2. Jean Bruhat, *Histoire du mouvement ouvrier français*, t. 1, Paris, Éditions sociales, 1952.

niers, « petits groupes d'hommes », « noyaux d'ouvriers intelligents », ou encore l'élite, l'aristocratie ouvrière. Entre les deux apparaît la catégorie de « militants obscurs », tout à fait intéressante pour mon propos.

En élaborant le *Dictionnaire biographique du mouvement ouvrier*[1], Jean Maitron s'attache justement à ce dénombrement des obscurs. Qu'est-ce que le militant si ce n'est l'individu se dégageant de la foule ou des masses pour appartenir à un réseau, à un mouvement ? Même si ce mouvement a des représentants officiels, meneurs ou inventeurs, le militantisme fait de chaque être l'intermédiaire d'une cause, d'une idée, bref d'une réalité historique qui le concerne intimement tout en excédant largement sa personne.

Contre la vision d'en haut qui juge les militants comme le « fretin ouvrier anonyme », Jean Maitron éclaire la perspective d'en bas où le « fouillis des individualités » apparaît comme une « foison d'hommes obscurs et agissants ».

Ainsi s'esquisse une nouvelle idée de la représentativité : nommer, donner un nom à un acteur social, fût-ce pour lui consacrer seulement une ou deux lignes dans un dictionnaire, c'est mettre en lumière le militant inconnu comme le militant méconnu ; c'est donner un rôle aussi bien à l'individu intervenant au moins une fois dans sa vie sur la scène sociale et poli-

---

1. Jean Maitron *et al.*, *Dictionnaire biographique du mouvement ouvrier français*, Paris. Éditions ouvrières, avant-propos des tomes I et II, 1964 et 1973.

tique (signature de pétition, arrestation dans une grève) qu'à celui dont l'action est partie prenante de sa vie entière. Et entre les deux, il n'y a pas lieu de faire une opposition : « Militantisme est synonyme de continuité. Mais l'épisodique a précédé le continu dans la vie ouvrière comme dans ce dictionnaire. » L'important tient à l'esprit de la démarche : s'attacher aux vies et individualités obscures, c'est questionner la représentativité fondée sur l'analyse de l'encadrement d'un mouvement. Pour comprendre ce mouvement, la vie, les dires, les actes des chefs ne peuvent suffire.

Néanmoins, l'objectif d'un dictionnaire biographique d'un mouvement doit obéir à une vision d'ensemble où des critères hiérarchiques opèrent nécessairement. Le choix de Jacques Rancière dans *La Nuit des prolétaires* [1] déplace l'enjeu : parlant de l'itinéraire d'ouvriers saint-simoniens, il les désigne d'emblée comme « quelques dizaines d'individus non représentatifs ». Est-ce une préférence pour la micro-histoire ? Je ne le crois pas. Il s'agit d'abord de s'évader de la problématique, trop lourde, de la représentativité, de transformer le regard porté sur l'individu. Jacques Rancière utilise les termes « légions » et « légionnaires » pour qualifier les masses populaires et critiquer l'image simplifiée de l'adhésion à une identité collective, à l'idée d'une positivité du sujet populaire. Son

---

1. Jacques Rancière, *La Nuit des prolétaires*, Paris, Fayard, 1981 ; rééd. Paris, Complexe, 1997.

désir d'analyse est autre : quelle est la figure d'une pluralité de sujets énonçant un discours collectif dans le temps même où ils sont pris par une « errance individuelle » hors de toute représentativité ? Ils ne sont ni représentants ni représentatifs, et seule la question de leur devenir-sujet explique l'intérêt qu'on leur porte.

DÉNOMBRER, C'EST NOMMER

L'histoire du féminisme récent souligne à juste titre la réalité collective d'un mouvement des femmes et son importance comme phénomène social et politique. Paradoxalement cependant, s'observe une réaction défensive : on reconnaît le groupe mais on nie le nombre. Il pèse un soupçon sur le nombre des participantes au mouvement comme si, dans un processus d'abstraction réductrice, se jouait une tentative d'annulation. Henri Berr parle d'individus « tangibles » et il est vrai que le projet d'établir un dictionnaire biographique du mouvement féministe [1], analogue à celui du mouvement ouvrier, avait pour but, en dénombrant les individus féministes, de rendre concrète une réalité collective. La recherche numérique permet d'évaluer

1. Ce projet fut soutenu par l'ATP Femmes du CNRS, avec pour responsables Laurence Klejman, Michèle Riot-Sarcey, Florence Rochefort.

l'importance d'une réalité par-delà une représentation globale : parler de mouvement féministe implique souvent l'idée d'une masse confuse où l'idéologie prend lieu et place d'une vérité chiffrée. On peut alors majorer, quasi fantasmatiquement, l'impact historique d'un moment féministe tout en refusant de penser que cela concerne une quantité non négligeable d'individus. Pratique elle-même idéologique dont le résultat est de minorer le rôle social et politique du féminisme.

Au soupçon sur la quantité, sur le nombre, s'ajoute en général un soupçon sur la qualité, sur l'image. Reconnaître la validité et la légitimité du féminisme peut se faire dans l'abstraction et la distance : être convaincu de l'enjeu théorique et pratique du féminisme et se désolidariser si possible des individus qui en sont les acteurs. L'individu féministe n'est pas une bonne image de femme, ni même une bonne image de militante : la féministe perd sa qualité de femme sans gagner pour autant celle de militante.

Ainsi, dénombrer à l'infini les grands personnages comme les figures obscures du féminisme contemporain ressemble assez à ce que fut la démarche de Jean Maitron pour le mouvement ouvrier. Néanmoins, si le militant ouvrier peut être l'objet de caricature et de contrefaçon, il participe à l'histoire. Pour l'individu féministe, la question reste en suspens. Lui reconnaître un rôle social et politique présente autrement la façon dont les femmes, elles aussi, font et ont d'ailleurs toujours fait l'histoire. Là se trouve un enjeu spécifique.

Dénombrer les individus permet de les compter, les compter implique de les nommer. Le dénombrement tend à prouver et à éprouver la réalité d'un mouvement, la dénomination relève de la représentation avant tout symbolique de cette réalité. Le passage d'une histoire individuelle du féminisme à une histoire collective au début du XIXe siècle ne signifie pas simplement un « progrès » historique, moment où seraient analysées puis dépassées les insuffisances des stratégies individuelles ou des comportements d'exception. Il annonce la constitution du groupe de manière symbolique : le groupe est désignation et affirmation d'une appartenance. Celle reconnue à l'histoire et celle réfléchie à une « classe ».

Par analogie avec la notion de « capacité juridique », Élisabeth Guibert-Sledziewski propose, dans un article sur les femmes de la Révolution française [1], d'utiliser de façon heuristique le terme de capacité historique des femmes. Objet d'une révolution juridique, par exemple avec le divorce mis en place grâce aux actes et discours des hommes, la femme aurait pu aussi devenir un *sujet* de la Révolution tout court. Pour cela, il faut que les femmes s'identifient elles-mêmes comme telles, disent et écrivent

---

1. Élisabeth Guibert-Sledziewski, « Les femmes, sujet de la Révolution », *Révolutions du sujet*, Paris, Méridiens-Klincksieck, 1989.

« elles », ou encore « les femmes », et pour finir utilisent la catégorie du « nous ». Affirmer cette identité collective provoque une coupure symbolique volontaire à l'intérieur d'un ensemble plus large, celui de peuple. Un groupe se désigne et un lien se dessine : des femmes, à partir de toutes les femmes, disent « nous ». Cette question d'autoconstitution d'un groupe de sujets femmes se pose très clairement après 1830 et jusqu'aujourd'hui.

Même si le discours féministe parle des femmes comme d'une catégorie sociale, une « classe » disent certains textes actuels, l'ensemble des femmes ne se transformera jamais en un ensemble féministe. Toute femme n'est pas tenue virtuellement pour féministe, à la différence sans doute de l'ouvrier, imaginé potentiellement militant syndical ou politique. En effet, les masses ouvrières ont été pensées comme la préfiguration possible d'un prolétariat organisé. Mais cette représentation logique est impensable, inapplicable à l'ensemble des femmes d'une société ou d'une nation. Les féministes sont définitivement marquées par l'avant-garde et par la marginalité, par une prise de conscience, radicale et par le rejet, subi et revendiqué, d'une normalité.

L'affirmation du « nous » instaure une coupure et permet la constitution d'un groupe. Coupure double : les féministes s'isolent à l'intérieur du peuple et se séparent de l'ensemble des femmes. En faisant appel à toutes les femmes, elles savent bien qu'elles ne seront que quelques femmes. Comme le montre Christine Planté à propos des saint-simoniennes [1], avec l'usage du « elles » et du « nous » les textes introduisent le « vous » qui est le destinataire pendant que le « elles » sert de support au « nous », son représentant parfois un peu volontariste. En fait, la position du « nous » n'est pas très claire ; l'analyse des textes montre comment l'irruption du « je » oscille dans sa référence entre « nous les femmes » ou « nous les saint-simoniennes ». (« Nous, les femmes en mouvement », disait, dans les années soixante-dix, une tendance du MLF.)

Il semble que ce soit dans ce perpétuel passage entre le « je » et le « nous » que se profile l'individu féministe. Se séparer de toutes les autres femmes, s'individualiser devient une nécessité. En refusant le modèle traditionnel, la femme féministe se met en marge, se singularise. Pour inventer une nouvelle identité féminine, elle doit se couper des autres femmes. Le groupe, pris au sens large de classe des autres ou au sens étroit de mouvement féministe, ne peut suffire à soutenir cette recherche de redéfinition de soi. L'identité collective sous la forme avouée de la sororité peut être interprétée comme une fin, mais souvent aussi comme un moyen de devenir un sujet. Finalement, à travers les hésitations des textes féministes à dire « je » au milieu des

1. Christine Planté, *Les Saint-Simoniennes ou la quête d'une identité impossible à travers l'écriture à la première personne*, thèse de troisième cycle, université de Paris-III. 1983.

usages du « nous », « vous » et « elles », se glisse avec les saint-simoniennes une réalité assez nouvelle et par la suite inhérente au féminisme : l'emploi du prénom pour signer un article, une brochure, une pétition [1]. À quoi sert le prénom, en 1830 comme en 1970, si ce n'est à se dire à la fois « je » et « nous », individu interchangeable peut-être, mais certainement pas anonyme, conscient de travailler à la constitution du sujet ?

D'où vient cette volonté de représenter un « nous » qui permettrait l'affirmation d'un « je » ? Cette pratique politique est en miroir de l'analyse de la place des femmes en société. Je disais en effet : la femme n'est pas sujet dans le discours du sujet ; ou, encore, elle est en position d'exclue. L'individu féministe dénonce donc son absence de tel ou tel droit civil, souligne sa mise à l'écart du droit politique. Or cette exclusion, bien que partagée avec d'autres exclus de la société civile ou politique, se redouble le plus souvent dans la hiérarchie des priorités de lutte : ceux-là mêmes qui soutiennent le féminisme dans la dénonciation de l'exclusion sont les premiers à exclure le féminisme de la lutte elle-même, à tenter d'annuler la différence des sexes

1. Lydia Elhadad, « Femmes prénommées : les prolétaires saint-simoniennes rédactrices de *La Femme libre*, 1832-1834 », *Les Révoltes logiques*, n°s 4/5, 1977, p. 62-88 et p. 29-60 ; plus récemment, deux femmes accolent à leurs prénoms les noms propres de deux « héroïnes » du féminisme pour signer un livre : Annie de Pisan et Anne Tristan, *Histoires du MLF*, Paris, Calmann-Lévy, 1977.

dans la représentation politique. Le statut d'exclu se caractérise par un manque de qualification particulière : c'est le mot lui-même qui fait défaut pour dire l'exclusion puisque ce sont toujours des termes étrangers qui permettent son expression : les femmes sont esclaves ou affranchies, ilotes ou parias, colonisées ou prolétarisées... Il n'y a pas de nom propre de l'exclusion, chaque exclu peut emprunter son nom à un autre exclu et tous utilisent des mots étrangers pour qualifier leur état spécifique. Par conséquent, la problématique développée ici sur la singularité du sujet féministe porte aussi en elle une fonction de généralité valable pour différentes catégories d'exclus ; on se gardera ici de surdéterminer l'analyse.

Dire « elles », « nous » et « je » pour dénoncer l'exclusion est appeler en retour l'inclusion des femmes dans la société économique, civile et politique telle qu'elle se forme avec l'industrie et la démocratie. Le pluriel passe nécessairement par le singulier : la finalité de la démarche collective est demande d'autonomie. Le droit naturel implique que la femme soit personne civile et citoyenne politique, la participation à la vie économique d'une société industrielle justifie l'indépendance dans le travail et le contrôle de son salaire, l'individualisation des personnes suppose l'appropriation de son corps et le contrôle de sa sexualité. Ainsi l'exclusion n'est pas synonyme d'absence et l'inclusion synonyme de présence ; plutôt un décalage historique : l'exigence individualiste issue des Lumières garde intact le holisme familial dont la femme devint l'élément central, fondu dans une totalité. Le féminisme du XIXe siècle exige alors que la femme circule comme un individu libre entre la société domestique et la société civile et politique. Libre circulation réalisée au XXe siècle. De fait, l'enjeu ne relève plus de la vie sociale. Plus subtile est aujourd'hui l'articulation entre famille et « société » ; la présence des femmes se nomme « participation », signe que cette présence n'a toujours pas un caractère d'évidence. La fin de l'exclusion n'a pas produit de nouvel équilibre.

QUALIFIER, C'EST IDENTIFIER

Les féministes tiennent un discours sur les femmes qui appelle la femme nouvelle. Cette femme nouvelle se définit entre l'image de la femme ancienne et le rêve de l'homme nouveau ; et elle se donne des attributs qui sont un mélange de positif et de négatif. Les attributs négatifs sont ceux qui disent l'exclusion pour en tirer parti : si l'exclusion confond la femme dans le groupe familial, elle l'atomise dans le corps social, atomisation qui la marque comme objet d'échange entre les hommes. Un objet d'échange suscite toujours la concurrence, ou encore, en langage plus spécifiquement humain, la rivalité. Cesser d'être objet et se poser comme sujet exige que la sororité supplante la rivalité, que le mou-

vement collectif fasse irruption sur la scène
sociale et politique, casse la circulation des
objets d'échange et laisse la place pour l'affirmation des sujets. Que cette sororité se soit aussi
avérée historiquement faillible et que certaines
femmes aient choisi un chemin solitaire pour
refuser d'être objet d'échange n'enlève rien à la
logique du propos.

Or ces sujets ne sont pas des abstractions. Les
discours énumèrent au contraire les différentes
positions traditionnelles de la femme, fille,
épouse et mère, positions critiquées pour être
redéfinies et revalorisées. On y ajoute les qualités de travailleuse et de citoyenne et ainsi se fait
un mélange de redéfinition du féminin et d'inté-
gration de l'universalité masculine, mélange de
spécificité et de généralité.

Isoler l'individu féministe pose une double
question : quelles sont les qualités, les propriétés
communes à chaque individu, quelle « femme
nouvelle » implique le devenir-sujet ? Malgré la
réalité minoritaire de l'individu féministe face à
l'ensemble des femmes on sait que, contrairement par exemple à l'ouvrier qui peut changer
de classe, une féministe est définitivement affectée par son sexe, sexe biologique autant que
genre socialement construit. De plus, si on peut
formuler l'utopie d'une société sans classes, il
n'est pas question de parler d'une société sans
sexes ; d'où l'aller-retour permanent et parfois
difficile entre la position de femme et celle de
féministe.

Si l'individu féministe tend à devenir sujet,

qu'en est-il par rapport à la problématique du sujet universel, bien souvent sujet masculin ? Dans *La Question juive*, Marx critique l'homme abstrait de la Déclaration des droits de l'homme justement parce que cet homme abstrait n'existe pas et cache en fait le bourgeois et le propriétaire. Dans le cas de la femme, le problème est inverse : la réalité comme le discours montrent que la femme n'est pas pensable sur le registre de l'abstraction. Être relatif par le statut familial, être possédé plutôt que possédant, être dont on énonce les qualités plutôt que l'essence. Depuis cette époque, au milieu du XIXe siècle, l'histoire a été prise dans un double mouvement où s'est précisé qui est l'homme des droits de l'homme et où s'est affinée la recherche d'une femme abstraite de ses qualités. Il va de soi que l'universalité de la femme évoquée par la notion d'éternel féminin, si chaleureusement présente dans le discours masculin, n'est pas pertinente ici ; sa réalité imaginaire masquant justement la dimension du réel et du symbolique.

Cesser d'apparaître comme un être relatif aux autres individus dans la structure familiale et par conséquent dans la vie sociale, cesser aussi d'être soumis aux contraintes de la sexualité féminine : la possibilité de dissocier la sexualité de la maternité est une étape irréversible. La procréation étant une fonction de la sexualité dans un organisme, elle est insuffisante à caractériser l'existence de l'individu, plus encore, la maîtrise technique de la maternité situe celle-ci de moins en moins comme fonction de l'espèce et de plus en plus comme fonction sociale.

Se trouver comme individu s'exprime dans les textes par l'appel à la « femme nouvelle ». Il serait intéressant de comparer cette femme nouvelle à l'homme nouveau, homme générique, souhaité par des générations de révolutionnaires. On peut juste dire ici que cette femme nouvelle, même si elle signifie la fin de la mise en relation et la conquête de l'individu, ne fait en général pas abstraction du temps historique nécessaire à cette invention et n'ignore pas tout ou partie des attributs traditionnellement féminins. Dans un roman, Clémence Royer présente ses personnages comme des « êtres hybrides »[1]. Un siècle après, Yvette Roudy intitulait le bulletin de son ministère, *Citoyennes à part entière*.

De l'individu à la femme nouvelle : il existe plus d'un chemin pour devenir sujet et le devenir-sujet femme excède le devenir-sujet féministe. De plus, le dénombrement des acteurs de l'histoire du féminisme suppose qu'un certain nombre de limites et de frontières ne soit pas respecté. En effet, si toute femme n'est pas perçue comme virtuellement féministe, inversement l'autoproclamation de son être féministe n'épuise pas la catégorie de l'individu féministe. En d'autres termes : l'accès à la position de sujet

1. Clémence Royer, *Les Jumeaux d'Hellas*, 1864. Ajoutons qu'il n'y a pas plus éloquent que l'usage fréquent par les romanciers et essayistes de la fin du XIXᵉ siècle du titre « L'Ève nouvelle », *L'Ève future* de Villiers de L'Isle-Adam s'inscrit aussi dans ce cadre.

se fait autant par l'identification collective que par un parcours solitaire où le signe féministe n'est pas nécessairement pertinent. On pourrait dire aussi que le collectif permet ou empêche le travail du sujet. Par là, un éclairage nouveau est donné à la position de la femme exceptionnelle dont l'analyse dans la tradition féministe récente reste toujours ambiguë : elle représente la transgression où se joue parfois une volonté d'assimilation au monde masculin mais, en retour, elle sert de porte-parole ou, souvent après coup, de symbole dans la lutte.

Il n'y a pas d'intersection précise entre l'ensemble des femmes et l'ensemble des féministes. Le féminisme, idéologie, doctrine ou état d'esprit, excède les individus féministes. L'intérêt pour le féminisme suscite ou même implique quelquefois le rejet de l'individu féministe par les femmes elles-mêmes : « Je ne suis pas féministe, mais... », entendait-on couramment dans les années soixante-dix-quatre-vingt. Je l'ai dit : dénombrer pour rendre tangible. Oui, mais dénombrer n'est pas classer ; et il paraît difficile de définir une bonne représentativité. Analyser d'abord comment l'affirmation du « nous » suppose une coupure symbolique dans le tout social, comment en retour se fabriquent les nouveaux « je » qui ne sont plus des exclus ou des atomes objectivés interdit d'obéir à une échelle de valeur, voire de la susciter. Parce qu'il n'est jamais question de représenter seulement une cause, parce qu'il s'agit de se transformer soi : ni vraiment héroïnes ni pures femmes nouvelles, ce sont des femmes « peu ordinaires », des « inclassables » souvent au regard de l'historien[1]. Le refus de classer les individus féministes nous éloigne du problème du degré de représentativité. En écrivant *La Nuit des prolétaires*, Jacques Rancière suit l'errance de quelques individus non représentatifs ; sans que cela soit contradictoire, je conclurai ici que tout individu féministe est représentatif[2].

Ainsi la recherche féministe du sujet femme accomplit à l'envers le chemin de l'homme occidental ; le sujet femme veut se séparer de son être relatif et déterminé pour accéder à l'universalité.

La recherche d'identité n'est abstraite que parce qu'elle veut légitimer un sujet politique, parce que cette pratique politique s'inscrit nécessairement dans la subjectivité. Elle n'abandonne pas les qualifications concrètes, elle veut seulement les rendre non pertinentes au regard d'une inscription dans la société civile et politique. Au fond, le sujet féministe cherche à neutraliser la discrimination, c'est-à-dire la division sexuelle comprise comme l'assignation à une place en fonction de son sexe, mais n'exclut nul-

---

1. Cf. Geneviève Fraisse, « Singularité féministe : historiographie critique de l'histoire du féminisme en France », *Une histoire des femmes est-elle possible ?* (sous la direction de Michelle Perrot), Paris, Rivages, 1984, p. 189-204.
2. Sur le problème de la représentation du groupe et de l'individu, voir Jacques Rancière, « La représentation de l'ouvrier ou la classe impossible », *Le Retrait du politique*, Paris, Galilée, 1983, p. 88-111.

lement la reconnaissance de la différence sexuelle. Idéalement, il faudrait articuler ensemble l'analyse des rapports sociaux entre les sexes et celle du rapport sexuel amoureux. Malheureusement la stratégie de domination s'est historiquement trop nourrie de ce mélange pour qu'il ne faille pas d'abord procéder par dissociation des niveaux de rapports.

Le sujet femme composé par l'histoire du féminisme est à la fois neutre et sexué, et il recherche un point d'équilibre entre deux mouvements : celui qui met fin à la dépendance d'un être morcelé par ses qualités relatives et celui qui sait que le sujet femme n'est qu'une des positions de la femme comme être humain, ce sujet n'épuisant pas la totalité de son rapport au monde. Si la pensée féministe travaille à la constitution du sujet, l'opération de légitimation s'avère plus importante que celle de définition. Aucune totalité subjective n'est donc requise ; l'accent est mis sur un processus historique dont la finalité implique sa propre dissolution.

14

Clémence Royer ou l'enjeu
d'un portrait

Clémence Royer publie en 1862, soit trois ans après sa parution en Angleterre, la première traduction française de l'*Origine des espèces* de Charles Darwin. Comment a-t-elle eu l'ouvrage entre les mains ? Elle ne le dit pas. On sait seulement qu'elle est familière de la langue anglaise puisqu'elle séjourne au pays de Galles quelques années auparavant. Or le livre fit grand bruit dès sa parution, écrit-elle dans sa préface. Gageons qu'elle suivait l'actualité scientifique de près. Ce n'est pas un mince exploit pour une femme du XIXᵉ siècle.

Clémence Royer est une autodidacte, aussi bien lorsqu'elle se prend en charge à vingt ans pour passer les quelques examens d'enseignement secondaire réservés aux femmes de son époque que lorsqu'elle s'approprie de façon quasi boulimique le savoir scientifique et philosophique du temps passé et du présent même. L'autodidaxie est une transgression, l'autodidaxie est un plaisir : « Les savants, en effet, ont entouré le champ de la science d'une haie d'épines, mais au-delà il est plein de fleurs. Dès lors, j'ai résolu de faire une trouée dans cette clôture ou de sauter par-dessus, s'il le fallait. Je suis entrée dans le champ, j'ai ramassé un bouquet de fleurs [1] » (p. 109). On ne reçoit pas le droit au savoir, on le prend, dit-elle.

S'autoriser à apprendre signifie logiquement qu'il n'y a pas de limites à la conquête du savoir, qu'on peut vouloir tout savoir. Tel fut le choix de Clémence Royer : tout se tient dans le monde de l'idée, dit-elle. Elle est héritière de l'encyclopédisme des Lumières dans un siècle qui propose plutôt la spécialisation des connaissances. En même temps, elle assume l'idée, très représentative de son temps, que le savoir est accessible à tous et à toutes, même si les institutions d'enseignement disent le contraire. Clémence Royer plaide, par sa personne et par ses écrits, pour un enseignement populaire doublé d'un enseignement universel.

Quoi de plus logique encore que son cours de philosophie de 1860 (uniquement destiné aux dames de Lausanne) propose une synthèse du savoir, une « synthèse scolaire » ? Pour cette première apparition en public, elle pense pouvoir user déjà d'une « langue didactique » où s'articulent le synthétique et le scolaire, offrant ainsi « une coordination des études, une recomposition des parties de l'enseignement, une syn-

---

1. Toutes les citations et références renvoient à notre ouvrage, *Clémence Royer, philosophe et femme de sciences (1830-1902)*, Paris, La Découverte, 1985.

thèse, répétons-le, de l'ensemble des éléments reçus dans l'école, adoptés par les savants, enseignés dans les chaires académiques » (p. 108). Mais cette synthèse suppose aussi, derrière la volonté d'un enseignement didactique, un choix philosophique précis, à savoir le refus de l'Inconnaissable.

Que tout puisse être connu, Clémence Royer s'efforce de le démontrer, en acte, sa vie durant. Philosophe, elle est aussi économiste, anthropologue, physicienne, sociologue, romancière, etc., et la fin de sa vie est consacrée à la rédaction d'un fort volume de huit cents pages, *La Constitution du monde* (1900), qui a comme « surtitre » *Natura rerum*. Il s'ouvre sur un texte repris d'une brochure, *L'Inconnaissable* (1895), où elle pourfend notamment Kant et Auguste Comte pour leur timidité philosophique et leur détermination à affirmer les limites de l'entendement humain. Pour elle, seul l'inconnu subsiste et seul peut être déclaré « inconnaissable pour la raison que ce qui n'existe pas ». Or ce qui existe et peut rendre compte de tout ce qui existe, c'est l'« atome fluide » dont il reste à percer les derniers mystères et qui présidera à la compréhension aussi bien des lois physiques que des lois morales.

Le chemin qui mène du désir de savoir, de tout savoir, à la volonté de comprendre et de croire qu'on peut tout comprendre justifie la pensée systématique, mais légitime aussi le travail didactique. Ainsi une « synthèse scolaire » peut prendre différentes formes : celle de son cours de philosophie ou celle de traités généraux, d'ouvrages de vulgarisation, dirions-nous aujourd'hui. Elle en souligne avec passion l'intérêt, montre qu'ils sont inutiles au jeune étudiant à qui « il faudrait plus de volonté pour demeurer ignorant que pour accepter l'enseignement qu'on lui propose de toutes parts » (p. 16), mais qu'ils sont indispensables à ceux que la naissance n'a pas favorisés.

De ses difficultés personnelles, de celles des autodidactes en général et des femmes en particulier, elle témoigne toujours lorsqu'elle défend l'idée d'une synthèse scolaire. On peut imaginer que cette idée de synthèse est la première réaction, positive, à la mémoire des obstacles du passé. En ce cas, tout se mêle : la biographie de cette femme et son œuvre plaident l'une et l'autre pour le savoir et pour le savoir pour tous — position emblématique où Clémence Royer se met elle-même, sans avoir pu toujours convaincre ses contemporains. Il y va donc de son rapport à elle-même. Clémence Royer est une femme et elle pense l'importance de cette détermination dans l'exercice même du savoir. « La femme ne sait rien garder pour elle : ce qu'elle sait, elle le dit ; ce qu'elle croit, elle le fait ; ce qu'elle a, elle le donne » (p. 112). Ainsi, la femme — et Clémence Royer en particulier — est faite pour transmettre le savoir : la pensée de la vulgarisation suppose la possibilité du don. Donner et transmettre : le cours de 1860 n'apporte pas une science nouvelle, car « la science pour le fond est comme la vérité qu'elle pour-

suit : elle ne saurait différer d'elle-même »
(p. 106). Cependant, elle affirme que sa « pensée » est nouvelle : « Ce que je dois trouver, c'est
une forme, une expression féminine de la science. » Dans la transmission du savoir, il y a création de forme et cette forme est « expression »,
langage donc, et cette forme est mouvement,
dynamique de la pensée : « Enfin, disons le mot,
la science est demeurée tout empreinte du
caractère viril, et la vérité n'a été qu'un marbre
beau de proportion et de forme, mais glacé et
inanimé. Puissé-je être le Pygmalion de cette sta-
tue ! Puissé-je la faire parler et parler un langage
intelligible à tous ! » (p. 106).

Son utopie est là : dans une vision de la science
où les deux sexes, dont la différence se présente
sous forme d'analogie (ils sont « autant mais
autres »), collaborent au travail de la pensée. Le
féminin apparaît du côté du langage. Le langage
transmet, « vulgarise », mais surtout donne sens
à la connaissance, s'implique dans le processus
même du savoir. Clémence Royer nous convie à
entrer dans une « maison de la science ».

Clémence Royer est un personnage exceptionnel, par sa façon de mener sa vie de femme dans
la tension entre dépendance et indépendance,
comme par ses choix théoriques et philosophiques, souvent paradoxaux. Elle a fait, en son
temps, des « choix » difficiles ; sans doute est-
elle un de ces individus remarquables dont on
fait la biographie. Exceptionnelle et remarquable, il n'est pas dit pour autant qu'on la consi-

dérera comme exemplaire pour l'émancipation des femmes, ou exemplaire d'un mouvement de progrès social. Que pourrait être l'histoire de sa vie ?

À la fin de sa vie, elle a pris soin de rédiger une brève autobiographie, doublée, à la suite d'un article de journal, de « rectifications biographiques » ; de même a-t-elle constitué sa propre bibliographie, construite sous forme d'un système dont elle crut qu'il était discours du vrai : elle espérait une « synthèse du savoir ». Dans la mesure où elle avait exposé elle-même sa vie et son œuvre dans un discours raisonné, la trahir était inéluctable. Dans le processus qui mène chaque être à devenir un sujet, la philosophie est certainement, chez Clémence Royer, l'élément essentiel. Mais le jugement historique n'a reconnu l'auteur ni en science, ni en philosophie, se contentant d'indiquer, par le biais du dictionnaire, que l'individu Clémence Royer fut « philosophe et femme de sciences ». En revanche, la question du devenir sujet rappelle que la biographie pose la question de la « vérité de soi » loin de toute appréciation valorisante ou dévalorisante. Loin du « récit de vie », la biographie intellectuelle de Clémence Royer fut un portrait.

LE DÉBAT DE SUJET À SUJET

Mise en perspective dans l'histoire du féminisme, la question de la relation entre l'auteur et le sujet de la biographie a des résonances historiques et politiques. Pourtant, j'y vois avant tout un enjeu méthodologique, voire épistémologique, autour de la notion d'identification. Sans doute parce qu'elle est, mémoire d'opprimée oblige, une notion incontournable pour un mouvement social qui se cherche une assise et une histoire, l'identification ne doit pas être considérée à la légère. Elle a soutenu un certain nombre de travaux historiques sur les femmes et le féminisme, tantôt du côté de l'identification avec l'opprimée, tantôt du côté de l'identification avec la révoltée ; et elle a servi à faire « voir » ce que l'historiographie classique maintenait enfoui. Cette notion a été d'entrée de jeu une « donnée immédiate » de la recherche féministe, aussi bien une facilité qu'une difficulté, en aucun cas à mes yeux une valeur à défendre ou inversement à combattre. En écho à la vérité triviale énonçant combien la position de l'historien n'est jamais neutre, cette spécificité de l'histoire impliquant par la réalité féministe passée et présente le sujet et l'objet de l'étude apparaît comme l'accentuation, un peu plus forte que d'habitude, d'un souci méthodologique et épistémologique classique.

Ce problème a provoqué en son temps un article polémique de Jacques Rancière à propos de la réédition du journal de la saint-simonienne Suzanne Voilquin[1]. Le terme d'interlocution, pour ce qu'il suppose d'une reconnaissance, au plus loin de toute méconnaissance, me parut dire le meilleur de ce processus, souvent implicite, de l'identification. L'écrivain Clémence Royer, en étant sujet de discours avant même d'être sujet d'histoire, est évidemment un bon support pour l'interlocution. Le rapport de texte à texte, laissant à distance le rapport de personne à personne, est une condition favorable à l'analyse. On peut cependant imaginer cette relation discursive sans passer par la médiation d'un texte. Mais le texte a l'avantage, comparé à des actes de vie, de comprendre le personnage autrement que sur l'unique registre de l'interprétation.

Dans le mouvement d'identification, l'obstacle pour la recherche tient à la projection d'une finalité sur le sujet étudié, et à la supposition d'une sensibilité commune. On peut mettre à distance cette identification, précisément se défendre de tout sens donné au départ et se méfier de trop d'émotion fondée sur la reconnaissance. On peut prendre des précautions méthodologiques, s'analyser comme sujet histo-

1. Jacques Rancière, « Une femme encombrante (à propos de Suzanne Voilquin) », et Geneviève Fraisse, « Des femmes présentes », *Les Révoltes logiques*, nᵒˢ 8/9, hiver 1979.

rien, à la fois semblable et différent du sujet d'histoire, et s'entourer de repères pour contrôler les échanges de sens et d'émotion entre le présent et le passé.

Mais cette démarche traite l'identification sur le mode défensif, supposant que l'important est d'en neutraliser les effets. En revanche, percevoir la relation historique comme interlocution induit une relation ouverte au sujet d'histoire, une relation se fondant sur le possible plus que sur le déjà-donné. C'est moins une affaire de méthode qu'une réflexion sur le sujet de la connaissance. Dans le champ de recherche lié au mouvement féministe, l'interlocution devient réflexion sur les conditions de la production de la recherche, signe peut-être d'une situation privilégiée. Ce fut la conviction de Simone de Beauvoir qui se demanda en quoi le fait d'être femme, et d'être femme indépendante, intervient dans sa position épistémologique au regard d'un travail sur les femmes. Peut-être, la question est ici ouverte, une femme « intellectuelle » dispose-t-elle d'un privilège dans le processus de la connaissance où s'effectue le délicat passage entre la femme objet de discours et la femme sujet du discours ? Ce serait un des enjeux, si je ne me trompe, du féminisme.

Tout cela n'empêche pas de mesurer l'identification, repérable dans l'intimité du rapport émotionnel comme dans l'extériorité des signes de reconnaissance. Dans le cas Clémence Royer, l'identification paraît simple à formuler ; ce serait une affaire de femmes intellectuelles. En réalité, cet exemple a eu un intérêt particulier, pour moi un peu plus complexe, celui de faire travailler à rebours l'identification, celui de susciter la contre-identification. Parce que je n'étais en sympathie ni avec sa pensée politique ni avec ses convictions anthropologiques, un surcroît d'analyse était nécessaire, le désaccord théorique impliquant que chaque articulation de la démonstration soit restituée, de manière à « comprendre » qu'une telle logique soit possible. Plus encore, l'aspect contradictoire de certaines affirmations de Clémence Royer a servi d'opérateur pour l'analyse.

Il faut dire un mot de l'importance de ce débat sur l'identification dans l'histoire du féminisme. Je fais l'hypothèse qu'il s'agit d'un symptôme, de l'expression d'un problème inhérent à l'histoire des femmes en tant que telle. Qu'est-ce que l'histoire de la différence des sexes ? Alors que la différence sexuelle est difficile à formuler comme interrogation philosophique, on a sans doute moins pris conscience des enjeux virtuels de sa représentation historique. Bien qu'on parle avec une certaine aisance de l'« histoire des femmes », avec l'intention évidente et justifiée de parvenir à insérer la dimension sexuelle dans la perception historique au même titre que toute autre détermination, l'historicisation de cette différence n'est pas aisée à analyser.

Le problème soulevé par le mouvement d'identification renvoie exactement à cette difficulté, notamment pour l'histoire du féminisme considérée comme partie de l'histoire des femmes ; dans la dénonciation de l'oppression, comme dans les stratégies d'émancipation des femmes, c'est surtout la répétition, l'atemporalité qui se manifestent plus que le caractère évolutif. Même si le contenu de l'égalité entre les sexes est différent suivant les moments d'histoire, la forme de la démarche « féministe » paraît, plus que pour d'autres formes de résolution de conflit (celle de classes sociales par exemple), transposable hors de son contexte daté. D'où cette possibilité, pour le chercheur, de jouer avec l'identification : d'où aussi la question, aujourd'hui ouverte, de l'historicité de la différence des sexes.

ENJEUX AUTOUR DE LA
REPRÉSENTATIVITÉ

Tout rapport de femme à femme, si élaborée que soit la relation de subjectivité, est sans cesse excédé par autre chose que le féminin. Telle Clémence Royer chez qui la rebelle ou la philosophe ont à mes yeux largement autant d'importance que la féministe. D'autant que Clémence Royer n'aimait pas les étiquettes, et que la question de l'émancipation des femmes coexistait simplement avec ses convictions anticléricales, rationalistes, ou autres.

On s'est toujours plu à isoler le discours féministe, surtout à partir du moment où il n'était pas inséré dans un contexte connu, à l'isoler de sorte qu'il perde sa pertinence. Demandons-nous, dans un mouvement contraire, par quel mécanisme la pensée féministe s'articule à la pensée philosophique et politique. L'enjeu est alors de « rendre raison » de ce qui semble fouillis et éparpillement, désordre idéologique, caractérisé ainsi parce qu'on croit au désordre d'un phénomène de révolte et de revendication ; laissant par là entendre que les raisons de la rébellion restent au niveau de la pulsion non pensée.

Rendre raison ne signifie pas justifier, plutôt restituer une logique : le choix féministe de Clémence Royer, son idée d'une égalité progressive des sexes sur fond de différence analogique, tient assurément à sa représentation de l'évolution des espèces. Chez elle se rencontrent à la fois une pensée théorique et une pensée féministe, ce qui est assez exceptionnel. Mais cette exemplarité d'une coexistence, chez un même individu, d'une philosophie personnelle et du choix féministe, n'invalide pas la démarche, pour d'autres cas moins transparents, de reconstruction d'une logique intellectuelle. Cette démarche consiste à repérer les liens qui joignent un discours, un texte féministe, et les enjeux contemporains, appuis théoriques, de tout discours social et politique. En quoi cette problématique serait-elle spécifique à la pensée féministe ? Le féminisme, on l'a dit, est en général considéré comme dénué de toute consistance théorique, voire simplement de toute cohérence ;

montrer explicitement les thèmes et les thèses dont il se nourrit pour alimenter sa réflexion, restitue, dis-je, une logique. Inversement, le féminisme fait fi de toute reconnaissance de dette théorique et préfère croire que sa pensée naît spontanément, hors de toute dépendance externe. Dans les deux perspectives, celle où il est vu dans sa pauvreté intellectuelle, ou celle où il se voit dans sa force novatrice, le réseau conceptuel et conjoncturel où le féminisme se trouve pris est ignoré. Il me semble que ce mécanisme, s'il n'est pas unique au regard d'autres « idéologies », est ici essentiel pour aborder spéculativement le féminisme. Il serait important de rechercher toujours les importations théoriques auxquelles se livre la pensée féministe, de voir comment certains thèmes et certaines thèses empruntés ailleurs y sont transformés et restructurés en rapport avec la visée féministe ; façon d'avoir une autre vision de son originalité.

Si le sujet femme est toujours excédé par autre chose que sa féminité, le féminisme lui aussi échappe à une clôture sur lui-même. Clémence Royer n'est pas, au titre du féminisme, une figure exemplaire. Au contraire, elle est toujours en marge de la marginalité des êtres, féministes ou autres, qui lui sont proches. Elle n'est pas support d'identification et, de plus, elle est atypique ; elle est presque un contre-exemple de ce qui serait une figure représentative : elle ne s'est pas posée comme actrice du mouvement d'émancipation des femmes.

Elle indique par là toute la difficulté à désigner, à qualifier et à classer les individus dont on reconnaît la participation, à un titre ou à un autre, au féminisme. C'est pourquoi la notion d'« inclassable », tant il est périlleux de désigner les bons et les moins bons représentants d'une cause, me paraît pertinente. Aussi bien pour dénombrer un petit groupe rassemblant des individus féministes que pour reconnaître des individus isolés, restituer la logique d'un parcours sans le mesurer à l'aune de la valeur militante autorise à une large compréhension de la représentativité. Si les êtres féministes sont inclassables, ils sont tous représentatifs du féminisme dont ils se qualifient, ou dont ils sont qualifiés.

Refuser une vision hiérarchisée des actrices du féminisme permet d'échapper aux stéréotypes que la volonté d'une mémoire militante tente sans cesse de reconstruire. Il est amusant de voir comment Clémence Royer, très originale dans son féminisme, est utilisée à la fin de sa vie comme un emblème de l'émancipation des femmes dans ce que cette émancipation a de plus unanimiste et de plus éloigné d'elle. Mais si ce n'est guère étonnant dans une pratique militante, cela devient désolant dans une pratique historienne.

La question de l'écriture d'une biographie, en induisant celle des pratiques d'identification, conduit à celle de la représentativité. Il faut mentionner combien cette question de la représentativité a pesé lourd dans l'émergence d'une histoire du féminisme. Avant qu'il soit entendu que le féminisme, dans son histoire, a groupé de multiples et nombreuses femmes, on ne connaissait que des « héroïnes ». Une héroïne est un être seul et isolé, telles, au XIXᵉ siècle, Flora Tristan, George Sand, Louise Michel. Elles ont symbolisé pendant longtemps une lutte des femmes qu'en leur temps elles avaient plutôt tenue à distance. Procédure métonymique, où quelques-unes représentent une totalité dans laquelle elles ne sont pas. On peut montrer en quoi cette procédure est, si ce n'est mensongère, en tout cas fallacieuse. On peut analyser comment cette opération est historiquement possible, compte tenu des personnalités impliquées et de leur usage positif dans une pratique militante. Allons plus loin : que se passe-t-il dans l'histoire des femmes pour que l'exception l'emporte sur la règle, et l'individu sur le groupe ? Plus encore : pourquoi les femmes apparaissent-elles dans l'histoire comme des exceptions ? En harmonie avec le système féodal, ce phénomène détonne avec le régime démocratique. Mais la question reste entière : comment cesser d'opposer, à la prépondérance universaliste du genre masculin, des contre-exemples singuliers qui ne feront jamais preuve ?

15

Léon Frapié
et les nouvelles femmes seules

Léon Frapié est un romancier peu connu. Ignoré même par certains historiens de la littérature, il n'est remarqué que pour avoir obtenu avec *La Maternelle* le deuxième prix Goncourt en 1905. Classé parmi les « auteurs mineurs », en compagnie suivant le cas de Gustave Geffroy, Simone Bodève, Joseph-Henry Rosny aîné, Charles-Louis Philippe ou Marguerite Audoux, Frapié est pourtant l'artisan d'une littérature sociale importante. Il a ouvert les Belles Lettres aux enfants du peuple de Paris rencontrés grâce à sa femme, directrice d'école à Paris. Il s'est voulu l'apôtre du progrès de la vie des femmes, progrès qu'il formule comme celui d'une classe sociale, la petite bourgeoisie, et qu'il analyse en posant le problème suivant : comment la femme de la première moitié du XXᵉ siècle qui exerce une profession peut-elle avoir une vie de femme, affective et sexuelle ? Ou plutôt : comment une femme instruite peut-elle échapper au sort injuste de la vieille fille et réussir un mariage adapté à ses nouvelles aspirations ?

De 1897 à 1946, Léon Frapié écrit quatorze romans [1] et de très nombreuses nouvelles ; onze de ces romans ont pour héroïnes des femmes — seules pour la plupart. Quelle est cette solitude ? Deux axes en délimitent le champ : la solitude est temporelle et sans doute temporaire : entre quinze et trente ans, une jeune fille, une jeune femme arrive dans la vie active (vie active à définir). Sa profession, ou simplement son niveau d'études et d'instruction, l'empêche de suivre naturellement le chemin prédestiné de l'épouse bourgeoise ou petite-bourgeoise du XIXᵉ siècle. Peut-elle néanmoins se marier ? Telle est la question de Léon Frapié. La solitude est spatiale, elle se déploie dans l'espace social de la petite bourgeoisie parisienne : une jeune fille sans dot, instruite par désir mais surtout par nécessité, cherche à s'intégrer dans le tout social. Le mariage est-il alors un critère, individuel et social, pour réaliser une existence ? La question de Léon Frapié est celle des nouvelles femmes à l'aube du XXᵉ siècle.

Ainsi, ses héroïnes ne sont ni des veuves, ni des divorcées, ni de vieilles vieilles filles [2] ; elles ne sont pas non plus des ouvrières ou des prosti-

---

1. *L'Institutrice de province*, 1897 ; *Marcelin Gayard*, 1902 ; *Les Obsédés*, 1904 ; *La Maternelle*, 1905 ; *La Proscrite*, 1906 ; *La Figurante*, 1908 ; *La Liseuse*, 1911 ; *Virginité*, 1923 ; *Les Filles à marier*, 1925 ; *La Divinisée*, 1927 ; *Le Métier d'homme*, 1929 ; *Le Garçon à marier*, 1934 ; *La Reine de cœur*, 1936 ; *La Vedette à l'école*, 1946.
2. Tante Rosine (*La Proscrite*), Mme Le Guetteux (trilogie *Virginité*, *Les Filles à marier*, *La Divinisée*).

tuées, bien que les filles du peuple interviennent souvent en marge de l'histoire du personnage principal. Ce sont de simples jeunes filles de la classe moyenne dont l'abandon moral et social révélé par leur solitude exige une transformation des mentalités. On assisterait alors simultanément à la solution d'un problème social et à la réalisation de valeurs de progrès. À ce futur, Léon Frapié espère travailler avec ses romans. Sa démarche met au clair les différents facteurs de solitude : le travail salarié, le roman familial, la sexualité et les normes sociales. Facteurs qui se renforcent l'un l'autre ou se contredisent, qui assujettissent ou au contraire libèrent la jeune femme à l'aube de sa vie adulte. La chronologie des romans de Léon Frapié pourrait offrir l'image d'un parcours où se pose puis se résout un problème de femme.

SOLITUDES SANS APPEL

Avant même de songer au mariage, Louise Chardon, *L'Institutrice de province*, avait pour nécessité de gagner sa vie. Fille d'un employé de bureau parisien, ce fait était depuis longtemps admis pour elle, à la différence de sa sœur, pour laquelle on pouvait attendre... Un poste, au milieu des hostilités villageoises, stimule la jeune institutrice, mais souligne d'emblée sa situation marginale, peut-être exceptionnelle :

« Certaine institutrice était une créature à part, une créature publique qui n'avait pas de chez soi, pas de domicile fixe, une créature étrangère partout où elle se trouvait, séparée des siens, taquinée par ses pareilles, haïe des enfants, suspecte aux parents, menacée plutôt que soutenue par les autorités locales [1]. » Profession exigeante qui oblige à des choix en fonction même de son exercice : « Loyalement, à cause des difficultés de sa profession, l'institutrice ne doit pas se marier : elle a besoin de toutes ses séductions pour conquérir le village où on l'envoie [2]. » Profession doublée d'un rôle social qu'aucune épouse ne saurait tenir ; se marier n'est pas un métier, argue-t-elle, même si elle n'a pas perdu l'espoir de rencontrer l'homme avec qui partager un idéal professionnel et social. Elle croit un moment l'avoir trouvé, puis préfère rester seule devant le risque d'être déçue. Au risque justement que cette solitude ressemble à de l'indépendance dont elle paiera le prix : « Attends un peu, femme émancipée, femme qui marche seule à la conquête du pain, femme fonctionnaire, institutrice publique (ô l'aimable expression officielle), femme égale de l'homme, on va t'en f... de l'égalité ! Attends un peu, on va te traiter en égale pour les coups à recevoir [3]. » La fin de Louise Chardon est à la hauteur de ces

1. *L'Institutrice de province*. Paris, Flammarion, 1927, p. 33.
2. *Ibid.*, p. 124.
3. *Ibid.*, p. 111.

menaces : l'épuisement après douze années de dévouement, les inimitiés et les maladresses des uns et des autres précipitent sa mort sans même que ses mérites soient reconnus.

Solitude familiale et solitude professionnelle se conjuguent sans qu'il en résulte une quelconque indépendance donnant à la fois le plaisir de la fierté et celui de la réussite. C'est un problème social, affirme Léon Frapié. Le journaliste Francisque Sarcey se fait l'écho de ces propos en lançant dans son journal *Le Temps* une enquête sur *L'Institutrice de province* [1] ; les réponses éloquentes et dramatiques donnent raison à Léon Frapié, selon l'aveu même du journaliste.

Mais l'exposé du problème ne serait pas complet si Léon Frapié ne présentait, en 1902, une histoire à la fois semblable et contraire, celle de Lucette, fille de *Marcelin Gayard*, qui, passé son brevet élémentaire, ne trouve ni travail ni mari. Sans relations, un diplôme ne donne pas, d'office, une place dans un ministère ou une école ; et un diplôme sans argent n'est pas le substitut d'une dot pour ouvrir la voie du mariage. Certes, Lucette ne vit pas seule, elle n'est pas abandonnée par ses parents ; simplement elle ne vivra pas, et se prépare dès l'âge de vingt ans à son futur personnage de vieille fille. Un seul événement, important, marquera son existence :

1. Les réponses à cette enquête furent publiées par Ida Berger : *Lettres d'institutrices rurales d'autrefois*, Association des amis du Musée pédagogique, Paris, 1957.

Lucette, dans sa vie étriquée, est fascinée par Phonsine, petite voisine ouvrière que la vie contraint à l'usage commercial de son corps. Ce qui l'émeut et la rend solidaire : « Elle, la triste vierge, partageait sa douleur avec les prostituées ses sœurs, comme si son supplice était le même que le leur, comme si être privée tout à fait du monde ou être jetée en pâture au monde s'équivalait en misère [...] leur crime n'était-il pas celui de Lucette : n'avoir pas d'argent, pas de métier ? Leur châtiment n'était-il pas le sien : n'avoir pas d'amour[1] ? » Mais il y a une différence entre ne pas vivre et mourir : Phonsine, tuberculeuse, meurt malgré les soins de Lucette qui n'hésite pas à vendre sa virginité pour la secourir. Expérience sociale et sexuelle sans lendemain pour Lucette qui s'installe à jamais au bord de la fenêtre dans l'appartement de ses parents.

De la mort de l'institutrice à celle de la fille du peuple, Léon Frapié dresse le tableau de la solitude générale des femmes. Conscient de pouvoir sauver l'une plus facilement que l'autre, il garde néanmoins présente l'idée de Lucette qu'il existe, par-delà les barrières de classe, une solidarité de sexe ou en tout cas une communauté de situation.

Après ces deux romans, solutions et réponses s'esquissent et s'essayent. Trente ou quarante ans plus tard, Léon Frapié affirmera qu'on ne meurt plus de solitude, qu'une femme peut vivre

---

1. *Marcelin Gayard*, Paris, Calmann-Lévy, 1908, p. 73.

bien, avec ou sans solitude. Il brise le cercle de
solitude avec *La Maternelle*, qui raconte moins
un itinéraire social qu'un témoignage sur les
enfants du peuple. Sous forme de journal
intime, le roman décrit minutieusement la solitude sociale, psychologique et affective de Rose,
femme instruite et sans argent, qui décide de se
placer comme femme de service dans une école
maternelle. Licenciée, elle aurait pu devenir professeur, mais des fiançailles rompues à cause de
sa pauvreté la déterminent à fuir son milieu.
Déclassement provisoire, vécu comme une
expérience féminine fondamentale. La femme
de service est un pilier de l'école ; elle nettoie et
nourrit aussi bien qu'elle remplace une maîtresse : c'est la « gouvernante ». Mais l'intérêt
que lui porte le délégué cantonal, un notable, lui
rappelle qu'on ne sort pas si facilement de sa
classe sociale. L'éventualité de ce mariage la fait
réfléchir sur ses choix : puisqu'elle n'a pas fait
vœu de célibat, sa vocation sociale ne peut lui
imposer d'être une « exclue du mariage » ; et
puis subvenir à ses besoins était une nécessité
plus qu'un désir. Rose imagine que, devenue la
femme d'un délégué cantonal philanthrope, elle
pourra abandonner son métier et poursuivre,
comme « dame d'œuvres », sa mission sociale.
Plonger dans la vie du peuple est une expérience
qui l'a « débarrassée d'un maquillage produit
par les livres, par l'éducation première [1] » ; il est

---

1. *La Maternelle*, Librairie universelle, 41e éd., p. 276.
Alexandre Steinlein est l'auteur de la couverture de cette édition. Trois films furent réalisés à partir de ce roman, l'un,

sûr dès lors qu'elle n'obéira pas au modèle de l'égoïste épouse, petite-bourgeoise ; il est sûr aussi que son époux est à la fois digne d'estime et capable d'éprouver cette même estime pour la nouvelle femme que Rose incarne. L'important, à ses yeux, est moins le mariage que le couple, cette image d'une relation affective et sexuelle. Et mettre fin à la solitude de la femme instruite, c'est nécessairement travailler à l'amélioration de l'humanité...

À la différence de Louise Chardon, institutrice apostolique, convaincue en elle-même et par les difficultés extérieures de la nécessité du célibat, Rose imagine pouvoir concilier la vocation de maternité sociale et l'épanouissement de son être. Nous sommes sorties de l'impasse où les études conduisaient la jeune bourgeoise pauvre, pour se trouver désormais en face de l'alternative : métier ou mariage.

SOLIDARITÉ OU
RÉCONCILIATION DES CLASSES

Maternité, vocation sociale, solidarité féminine, Léon Frapié ne met jamais en scène une femme seule sans réfléchir à ce qu'elle peut

muet, le deuxième par Jean Benoit-Lévy en 1932 (avec Madeleine Renaud), le troisième par Henri Diamant-Berger en 1948 (avec Blanchette Brunoy).

offrir aux autres femmes seules, celles du peuple qui n'ont pour liberté que d'accepter leur sort de femmes violées, prostituées, trahies par les hommes.

Louise Chardon, l'institutrice, est d'autant plus seule qu'elle ignore cette dimension : toute à son idéal, elle rejette une ancienne condisciple, femme entretenue et mère célibataire. Celle-ci, injuriée, clame qu'elle est moins seule que l'institutrice publique, qu'elle a « plus de famille », plus d'amis. Lucette et Phonsine sont unies par la misère[1]. Ainsi l'émancipation sépare les femmes. Séparation que Rose, plus consciente et plus « laïque » que Louise, rêve d'abolir par une nouvelle morale sociale, comme si les femmes éducatrices avaient pour mission, grâce à leur sexe pensé comme groupe social, de réconcilier les classes.

Réconciliation que Léon Frapié sait bien virtuelle et utopique : en 1908, il écrit le seul roman dont l'héroïne soit une fille du peuple. *La Figurante* est l'histoire d'une domestique, Sulette, de ses déboires de bonne à tout faire parisienne et de sa vengeance de classe — à défaut de lutte. Sulette était confiante dans l'existence jusqu'à ce qu'une de ses patronnes préfère la renvoyer plutôt que de reconnaître que son fils l'a engrossée. Son renvoi lui fait comprendre que le métier

---

1. De même, dans *La Proscrite*, voit-on une solidarité s'établir entre tante Rosine, vieille fille bourgeoise, une ouvrière prostituée venue mourir à l'hôpital, et Virginie, la domestique orpheline qu'une grossesse destine à la maternité célibataire.

de domestique exige d'elle la solitude (ni mari ni enfant), et surtout l'isole et la coupe de son milieu familial, de toute vie sociale. Sans doute a-t-elle en commun avec l'institutrice la rupture avec son milieu d'origine, qui la rejette lorsqu'elle retourne accoucher dans son village ; comme elle, elle ne peut s'intégrer dans le monde du travail. Sa solitude est plus totale que celle produite par le simple jeu de l'antagonisme des classes, et aucune gentillesse patronale ne saurait y remédier. Devant le bonheur aimable de ses jeunes nouveaux patrons, devant la maternité heureuse et insouciante de sa maîtresse, Sulette séduit le mari. Un drame s'ensuit : l'épouse, stupéfaite, lâche le jeune enfant qu'elle tenait dans ses bras : il meurt et les deux femmes se retrouvent à égalité dans la douleur maternelle. La vengeance de Sulette est liée à ce constat : s'il y a communauté entre femmes dans l'oppression qu'elles subissent, seule la femme riche et instruite peut concrétiser des formes de solidarité ; en revanche, il est légitime que la fille du peuple refuse ce jeu social.

Intéressante, cette morale de Léon Frapié : elle se fonde sur l'idée que les femmes ne sont pas responsables de leur solitude, encore moins coupables. Affirmation neuve et progressiste qui requiert des explications, voire des démonstrations : la comparaison entre Lucette et Phonsine, la jeune bourgeoise et l'ouvrière, a sa raison d'être, car elle met en relation l'amour, la famille et le métier. Le mélange de ces facteurs de solitude fait problème. Comment comprendre, sinon, que l'institutrice, qui ressemble à une religieuse, et l'ouvrière, à une prostituée, soient toutes deux sans attaches et sans amour ? La solitude de l'âme apostolique et celle du corps monnayé ont en commun une réalité : le métier, ou plutôt le moyen de subsistance qui conditionne toute l'existence — ce qui est rarement vrai pour un homme. Léon Frapié ne veut pas à tout prix marier les jeunes filles et réconcilier naïvement les classes sociales. D'ailleurs ne sait-il pas reconnaître parfois l'avantage d'une solitude comme celle de la tante Rosine ou de Mme Le Guetteux ? Il réfléchit avant tout sur la solitude moderne qui, en 1910, a pour lui une double réalité, fondue pour certaines femmes en une seule : la solitude est le destin non pas d'un individu singulier, mais d'une couche sociale nouvelle (les jeunes filles instruites) ; elle est aussi celle de certaines catégories professionnelles (l'institutrice, la domestique). Le célibat est social, il est aussi professionnel.

Il était tentant, à titre de contre-exemple, de s'interroger sur la solitude dans le mariage, sans doute pour ne pas croire naïvement à ses vertus de sociabilité. Il ne s'agit pas de Rose, qui se marie en plein accord moral et intellectuel avec l'homme qu'elle aime, mais de celle que Frapié nomme *La Liseuse*. Aline, jeune femme instruite, se marie sans trop réfléchir, et frôle le désespoir en découvrant la grossièreté, la banalité et la pauvreté intellectuelle de son époux. La lecture lui donnera, à elle puis à son mari, la force intérieure et la générosité ouverte au monde. Couple construit lentement à défaut de s'être trouvé immédiatement, femme qui s'épanouit au lieu de mourir d'ennui entre la gestion domestique et les formalités sociales. Aline brise sa solitude en ouvrant les yeux sur son entourage ; sur Louise, sa bonne, dont le mari est parti travailler en Italie et qui a adopté un petit vagabond, en plus de ses trois enfants ; sur Mélanie, une autre domestique, héritière illégitime de son patron. Aline aidera la première en trouvant à son mari un emploi parisien, elle aidera la seconde à recouvrer son héritage. Sortir de la solitude, c'est nécessairement faire œuvre sociale...

Dernier roman de Léon Frapié avant la guerre, *La Liseuse* paraît en 1911. On ne meurt plus de solitude : une jeune fille peut avoir fait des études et réussir néanmoins sa vie sentimentale. Mais celle qui, avec ou sans instruction, exerce un métier, est condamnée à ne pas avoir de vie privée. À ce stade de l'œuvre de Frapié, l'accès au métier produit la césure.

APRÈS 1920

La guerre marque une rupture ; les contraintes semblent s'assouplir. Les romans écrits après 1920 n'ont plus ni le même ton ni la même problématique : l'exercice d'une profession et le niveau de l'instruction cessent d'être des obstacles à la vie privée des femmes. Le problème disparaît sans avoir été résolu : la société ne rejette plus ni ne marginalise la jeune fille pauvre et instruite qui assure sa propre subsistance. Il n'est plus même question de dot. Il y a simplement des femmes qui travaillent à l'extérieur et d'autres qui gèrent un foyer.

Ce nouvel état de fait n'annule pas les solitudes familiales et professionnelles, il n'est pas non plus garant d'une relation amoureuse ou d'un mariage réussi. Peut-être devient-il possible de parvenir à l'émancipation qu'esquissait Louise Chardon, l'institutrice, et de poser la solitude comme détermination de soi. On entre alors dans le dédale des changements de mentalités où l'entourage détermine moins la solitude que la vie intérieure — vie intellectuelle mais aussi réalité de la sexualité.

Léon Frapié publie entre 1923 et 1927 une trilogie. *Virginité, Les filles à marier, La Divinisée.* L'écriture se fait moins belle, plus didactique. La toile de fond sociale n'est plus la nouvelle femme, mais un problème de société : avec l'hécatombe de la guerre, les hommes sont rares, comparés au nombre de femmes en âge de mariage et de maternité. La virginité devient un fléau social ; la « consumption des vierges » est une maladie dont on peut mourir par étiolement. Ce problème démographique est pour Léon Frapié l'occasion de poser le problème de la sexualité, du célibat comme privation physique.

Fanny et Honorine, les héroïnes de cette trilogie, sont employées dans un ministère. La première est rédactrice, la seconde expéditionnaire. Elles sont seules, l'une bafouée par d'hypocrites fiançailles, l'autre ignorée par sa famille depuis son brevet supérieur. La solitude revendiquée rencontre la solitude subie ; revendication soulignée par Léon Frapié mais critiquée néanmoins avec un naturalisme à toute épreuve : l'épanouissement de la chair va de pair avec l'épanouissement de l'esprit. Fanny a écrit un roman qu'elle soumet à un écrivain connu, Armand Prizeur ; roman à la gloire de la virginité, loin de la grossièreté masculine faite de calcul et de mépris.

C'est à cet homme, Armand Prizeur, qu'il échoit de faire comprendre à Fanny comme à Honorine le volontarisme exacerbé de leur choix. Il apprend l'amour à Honorine pour qu'elle échappe à la triste virginité et à l'absence de maternité ; puis, solidaires, Fanny et Honorine élèvent, ensemble, l'enfant issu de cette union ; et l'une et l'autre se marient avec des hommes conformes à leurs aspirations intellectuelles et morales.

Du problème du célibat à celui de la virginité, la question se déplace du statut social à l'état du corps, tant pis si l'un est en contradiction avec l'autre : toute femme a droit à l'amour et à la maternité ; l'union libre et la maternité célibataire doivent être acceptées. Solution originale à la dénatalité de l'époque[1] ; solution aussi à la

---

1. Léon Frapié propose même par la bouche de son héros, Armand Prizeur, une loi qui confondrait mariage et maternité, supprimant ainsi de fait les mères célibataires et les naissances illégitimes.

solitude : une mère célibataire n'est plus une femme seule. Et si ces romans finissent par des mariages ou des unions heureuses, Léon Frapié, tout au long de l'intrigue, promène le lecteur sur des chemins multiples qui sont autant de pistes pour échapper à la solitude.

Le troisième volume de la trilogie porte à l'extrême cette idée force, déjà présente dans *L'Institutrice de province* et érigée en modèle avec *La Liseuse* : le devoir social est la condition de l'épanouissement d'une femme. Responsable de l'attribution d'un prix pour la femme qui aura « le mieux compris son rôle d'épouse, eu égard à la condition de son mari », Fanny choisit une épouse sociale et philanthrope, s'opposant ainsi à la volonté antiféministe du légataire ; c'est à travers ce conflit que Fanny rencontre l'amour...

« Avenir de l'homme », la femme enseigne le lien existentiel entre la vie privée et la vie professionnelle et sociale. Dans les deux derniers romans de Frapié, *La Reine de cœur* et *La Vedette à l'école*[1], les héroïnes obéissent au même schéma d'identification de l'amour de l'homme et de l'amour de l'humanité. La réalisation de soi, négation même de la solitude, est réalisation pour autrui : Arlette, la vedette de cinéma, renonce, à la demande de son nouveau mari, à cette profession peu morale ; elle choisit alors de

1. *La Reine de cœur* est l'histoire d'une solidarité réussie entre une fille du peuple accidentellement mère infanticide et l'employée d'une grande maison de couture. Mais cette solidarité fait obstacle pour finir au mariage de la jeune employée. Échec de l'amour social, contre-exemple ?

divertir et d'éduquer dans une école populaire ses anciennes condisciples. Lorsque son mari lui propose de revenir au cinéma pour un rôle écrit par lui, il est trop tard ; mariée, elle a fait l'amer constat qu'elle ne s'appartenait plus puisqu'elle a dû lui obéir ; quitte à appartenir à un autre, elle appartient aux autres : elle ne saurait plus manquer à ces femmes prolétaires qui se nourrissent de son talent.

Sans doute la femme émancipée obtient-elle plaisir et bonheur dans la sexualité et le mariage ; son activité professionnelle reste néanmoins incertaine, Léon Frapié tente dès lors de réconcilier la femme seule et la société ; il veut montrer qu'une femme seule est aussi un être libre. De la solitude comme rejet social à la solitude comme liberté parmi les autres, tel est le chemin parcouru entre 1900 et 1940. Liberté normée suivant deux axes : la relation à l'autre masculin, compagnon et souvent époux, et la socialisation de la petite-bourgeoise à qui, au XIXe siècle, on proposait de limiter sa vie aux soins du ménage. L'instruction des femmes, le choix d'un métier ne sauraient les entraîner au-delà d'une certaine limite. Léon Frapié ne trahit pas ce XIXe siècle qui voulait bien donner aux femmes un certain savoir, à condition que les institutions sociales, et en premier lieu le mariage, n'en pâtissent pas.

Par ailleurs, la femme instruite et épanouie a un pouvoir social qui frôle le pouvoir politique puisque, à la différence des hommes, elle circule à travers les classes sociales : la jeune bourgeoise ne saurait s'accomplir sans venir en aide aux plus défavorisés. L'émancipation des femmes n'est pas un luxe mais un élément de progrès social. Progrès oui, mais non bonheur : arrivé à la fin de son œuvre, Léon Frapié n'a pas trouvé de remède à la solitude de la fille du peuple. Le pouvoir social des femmes n'est pas une vraie force politique, il est plus proche de la morale et de l'idée laïques. Une proximité existe entre l'instituteur et la femme, mais ni l'un ni l'autre ne peuvent annuler la disparité des classes : il n'est pas du pouvoir de l'instituteur d'empêcher un fils d'ouvrier de le devenir à son tour, ni du ressort de la bourgeoise de supprimer les aléas de la vie de la femme du peuple.

LA VOLONTÉ DE DIRE

Un romancier témoin de son temps, cela a-t-il un sens ? « Ses œuvres, fondées sur l'observation exacte, resteront comme des documents nécessaires à l'étude de la vie contemporaine », écrivait l'éditeur de *L'Enfant perdu* (1917) en accord avec Frapié qui, lors d'une réédition de *L'Institutrice de province*, présentait ce roman comme un document d'époque. On le dit écrivain réaliste influencé par Zola. Influence certaine puisqu'une visite à Médan, en 1894[1], per-

1. Jacques Allègre, « Un grand écrivain laïque, Léon Frapié », *Cahiers laïques*, 1963.

suada Léon Frapié d'écrire son premier roman.
Zola qu'il défend, au moment où ceux qui veulent peindre le peuple critiquent cet écrivain
« bourgeois » ; Zola dont il se sépare parce que
l'auteur de *La Maternelle* est à la fois plus sociologue et plus moraliste.

Léon Frapié ne peint pas la société en général, les effets d'un milieu sur un être humain ;
il s'attache à l'explication de situations socio-
professionnelles (l'institutrice, la domestique,
l'employée), il étudie un groupe social précis
(la jeune femme instruite). La volonté de généraliser est propre à Léon Frapié ; entre les
Évangiles de Zola et la trilogie des *Filles à
marier*, Frapié choisit de s'attacher au destin
d'une catégorie sociale plutôt qu'à la peinture
de l'ensemble social. Mais quelle catégorie ?
Pour la critique littéraire de son temps, sous
la plume de Jules Bertaut, il apparaît comme
l'écrivain de celle qu'on ne nomme pas encore
la petite bourgeoisie : « Il a pour tout dire une
précision réaliste qui est comme un décalquage
de la réalité et non point le décalquage opéré
par la main d'un artiste, mais le décalquage
opéré par quelqu'un qui serait du milieu qu'il
décrit [...]. Or ce milieu a le grand, l'énorme
défaut d'être un milieu bâtard. Il n'appartient
ni tout à fait au peuple ni tout à fait la bourgeoisie [...]. Il est à peu près spécial à Paris où il
s'est formé depuis une trentaine d'années, très
lentement, mais où il s'accroît de plus en plus
rapidement, car il monte de façon parallèle à

la démocratie[1]. » Ni le peuple ni la bourgeoisie, voilà le milieu où le problème des femmes apparaît dans toute son ampleur ; Léon Frapié ne s'y trompe pas.

Curieusement, Léon Frapié ne fut jamais lié aux féministes. À la fin du XIXe siècle, il publie des nouvelles dans de petites revues anarchistes[2] et, dans les années vingt, il soutient le populisme, lui qu'on dit « populiste de la première heure ». Proche des milieux littéraires d'extrême gauche, son nom ne figure ni dans les références populistes ni dans les histoires de la littérature prolétarienne — Michel Ragon ne le cite que pour avoir obtenu le prix Goncourt contre Charles-Louis Philippe et Émile Guillaumin[3], deux autres écrivains « du peuple » qui ont toute son estime. Les thèmes féministes de l'œuvre en ont peut-être masqué le caractère populaire et furent la raison de sa disgrâce. Preuve en est ce « malentendu », classique dans la gauche française, à propos de *L'Institutrice de province* : dans *L'Enclos*, une revue anarchiste où publie Léon Frapié, Louis Lumet conclut sa note de lecture par une exhortation au mariage et à la vie domestique...

« La littérature attachante par excellence est-elle celle qui raconte le peuple ? Non, les personnages de toutes classes sont propres à donner

1. Jules Bertaut, *Les Romanciers du nouveau siècle*, Paris, 1912.
2. *Harmonie* (1891-1892), *Annales contemporaines* (1894), *L'Enclos* (1895), *Mâtines* (1897-1898).
3. Michel Ragon, *Les Écrivains du peuple*, Paris, 1947.

une impression durable mais à condition qu'ils aient de profondes racines humaines, et le fond de l'humanité c'est le peuple. » Cette réponse à une enquête sur la littérature prolétarienne réunit l'humanité et le peuple, face à la « société mondaine [1] », et laisse dans la confusion les réalités ouvrières et petites-bourgeoises. Sans doute ce vague des choix réalistes de Léon Frapié n'a pas toujours rendu convaincante cette littérature à vocation documentaire. Henri Ghéon écrivait qu'il faisait du roman social, pas de l'art social [2]. Jugement sans appel, qui a l'intérêt de souligner l'importance du moraliste : nous disions que Léon Frapié cherchait à résoudre un problème social plus qu'il ne suggérait une solution globale au problème social. Tout dénouement dans le bonheur n'efface jamais le malheur des autres ; aucun optimisme, comme celui des *Évangiles* de Zola, ne conclut le roman d'une histoire. Militant d'un idéal laïque, c'est aussi à une certaine propagande dont les femmes sont l'instrument privilégié que nous convie Léon Frapié.

Réalité tendancieuse même si la description précise de Léon Frapié n'est indice de vérité que par la possibilité comparative offerte par le nombre de ses romans et leur échelonnement dans le temps — et beaucoup moins par la volonté réaliste de l'auteur. Témoin, sociologue

1. Enquête sur le populisme et la littérature prolétarienne : *Les Nouvelles littéraires*, 9 août 1930, et *La Revue mondiale*, novembre 1929.
2. Henri Ghéon, *L'Ermitage*, 15 janvier 1905.

et moraliste, Frapié est un écrivain constamment préoccupé par la condition des femmes.
Écrit-il pour montrer ce qu'elles ne peuvent pas
elles-mêmes exprimer ou pour infléchir, maîtriser un état social dans lequel elles sont un
enjeu ? Les deux, sans doute.

16

Déserter la guerre :
une idée de
Madeleine Vernet

> *Avoir un enfant, c'est ça qui consiste*
> *à écrire l'histoire, pour une mère. Les*
> *hommes sont tellement privés de faire*
> *l'histoire qu'ils doivent inventer, qu'ils*
> *doivent faire des guerres.*
>
> Jean-Luc Godard,
> *Cahiers du cinéma*, mai 1979.

Il arrive que des femmes bousculent le traditionnel partage des sexes dans l'histoire et décident de faire la guerre à la guerre autrement que par l'arme de la grève des ventres (arme qui fut celle de Lysistrata chez Aristophane, ou des anarchistes et néo-malthusiens en 1900). Le pacifisme des femmes fait en effet appel à un autre partage politique.

Le pacifisme des femmes françaises accompagne mais déborde et déplace le pacifisme des hommes français de la fin du XIXe siècle (Frédéric Passy fonde en 1867 la Ligue internationale de la paix) à la Seconde Guerre mondiale. Ce pacifisme à la fois féminin et féministe me paraît inviter à une réflexion sur l'insertion des femmes dans le monde politique, sur leur entrée en politique.

Quatre figures caractérisent les femmes pacifistes :

Celle de la femme auxiliaire. Compagne de l'homme pour la reproduction elle peut bien l'être aussi au niveau des responsabilités politiques. Mais c'est une politique de l'apparat et de l'apparence. De grandes bourgeoises, des aristocrates décident d'intervenir au niveau international et appellent au désarmement (Sylvie Camille-Flammarion et la princesse Wisniewska fondent, en 1896, la Ligue internationale des femmes pour le désarmement général). Ce discours raisonnable qui se fonde sur la nature pacifique et pacificatrice des femmes, les hommes l'acceptent comme celui de la Femme ; ce qui n'exclut en rien la préparation de la guerre. À la conférence de la Paix de 1919, on appellera cela les « intérêts féminins ».

Celle de la future citoyenne. Pour les féministes suffragistes, la guerre est une affaire politique qui dépasse largement la sphère de la citoyenneté. Donc les femmes sont d'emblée concernées par le problème politique de la guerre et ce n'est pas leur absence de citoyenneté qui fait obstacle à leur engagement politique sur ce point. Au contraire : le pacifisme est pour ces féministes une première étape politique qui permet d'agir en ce domaine avant d'avoir le statut de citoyenne. Et plus encore : le pacifisme est dans la logique du suffragisme puisque, comme dit l'avocate Maria Vérone, la guerre disparaîtra lorsque les femmes voteront.

Là encore, on se fonde sur la nature des femmes qui n'est pas seulement une nature pacificatrice mais une nature maternelle.

Celle de la militante féministe et socialiste. C'est la guerre de 1914 qui fait de la féministe socialiste une pacifiste. La guerre met les femmes en demeure d'agir en responsables politiques. Or elles sont responsables comme mères lorsqu'elles flattent les pulsions belliqueuses de leurs enfants, dit Madeleine Vernet. Elles sont convaincues que toute guerre, même civile et révolutionnaire, est injuste, proclame Hélène Brion lors de son passage devant le Conseil de guerre en 1917. Elles sont conscientes que la fin de l'exclusion politique des femmes avec l'accès au droit de vote ne mettra pas un terme à la guerre, dit Andrée Jouve.

Leur pacifisme ne prime pas sur leur féminisme mais il se nourrit néanmoins d'une fonction spécifique des femmes à l'intérieur de la société.

Celle de la politique, des partis de gauche. Entre les deux guerres, le parti communiste, le parti socialiste pensent « politiser » les femmes en leur parlant pacifisme. L'idéal suprême de la femme qui croit à sa vocation politique se transforme en pédagogie primaire pour sensibiliser les femmes à une nécessaire politique internationale. Cela n'exclut pas la guerre des classes ; il s'agit simplement de récupérer les femmes à un niveau politique tout en les cantonnant (à un niveau plus populaire) dans la spécificité de la femme, nature de paix. Le pacifisme sensibilise les femmes, masse de manœuvre importante, en les laissant dans un rapport de subordination à la politique masculine globale.

Ces différentes figures de la vie politicienne ou militante reflètent ainsi les possibles du rôle social et public des femmes qui choisissent ou subissent une fonction politique complémentaire spécifique ou particulière face à la fonction masculine. Leur nature, prétendue ou virtuelle, est la clé du débat. Mais à ce niveau-là, tout se retourne : la femme est nature de paix et d'éducation « fraternelle » mais elle est aussi la première à réclamer aux hommes des preuves de leur virilité.

Dans cet éventail de figures, Madeleine Vernet (1879-1949) peut servir d'illustration.

MADELEINE VERNET

La mère de Madeleine Vernet rêvait d'ouvrir une maison pour les enfants des filles mères dans la région de Barentin, près de Rouen ; en attendant, elle prenait en charge les « bureautins », ces orphelins confiés à l'État, que Madeleine appellera les « sans-famille du prolétariat ». Elle réalisera l'orphelinat ouvrier, l'Avenir social, à Neuilly-Plaisance en 1906, puis à Épône près de Mantes en 1908 grâce à l'aide progressive des libertaires, des coopératives ouvrières et des féministes. Mais quel lien avec l'« affranchissement » des femmes et le refus de la guerre ?

Lors de ses premières démarches parisiennes, Madeleine est déçue par les féministes, plus préoccupées d'elles-mêmes que de lutte sociale, mais cela n'entame pas sa volonté de libération : « Cariatide » asservie sous son fardeau, la femme doit se défaire de cette charge :

— *Non, nous ne voulons plus de maîtres, ni
d'esclaves, ont déclaré jadis les manants révoltés.
Eh bien ! Femme, à ton tour, clame tes volontés,
Revendique tes droits et brise tes entraves.
De fières sœurs déjà t'ont montré le chemin,
Suis leurs pas aux sentiers de colère et de haine ;
— Car l'amour ne se peut où se montre la chaîne
Abandonnons l'amour, ô sœurs, jusqu'à*
                                            *demain ;
Et suivons fièrement la Révolte intrépide
Vers le ciel fulgurant, vers l'horizon vermeil ;
Conquiers donc ta part d'air pur et de soleil,
Ô Femme ! — et fais tomber ton fardeau,
Cariatide* [1] *!*

Image et poésie bien sûr, car l'amour continue à se vivre, doit se vivre libre. Une brochure, *L'Amour libre* [2], dénonce le mariage, source d'hy-

---

1. *Cariatides*, 25 février 1905.
2. *L'Amour libre*, 1905 ; cf. aussi la brochure de 1920 où elle réfute ses premières idées.

pocrisie et de douleur, et affirme le prix de l'amour authentique, sans chaînes ni obligations sociales. Mais c'était compter sans l'égoïsme masculin : l'union libre les décharge du minimum de responsabilités qu'ils assument dans le mariage face à la mère et l'enfant. Madeleine regrette assez vite son imprudence dès qu'elle voit ses amis libertaires user de sa thèse pour se croire le droit de coucher avec elle, ou d'abandonner leur femme, quitte alors à confier l'enfant à l'orphelinat qu'elle vient de créer. Pour Madeleine, la femme devient vite la mère, elle devient mère elle-même, se marie avec Louis Tribier, militant socialiste, qui s'associe à l'Avenir social.

> *On avait dit qu'on ferait la révolution*
> *plutôt que d'accepter la guerre*
>
> La Mère éducatrice,
> juin-décembre 1922 [1].

Au 1er août 1914, après l'assassinat de Jaurès, Madeleine laisse Épône aux soins de son mari et se rend à Paris, persuadée que les démonstrations pacifistes de la semaine précédente auront raison de la mobilisation. Elle sillonne Paris

1. M. Vernet raconte dans ce numéro ses souvenirs du début de la guerre. Cf. à ce propos son roman *La Nouvelle Équipe* (1931).

pendant deux jours de la Maison commune, rue de Bretagne, à la gare de l'Est, de *La Bataille syndicaliste* à la Maison des syndicats ; partout les militants se résignent, un à un, à partir. Et Madeleine, accourue pleine d'espoir, se retrouve face à son impuissance : « J'ai envie de me mettre à crier, ici, en plein boulevard. » Violence de cette réalité politique qui l'exclut : femme, elle pouvait, malgré l'absence de droits civiques, militer, lutter, entreprendre son expérience éducative, en un mot participer à la vie sociale ; face à la guerre la femme est effectivement désarmée. Seuls les hommes sont partie prenante. Voilà comment elle vécut la déclaration de guerre. Et elle se reprend aussitôt : « Puisque les hommes s'en allaient ; puisque fous ou conscients, lâches ou héroïques, dominés par les événements ou incapables de leur résister, ils s'en allaient vers le gouffre et vers la mort, une tâche nous restait encore, tâche sacrée et imprescriptible : sauver les enfants du désastre. À cette tâche au moins je ne voulais pas faillir. » Dès le 1er août, elle fait passer une note dans *La Bataille syndicaliste* pour recueillir les enfants sans mère dont les pères étaient mobilisés.

Moment fort du féminisme, ce début du xxe siècle ne lui laisse, quand vient la guerre, que son rôle de mère pour vivre la politique...

Préparons la revanche, nous aussi. Mais pas celle des patriotes ; celle de l'esprit sur la barbarie.

Accueillir les enfants abandonnés par la guerre n'est pas faire œuvre de charité même si un humanisme chrétien déclaré affleure sans cesse dans les textes, articles et poèmes de Madeleine Vernet. Les enfants sont l'avenir et faire de l'éducation, c'est faire de la politique. À cette tâche éducative s'ajoute la propagande, tracts et conférences de ceux et celles qu'on appellera les défaitistes. Madeleine n'aura de cesse de prendre la défense de ceux qui seront poursuivis : les époux Mayoux, instituteurs en Charente, Lucie Colliard, institutrice en Haute-Savoie, et surtout Hélène Brion, institutrice à Pantin, militante syndicaliste et socialiste, féministe et collaboratrice de l'Avenir social[1].

C'est pour faire face à toutes ces tâches que Madeleine Vernet fonde, en octobre 1917, une revue mensuelle, *La Mère éducatrice*, qu'elle continuera jusqu'à sa mort.

À la mère inconnue du soldat inconnu.

La Mère éducatrice,
novembre 1920.

De l'impuissance première vécue par Made-

1. Madeleine Vernet, *Hélène Brion : une belle conscience et une sombre affaire*, novembre 1917. *L'École laïque menacée*, avril 1918, où Madeleine voit, dans les procès des pacifistes, une attaque de l'école laïque et de la liberté dans l'éducation. *Les voix qu'on étrangle*, 2 numéros, janvier et février 1918.

leine à la passivité douloureuse, la logique est simple. Il faut chasser l'inertie des femmes qui prennent la guerre comme une fatalité. Disons-leur d'abord que puisque la guerre les touche dans leur vie de mère, elles participent de fait à la bataille : « La guerre ! Quelle formidable insulte à la Maternité ! »

« Car faire montre d'un tel mépris de la vie, c'est mépriser celles qui en sont les créatrices et les gardiennes. C'est nier la beauté de l'œuvre de vie et d'amour, cette mission éternelle des mères[1]. » Il ne reste plus qu'à répondre à cette participation forcée par la lutte pacifiste, tout en réaffirmant l'insolvabilité, pour ne pas dire l'in-violabilité, de la maternité. Et à celui qui écrit dans un journal progressiste, *Le Progrès civique* (mars 1920) : « Achetons, pour notre défense militaire, industrielle et agricole, des enfants comme nous achetons des fusils et des cuirassés », en mettant à la charge de la nation l'enfant prolétaire, il faut rétorquer : la maternité n'est ni obéissance au mari ni servitude envers l'État. Elle est aussi forte que la nature, au-dessus de la société ; elle doit servir de critère au droit et à la justice. C'est à la femme donc que s'impose la tâche la plus haute, celle de la paix : « C'est vous qui êtes créatrices de la vie, c'est vous qui devez défendre la vie. »

Comment comprendre alors que la femme travaille à « l'œuvre de mort » ? C'est bien pourtant ce qu'elle fait ; s'il n'y a pas de bataillons de

---

1. *La Mère éducatrice*, janvier 1920.

soldates, les femmes ont pris la place des hommes pour que les champs se cultivent et que l'industrie, l'industrie de guerre évidemment, tourne à plein. Coupables alors ? Ou surtout « masculinisées » ? Si elle fabrique des cartouches, pourquoi ne ferait-elle pas le coup de feu ? Si elle fait des obus, ne peut-elle être artilleur ? Soyons logiques ou alors arrêtons : ce n'est pas comme ça que la femme s'émancipera : « Ainsi, conduire un camion ou fabriquer des obus c'était faire une besogne plus haute que celle de l'œuvre d'amour et d'éducation ? Travailler la matière inerte pour en faire la terrible arme qui tue, c'était affirmer sa valeur individuelle[1] ? »

Mère ou ouvrière, la femme est d'une manière et de l'autre prise à partie par la guerre.

> *C'est la faute des hommes, de tous les hommes ! Et j'ajoute aussi : c'est la faute des femmes, c'est la faute des mères.*
>
> *La Mère éducatrice,*
> juin 1920

C'était un argument précieux pour les femmes de se savoir ni citoyenne ni soldat. « Nos mains sont nettes », écrit une correspondante à *La Mère éducatrice*. C'est cette bonne conscience

1. *La Mère éducatrice*, avril 1919.

que Madeleine veut ébranler en signifiant aux femmes leur responsabilité : « Comment ont-elles élevé leurs enfants, les mères de la dernière génération : dans le respect et l'admiration de la gloire militaire, du sabre, de la force. Cela nous le savons. Mais elles ont commis d'autres erreurs. Elles ont dit à leurs enfants qu'ils étaient d'une autre race, d'un autre sang que ceux de la nation voisine... Elles ont fait pire encore, les mères. Elles ont dit à leur petit qu'il était d'une autre race, d'une autre classe que le petit de la pauvre voisine [1]... » La faute des mères est d'affirmer la division des êtres humains, leurs différences hiérarchisées au lieu d'œuvrer pour la « fraternité ». Les mères sont responsables, coupables même, mais cette culpabilité n'est ni déprimante ni désarmante. Au contraire.

L'Internationale des Mères.

À peine la guerre s'achève-t-elle que le militarisme triomphe partout. L'American Express offre des excursions sur les champs de la bataille et les grands magasins pensent aux étrennes : offrez donc à vos enfants un tir massacre fait de têtes de boches ou un champ de bataille avec tranchées et tous les accessoires. Les livres d'école se renouvellent et les *Lectures Mironneau*

1. *La Mère éducatrice*, juin 1920.

sont un choix de textes aux titres évocateurs : *Un Français, ça vaut 10 Allemands ; la soldatesque d'outre-Rhin*, etc. Madeleine est sûre maintenant qu'elle avait raison d'interpeller les mères et elle reproduit en avril 1923 un tract répandu à Berlin en décembre 1922 ; on y lit notamment :

« Refusez de donner des livres qui glorifient la guerre, qui éveillent "l'esprit guerrier", qui exaltent des faits guerriers.

« Donnez des livres sur les animaux et les plantes, sur des pays étrangers et les étoiles, des livres de contes et des livres de travail. »

... Ou des livres pacifistes ; Madeleine écrira sans relâche des récits pour les enfants : *Les Contes et Chansons pour la paix* (1933) ; *Le Rameau d'olivier* (1929) ; *L'Arc-en-ciel* (1933), récits de paix et de réconciliation où sans cesse s'abolissent les frontières dans les amitiés enfantines.

Bannissons donc la haine et la violence de notre éducation et l'enfant les ignorera suffisamment longtemps pour pouvoir refuser ensuite la guerre sous toutes ses formes. À celle qui clame dans le train : « J'ai dit à mon fils : "Quand tu y seras [en Allemagne], tue les mères, égorge les femmes et viole les jeunes filles" [1] », il faut répondre : « La maternité n'a pas de patrie, et la Kabyle et l'Arabe qui bercent leurs petits au soleil sont les sœurs de la Française et de l'Allemande qui les endorment au coin du feu [2]. »

1. *La Mère éducatrice*, février 1918.
2. *La Mère éducatrice*, février 1921.

L'importance accordée aux frontières va de pair avec le respect des classes sociales. Madeleine veut qu'à l'intérieur de chaque pays la *fraternité* triomphe non pour masquer les différences, mais pour aider à les détruire. La mère pour la fraternité : quel paradoxe ! Seraient-ce les femmes au service des hommes ?

En attendant, l'éducation non violente, celle du raisonnement et de l'amour, est celle de la liberté : « On n'a pas plus le droit de dire à un enfant : "Tu seras socialiste", que de lui dire : "Tu seras catholique". » Agir ainsi, c'est prouver qu'on est resté inféodé au vieil esprit dogmatique du passé...

Ne pas embrigader les enfants dans des groupes politiques, mais leur offrir morale et culture : Madeleine propose, dès le début de la guerre, de fonder la Jeunesse pensive ou Syndicat de la pensée[1]. Elle rejoint la tradition socialiste où la culture et la lutte contre l'ignorance sont l'arme infaillible de la révolution.

Mais l'exhortation à la fraternité qui s'impose aux mères ou le devoir éducatif qui les rend responsables de l'avenir politique ne suffisent pas à remplir leur rôle de femme : la société aussi est un grand « foyer » où elles ont leur part de lutte.

---

1. Cf. Madeleine Vernet, *Vers la beauté de vivre*, juillet 1917. On retrouve, dans ce projet, des féministes aux horizons très divers : Hélène Brion, Louise Bodin, Séverine.

Ne soyez pas seulement l'épouse et la
mère, soyez encore la citoyenne.

La Mère éducatrice,
juin 1918.

La mère consciente est une mère féministe
pour qui la raison se joint au sentimentalisme :
« Tu dois déclarer la guerre à la guerre. Tu
tiens en tes mains une force invincible : les
enfants... Mais ce n'est pas tout. Tu lutteras
contre la caserne et le militarisme. Et pour cela
tu te mêleras à la vie sociale. Tu étudieras les
causes de la guerre. Tu verras où sont tes ennemis, tes vrais ennemis [1]. » Les vrais ennemis sont
les profiteurs, marchands et trafiquants. Au
capitalisme international opposons bien l'Internationale des Mères grâce, cette fois-ci, à l'éducation des femmes : rien ne sert de culpabiliser
la femme puisqu'on lui a toujours demandé
d'obéir :

« La femme n'a pas su, dans la guerre que nous
venons de subir, qu'elle pouvait beaucoup pour
l'empêcher. Il faut l'en instruire. La femme ne
connaît rien de la vie sociale. Il faut la lui faire
connaître [2]. »

Il serait trop rapide de penser que revendiquer
la maternité de la femme contredise sa libération. Mère et militante, la femme retrouve sa
dignité et sa place dans la société... à condition

1. *La Mère éducatrice*, septembre 1921.
2. *La Mère éducatrice*, mai 1921.

de ne pas tomber dans le piège de la vie professionnelle :

« Les affaires sociales, dit-on, enlèveront la mère à ses enfants. Erreur. Ce qui enlève la mère à ses enfants, c'est l'usine, l'atelier, la besogne abrutissante qui fait de la femme une automate [1]. » Le travail industriel ruine la femme physiquement et moralement, tandis que le travail au foyer n'est pas dégradant : « sa diversité est un repos [2] » ! Nous qui avons hurlé contre l'enfermement dans la famille, comment ne pas s'étonner d'entendre des femmes préférer le travail ménager au travail professionnel ? Surtout lorsque Madeleine, logique avec elle-même, se refuse à vouloir salarier la maternité pour ne pas l'avilir. Mais quelle est cette libération sans indépendance financière, particulièrement pour l'ouvrière ?

Tout simplement celle de la femme du couple, de la femme vouée à l'homme, individualité complémentaire et non monadique : « Citoyenne, la femme restera amante, épouse et mère, de même que, citoyen, l'homme reste amant, époux et père. Ils seront seulement un peu plus intimement la compagne et le compagnon [3]. » Les compagnons forment ce couple idéal dont ont rêvé plusieurs générations de féministes.

À moins que les choses ne s'inversent : à croire la femme reléguée au foyer, on oublie que le triomphe de la Mère c'est aussi le « matriarcat ».

1. *La Mère éducatrice*, juillet 1918.
2. *La Mère éducatrice*, août 1918.
3. *Ibid.*

« C'est parce que la femme est créatrice que son rôle est prépondérant dans la société. La maternité est sa force ; bien qu'on ait trop souvent dit que cette maternité était sa faiblesse [1]. » Vouloir l'égalité nécessite la revendication de la toute-puissance de la femme pour l'encourager à ne pas démissionner devant les certitudes masculines. Pourtant, par la vie que Madeleine a menée, vie de famille élargie dont elle était le centre, et par ses écrits, la femme et la mère éclatent de supériorité : « Il est un fait que les femmes ne restent pas au niveau de l'homme. Elles le dépassent. Une femme qui se venge est pire qu'un homme qui se venge ; une femme qui se donne va, dans le sacrifice, à un degré que l'homme n'atteindrait pas [2]. » Le pire ou le meilleur ; tout le féminisme de Madeleine consiste à basculer de l'un vers l'autre...

> *La femme qui n'a pas encore été gâtée par les partis a une vision saine de la réalité sociale.*
>
> *La Ligue des femmes contre la guerre,* février 1921.

La vie politique ne passe pas nécessairement par les partis et Madeleine a voulu toute sa vie

1. *La Mère éducatrice,* novembre 1917.
2. *La Mère éducatrice,* août-septembre 1923.

être une militante sans obédience ni inféodation à aucun groupe politique. Ainsi elle quittera Épône en janvier 1923 lorsque le parti communiste y deviendra majoritaire ; ainsi elle refusera d'adhérer à la IIIe Internationale.

Les partis sont comme les pays et les classes sociales : querelles sans fin, violence et haine. Elle retrouve les femmes, loin de cette section du PC de Seine-et-Oise qui refuse à deux femmes leur inscription, loin de Vaillant-Couturier qui prend les femmes pour « un *instrument* de propagande supérieur à l'homme[1] ».

Pendant la guerre, Madeleine avait diffusé, avec quelques femmes pacifistes comme Hélène Brion, des tracts, des poèmes contre la guerre. Après l'armistice, la vraie lutte commence, celle d'un pacifisme intégral : « Soyons logiques : ne haïssons pas seulement la guerre, haïssons le militarisme[2]. » Il ne suffit plus de faire des conférences ou des débats, comme en temps de guerre, il faut que les femmes s'organisent contre la vague déchaînée de folie guerrière, consécutive à la victoire.

En novembre 1920, elle lance un appel pour fonder La Ligue des femmes contre la guerre. Contre l'oubli des horreurs de la guerre qui menace dans les fêtes de l'armistice, la célébration de Napoléon ou de Jeanne d'Arc, les femmes doivent avoir la force de crier que la « Patrie humaine » est à nouveau en danger. Des cen-

---

1. *La Mère éducatrice*, mai 1921.
2. *La Mère éducatrice*, mars 1921.

taines d'adhérentes, des milliers de tracts et d'af-
fiches, des réunions publiques, un Bulletin, tel
est le résultat de cet appel. *La Voix des femmes*,
autre journal féministe, s'y associe ; une *Conférence internationale pour une paix nouvelle* a lieu
à La Haye à la fin de 1922 et regroupe diverses
ligues de femmes.

Mais avec le départ de Madeleine Vernet de
l'orphelinat, la ligue cesse progressivement ses
activités, d'autant que le problème de la guerre
juste, de la guerre révolutionnaire, est à l'ordre
du jour.

La Mère éducatrice continue, les convictions
de Madeleine restent les mêmes : en 1927 et en
1928 paraît un nouveau journal, *La Volonté de
paix*. Mais Madeleine s'est éloignée des féministes et un groupe mixte anime le journal. C'est
une autre histoire[1]...

Madeleine Vernet n'a jamais cessé d'agir, de
lutter ; elle n'a jamais cessé d'écrire pour les
enfants, les femmes et les familles ouvrières.
Discours et faits se nouent sans cesse et sa vie
privée est une avec sa vie publique sans que l'une
triomphe de l'autre... Il y avait bien sûr d'autres
femmes, des hommes aussi, avec elle. Et certaines féministes, actives ailleurs et autrement,
ont soutenu ses initiatives sans toujours être en
accord avec son argumentation. Hélène Brion,
Nelly Roussel, Andrée Jouve, Louise Bodin,

---

1. Cf. Hélène Vernet et Jacques Ganuchaud, *L'Œuvre de
paix* de Madeleine Vernet, septembre 1938. Hélène Vernet
est la fille de Madeleine Vernet.

Marie Bonnevial... Mais elle est la principale animatrice de *La Mère éducatrice*, autour de laquelle s'ordonne la plupart de ses autres écrits.

De tous ses textes, j'ai gommé progressivement le lyrisme chrétien qui s'impose de plus en plus au cours de sa vie. Malgré moi, je me défendais contre son moralisme insupportable : au début, la mère définit la femme ; après, elle l'exclut et la mère possible devient la mère future. Les années 1900 avaient vu surgir le néo-malthusianisme et la revendication d'une « maternité consciente » grâce à la contraception. C'est peut-être pourquoi Madeleine demandait aux femmes de ne pas avoir d'enfants plutôt que de mal s'en occuper. Mais en octobre 1919, *La Mère éducatrice* change de sous-titre : de revue d'éducation populaire, elle devient revue d'éducation familiale. L'étau se resserre : qu'est-ce qu'être femme lorsqu'on n'est pas mère ? Je passe sur la famille et le couple. Après tout, elle disait bien que sa revue n'était ni féminine ni féministe.

HÉLÈNE BRION

Madeleine Vernet et Hélène Brion étaient amies. Le préambule d'Hélène Brion à sa défense lors de son procès pour « défaitisme » souligne combien les motifs de pacifisme, chez deux femmes si proches, pouvaient être différents.

DÉCLARATION LUE AU PREMIER CONSEIL DE GUERRE, LE 29 MARS 1918 (GERMINAL, AN 126)

« Je comparais ici comme inculpée de délit politique : or, je suis dépouillée de tous droits politiques.

« Parce que femme, je suis classée de plano, par les lois de mon pays, inférieure de beaucoup à tous les hommes de France et des colonies. Malgré l'intelligence qui m'a été officiellement reconnue depuis peu ; malgré les brevets et diplômes qui m'avaient été octroyés longtemps avant, je ne suis pas devant la loi l'égale d'un nègre illettré de la Guadeloupe ou de la Côte-d'Ivoire. Car *lui* peut participer par le bulletin de vote à la direction des affaires de notre commun pays, et "moi", je ne le puis pas. Je suis hors la loi.

« La loi devrait être logique et ignorer mon existence, lorsqu'il s'agit de sanctions, autant qu'elle l'ignore lorsqu'il s'agit de droits. Je proteste contre son illogisme.

« Je proteste contre l'application que l'on me fait des lois que je n'ai ni voulues, ni discutées. Ces lois ne sont pas, ainsi que le dit la Déclaration des Droits de l'Homme, *"l'expression de la volonté"*, car la fraction numériquement la plus importante de la Nation, les femmes, n'ont été appelées à les faire, ni directement, ni par leurs représentants [...]. »

17

De l'éducation des filles à la reproduction du sexisme

L'ARBITRAIRE D'UNE NOTION

Éduquer les petites filles, les adolescentes ou les futures femmes fut une des grandes idées du XIXe siècle et des commencements du XXe siècle. Mais que signifie au juste « éducation des filles » ?

On assimile l'histoire de l'éducation des filles à celle de leur accession à l'enseignement secondaire, au passage de la prépondérance des institutions religieuses à celle des lycées et de la culture laïque. C'est obéir à une représentation de l'éducation des filles fondée sur une comparaison avec l'« éducation des garçons ». L'important pour les femmes à l'aube du XXe siècle fut d'accéder à une « égalité ». Important quant à la valorisation et l'émancipation du sexe féminin, important aussi quant aux implications socio-professionnelles. Le baccalauréat, conquis progressivement entre 1910 et 1924 (plus tard donc que le droit à l'enseignement secondaire), avant d'être une affaire de savoir et de culture, est une affaire d'avenir professionnel : ouverture à l'enseignement supérieur mais aussi accès aux administrations, à la fonction publique autrement qu'au moyen, limité, du brevet supérieur.

Pourtant la première bataille pour l'éducation des filles, tout au long du XIXᵉ siècle, tend à un enseignement primaire équivalent, plutôt qu'égal, à celui des garçons. Cette nécessité première et fondamentale, à partir de la loi de 1833, occupe l'espace du débat. L'enseignement secondaire vient après dans l'urgence des réformes.

À la suite du primaire, mais aussi en parallèle, et quel que soit l'âge des petites ou grandes filles, se créent d'autres « moyens » éducatifs :

L'enseignement professionnel, qui prend explicitement ce titre avec la société fondée par Élisa Lemonnier[1]. Élisa Lemonnier est féministe, proche du saint-simonisme dès son mariage avec Charles Lemonnier et présente dans *La Voix des femmes* de la révolution de 1848. Il s'agit pour elle de donner des défenses, grâce à l'acquisition d'un métier, à la fille du peuple qu'on sait prise entre la misère et la prostitution. À cette initiative progressiste les catholiques répondent rapidement par la création d'écoles professionnelles. Fondées en 1866 par

---

1. Élisa Lemonnier, 1805-1865 ; une notice biographique détaillée a été publiée par son mari, Charles Lemonnier, en 1866.

Adeline Désir [1] elles n'ont pas cependant l'efficacité des écoles Élisa Lemonnier car c'est surtout
l'instruction primaire et l'enseignement religieux qui préoccupent les catholiques [2]. L'enjeu
social change d'ailleurs rapidement : quelques
décennies plus tard, dès la fin du XIXᵉ siècle, lorsque la scolarité de l'adolescente est plus évidente, cet enseignement perd sa combativité
politique et annonce ce qu'il est aujourd'hui : la
filière des exclues.

L'éducation familiale, fruit des désirs des
réformateurs depuis le XVIIIᵉ siècle, et dont il faut
souligner l'importance en dehors de toutes les
institutions, laïques ou religieuses. À lire la
presse réservée aux femmes et aux jeunes filles
(*L'Amie, Le Conseiller*...), il apparaît que jusqu'au
tournant du siècle, elle remplit un rôle pédagogique très précis par le ton modéré de ses chro-
niques morales et par le savoir raisonnable et
contrôlé qu'elle offre à ses lectrices.

L'enseignement domestique et ménager. Il est
un peu le résultat de l'évolution conjointe de
l'enseignement professionnel et de l'éducation
familiale. Vers 1900 en effet, apparaît, dans les
revues comme dans les institutions, ce que l'on
appelle l'enseignement ménager. Loin de l'usine

1. Cf. le compte rendu d'activité des institutrices de charité dans le *Bulletin de la société de protection des apprentis et
enfants employés dans les manufactures* (août 1868-août
1880) et la notice nécrologique de Mlle Désir (*id.*, octobre
1875).
2. L'œuvre des institutrices de charité se déplace d'atelier
en atelier et ne s'occupe pas de formation professionnelle.

et de l'université, il faut former et éduquer la future femme au foyer[1]. Face au nombre (réel) des femmes qui décident de travailler et, dans la mesure où elles le peuvent, qui veulent s'instruire pour travailler, il faut donner aux « autres » l'illusion d'un enseignement propre à la femme au foyer ; pour que ce foyer ne soit pas déserté au profit du monde du travail, pour que le travail maternel et domestique paraisse faire partie d'une évolution des mœurs en matière d'éducation. Cela durera jusqu'en 1940.

Alors l'« éducation des filles » se pense en fonction de deux repères : l'évolution du travail féminin, les luttes d'émancipation féministe. En découlent les remarques suivantes :

Quitte à faire l'histoire de l'enseignement secondaire féminin, on pourrait montrer les résistances du pouvoir et de l'État à l'assimilation des filles aux garçons face à la pression sociale qui impose cette assimilation.

S'il apparaît clairement aujourd'hui que l'enseignement ménager, situé à la confluence du professionnel et du familial, est un échec institutionnel, il fut cependant artisan de progrès, même ambigu : d'un côté, il consolide l'image de la femme au foyer, mais de l'autre, il impose l'idée que le travail domestique peut se comparer à un métier et exiger une évaluation horaire et financière.

---

1. Geneviève Fraisse, *Femmes toutes mains, essai sur le service domestique*, Paris, Le Seuil, 1979, 2ᵉ partie.

L'enseignement strictement professionnel
réalise la promesse de faire rentrer la femme
dans le monde du travail, mais d'une façon souvent très proche des idéaux contraignants du
XIXᵉ siècle. Le développement du travail social
laisse bien des femmes aux prises avec la maternité et le domestique.

La mère et l'institutrice : différence
ou équivalence

En 1820, Lévi-Alvarès ouvre à Paris un « cours
d'éducation maternelle » destiné aux jeunes
filles. Il fonde en 1834 une revue qui, pour un
temps, avait pour titre : *La Mère institutrice* ;
« l'institutrice mère » ajoutait le sous-titre[1]. On
ne peut résumer plus éloquemment cette préoccupation de penser à la fois semblables et
complémentaires le rôle et la fonction de ces
deux personnes distinctes. Complémentaires si
l'on considère d'un côté la mère comme première institutrice de l'enfant, institutrice naturelle et définitive, et de l'autre côté l'institutrice
comme représentante d'une maternité subli-
mée, d'une maternité identifiée à un support
pédagogique. Semblables quand on voit Jules
Delbrück publier un *Almanach-guide de la jeune
mère, de l'institutrice et de la grand'maman*[2] où la

---

1. Lévi-Alvarès donne par ailleurs un *Cours d'éducation
maternelle* où il ne s'agit pas, bien entendu, de puériculture.
2. 1853.

femme au foyer, en miroir de l'institutrice, doit assumer sa tâche pédagogique. Aider la mère à instruire sa fille, ouvrir des lieux d'enseignement où elle l'accompagnera au sens fort du terme, c'est ce que proposent les cours de Lévi-Alvarès en 1830, comme les cours ouverts sous l'impulsion de Victor Duruy à la fin du second Empire. De même, la presse associe souvent dans ses titres les mères et les filles.

Or cette équation n'est pas très convaincante :

L'institutrice est bien souvent très éloignée de la conjugalité et de la maternité. Néanmoins, c'est cette réalité féminine qu'on veut faire apprendre à la petite écolière avec toutes les vertus que cela suppose (dévouement, ordre, patience...) ; objectif premier d'une éducation qui se heurte au fait que celle qui leur inculque cet idéal et qu'on nomme institutrice-mère est une célibataire sans enfant, une travailleuse salariée sans ressemblance avec la femme au foyer, une déracinée qui n'a pas su, à l'encontre des règles admises, rester dans son milieu. Il est étonnant que cette pédagogie qui se fonde sur l'identification et la reproduction du modèle demeure aveugle devant cette inadéquation.

Inversement, on peut douter que la mère se retrouve dans les vertus essentielles exigées des institutrices. « Pour faire assez il faut faire trop », disait Mlle Sauvan, directrice de 1831 à 1835 d'un cours normal pour les institutrices, inaugurant ainsi la pensée de la « missionnaire » pour laquelle ses cours sont un

« bréviaire » [1]. Cette image de la « missionnaire laïque » a eu le succès que l'on sait. Qu'il y ait chez l'institutrice comme chez la mère des « vertus » communes d'abnégation et de sacrifice ne permet pas cependant de représenter la mère comme une militante.

Ainsi cette équation entre la maternité et la pédagogie est une réalité incertaine que masque une affirmation de principe. Cette irréalité vient peut-être de l'incapacité du XIXᵉ siècle à analyser clairement la place sociale de la mère. Il faut attendre l'article de l'institutrice Henriette Alquier intitulé « Maternité, fonction sociale » pour que s'instaure, même de manière très conflictuelle, un débat public [2] sur le rôle de la mère. De même est-ce encore une réflexion très isolée lorsqu'on lit dans *La Fronde*, sous la signature de Louise Debor, cette injonction : « Louons le désintéressement forcé des institutrices, c'est notre premier devoir. Rendons ce désintéressement moins onéreux pour elles, c'est notre second devoir [3]. » Injonction où la tâche maternelle de l'institutrice devient un travail supplémentaire, un enseignement postscolaire en quelque sorte...

Exigence de la part d'Henriette Alquier

1. Cf. Émile Gossot, *Mlle Sauvan* (première inspectrice des écoles de Paris), 1877 ; Mlle Sauvan, *Cours normal des institutrices primaires*.
2. Henriette Alquier, « La maternité, fonction sociale », *Bulletin des groupes féministes de l'enseignement laïque*, février 1927.
3. *La Fronde*, 24 janvier 1900.

comme de Louise Debor de délimiter les réalités féminines, de refuser que s'entretiennent ces confusions qui rendent infinis les devoirs féminins...

Au total, il s'agit d'un malentendu, mais d'un malentendu sans innocence. Témoin, par exemple, cette brève histoire : en 1835, Sophie Mazure adresse une pétition à la Chambre des députés en faveur de la création d'une école normale d'institutrices, pétition à la fois réaliste et exigeante dans ses considérations sur l'éducation des femmes et la situation des institutrices : éducation nécessaire à laquelle nuit la situation misérable et précaire des institutrices ; demande donc d'une double réforme, l'une pour l'ensemble des femmes, l'autre pour les institutrices. Texte singulier et superbe dont le ton est à la fois émouvant et politique. Lamartine présente la pétition à la Chambre puis prend la parole à la suite du rapporteur : « Il ne s'agit pas, comme quelques personnes semblent le croire ici, ni dans la pensée de Mme Mazure ni dans la mienne, d'enlever les femmes à la sphère de la vie domestique et de les transporter dans celle de l'éducation publique. La femme est l'âme de la famille ; là elle est non seulement égale, mais supérieure à l'homme [...]. Voyez la société corrompue du xviiie siècle, les femmes sortaient de l'éducation publique. Voyez la société actuelle, où le scandale n'est plus une gloire, où les vertus domestiques ont repris leur rang, les femmes sortent de l'éducation de la famille. Mais il y a une transition à ménager, un vide à combler pour le moment, surtout à l'égard des classes inférieures, où les mères de famille, n'ayant pas reçu d'éducation ne peuvent en donner encore à leurs filles. C'est pour cela qu'il est indispensable de s'occuper à former des institutrices pour les campagnes [1]. » Détournement extraordinaire où une demande générale d'éducation et d'apprentissage décent devient un mauvais moment à passer. Donnons aux femmes de France le temps d'apprendre par cœur leur maternité puis supprimons les écoles ? Lamartine n'est pas aussi explicite...

Que conclure, si ce n'est que dans le rapport établi entre la mère et l'institutrice, il apparaît que ce n'est jamais un savoir qui est en jeu ; mais juste une histoire obsédante de maternité, virtuelle ou réelle dont on peut douter que ce fut l'unique préoccupation effective des femmes elles-mêmes.

Le futur de la femme

Il faut donc attendre le début du XXᵉ siècle pour que la maternité commence timidement à être reconnue comme fonction sociale, c'est-à-dire partie prenante d'un fonctionnement global de la société. Avant, la confusion règne sous couvert d'une évidence : que ce soit un fait de nature ou un fait de société, qu'on éduque les filles chez les ouvriers ou chez les bourgeois, chez les laïcs

1. *Journal des femmes*, 1ᵉʳ février 1835 et 15 juin 1835.

ou chez les religieux, il est une certitude : cette future maternité de la femme. Il est une nécessité : celle d'une éducation conçue étroitement comme la préparation à un rôle. Toute recherche sur l'éducation des filles qui prend comme point de départ sa progressive assimilation à l'éducation des garçons est ainsi, on le voit, inopérante.

En effet, quel que soit le niveau ou le type d'instruction donnée à une fille, on la forme à être une femme dans le même temps où on prépare le garçon à une activité sociale. Remarque banale aujourd'hui, qu'il faut néanmoins éclairer de façon nouvelle. On se trouve, en effet, devant un paradoxe. Le rôle futur de la femme, sa destinée familiale et sociale, est l'expression d'un fait de nature, mais cette adéquation entre ce qui est au départ, le sexe biologique, et ce qui doit être à la fin, l'être social, obéit à la nécessité d'un développement, à un temps de formation : il faut apprendre à la femme à être femme.

Ainsi l'impression qui domine est celle d'un cercle vicieux où le contenu de l'instruction, encore une fois, paraît trop secondaire. Parfois même certains textes donnent l'impression qu'il faut passer le temps tout en proposant sans cesse à la petite fille ou à la jeune fille l'apprentissage de sa nature.

Sa nature est celle qui la sépare, par sa différence, de celle de l'homme. Comment se marque alors cette différence dans l'organisation même de l'éducation ? Là-dessus, même si un certain consensus règne jusqu'à la fin du XIXᵉ siècle sur les méfaits et les dangers de la coéducation des sexes (tolérée seulement dans les villages où ne vit qu'un seul instituteur), les textes sont parfois moins stricts. Tout n'est pas résolu en effet une fois qu'est réalisée la séparation spatiale entre les sexes.

Dans la préface au *Manuel des maîtres*, Marie Pape-Carpentier distingue différents niveaux : éduquer la fille ou le garçon, c'est éduquer l'être humain en général indépendamment des tâches futures ; ce qui autorise, pour les premières années de l'enfance, un apprentissage commun aux deux sexes. La séparation intervient pour limiter le savoir des filles, savoir uniquement destiné aux applications « pratiques » ; la séparation des sexes est donc fonction de l'objectif et en conséquence du contenu de l'éducation. Car du côté du bon sens il est évident que garçons et filles ne doivent pas s'ignorer, de peur que naisse un « antagonisme » entre les sexes là où il doit y avoir « diversité »[1].

Mais cette vision raisonnée peut apparaître comme un non-sens dès qu'on considère la question de l'éducation en rapport à l'univers du travail salarié. Si en effet la fille ne s'instruit pas pour savoir, au moins qu'elle s'instruise pour travailler. C'est ce qui conduit Jeanne Deflou, féministe des années 1900, à réexaminer la question dans cette perspective : en effet, si la réflexion pédagogique tient compte de la différence des classes sociales et des avenirs profes-

---

1. Marie Pape-Carpentier, *Manuel des maîtres*, 1870.

sionnels, il apparaît, par exemple, que pour la classe moyenne les débouchés (professions tertiaires et libérales) sont quasi identiques pour les hommes et pour les femmes.

Inversement, ce sont les professions ouvrières qui présentent la plus grande spécialisation entre hommes et femmes (en particulier à cause de la force physique). La logique serait donc (ce n'est pas la conviction de Jeanne Deflou mais la cohérence de la situation) de différencier au niveau du primaire et du secondaire (au contraire donc de la pratique) l'instruction des filles et des garçons. « Est-ce que l'intelligence est égale chez la femme et l'homme jusqu'à treize ans et supérieure chez celui-ci seulement à partir de cet âge ? On n'oserait le soutenir. Car tout enseignement doit avoir, avant tout, un but pratique et professionnel, doit mettre celui ou celle qui le reçoit en état de gagner honorablement sa vie — est-ce que les métiers appropriés à l'un et à l'autre sexe diffèrent plus dans la classe aisée, où se recrute la population des lycées, que dans la classe pauvre où se recrute celle des écoles primaires ? C'est justement le contraire. Il n'est pas une seule des choses que font les hommes de la classe moyenne que nous ne puissions faire aussi. Qu'est-ce qui nous empêche d'être médecins, pharmaciens, employées de toutes les administrations imaginables, de figurer dans la magistrature debout et encore mieux dans la magistrature assise ? Des occupations aussi douces sont compatibles avec une santé moyenne, avec une force physique presque

nulle. Mais il nous semble plus difficile de devenir charronnes, forgeronnes, couvreuses, maçon-
nes, terrassières, militaires, chauffeuses de navi-
res ; quoique en somme tous ces métiers-là
soient peut-être moins dangereux et moins
pénibles que celui de faire des enfants. Donc,
logiquement, c'est dans la classe pauvre que les
filles et les garçons devraient être élevés de la
façon la plus différente, puisque leur constitution naturelle ou acquise les y éloigne davantage
des mêmes métiers. C'est dans la classe riche
qu'ils devraient être élevés de la façon la plus
semblable puisqu'ils sont le plus aptes aux
mêmes besognes. Il en résulte que notre monde
scolaire est construit à l'envers du "bon sens"[1]. »

Tout ce raisonnement n'est que provocation,
mais il montre bien que le problème de l'éducation des filles, au XIXᵉ siècle et au début du XXᵉ,
part d'une tension entre la nécessité sociale
d'« encadrer » les femmes et la réalité nouvelle
du travail féminin salarié.

Car la lucidité ironique de Jeanne Deflou reste
l'exception, et avant 1914 c'est la confusion, née
de cette contradiction, qui domine. Dans une
même revue, par exemple *Le Foyer à l'école*, et
sous une même signature (E. Roy), on réclame
une « sanction utile » aux études secondaires de
filles, c'est-à-dire le baccalauréat, mais on rêve

---

1. Jeanne Deflou, *Le Sexualisme, critique de la prépondérance et de la mentalité du sexe fort*, 1905.

aussi que toute femme apprenne à se consacrer au métier de ménagère [1].

Il s'agit évidemment de deux poids et de deux mesures, pour la fille du peuple ou pour la jeune bourgeoise. Néanmoins, cela ne se précise pas, comme s'il fallait laisser dans l'ombre ces distinctions qui risqueraient d'ébranler la certitude d'une place sociale de la femme à l'écart justement de la vie réelle de la société ; comme s'il était fondamental que la femme, quoique produit de l'évolution historique, persiste dans un état de nature, même domestiqué.

Morale et politique

La femme rentre, de fait, dans le monde du travail, et les réformateurs sont finalement obligés, bon gré mal gré, d'en tenir compte. Mais que se passe-t-il lorsqu'il s'agit de sa place politique ? Logiquement, d'après ce qui précède, la future mère n'a rien à savoir de la vie publique. Est-elle donc une irresponsable politique ? En aucun cas. Il s'avère en effet qu'elle est cause de tout, entendons, de toutes les catastrophes : de la Commune, comme de la défaite contre l'Allemagne par exemple. C'est ce qu'on appelle son « influence ». Certains réformateurs acceptent d'éduquer la femme à cause de cela justement : support du foyer, elle est aussi support de la

1. Cf. *Le Foyer à l'école*, 15 novembre 1908 et 30 janvier 1909.

nation. Il faut l'en convaincre dans une juste mesure.

Cette mesure consiste à lui expliquer l'importance de cette fonction d'influence sans cependant susciter le désir d'une citoyenneté à part entière. Nombreux d'ailleurs sont les discours qui justifient l'absence du droit de vote par la nécessité de rattraper d'abord le retard éducatif des femmes. Ainsi la future femme « ange du foyer » doit jouer un rôle d'agent social mais d'agent extérieur à la société. L'objectif pédagogique est alors le suivant : puisque la femme a un pouvoir idéologique sur son entourage, il faut, la tâche est délicate, qu'elle sache éduquer socialement et politiquement sa famille tout en restant en dehors du monde.

Les *Travaux d'instituteurs* écrits pour l'Exposition universelle de 1878 nous montrent comment procéder : doit-on enseigner l'histoire et la géographie aux filles ? Oui, répondent Mme Nizart et Mlle Millot, institutrices : « L'histoire de France lui fait connaître son pays, les victoires qu'il a remportées, les malheurs qui l'ont accablé, les rois qui l'ont gouverné, les grands hommes qui l'ont illustré. Elle peut ainsi aimer sa patrie, et sans faire de politique elle saura, pour de nobles causes, exciter dans le cœur de ceux sur qui elle a quelque influence le dévouement poussé quelquefois jusqu'à l'héroïsme. »

« Venons-en à la géographie. Il ne suffit pas de posséder quelques notions sur l'histoire de la patrie ; il faut bien aussi connaître un peu cette patrie elle-même : sa physionomie, ses richesses, ses grandes villes, ses arts, son industrie et son commerce. Il n'est plus permis aujourd'hui de croire que Paris est à quelques lieues de Marseille ou de Bordeaux. Si la jeune fille est destinée à ne jamais quitter le foyer domestique, c'est une raison pour ne point y enfermer son esprit [1]. »

La jeune fille doit donc aimer et connaître sa patrie tout en ignorant la politique. La femme est responsable d'un monde, toute-puissante par son influence, et cependant elle est mise à distance, reléguée à une place qui fait quasiment d'elle une exclue.

De même insiste-t-on beaucoup au XIXᵉ siècle sur l'éducation nécessaire aux jeunes campagnardes : éducation qui éviterait de leur donner le goût de ce qui ne leur est pas destiné (plaisir des villes, savoir intellectuel, richesses futiles). Une éducation appropriée qui là encore leur donne un pouvoir social et politique : « Oui, la femme, ce génie bienfaisant de la famille, qui peut tout pour son bonheur physique, intellectuel et moral, possède encore le pouvoir de retenir au foyer paternel, d'attacher au sol, de maintenir dans le bien et la modération les fils et les filles qui naîtront d'elle ; mais pour cela il faut qu'elle soit suffisamment instruite, suffisamment façonnée au rôle qu'elle joue, préparée à la mission divine qui lui est confiée. [...] « Pour que

1. *Travaux d'instituteurs français*, 1878, p. 23 et 27.

la femme puisse entreprendre avec succès une croisade efficace contre l'émigration vers les villes et réparer le mal fait par tant de causes diverses il faut qu'elle soit armée de toutes pièces, cœur noble, âme pure, intelligence développée, esprit cultivé, corps robuste et volonté ferme[1]. » Si donc les femmes peuvent avoir le pouvoir politique d'enrayer l'émigration de la campagne vers la ville, c'est que leur influence politique n'est pas seulement celle de l'exécutant, du soldat, mais comme le dit ce texte, celle du missionnaire ou du croisé : elles ne se battent pas sur un champ de bataille, elles peuvent agir plus fondamentalement et infléchir un mouvement de société.

Est-ce encore de la politique ? N'est-ce pas, comme le dit ce texte, « une mission qui transcende l'être social, une mission divine » ? Mais s'agit-il encore d'une responsabilité historique ? À l'image de l'homme qui fait l'histoire correspond, pourrait-on dire, celle d'une femme qui est dans l'éternité de sa nature et de la religion.

La stratégie éducative du XIXe siècle visait à limiter l'être femme à un être de nature et de morale qui ne pouvait en aucun cas, sous peine de cataclysme, s'enrichir d'un être de société et de politique. Mais les luttes politiques et le féminisme en particulier, mais l'évolution des réalités professionnelles ont su compliquer cette

---

1. *Ibid.*, p. 188-189.

définition de la femme qui se voulait aussi bien univoque qu'éternelle.

Reste l'image chrétienne d'une vocation et d'une mission féminines, qui donneraient à cet être de nature un projet temporel. Cela expliquerait que l'éducation des filles ait été pensée non comme le développement mais comme l'apprentissage d'une nature, et, deuxième tour de force, comme un apprentissage qui ne vise pas la réalisation de soi mais celle des autres, mari et enfants.

Nature moralisée et vocation fabriquée . ce sont surtout les métiers féminins, le « service » laïc et social, qui ont laissé place à la femme missionnaire. Car aucune missionnaire ne pouvait se tenir entre quatre murs. Et pour celles qui y sont restées, le mot mission n'a jamais pu signifier autre chose qu'un idéal de dévouement. Glissement de sens qui témoigne de l'échec d'une volonté idéologique mais aussi de ses effets dans l'imaginaire et la réalité des femmes.

Un siècle plus tard, ces discours ont disparu, laissant place à des discriminations moins visibles, plus dans les représentations que dans les institutions ; ce qu'on appelle le sexisme à l'école.

« UN DANGEREUX
ANACHRONISME[1] »

La dénonciation du sexisme de l'école s'est affirmée en 1974 lorsque parut en France la traduction d'un livre italien, *Du côté des petites filles*, d'Elena Gianini Belotti. Ce livre eut du succès non seulement dans le milieu féministe mais auprès des éducateurs, parents et professeurs : il suscita cependant certaines réticences. C'est ainsi que trois professeurs d'école normale d'institutrices perçurent, à travers cette mise au jour du sexisme, une accentuation de l'oppression féminine plus qu'une stratégie de libération[2]. Nous faisions alors la critique de son analyse qui valorisait les normes masculines, identifiait ces normes à une énergie riche en agressivité, et naturalisait pour finir la différence des rôles sexuels, renforçant par là une représentation négative des femmes. Nous étions aussi un peu stupéfaites d'apprendre qu'à telle mère correspondrait telle fille, que l'institutrice collaborait à ce jeu mimétique, qu'en bref

1. *JDI, Journal des instituteurs et institutrices*, édité par Fernand Nathan, mai 1982, p. 11.
2. Elena Gianini Belotti, *Du côté des petites filles*, Paris, éd. Des Femmes, 1974 ; Geneviève Fraisse, Josette Vauday et Martine Guillin, « Elle n'en est pas moins une femme », *Les Temps modernes*, numéro spécial, « Petites filles en éducation », mai 1976.

l'école et la famille se donnaient la main pour susciter chez la petite fille la reproduction de l'infériorité féminine. Et il est curieux de constater que son dernier livre, plus autobiographique, affirme la reproduction du « modèle connu » de mère à fille, bien que son histoire racontée s'inscrive en faux contre cette obsession[1].

Cette affirmation de la reproduction des inégalités entre hommes et femmes, entre filles et garçons, fait écho à ce qu'une sociologie récente propose du rapport entre les inégalités sociales et l'école. Depuis *Les Héritiers* et *La Reproduction*, Jean-Claude Passeron et Pierre Bourdieu ont mis à mal les certitudes d'une école porteuse d'égalité des chances. Ces analyses ont montré les mécanismes des systèmes scolaire et universitaire qui reconduisent les inégalités de classes. Pierre Bourdieu parle de « retraduction » des structures sociales dans les structures d'enseignement.

Il est plausible de supposer un tel mouvement de reproduction des rapports entre les sexes. Or, excepté l'ouvrage polémique de Belotti et un rapport d'Andrée Michel[2] reprenant cette hypothèse de la reproduction, les études sociologiques et les recherches féministes ignorent ce problème. Pierre Bourdieu lui-même, mais ses travaux cités ici sont antérieurs au mouvement

1. Elena Gianini Belotti, *Les Femmes et les enfants d'abord*, Paris, Le Seuil, 1983, p. 65.
2. Andrée Michel (en collaboration avec Suzanne Béreaud et Marguerite Lorée), *Inégalités professionnelles et socialisation différentielle des sexes*, Cordes/CNRS, 1975.

féministe, ignore cette éventualité, bien que le problème affleure parfois sans innocence : dans *Les Héritiers*[1], l'inégalité des chances scolaires est de l'ordre du « léger désavantage » lorsqu'il s'agit du rapport entre filles et garçons, mais cela devient un désavantage « lourd de conséquences » si l'on observe l'origine sociale (p. 17-18). D'autre part, le milieu d'origine est sexuellement neutre, sauf à deux reprises où d'un côté il est fait état du père au titre de sa position dans la hiérarchie sociale (p. 40) et où de l'autre on montre une mère hors de toute activité sociale et professionnelle capable seulement de renforcer les difficultés scolaires de l'enfant par un jugement négatif (p. 109). Traitement différent donc pour le père et la mère, même s'il est ponctuel, à quoi fait écho ce qu'il est dit des étudiantes : elles restent fondamentalement soumises aux normes traditionnelles du rôle de la femme (p. 57, 70), comme s'il était exclu que l'école ou l'université produisent un quelconque effet contraire à cette tradition. Plus même : cette soumission à la tradition semble toujours venir d'un ailleurs, totalement étranger à l'école. Mais alors : si ce n'est pas l'école qui reproduit l'apprentissage du rôle traditionnel, quel système éducatif s'en charge ? La famille ? Question que le lecteur ne sera plus incité à se poser

1. Pierre Bourdieu et Jean-Claude Passeron, *Les Héritiers*, Paris, éd. de Minuit, 1964.

dans *La Reproduction*[1]. Car, si *Les Héritiers* laissent apparaître la reproduction des rôles sexuels, *La Reproduction* l'exclut et l'ignore, et par là même supprime le problème des inégalités entre les sexes. D'ailleurs, en dépit de toute la réalité sociologique d'aujourd'hui qui fait qu'un enseignant est de plus en plus souvent une enseignante, P. Bourdieu voit dans l'autorité pédagogique l'expression de la loi du père et appelle même Freud à la rescousse pour expliquer qu'un professeur est un « substitut paternel » (p. 34). Quoi qu'il en soit, il n'y a pas deux sexes qui apprennent ou qui enseignent et, si l'unique déterminant de *La Reproduction* est « la structure du rapport entre les classes », il est dommage que la variante « groupes ou classes » (qui surgit dès la page 33) ne soit pas explicitée. Il est cependant peu vraisemblable qu'il s'agisse des groupes des hommes et des femmes...

Curieux décalage : pendant que se perpétue un manque théorique à penser l'inégalité des sexes dans le rapport à l'école, manque que masque la référence constante au texte de Belotti, l'idée de la reproduction, l'idée et non la démonstration, tient lieu de certitude pratique. Le gouvernement socialiste lui-même, soutenant l'action entreprise par l'association « Pour une école non sexiste »[2], concrétise cette idée. Un arrêté de 1982 demande aux éducateurs de comprendre

1. Pierre Bourdieu et Jean-Claude Passeron, *La Reproduction*, Paris, éd. de Minuit, 1970.
2. Association fondée par Catherine Valabrègue en 1980.

qu'ils « ont un rôle essentiel à jouer dans la lutte contre les préjugés sexistes » : rôle de critique à l'égard des mentalités et de toute discrimination, mais aussi rôle de valorisation des transformations de la vie des femmes. D'autre part, le ministère des Droits de la femme insiste pour que « les inégalités et les différenciations liées au sexe constituent une dimension essentielle de la recherche ».

De ces exigences ministérielles, on peut retenir l'urgence d'une confrontation entre la question théorique et la volonté de réforme.

Lutte contre le sexisme et critique
des manuels scolaires

Dans les rares travaux consacrés à la critique du sexisme à l'école, une large place est faite à l'étude des « images » proposées aux enfants, images de stéréotypes féminins, notamment dans les manuels scolaires. Le manuel scolaire est un objet privilégié car il est à la fois support d'une critique et moyen d'une réforme. Il est l'objet idéal pour une dénonciation du sexisme : d'un côté, il représente une image fixe, celle de la femme, mère-au-foyer-qui-ne-travaille-pas, image qui par sa permanence et sa simplicité est une expression claire de la ténacité du sexisme dans une société qui prétend reconnaître l'égalité entre les sexes ; de l'autre, il est une réalité très concrète puisque c'est un outil de travail grâce auquel tout enfant apprend à lire et à compter. Avec un savoir scolaire s'introduisent des représentations de rôles sexuels, représentations du couple, de la famille, de la vie sociale.

Isoler la question du manuel est un choix de méthode : étant donné le sexisme de la société et du réseau éducatif, l'objet concret qu'est le manuel scolaire permet de poser l'ensemble du problème. Comme expression de la permanence du sexisme, il suscite une double réflexion : soit exemple privilégié, soit révélateur du sexisme. Pour Catherine Valabrègue, qui anime l'association *Pour une école non sexiste*, la critique des manuels *révèle* la gravité du problème et définit l'*étape première* de la lutte contre le sexisme. Mouvement du particulier au général, d'une lutte précise à une prise de conscience globale, qui s'inverse pour combattre le sexisme dans sa totalité à travers un de ses symptômes, les livres scolaires : Yvette Roudy soutient cette lutte, pour elle exemplaire, car l'origine de tout sexisme remonte à la petite enfance... mouvement cette fois-ci du général au particulier. Mouvement méthodologique dans les deux cas, qui s'enracine dans une réalité concrète, permettant d'observer le fonctionnement de la reproduction.

Or cette thèse présente quelques difficultés. Nous disions qu'une telle critique ne va pas sans exigence immédiate de réforme. Elle est de l'ordre de la *dénonciation* à la fois d'un anachronisme et d'une injustice. Cette dénonciation a un caractère d'évidence qui appelle en réponse des choix militants de type « réactifs » : il faut soit rétablir la vérité, soit proposer un nouveau modèle. Refaire les manuels scolaires, c'est montrer par exemple qu'aujourd'hui la femme travaille hors de chez elle, et pas seulement, image mythique, comme hôtesse de l'air ; c'est signifier qu'elle n'est pas seulement épouse et mère. La maison d'édition Fernand Nathan, sous l'impulsion de l'association « Pour une école non sexiste », rédigeait en 1980 un texte, destiné aux auteurs et illustrateurs de manuels scolaires, qui indiquait trois domaines où la réalité était niée : les activités socioprofessionnelles, la « vie » et la « famille », les portraits physiques, psychologiques et... moraux des personnages. Ce rétablissement de la réalité-vérité est de l'ordre de la *réparation*.

Inversement, on peut produire de nouvelles images, celle d'un égal partage des tâches domestiques ou celle de petites filles combatives et conquérantes. Dans ce cas, une réalité minoritaire devient une représentation idéale ; il y a *valorisation*. Mais laquelle ? Si le sexisme est l'affirmation de l'inégalité entre les sexes, on doit réfléchir au sens de cette valorisation : assimilation au monde masculin, à ses normes et à ses images, ou affirmation d'une spécificité féminine. Ainsi, dans la littérature enfantine, compagne habituelle du manuel scolaire, il paraît difficile de ne pas remplacer un schéma par un autre : à petite fille avec poupée succède le garçon manqué. Démarche volontariste qui n'échappe pas à son retournement : la petite fille turbulente pourrait bien être une chipie et expri-

mer à nouveau une image négative du sexe féminin. À s'enfermer dans les images, image réaliste
de la femme d'aujourd'hui ou image idéale de la
nouvelle petite fille, on risque de ne pas appréhender la cause même du sexisme, celle qui fait
de la différence des sexes un problème de rapports de domination.

Nous disions que le manuel scolaire est un
bon outil pour analyser le sexisme ; néanmoins,
il peut faire écran à la compréhension des mécanismes scolaires perpétuant le sexisme. Le
manuel est en général isolé comme un objet
ayant une existence indépendante de l'utilisation qui en est faite. Que font du manuel l'enfant,
le parent, l'enseignant(e) ? L'enfant compare ce
qu'il voit dans les livres et ce qu'il constate dans
la vie ; jeu de va-et-vient qui ne fonctionne pas
dans le seul sens de l'imposition de la norme
livresque, constat fréquent d'une différence
entre l'image et la réalité soit parce que les
femmes autour de lui, et sa mère en particulier,
travaillent, soit parce que sa vie familiale n'est
pas celle de la cellule type... L'enfant n'est peut-
être pas heureux de ces comparaisons ; il paraît,
néanmoins, difficile d'affirmer que le stéréotype
est *a priori* plus fort que le réel ; il semble possible au contraire d'utiliser cette contradiction
pour ébaucher une critique sociale. Est-ce la
pratique du parent ou de l'enseignant(e) ? De
façon minoritaire. Dans tous les cas, l'utilisateur
adulte du manuel n'est pas une personne neutre ; ses comportements dans la vie ou ses
commentaires inscrivent le livre dans un réseau

de significations et dans un jeu de normes
« sexuelles » beaucoup plus larges. À trop isoler
le manuel, on risque de lui accorder l'importance qu'il n'a pas ; on croit aussi maîtriser un
outil pédagogique, le livre, dont on sait pourtant
qu'il agit bien au-delà du champ scolaire. Si l'enfant ne doit plus voir Papa fumer sa pipe pendant que Maman prépare le dîner, doit-il pour
autant cesser de lire Baudelaire ou Stendhal,
c'est-à-dire s'arrêter au contenu d'une œuvre
hors de tout plaisir de la forme et privilégier
ainsi l'image pédagogique banalisée plus qu'une
représentation esthétique complexe ? Et s'il est
évident que la lutte contre le sexisme ne gagnera
rien à utiliser la censure (outre que cette censure
est impossible), la question reste entière : quel
est le pouvoir de l'image et de la représentation ?

Le rôle et la réalité

On peut passer de la critique du stéréotype à
l'expérimentation individuelle. Danielle Flamant-Paparatti raconte les premières années de
sa fille [1]. À tenir le journal, de deux à six ans, de
cette petite fille qu'elle veut éduquer autrement,
elle est réticente à toute dénonciation, celle
d'Elena Belotti, ou celle, plus nuancée, de Made-

1. Danielle et Emmanuelle Flamant-Paparatti, *Emma-*
nuelle ou l'enfance au féminin, Paris, Denoël-Gonthier, 1979,
p. 150.

leine Laïk[1]. Elena Belotti, dans sa préface, reconnaît que ce récit a un « caractère emblématique », qu'il est l'expression d'une « étape intermédiaire », où se jouent en même temps une recherche de parité avec le garçon et une imprécision volontaire relativement à la différence des sexes. À quoi fait écho la conclusion d'une étude sur la nouvelle littérature enfantine : les petites filles des albums récents expriment une évolution, perdant leur féminité sans retrouver encore d'identité[2]. L'éducation familiale serait-elle plus sensible au changement que l'école ?

Cependant, ces discours qui privilégient l'innovation contre la tradition résonnent curieusement : ni les tentatives de parité entre filles et garçons ni l'épouvantail de la masculinisation des filles ne sont choses vraiment nouvelles. L'idée importante est que l'école ne peut lutter contre l'apprentissage et l'intériorisation du sexisme par les enfants ; que même elle en favorise l'inculcation. Ainsi, Annie Decroux-Masson remarque que sa fille, contrairement à toute réalité, prétend que sa mère et non son père fait la cuisine[3]. L'école serait alors, dit-elle, une référence plus forte que les parents eux-mêmes. Et se trouverait par là confortée la thèse de la reproduction du sexisme par l'école.

Inversement, et curieusement, les quelques

1. Madeleine Laïk, *Fille ou garçon*, Paris, Denoël-Gonthier, 1976.
2. *Trousse-livres*, n° 25, septembre 1981, p. 2.
3. Annie Decroux-Masson, *Papa lit, maman coud*, Paris, Denoël-Gonthier, 1979.

notations de Pierre Bourdieu et Jean-Claude Passeron sur cette reproduction d'une inégalité entre les sexes ne suggèrent pas que l'école a la responsabilité de cette transmission. *Les Héritiers* laissent entendre que cela se joue ailleurs, en particulier dans la famille. En fait, la critique de la certitude d'une école démocratique laisse se perpétuer l'idée que l'institution scolaire est un lieu neutre pour l'égalisation des chances entre sexes. Croyance tenace exprimée récemment encore par Francine Best dans l'avant-propos d'un catalogue d'exposition[1] : l'école peut faire cesser l'inégalité entre les sexes comme on disait auparavant qu'elle effaçait les inégalités entre les classes.

Qui donc lutte contre le sexisme ou, plutôt, qui apprend le sexisme aux enfants ? Est-ce l'école, ou est-ce la famille ? La balle se renvoie facilement d'un camp à l'autre, la famille accusant l'école ou réciproquement. Ainsi on insiste soit sur la réussite indubitable des filles à l'école[2], soit sur leur absence du cursus scientifique ou sur l'interruption de leurs études. Débat intéressant car il pose la question de la cause, ou encore : s'agit-il de la reproduction ou tout simplement de la production des inégalités ? Dans une société patriarcale, le sexisme est un système en soi[3], structuré par cette société, et

---

1. *L'Éducation des jeunes filles il y a cent ans*, Rouen, Musée national de l'éducation, 1983, p. 5-6.
2. *Populations et sociétés*, octobre 1981.
3. Liliane Kandel, « Le sexisme comme réalité et comme représentation », *Les Temps modernes*, nº 444, juillet 1983.

l'école le perpétue tout autant qu'elle le suscite
— de même la famille. Et si ce sexisme perdure,
même s'il est malmené par des luttes politiques,
c'est à chaque endroit de la société qu'on en trouvera l'effet et la cause.

C'est pourquoi Andrée Michel[1] met d'emblée
du même côté les institutions familiales et scolaires pour analyser la reproduction et en particulier la « reproduction du système de stratifica-
tion sexuelle ». Ainsi cette étude utilise le
concept de reproduction emprunté à Pierre
Bourdieu dans le cadre d'une interrogation
féministe ; filiation contradictoire, puisqu'il est
dit que l'analyse du conflit de classe a freiné
l'analyse du conflit de sexe. De plus, elle récuse
l'hypothèse de la reproduction, comme simple
imposition et inculcation d'un arbitraire culturel[2], et elle identifie un double niveau de mécanismes : celui des processus d'inculcation des
stéréotypes et celui de leurs modes d'acquisition
par l'enfant. Il est donc exclu de voir l'individu
« comme un être passif soumis aux agents
chargés de sa socialisation ». Ces agents, d'ailleurs, ne se réduisent pas à la famille et à l'école.
Andrée Michel souligne l'importance des
groupes de pairs de l'enfant, des mass media et
de la publicité... Ainsi elle évite l'opposition
entre école et famille, et donne à voir la
complexité des lieux du sexisme. On comprend
mieux alors que l'école puisse être perçue

1. *Inégalités professionnelles...*, *op. cit.*, p. IX.
2. *La Reproduction*, *op. cit.*, p. 20.

comme lieu d'égalisation des chances, ou
comme bastion de la tradition. Les deux sont
possibles parce que les deux sont vrais : pour certaines filles, la famille sera un espace de
contrainte ou de liberté, pour d'autres l'école
sera un facteur déterminant. Ou encore l'enfant
conclura lui-même dans le jeu contradictoire
entre l'image de sa mère, celle du manuel et celle
de l'institutrice. Ou bien même la comparaison,
entre frère et sœur, de leur égalité scolaire et de
leur inégalité familiale ne donne pas toujours les
mêmes résultats... En bref, le système a des
« failles », pour reprendre un terme d'Andrée
Michel, et ces failles, positives ou négatives, sont
au cœur de l'analyse de la reproduction. Ainsi
évoluent les stéréotypes. D'après les enquêtes de
Suzanne Béreaud et de Marguerite Lorée, dans
l'étude d'Andrée Michel, les filles sont les plus
souples et les garçons les plus rigides quant aux
stéréotypes féminins ; même si cet anticonfor-
misme féminin se solde moins par un refus de
leur rôle traditionnel que par une addition des
tâches anciennes aux nouvelles activités choi-
sies. En clair, elles joignent à la représentation
de leur rôle d'épouse et de mère celle de travailleuse ou de femme indépendante. Mais, si cette
représentation est le résultat des processus éducatifs, elle n'en est jamais le véritable objectif.
Fait-on d'ailleurs une éducation à partir de
l'image d'un rôle ? Les discours normatifs qui
entourent l'éducation des filles depuis des
siècles portent à le croire. Pourtant, le problème
du rôle féminin, d'une image chargée à la fois de

stéréotypes et de préjugés, d'une image et d'un modèle, ne peut se poser dans l'abstraction qui caractérise fréquemment la critique des manuels scolaires. Abstraction qui consiste à parler de rôle féminin sans référence à un éventuel rôle masculin, à ne pas distinguer là où il y a égalité, sociale en particulier, des sexes et là où il y a différence, à ne pas analyser la domination d'un sexe sur l'autre, c'est-à-dire leur *rapport*. Différence des sexes et rapports de domination ne se mettent pas facilement en image, mais ils se disent et se parlent. Si l'image est le support de la reproduction, qui la propose et la commente par le geste et le langage ?

Qui sont les reproducteurs ?

Si Pierre Bourdieu pense le rapport de communication pédagogique comme imposition et inculcation d'un arbitraire culturel, ce qui s'échange reste néanmoins de l'ordre de la forme d'un savoir qui assigne par là à chacun une façon d'être. Avec le sexisme, l'apprentissage d'un rôle est directement lié à une figuration des rôles, images livresques ou vivantes. Ce sont les mécanismes d'identification que dénoncent les critiques du sexisme à l'école ; or cette identification ne se fait pas de l'objet à l'enfant sans qu'intervienne un intermédiaire, « agent » d'éducation. Qui est l'agent en matière d'apprentissage du rôle (ou de l'identité peut-être ?) sexuel ? L'instituteur, l'institutrice (tel ou telle d'ailleurs au gré des années), le père, la mère, le frère ou la sœur ? C'est une constellation variable pour chaque individu qui se forme. Mais quelle place les analyses font-elles à cet élément de la reproduction ? Chez Pierre Bourdieu, la situation de l'agent se cache derrière le concept d'autorité, chez Elena Belotti au contraire toute l'analyse tourne autour d'une question de personnes, la mère et l'institutrice. Personnes qui transmettent ou qu'on imite. Est-ce par là que se fait la reproduction ? Nous critiquions, dans *Du côté des petites filles*, l'utilisation de cette notion d'identification qui se réduisait à un jeu mimétique. Mais on ne peut se contenter de résoudre la question en parlant, comme Pierre Bourdieu, de la « violence symbolique » exercée par les agents de l'éducation. Plus intéressante nous paraît être la thèse de Suzanne Mollo qui privilégie la notion de modèle pour inclure aussi bien le simple niveau de l'imitation que l'efficace du symbolique. Mais ce modèle qui est « le maillon de la communication pédagogique » n'est pas nécessairement voué à la reproduction [1]. Elle insiste en effet sur le retard et le décalage de toute transmission culturelle, sur l'inévitable pesanteur de l'école, véritable « musée des valeurs », et sur la raideur des agents de l'éducation, les plus réfractaires, pour finir, à transmettre le changement. Le rapport entre le modèle et son inadéquation pour l'en-

1. Suzanne Mollo, *L'École dans la société*, Paris, Dunod, 1970.

fant au moment même où il s'exerce définit peut-être le champ où se joue la reproduction.

Reste que le modèle n'est pas l'agent et que les agents sont des êtres sexués. Et de la même façon que l'identification apparaît surtout comme un problème lorsque menace la répétition du rôle traditionnel féminin, la femme mère ou institutrice est spécialement mise en cause et suspectée d'être un agent négatif. Cette négativité peut se lire et se comprendre de deux manières : Elena Belotti accepte le discours misogyne qui fait de la femme éducatrice une coupable, la responsable de la transmission de l'oppression, Monique Plaza dénonce le « soupçon qui pèse sur la Mère et sur les mères » (dans le champ psychanalytique en l'occurrence) et en un sens les excuse[1]. Dans les deux cas, envers l'un de l'autre, apparaît la place jusqu'ici incontournable des femmes dans l'ensemble du système éducatif. On ne s'étonne pas alors que quiconque néglige la question de l'agent néglige aussi celle du sexe de l'agent : ce serait désigner l'oppression des femmes, et mieux vaut que cela reste un point aveugle de l'analyse.

Si la question du sexisme dans l'éducation se pose à travers l'analyse de la place des femmes, à l'école et dans la famille, dans le système même de la reproduction, il faut savoir quel intérêt ont les femmes à perpétuer leur oppression. Car, dans l'hypothèse où l'agent participe à la repro-

---

1. Monique Plaza, « La même mère », *Questions féministes*, n° 7, février 1980.

duction sociale, ce n'est pas lui ou ses enfants qui y perdent. Dans l'hypothèse d'une reproduction sexuelle, les femmes seraient les premières complices et les premières victimes. Question du pouvoir des dominés qu'il est toujours difficile d'appréhender mais qui explique peut-être l'indifférence apparente du féminisme et des féministes pour les problèmes d'éducation — ou même de maternité. Indifférence théorique que masque mal la réalité d'une certaine pratique militante.

18

Le travail, c'est la liberté

Je pourrais ainsi commencer : lorsque le travail devint au XIXᵉ siècle une activité noble, on se mit à douter du travail des femmes. Malgré l'évidence ancestrale de la femme au travail, malgré les images du labeur incessant des femmes, au foyer et hors du foyer, pour le ménage, les champs, l'artisanat, l'industrie, on se demanda, avec l'apparence de la bonne foi, s'il fallait laisser les femmes aller à l'usine, ou au contraire s'il fallait leur interdire certaines professions, les empêcher d'occuper certains emplois.

Dieu avait condamné les hommes et les femmes à la servitude du travail, servitude pour l'être humain de gagner son pain à la sueur de son front. On sait que la mort de Dieu autorisait une nouvelle représentation, que soutint avec force Proudhon, celle du travail qui libère de quelques servitudes de la condition humaine, du travail qui anoblit l'homme ; même si le travailleur quant à lui y gagnait en exploitation. Si alors le XIXᵉ siècle est porteur de cette nouvelle interprétation du travail humain, il est remar-

quable que les femmes ne s'inscrivent pas dans
cette histoire aussi simplement que les hommes.
Car deux visions s'opposent alors en se contredisant, celle de l'utopie qui mettrait le travail des
femmes au rang d'un droit et d'un idéal, d'une
liberté nouvelle (ainsi disent Flora Tristan, les
saints simoniennes, les fouriéristes), celle d'une
réalité conflictuelle où le travail des femmes est
une évidence massive autant qu'un problème
(point fort de l'affrontement entre marxistes et
proudhoniens au sein de la Ire Internationale).

Ces deux visions extrêmes, rêve et réalité,
organisent encore des débats actuels autour de
la formulation bien étonnante qu'une femme
« travaille ou ne travaille pas », a la liberté (virtuelle) de choisir d'une part, sacrifie (potentiellement) sa famille d'autre part. Comme le dit
Joan Scott[1], le XIXe siècle a institué la travailleuse comme un problème ; entendons bien :
non pas le travail des femmes, qui n'avait rien de
nouveau, mais la travailleuse. Or, pendant ce
temps, le travailleur acquerrait ses lettres de
noblesse, malgré l'exploitation capitaliste. La
conjonction de ces deux éléments mérite
commentaire.

La travailleuse est un problème parce que le

1. Joan Scott, « La travailleuse », *Histoire des femmes en
Occident* (sous la direction de G. Duby et M. Perrot), Paris,
Plon, 1991, t. IV, sous la direction de Geneviève Fraisse et
Michelle Perrot. Voir aussi : Louise A. Tilly et Joan Scott, *Les
Femmes, le travail et la famille*, Paris, Rivages, 1987, et Kathe-
rine Blunden, *Le Travail et la vertu. Femmes au foyer ; une
mystification de la révolution industrielle*, Paris, Payot, 1982.

travail des femmes est un enjeu essentiel pour définir l'être contemporain qu'est la femme d'aujourd'hui. Telle serait l'utopie vivace d'un féminisme comme le mien qui dirait encore, malgré certains débats actuels, que « le travail, c'est la liberté ». Quelque chose d'essentiel parce que le « problème de la travailleuse » suppose de traverser deux domaines de réflexion annexes, celui de la division du travail, division naturelle ou division sociale, et celui de la famille supposée en danger, menacée de dissolution au profit d'une communauté des femmes. Or, aujourd'hui, les femmes continuent plus que jamais à vouloir « travailler » et la morale semble sauve avec une famille en bonne santé.

Je propose en conséquence de retraverser ces deux domaines, de repenser la « travailleuse » sous l'éclairage du débat théorique sur la division du travail et sous l'éclairage des discours fantasmatiques de la fin de la famille. Peut-être comprendra-t-on mieux alors le constat de départ ; que le travail des femmes est entre l'idéal de liberté et la nécessité de subsistance, entre une réalité massive et des fantasmes tout aussi réels.

LA DIVISION SEXUELLE DU TRAVAIL

Aujourd'hui, la division sexuelle du travail s'entend comme une répartition inégale entre hommes et femmes des tâches professionnelles ou domestiques, comme une situation sociale qui suppose hiérarchie et domination des hommes sur les femmes. Dois-je rappeler que division du travail pourrait signifier simplement organisation égalitaire du travail, répartition équitable des rôles et des tâches ? Qu'une juste répartition entre hommes et femmes n'ait jamais cours, il faut bien entendu le dire encore.

La division sexuelle du travail signifie deux choses très distinctes, la division naturelle qui est celle de la reproduction et la division sociale qui est celle de la production. Et ces deux divisions ne sont pas superposables. L'apport de Marx et d'Engels est de ce point de vue capital puisque dès leurs premiers ouvrages ils réfléchissent à la division du travail à partir de la division première de l'acte sexuel et de la reproduction ; la reproduction étant autant la reproduction de l'espèce que de la force de travail. Qu'il y ait une division première qui soustende les divisions secondes, c'est-à-dire sociales, implique qu'on s'y attarde. En effet, cette constatation faite par Marx et Engels, bien moins banale qu'il n'y paraît, est, là encore, une représentation nouvelle du XIXe siècle.

Un rappel simplement de la question avec Platon et Aristote d'un côté, Hannah Arendt de l'autre. Platon traite de la division du travail dans *La République* (II) pour montrer comment la cité se construit avec celle-ci mais cette réflexion ignore la reproduction comme travail.

De même Aristote, s'il parle bien de « répartition du travail » dans *Les Économiques* et surtout d'« administration familiale » dans *Les Politiques*, la constatation reste brève, susceptible de peu de commentaires. De fait, le travail domestique est lié à la fonction de l'esclave bien plus qu'au rôle de la femme et la production des enfants est ainsi hétérogène au système productif. Par là s'explique qu'aucune analogie ne s'instaure entre la reproduction et la production et que cette analogie soit une idée moderne. Mais nous savons que le mot d'analogie est faible, voire inexact pour notre époque depuis le XIXᵉ siècle, puisque la travailleuse devient un problème précisément parce que fut alors instaurée l'opposition entre le privé et le public, la famille et le travail. Et pourtant Hannah Arendt, dans *La Condition de l'homme moderne*, continue, tels les penseurs de l'Antiquité, à ignorer la division du travail entre les sexes, division sociale et division naturelle, à réfléchir à l'esclave comme seul travailleur reproducteur de la vie. Il est vrai que, pensant à partir du XXᵉ siècle, elle peut justement entériner la transformation du XIXᵉ siècle, cette utopie assez formidable, qui fut d'imaginer la fin de la division naturelle du travail entre les sexes.

En effet, hors la procréation dont je parlerai tout à l'heure, l'ère industrielle produit un brouillage entre les sphères de la production et celle de la reproduction, brouillage propre à douter de la vocation naturelle des femmes à l'élevage des enfants et l'entretien du foyer.

Brouillage aussi qui fut peut-être dans les siècles précédents la réalité de l'économie familiale mais qui prend une tout autre couleur à l'ère industrielle qui est aussi l'ère démocratique. La nécessité du travail salarié comme moyen de subsistance tout autant que la revendication d'accès aux études et aux professions semblent s'opposer au travail domestique et familial. En fait, c'est la tâche même d'épouse et de mère qui cesse d'être inéluctable.

Ainsi le brouillage des sphères domestique et publique, par ailleurs hautement distinguées et spécifiées, signifie ici cette utopie : utopie féministe qui croit possible d'ignorer la première division naturelle du travail, de la faire disparaître. Utopie par ailleurs tout à fait distincte de celle d'Engels lorsqu'il affirme une possible disparition du travail domestique interne à la famille.

Dirons-nous alors que « le travail, c'est la liberté » ? Formule qui fut usée diversement depuis plus d'un siècle pour soutenir l'émancipation ou pour imposer la servitude. Formule quant aux femmes pertinente du côté de la subsistance comme du côté de l'émancipation. Qu'il y ait eu mise en cause de la division naturelle du travail indique dans les deux cas le fondement d'une liberté nouvelle ; qu'en même temps le travail apparaisse aux femmes (à l'instar des hommes) comme une réalité positive renforce cette représentation. Mais justement le conflit surgit à cet endroit où liberté des femmes et conquête de l'homme forment une apparente contradiction.

Il faudrait faire quelques rappels historiques, rappeler les discours contre le travail des femmes en général, pour le maintien de métiers exclusivement masculins (la typographie bien sûr), s'interroger sur les lois restrictives (dites de protection) contre le travail de nuit des femmes par exemple, reprendre le célèbre « ménagère ou courtisane » de Proudhon qui s'adjoint d'un « et non point servante » pour bien déclarer le refus du travail mercenaire et salarié. Ces rappels historiques montreraient bien que le positif du travail masculin a pour image opposée le négatif du travail féminin.

Hannah Arendt écrit que l'homme moderne est animal *laborans* bien plus qu'animal rationnel ; que l'Antiquité marque bien la rupture entre l'homme et l'animal par la raison, mais que l'époque moderne fait du travail le critère de l'humanité. Le travail n'est plus une malédiction divine. Marx est le philosophe du travail dit-elle aussi. Et les femmes alors ? Elles ont, tout au long de l'histoire occidentale, été contestées comme animal rationnel ; j'ajouterai qu'elles le sont aussi comme animal *laborans*. De même qu'on leur accordait des morceaux de raison plutôt que la raison une, on leur impose des limites pour le travail, on fabrique avec l'argument de la protection (il faudrait vraiment s'y attarder) des conditions à leur participation à la production.

On comprend alors qu'il y ait transgression, et

que je parle d'utopie. Toute l'énergie des femmes depuis le siècle dernier a consisté à élargir leur espace d'activité, autant en luttant contre les interdictions qu'en ignorant les conditions restrictives. Le résultat est qu'aujourd'hui, malgré les difficultés supérieures à celles des hommes pour rester sur le marché du travail, les femmes continuent à vouloir exercer un emploi, une activité salariée, un métier. Depuis trente ans, le nombre de femmes qui « travaillent », en clair qui ont un emploi (suivant les termes de Margaret Maruani[1]), est en augmentation constante malgré la crise.

Si on se souvient que la femme a toujours travaillé, on comprend alors que l'ère industrielle (et démocratique) ait inscrit le travail comme un droit (y compris du point de vue de la nécessité à gagner sa vie). Les critiques des droits de l'homme, Fourier autant que Flora Tristan, insistent pour que la femme ait droit au travail. Flora Tristan voudrait la femme comme « associée » de l'homme. Et puis il y a la femme seule, catégorie du XIXe siècle aussi importante dans les discours que dans la réalité sociale. La femme seule subvient à ses besoins sans l'aide de l'homme, mari ou père ; la femme seule travaille pour sa survie économique, sa subsistance. Ceux qui s'opposent au travail des femmes

---

1. Margaret Maruani, *Mais qui a peur du travail des femmes ?*, Paris, Syros, 1985 ; *Sociologie de l'emploi* (en collaboration avec Emmanuèle Reynaud), Paris, La Découverte, 1993.

acceptent de faire une exception de la femme seule. Il revient après à Marx de la généraliser par l'affirmation que l'émancipation des femmes est produite par le travail. À l'autonomie de subsistance s'ajoute donc l'indépendance potentielle de l'individu.

Ainsi la liberté par le travail ne s'entend pas au sens de la production humaine, de la création, de l'œuvre dira Hannah Arendt, mais bien au sens de l'individu et de son autonomie, du sujet.

L'histoire des femmes n'est donc pas celle des hommes ou, dit autrement, l'histoire est sexuée. L'histoire du travail des femmes, depuis deux siècles, est distincte. Là où le travail devint l'emblème de l'homme maître de lui-même, où par conséquent le travail se déploya entre liberté et aliénation de l'homme, il fut pour la femme, dans tous les cas, une conquête, conquête d'une subsistance sans dépendance, conquête d'une autonomie porteuse d'indépendance civile et politique. Et si les femmes vivent une tension entre le travail libérateur et le travail aliénant, cette tension se crée d'abord non pas à l'intérieur de l'espace de production comme pour l'homme, mais entre production et reproduction ; j'arrive au second point de mon propos. Mais avant, j'ajouterai volontiers ceci : si l'histoire des hommes et des femmes n'est pas la même, les distinguer oblige à remarquer combien celle des femmes s'inscrit à contre-courant aussi bien d'analyses que de valeurs. Il faudrait prendre la mesure de cette constatation.

PRODUCTION, REPRODUCTION

Certains diront que la spécificité de l'histoire des femmes fut toujours évidente. Le travail du foyer incombant aux femmes, le travail salarié ne pouvait que s'opposer à l'activité domestique. Telle est du moins la représentation qui surgit avec la fin de l'économie familiale. Or, au moment même où l'on fabrique le foyer distinct du lieu de travail, au XIXe siècle, on doute de ce foyer. Les femmes abandonnent ménage et enfant en partant à l'usine, en devenant employée, en rêvant d'être médecin ou avocate. À peine constitué, le foyer est mis en danger par cette idée, soulignée plus haut, de la fin de la division naturelle du travail. La séparation stricte de la production et de la reproduction, ainsi que la pression pour préférer la reproduction, est là, dit-on, pour empêcher la dissolution de la famille, voire la communauté des femmes.

Cela vaudrait la peine de s'arrêter sur ce fantasme masculin : cette grande peur d'une fin de la famille, avec tableau larmoyant sur les enfants abandonnés et sous-entendu sur la dépravation des femmes, a fait long feu. On sait aujourd'hui que tout compte fait la famille se porte bien. Quant au fantasme masculin, qui de Platon à Marx ne dissocie pas vraiment la communauté des femmes de la communauté des biens, il implique, malgré tout ce que nos auteurs en disent, que la femme est un bien qui circule, qui s'échange. Que Marx dise que c'est une peur de la bourgeoisie mais une réalité du prolétariat ne change rien : l'idée de communauté des femmes comme telle enlève à la femme sa position de sujet, suppose qu'elle n'est pas maîtresse de sa liberté. On comprend alors autrement les conditions imposées au travail des femmes ; ces dernières servent à leur contrôle, à leur maîtrise. Avant même l'égalité des sexes, c'est leur liberté qui est en jeu, j'y reviendrai.

Cependant, tout le monde n'a pas imaginé de la même façon la fin de la famille. Ainsi le marxisme s'est laissé aller à affirmer contradictoirement qu'il pouvait y avoir une prise en charge publique du ménage et cependant qu'il fallait regretter la destruction du ménage par le Capital. Peu importe la contradiction car l'essentiel est cette nouvelle donne, utopique, qui pourrait se dire avec Fourier : s'il y a fin de la division sexuelle, alors la distinction entre production et reproduction n'est pas définitive. Ainsi, dit Fourier, trois quarts des femmes n'ont pas l'aptitude au ménage et tout le monde gagnera à une saine rivalité entre les sexes, « loi du contraste émulatif ».

Telle était l'utopie. Force est de constater que la réalité d'aujourd'hui est bien en deçà : d'un côté le ménage, foyer et travail domestique, reste massivement une activité féminine. Margaret Maruani constate que se superposent deux modèles d'emploi, soit le choix alternatif dans le temps entre emploi et ménage, soit le cumul de l'un et de l'autre ; ce dernier étant désormais prédominant. De l'autre côté Rose-Marie Lagrave remarque que la concurrence n'a pas vraiment eu lieu [1]. Peut-être les femmes ont-elles retenu moins la peur ou le rêve de la fin de la famille que l'inévitable mélange dans leur vie de la production et de la reproduction.

Reste à penser le statut de l'espace de la reproduction, ménage, foyer, famille, ou encore travail domestique. Prenons deux analyses diamétralement opposées, celle de Proudhon, qui a le mérite de la clarté, et celle de féministes contemporaines, dont l'exigence radicalisa la problématique marxiste.

Proudhon souhaitait, par son refus du travail des femmes, soustraire les femmes à l'économique. La femme ne pouvait être propriétaire de sa production, mais plutôt propriété. Propriété ne voulait pas signifier pour autant marchandise. C'est pourquoi elle ne pouvait être que ménagère ou courtisane. Si elle n'était pas productrice, elle était en revanche consommatrice. Je rappelle ces oppositions formulées par Proudhon car dans leur caricature — à mes yeux — elles soulèvent un problème intéressant, celui de la définition du travail de la reproduction. De l'opposition production/reproduction, on a pu déduire, comme je le disais plus haut, une analo-

---

1. Rose-Marie Lagrave, « Une émancipation sous tutelle », *Histoire des femmes en Occident, op. cit.*, t. V, sous la direction de Françoise Thébaud.

gie de fonctionnement. Comparer les deux divisions du travail suppose l'analyse de cette analogie. Or, si on oppose le travail au non-travail (une femme « travaille ou ne travaille pas »), on obtient une tout autre opposition, celle d'actif et d'inactif, qui rappellerait aussi bien l'opposition entre citoyen actif et citoyen passif que la distinction du XVIIIe siècle entre travail fertile ou non fertile. Mettre les femmes hors champ économique n'est donc pas, au regard de cette tradition, nier le travail domestique des femmes, plutôt nier l'économie domestique.

C'est là que les analyses féministes furent subversives. Prenant acte de l'analogie entre production et reproduction, elles montrèrent que la question fondamentale était la gratuité du travail domestique. Non pas que la solution serait alors de rétribuer ce travail par un salaire ; tel n'était pas l'objectif de l'analyse soucieuse d'une liberté des femmes telles que je l'ai décrite plus haut, soupçonneuse d'un prétendu choix ainsi offert aux femmes (choix évoqué à nouveau par la politique d'aujourd'hui). Il s'agissait de révéler la profondeur de l'analogie entre production et reproduction. Christine Delphy préféra à l'expression de « travail ménager » celle de « travail domestique »[1] marquant par là qu'il ne s'agissait pas d'une tâche mais d'un rapport de production. Colette Guillaumin dira de même qu'il faut

---

1. Christine Delphy, « Travail ménager ou travail domestique », *Les Femmes dans la société marchande*, sous la direction d'Andrée Michel, Paris, PUF, 1978.

parler de mode de production[1]. Danielle Chabaud et Dominique Fougeyrollas insisteront sur le « rapport social » inhérent à l'activité domestique[2].

Toutes ces analyses, et d'autres encore, ont voulu penser la reproduction en réciproque de la production. L'analogie était d'ailleurs plus qu'une comparaison puisqu'il y avait déportation du modèle de mode de production. Disons que ces analyses se sont trouvées dans l'héritage du marxisme, utilisant le marxisme pour mieux le compléter, le parachever. L'analogie entre production et reproduction était rendue effective.

Pour ma part, je repartirai volontiers de Fourier et d'une articulation (et non apposition, analogie) entre production et reproduction. Articulation qui consisterait justement à faire cesser le partage des deux sphères, partage dont on suppose qu'il est, à l'instar du « problème de la travailleuse », une construction, une représentation voulue. En bref, je m'intéresse plus à la circulation entre les espaces privé et public, de reproduction et de production, qu'à leur face-à-face, ou leur superposition. Alors le travail des femmes se pense autrement car l'opposition entre les deux sphères et la rigidité de ses consé-

---

1. Colette Guillaumin, « Pratique du pouvoir et idée de Nature, l'appropriation des femmes », *Questions féministes*, nos 52 et 13, 1978.
2. Danielle Chabaud-Rychter, Dominique Fougeyrollas-Schwebel et Françoise Sonthonnax, *Espace et temps du travail domestique*, Paris, Librairie des Méridiens, 1985.

quences cessent. Dira-t-on alors avec Marx que tout travail est productif, que vivre et travailler pour vivre sont une seule et même chose ? Ou plutôt, avec Hannah Arendt, que le travail et la vie sont deux processus de fertilité, ce qui ajoute à l'analyse de la production une réflexion sur l'évolution humaine ? Production et fertilité se retrouvent d'ailleurs aujourd'hui plus liées que jamais avec les nouvelles technologies de reproduction, les NTR, qui se nomment aussi « production du vivant ».

Mais la circulation entre les deux espaces est particulièrement pertinente lorsqu'il s'agit des femmes. Margaret Maruani montre que l'accès à l'emploi est dépendant pour une femme de la situation domestique. La vie donc détermine le travail. Et lorsque, à l'inverse, la situation domestique est pensée par rapport à l'emploi, lorsqu'il s'agit de salarier la maternité ou de développer les emplois familiaux, l'impossibilité de dissocier ces travaux du service qui s'y attache est révélatrice d'une situation de brouillage. Quand j'avais travaillé sur le service domestique (service et non travail), c'était pour m'étonner qu'un même travail, le travail domestique, puisse être un emploi salarié pour certaines, une prétendue vocation pour d'autres, et que dans les deux cas ce travail se définissait comme un service[1]. Vous savez que ces emplois sont aujourd'hui multipliés pour accompagner,

1. Geneviève Fraisse, *Femmes toutes mains. Essai sur le service domestique*, Paris, Le Seuil, 1979.

de la naissance à la mort, de l'enfance à la vieillesse, les êtres que nous sommes. Que penser de cet entretien de la vie, à la fois source d'emplois et de non-emplois ? Nous sommes loin alors du face-à-face production/reproduction.

Mais qu'est devenue la liberté ? La liberté des femmes se rencontre sous les deux éclairages que j'ai donnés, du point de vue de l'espace de production comme du point de vue de l'espace de reproduction. En effet, sous le premier éclairage, la liberté se révèle utopie du côté d'une libération de la division naturelle du travail, nécessité et idéal du côté d'un individu sujet. Sous le second éclairage, la liberté s'impose en ce que le sujet, ici le sujet femme, ne saurait rester clivé par la dissociation des deux sphères de production et de reproduction ; vivre et travailler se mêlent chez une femme indiscutablement. Tout cela pourrait, par contrecoup, se repenser pour les hommes eux-mêmes. Mais tel n'était pas le propos d'aujourd'hui.

Une ultime remarque encore. Le mot de liberté, l'idée de liberté, est ici sciemment utilisé. Non pour soutenir un quelconque libéralisme ; là-dessus il ne me semble pas possible qu'il y ait confusion. Mais parce que aujourd'hui il me paraît nécessaire de distinguer, pour les femmes, ce qui relève de l'égalité et ce qui relève de la liberté. L'égalité est bien sûr le principe premier d'une démocratie et l'égalité des sujets-citoyens, hommes et femmes, une nécessité première. Cependant, l'égalité se fait sur la base de l'animal rationnel, là où une femme et un homme sont identiques. L'animal *laborans*, en revanche, n'est pas le même lorsqu'il est homme et lorsqu'il est femme parce que la différence des corps est irréductible. Non pas une différence anatomique, de force physique par exemple, mais une différence face à la vie et à sa reproduction. L'articulation entre production et reproduction impose de voir la différence. Or, dès que surgit la différence, la liberté des femmes est en jeu, soit pour la contrôler, soit pour la conquérir. Car la liberté est un enjeu dans le rapport entre hommes et femmes : les hommes ont peur de la liberté des femmes et les femmes savent qu'elles doivent être libres pour devenir égales. Ainsi se conjugue la liberté avec l'égalité : dans l'espace du travail, c'est avec la liberté qu'on fabriquera de l'égalité.

19

Du pain et des roses,
ou l'utopie politique
des femmes

Du pain et des roses : tel était le mot d'ordre d'ouvrières américaines en grève en 1912[1] ; tel était le thème d'une soirée organisée à la Mutualité par quelques féministes au lendemain de l'élection de François Mitterrand en 1981[2].

Ainsi, au moment même où le socialisme paraissait réel après tant d'années imaginaires, quelques femmes porteuses encore de l'enthousiasme du féminisme des années soixante-dix doutaient néanmoins de la bienveillance du socialisme à leur égard et sous-titraient leur soirée avec ce point d'interrogation : « Du socialisme pour les cuisinières ? Des cuisinières pour le socialisme ? » L'insolence de la question et la référence à Lénine teintaient cette arrivée du socialisme en France de la couleur de l'utopie. Il ne s'agissait pas d'un rappel de la révolution prolétarienne, mais bien de cette utopie où les roses

1. Dix mille travailleuses du textile à Lawrence, Massachusetts.
2. Par l'association Féminisme et politique, le 9 juin 1981.

ont la valeur du pain et les cuisinières celle d'un homme d'État. Ce soir-là, il ne fut pas répondu à ces questions comme si nous savions déjà l'impossibilité d'une réponse.

Comme pour bien d'autres, mai 1981 fut une charnière : le mot d'ordre « du pain et des roses » rappelait combien la politique d'après-68, y compris la politique féministe, avait peu à voir avec le geste de citoyenneté d'une élection présidentielle. Nous avons fêté en 1994 l'accès des femmes françaises au suffrage (avril 1944) et je mesure après coup la force de l'utopie des années soixante-dix pour que, si tôt après cette difficile conquête (pas moins d'un siècle fut nécessaire), nous ayons fait aussi peu cas d'un droit politique. En revanche, comme disait le tract du meeting, « nous avions lu l'histoire », nous savions que la cuisinière n'était pas devenue homme d'État après la révolution d'Octobre, nous savions aussi que malgré des positions de principe et quelques dénégations, les socialistes n'avaient jamais fait vraiment bon ménage avec les féministes. Alors, dans le passage de l'imaginaire socialiste à sa réalité, ou de l'utopie du MLF à la citoyenneté active qui se vécut en parallèle, ou encore de l'invention politique à la participation au gouvernement socialiste, on vit l'ambivalence du rêve et de la lucidité, espoir d'une avancée de l'égalité des sexes et conscience d'une tension historique fondamentale entre le féminisme et le socialisme.

Ce meeting de juin 1981 fut décidément une charnière ; où les dix années précédentes, les années soixante-dix, condensaient une utopie plus révolutionnaire que républicaine, où les dix années suivantes, les années quatre-vingt, démontraient que la « citoyenneté à part entiè-re » d'un ministère des Droits des femmes n'em-pêchait pas que diminue à l'Assemblée nationale le nombre de députés femmes. Cet avant et cet après m'intéressent car ils représentent assez bien le balancement répété de l'histoire du fémi-nisme entre les temps de l'utopie subversive et ceux de l'institution républicaine. Entre 1970 et 1990, durant deux décennies, nous fûmes les témoins du double pôle d'une politique des femmes lentement élaborée depuis 1789 ; mais dans les deux moments, révolution et répu-blique, contestation et participation, l'utopie s'est appelée, sans hésitation aucune, égalité des sexes. Reprenons brièvement cette histoire.

1789 ne voulut pas des deux sexes en poli-tique. Certes, Condorcet, ou le député Guyomar furent très clairs, et comme dit ce dernier : « De deux choses l'une, ou la nation est composée d'hommes et de femmes, ou elle ne l'est que d'hommes [1]. » Certes, des femmes agirent dans les clubs et cherchèrent à se faire entendre, Olympe de Gouges, par exemple, qui n'a de cesse d'interpeller le roi, les députés, les hommes poli-

1. P. Guyomar, « Le partisan de l'égalité politique entre les individus ou problème très important de l'égalité en droits et de l'inégalité en faits », *Paroles d'hommes (1790-1793)*, présentées par Élisabeth Badinter, Paris, POL, 1989, p. 143.

tiques en général. Interpellation est le mot exact : la pensée politique révolutionnaire, à une ou deux exceptions près, exclut les femmes de la *res publica*, de la chose publique, et l'unique possibilité est l'apostrophe. Apostrophe dont l'efficace est dérisoire, remarque Olympe de Gouges : « Des hommes inconsidérés, pour balancer le suffrage public que mes écrits patriotiques m'ont obtenu, sèment partout que j'ai eu des amants ; certes la remarque est neuve et surtout bien essentielle [1]. » Cette femme a de l'humour, mais le constat est terrible : d'être commentée sur sa vie privée lorsqu'on est l'auteur en 1791 d'une Déclaration des droits de la femme et de la citoyenne, déclaration analogue à celle des droits de l'homme, droits oubliés, diront des générations féministes, par la démocratie moderne.

Si la Révolution française est un moment inaugural, et si ce moment oublie et exclut le sexe féminin, les théories révolutionnaires qui lui font suite, les utopies socialistes ou communistes, ne feront pas de même ; les deux sexes seront présents. Où l'on voit que si hommes et femmes entrent en politique, c'est sur le mode utopique précisément, où se mêlent le pain et les roses, où se rencontrent la cuisinière et l'homme d'État.

---

1. Olympe de Gouges, *Écrits politiques*, publiés par Olivier Blanc, Paris, Côté-Femmes, 1993, t. 1, p. 79.

Dans les temps de l'utopie, et je prendrai ici deux exemples d'utopies confrontées à la réalité, d'utopies qui ont des lieux, ou plutôt des temps d'inscription, le saint-simonisme des années 1830 et le communisme de la révolution d'Octobre, on réinvente la relation entre les sexes, le lien sexuel, dans une problématique d'égalité et de liberté où se joignent le privé et le public. Dans les temps qui suivent l'utopie, lorsque la réalité l'emporte sur le rêve, « la question des femmes » se diversifie ; elle reste une affaire sociale, accès à des droits notamment, mais elle devient surtout la mise à l'épreuve de la femme nouvelle, et de l'homme nouveau, souhaités juste auparavant. Mise à l'épreuve qui tourne au refus, ou à la dénonciation des excès. La « révolution sexuelle » n'a jamais lieu. L'utopie se défait là essentiellement. Elle se défait car elle avait pris forme. Reste donc la dynamique de cette rencontre avec la réalité concrète : l'utopie d'un lien sexuel nouveau n'est jamais l'objet de projections dans l'avenir, futur de rêve ; elle se déploie toujours dans l'immédiateté du temps et nous livre ainsi le moyen d'en éprouver concrètement la valeur. Or cette valeur se révèle inéluctablement dans le malentendu entre les sexes. « L'utopie politique des femmes » était volontairement un titre ambigu, laissant le choix entre l'utopie donnée, octroyée aux femmes, et celle voulue, pensée par les femmes. Si dialogue il y a, il est entre une pratique utopique des femmes, apostrophe, interpellation, individuelle depuis

Olympe de Gouges, et collective depuis la naissance au XIXᵉ siècle d'un mouvement féministe, évoquées toutes deux ci-dessus, et des utopies masculines englobant toute la société où la place des femmes est un enjeu déterminant. L'utopie politique des femmes est dialogue, même difficile, entre les sexes ; elle se donne à voir, elle joue sa pertinence dans un rapport réel entre hommes et femmes.

De Fourier à Lénine, les théoriciens de l'émancipation ou de la libération ne mâcheront pas leurs mots, et l'oppression des femmes s'appelle bien souvent esclavage. Après coup, ce mot d'esclavage sonne fort et je propose de le garder en mémoire pour examiner ce qu'ils désignent, hommes et femmes, par émancipation et libération, égalité des sexes et liberté des femmes. Ces deux pôles justement, du droit de citoyenneté et du droit de subsistance par le travail d'une part, du renouvellement de la relation amoureuse, de l'« amour libre » sûrement d'autre part, sont comme les deux extrêmes, les deux bornes du champ de l'utopie. L'émancipation juridique cristallisée dans le politique et l'économique, et la libération sexuelle concrétisée au XIXᵉ siècle par le droit au divorce ou par l'amour libre (et au XXᵉ par le droit à la contraception et la lutte contre les violences sexuelles).

Ces deux pôles sont deux extrêmes, mais le champ de l'utopie est impensable si ces deux enjeux sont dissociés ; impensable, donc impossible. Fourier est à cet égard le plus clair, qui par l'« association » joint l'économique et le sexuel,

l'organisation sociale et la rencontre amoureuse. Ou dit à l'envers : la disparité surgit lorsque l'utopie cesse, et la dissociation entre le
privé et le public devient inéluctable : alors le
féminisme ressemble à une succession réaliste
de droits nouveaux d'un côté, alors la libération
des femmes s'apparente à un égoïsme élitaire de
l'autre côté. Cette dissociation est sans doute
notre actualité. Or cette dissociation obéit à un
mouvement dont je veux ici rendre compte, avec
l'utopie socialiste des années 1830 et l'utopie
révolutionnaire du communisme de 1917.

Les saint-simoniens pensaient la régénération
sociale à partir de l'homme et de la femme, qui
forment à eux deux l'individu social. Le dualisme sexuel se trouve d'emblée au cœur de l'utopie, comme en son principe. Ce dualisme se
fonde non seulement sur le rôle central de
l'amour dans la vie sociale, mais aussi sur la
réhabilitation de la chair contre la tradition
chrétienne. D'où, en conséquence, le nécessaire
affranchissement des femmes, à la fois octroyé
et sollicité par le Père Enfantin. Et l'utopie
suprême fut de voir de jeunes ouvrières adhérer
à ce mouvement où la réorganisation économique et l'amour créé par l'individu social
seraient une seule et même chose. Or la difficulté ne vint pas de l'affirmation de l'égalité des
sexes et l'affranchissement des femmes ne fut
pas contesté. Les dissensions naquirent des
conséquences politiques du principe dualiste, et
surtout de l'équation entre affranchissement des

femmes et réhabilitation de la chair, qui pour certains, tels Bazard ou Olinde Rodrigues, signifiait promiscuité, redoublement plutôt qu'effacement de l'esclavage des femmes ; et qui pour certaines, telle Claire Demar ou Suzanne Voilquin, fut la source d'une expérience à la fois exaltante et douloureuse. Car elles ont cru à l'utopie politique : « Oui, écrit Claire Demar, l'affranchissement du prolétaire, de la classe la plus pauvre et la plus nombreuse, n'est possible, j'en ai la conviction, que par l'affranchissement de notre sexe ; par l'association de la force et de la beauté, de la rudesse et de la douceur de l'homme et de la femme[1]. » Claire Demar a cru, avec bien d'autres saint-simoniennes, que les femmes interviendraient dans le « gouvernement de la famille » comme dans le « gouvernement de la cité et du royaume » pour « crever le papier brouillard derrière lequel apparaît votre fantasmagorie parlementaire[2] ». Pendant ce temps, chaque querelle potentielle entre les apôtres de l'utopie tournait autour de la question des femmes et fut à l'origine de toutes les scissions : car la femme nouvelle capable d'amour libre était investie d'une mission qui allait bien au-delà de son affranchissement, qui concernait la société tout entière ; la femme était aussi messie, médiation obligée pour un monde

1. Claire Demar, « Ma loi d'avenir », *L'Affranchissement des femmes*, publié par Valentin Pelosse, Paris, Payot, 1976, p. 65.
2. *Ibid.*, p. 21.

nouveau. La liberté de l'amour et le dualisme sexuel en politique restaient des propositions utopiques.

Les débats de Lénine avec Clara Zetkin puis avec Alexandra Kollontaï, avant et pendant la révolution, reprennent bien des éléments de l'utopie saint-simonienne, la dénonciation de l'esclavage des femmes et la conviction d'une possible égalité des sexes, la certitude que le monde nouveau est proche et qu'il n'a de sens que s'il est masculin et féminin. Même dualisme donc que précédemment, mais sans l'affirmation de deux principes distincts, affect féminin et intelligence masculine pour dire vite. Ici, le dualisme reconnaît deux catégories d'individus, les hommes et les femmes, sans les affecter de valeurs différentielles spécifiques. Le dualisme est toujours inscrit au départ de l'utopie alors que l'événement 1789, événement avant d'être utopie, était une révolution masculine, une révolution des frères.

Lénine, en revanche, voulait l'émancipation des femmes, même s'il s'en tient à la *doxa* marxiste qui veut que cette émancipation soit une conséquence évidente de la révolution plus qu'un principe interne à la dynamique révolutionnaire. C'est pourquoi il refuse le féminisme dit bourgeois. La femme ne doit pas être une féministe mais une « combattante consciente », renchérit Clara Zetkin [1], qui peut revendiquer le

1. Clara Zetkin, *Batailles pour les femmes*, présentées par Gilbert Badia, Paris, Éditions sociales, 1980, p. 107.

droit de vote comme l'indépendance par le travail, et vouloir changer le mariage et la famille, les relations sexuelles (soit dit, entre parenthèses, toutes choses que veut le féminisme dit bourgeois). Or cette combattante dérive aux yeux de Lénine vers des préoccupations trop futiles, ou trop bourgeoises justement, vers la question sexuelle exclusivement. Tout son effort consiste alors à dénoncer cette déviation, à ramener les femmes vers leurs tâches révolutionnaires : car la révolution a besoin des femmes, non seulement comme force d'appoint, mais parce que l'État cesse d'être un appareil complexe d'asservissement pour devenir une « simple machine à administrer les choses[1] », où la cuisinière apprendra à gouverner. Mais la cuisinière n'apprit pas à gouverner car jamais ne se fit le dépérissement de l'État. Et la question sexuelle, ce « cercle magique », dit Alexandra Kollontaï, devint dans les années vingt l'objet d'une sourde lutte entre elle et Lénine. Celle-ci crut en effet que la nouvelle morale sexuelle n'était pas une simple conséquence heureuse et attendue de la révolution, mais bien son but ultime et nécessaire. Ainsi comprenait-elle l'utopie : après le temps d'« Éros sans ailes », de l'Éros simplement reproducteur au moment le plus fort des luttes politiques, doit venir le temps d'« Éros ailé » : parmi les tâches de la classe ouvrière pour construire l'avenir, celle d'édifier de nouveaux rapports entre les sexes est fonda-

---

1. *Ibid.*, p. 128.

mentale[1]. On lui fit comprendre qu'elle se trompait. La morale sexuelle n'était plus à l'ordre du jour. Restait l'idée que les femmes avaient à apporter quelque chose de spécifique à la révolution, médiation pour un monde nouveau ou élément à part entière du monde futur, on ne sait. La suite de l'histoire fabriqua la femme soviétique, une femme nouvelle assurément ; le regard d'aujourd'hui sur ce que fut la femme communiste n'est pas encore très clair.

Je retiendrai du rappel de ces deux temps utopiques, les débuts de l'utopie socialiste avec les saint-simoniens et le passage au communisme avec la révolution d'Octobre, deux constantes : la cristallisation autour de la « question sexuelle », le recouvrement qui s'opère de tout problème social de l'égalité des sexes par une affaire de mœurs. Déjà les amants d'Olympe de Gouges intéressaient plus que ses analyses politiques. Certes, la politique et la morale sont étroitement et étrangement mêlées en matière de différence des sexes. Plus difficile à supporter est le fait que la question morale déborde et déplace la question sociale, économique, politique, et pour finir la masque.

En second lieu, le rôle des femmes dans la dynamique de l'utopie est très important. Autant elles sont au bout du compte exclues de l'événe-

1. Alexandra Kollontaï, *Marxisme et révolution sexuelle*, présenté par Judith Stora-Sandor, Paris, Maspero, 1973, p. 169.

ment révolutionnaire de 1789, autant elles sont au principe de l'utopie : pour Fourier, elles sont la mesure de la liberté d'un peuple ; pour les saint-simoniens, elles sont au fondement d'un nouveau monde, celles sans qui l'homme nouveau ne sera pas ; pour Lénine, elles sont la moitié de l'humanité présente et future. Leur rôle est donc essentiel puisqu'elles sont la moitié du monde, « la moitié du ciel », disait une expression maoïste. Leur rôle est inévitable puisqu'elles sont un élément de la stratégie, de la réalisation de l'utopie : chercher la femme-messie jusqu'en Égypte fût-ce au détriment des femmes saint-simoniennes bien réelles, organiser les masses féminines pour construire la société communiste sans tenir compte des revendications féministes ; les femmes sont prises dans une logique politique qui les excède. Elles apparaissent comme une médiation, le moyen pour une fin plus large. Telle est l'utopie comme système global, l'utopie « pour » les femmes ; tandis que les femmes réelles qui s'y trouvent prises tiennent bon dans ce que je nommerais une « position » utopique (à défaut de système). Le meeting de juin 1981 savait tout cela.

Ce serait cependant une erreur de conclure sur une simple instrumentalisation politique du sexe féminin au profit du sexe masculin. Souvenons-nous que nous parlons d'utopie. Et une utopie a peu à voir avec une stratégie, elle s'enracine plus profondément dans des choix philosophiques qui ne se réduisent pas à des pratiques politiques. Si les femmes servent les causes révolutionnaires, sont mises au centre des préoccupations (comme chez les saint-simoniens) ou sont l'objet d'attentions ajustées (comme chez les communistes), ce processus illustre le principe premier de ces utopies, à savoir la dualité du monde. Je disais que cette dualité fut refusée par la révolution de 1789 mais présente ensuite dans chaque moment d'utopie révolutionnaire. Est-ce un retour de ce qui fut exclu ? En tout cas, les femmes sont, depuis les premières utopies du XIXᵉ siècle, vues comme porteuses d'un monde subversif de la rationalité masculine. Elles sont aussi en toute logique la figure de l'utopie : parce qu'opprimée, la femme est salvatrice. Les utopies socialistes auront cette croyance plus que les utopies communistes ; ces dernières neutralisant la différence sexuelle (ce qui est aussi une manière de la reconnaître) au nom de l'égalité des sexes.

Les analyses de l'école de Francfort sur la domination du principe féminin du monde, sur la barbarie contemporaine parallèle à cette domination, sur le refoulement d'une nature parfois équivalente à la femme, éclairent le pourquoi de cette représentation : la femme est figure de l'utopie parce qu'elle est la face cachée du monde moderne. Le dualisme inhérent aux utopies du XIXᵉ et du début du XXᵉ siècle réinstaure la dualité perdue. Certes ; mais cette lecture peut être approfondie : la dualité n'est pas simplement une réalité maltraitée par une raison dominatrice, par une pensée identitaire d'un sujet masculin ; elle est, dans le temps même où s'instaure le principe d'*Aufklärung*, Les Lumières, construite ; et, dans cette construction, nous pensons depuis lors la différence et l'inégalité entre les sexes. La dualité n'est pas simple fait de nature, fait biologique, elle est, pour parler comme Marcuse, une production, nécessaire au temps prométhéen, du logos occidental répressif. Avec mes propres mots, je dirais que l'altérité (plus que la dualité) n'est si fort affirmée à l'époque moderne romantique que parce que triomphe le même de l'homme révolutionnaire, du citoyen républicain, du sujet masculin. Jamais les siècles précédents n'avaient autant marqué la différence des sexes, pour la bonne raison qu'ils mêlaient l'altérité à l'infériorité en situant la place des femmes dans l'espèce humaine ; la différence sexuelle dans ce cas pouvant aussi bien faire de la femme un analogue de l'homme, de l'enfant, ou de l'animal. Après le XVIIIe siècle, les choses sont beaucoup plus claires et la femme est un autre radical dont l'image peut se superposer à la nature, à cet autre que soi que l'homme domine. La différence sexuelle devient alors une figure parmi d'autres de ce monde où l'homme « identique » asservit ce qui lui est extérieur, où se joue désormais la dialectique historique du même et de l'autre.

C'est une figure parmi d'autres, mais c'est une figure clé ; témoin les utopies évoquées où l'éga-

lité des sexes, la libération des femmes ne sont
qu'un élément de l'utopie, et pourtant un enjeu
sensible et problématique. Ces utopies n'allèrent
pas au-delà d'une reprise de la dualité sexuelle et
de sa réinscription dans l'histoire. Le féminisme
contemporain fit bien plus ; ou plutôt une partie
du féminisme d'aujourd'hui se trouve tributaire
(sans le savoir probablement) des analyses de
l'école de Francfort. Dénonçant la fonction naturelle où les femmes furent cantonnées par la
pensée politique de l'ère démocratique tout en
dénonçant l'exclusion de la citoyenneté politique par la Révolution française, repérant partout où dans la société les femmes sont ren-
voyées à leur nature, de mère notamment, ce
féminisme inverse la perspective, montre en
quoi cet espace naturel est source de valeurs, ou
comment la nature féminine se qualifie de ce qui
manque à la société masculine. D'où l'affirmation que cette même société gagnerait à prendre
en compte ces qualités dites féminines, qui non
seulement manquent mais sont subversives de
l'ordre social existant. Telle est la part d'utopie
d'un féminisme récent, du féminisme valorisant
la différence sexuelle ; mais parfois aussi du
féminisme égalitaire. Ce dernier fait peu cas de
la différence entre hommes et femmes, mais
constate néanmoins des différences de réalités
et de comportements, par exemple dans le
monde économique et politique. La part d'utopie du féminisme, utopie qui n'est plus commune au monde des hommes comme dans le
socialisme et le communisme, n'est plus celle du

dualisme, du partage entre hommes et femmes.
Elle est une proposition de subversion, un appel
au retour de valeurs enfouies ; et cette subversion féminine ferait le bonheur de tous. L'instrumentalisation politique des femmes est toujours
là, non plus dans la stratégie de domination,
mais dans celle de libération.

On aimerait croire à cette proposition d'utopie. Si je repense à l'école de Francfort, aux
auteurs de la dialectique de l'*Aufklärung*, leur
conclusion n'est pas la même que celle du féminisme d'aujourd'hui : Adorno intégra sa critique
des Lumières à une « dialectique négative »,
plus même, à une « utopie négative » d'où tout
contenu de rêve et de futur était exclu, dont la
radicalité empêchait toute référence à une
généalogie de l'histoire prometteuse. Reste à
penser, et telle est la proposition d'Adorno, « au-
delà de l'identité et de la contradiction, un l'un
avec l'autre du différent ». Horkheimer s'éloigna
clairement de toute pensée d'émancipation des
femmes ; c'est dire que son utopie ne pouvait
plus retraverser la différence sexuelle. Quant à
Marcuse, « la fin de l'utopie », titre d'un de ses
livres en 1967, signifiait qu'elle devenait possible. Où Éros, qui dans l'Antiquité avait été
absorbé par Logos, resurgit dans toute sa force
subversive au XIXe siècle, introduisant un déséquilibre dans la domination ; où le féminisme
est « une force politique dans la lutte contre
le capitalisme, contre "le principe de rende-

ment"[1] » ; où les valeurs féminines libératrices
sont mises dans le texte de Marcuse au conditionnel car la subversion serait une phase transitoire vers le dépassement de l'opposition mascu-
lin/féminin, vers une androgynie qui n'abolirait
pas la différence sexuelle. À l'utopie d'une dialectique des valeurs masculines et féminines,
Marcuse préférait le mythe, mythe étrange
d'une androgynie sans neutralisation du sexe.

Il faudrait imaginer des mythes modernes qui
construisent ou reconstruisent la différence
sexuelle. En attendant, je resterai volontiers en
deçà du choix de Marcuse, dans son interrogation sur le bien-fondé du face-à-face des valeurs
masculines et féminines, dans son choix insistant d'user du conditionnel pour en parler.

Je reviens pour finir sur la construction de
cette opposition, de cette dualité. Si construction il y a dans notre modernité, ou plutôt forma-
lisation de cette construction, alors toute la dialectique des contraires masculin/féminin est
bien relative et ceux qui l'utilisent se prennent
peut-être au piège. Sur ce piège, nous pourrions
réfléchir, pour le déjouer peut-être. Surtout
pour le défaire : l'utopie enracinée dans la dualité ne fait que reconduire ce qui l'a provoquée,
l'altérité féroce de la modernité. Pour ma part, la
fin de l'utopie, son achèvement, signifie la critique de ce piège ; et me donne l'idée que seul le

1. H. Marcuse, *La Fin de l'utopie*, Paris, Le Seuil, 1967,
p. 53.

mythe, la création d'un mythe, pourrait produire une figure nouvelle de la différence sexuelle.

Et nous penserions encore au pain qui aurait l'importance des roses et aux cuisinières qui s'échangeraient avec les hommes d'État.

CONCLUSION

Une démocratie exclusive

Pour parler de la démocratie française et de l'exclusion politique des femmes, deux vecteurs interviennent nécessairement : l'histoire, avec la comparaison athénienne, la géographie, avec le miroir des États-Unis. Nous rencontrerons l'un et l'autre de ces vecteurs.

Pour exposer les mécanismes de l'exclusion, comme de l'inclusion, des femmes dans la vie politique, il faut accepter que l'histoire de la relation entre les hommes et les femmes ne soit pas une simple suite de contingences, il faut imaginer que l'histoire des deux sexes se construit avec de la pensée, de la volonté.

Pour interpréter ce paradoxe de la démocratie qu'est l'exclusion des femmes, il faut aussi laisser de côté l'histoire morale, celle qui rend compte de l'exclusion par le préjugé, psychologique ou social, les mœurs d'un pays ou les aléas d'une révolution. Si l'histoire des sexes appartient à l'histoire politique (d'aucuns en doutent encore), il faut donc accepter d'en travailler les logiques : les surprises de l'événement comme le poids des mœurs nationales sont des déterminations historiques ; mais ce ne sont pas des raisons explicatives suffisantes.

Mon affirmation première est que l'exclusion des femmes de la démocratie fut mise en place de manière réfléchie. Cela ne signifie nullement qu'elle s'explique par l'application d'une théorie politique, renvoyant à un élément inhérent au système démocratique lui-même, par là même définitif. L'exclusion est plutôt un principe au sens d'un principe moteur, d'une dynamique[1]. Notre tâche est alors généalogique : non pas identifier une origine ou une source, mais comprendre la provenance de la situation actuelle à partir d'une mise en place ancienne.

Hystérie révolutionnaire des femmes, religiosité archaïque et réactionnaire, libertinage égalitaire, mixité salutaire à la république, machisme napoléonien, etc., tous ces éléments font les beaux jours de ce que j'appelle l'histoire morale ; c'est intéressant mais insuffisant. De même faut-il aussi refuser les interprétations timides par trop de bienveillance. Ainsi, pour Pierre Rosanvallon, l'exclusion des femmes est bien un fait avéré (thèse qui suscitait encore des réticences à la fin des années 1980), mais ce fait s'interprète comme l'inachèvement d'une virtualité, de la potentialité démocratique[2]. L'in-

---

1. Pour la démonstration, je me permets de renvoyer à mes travaux, *Muse de la raison. Démocratie et exclusion en France* (1989), rééd, avec une postface, Paris, Gallimard, coll. « Folio », 1995, et *La Raison des femmes*, Paris, Plon, 1992.

2. Pierre Rosanvallon, *Le Sacre du citoyen. Histoire du suffrage universel en France*, Paris, Gallimard, 1992.

clusion est alors comprise dans la simplicité du déploiement de la dynamique démocratique. De même, pour Bronislaw Baczko, l'exclusion est une maladresse de la démocratie naissante progressivement corrigée, redressée par l'histoire contemporaine [1].

Mon propos est un peu autre : il indique le caractère déterminant de l'exclusion, l'aspect constitutif de cette exclusion dans la geste démocratique. Proposition d'analyse qui ne suppose pas une théorie délibérée de l'exclusion, mais bien cependant la reconnaissance d'une volonté politique, d'une décision.

EXCLUSIVE

Démocratie exclusive, sous-titre premier de *Muse de la raison* (1989), est intraduisible en anglais. *Excluding*, c'est-à-dire « excluante », ou *exclusiv*, c'est-à-dire « sélectif », sont deux possibilités distinctes de traduction littérale. Ainsi je compris, à l'occasion de la parution de *Muse de la raison* en anglais, combien l'ambiguïté de l'adjectif « exclusive » était essentielle à la définition du rapport de la démocratie aux femmes citoyennes. Exclusif a bien un double sens et une

1. Bronislaw Baczko, « Égalité et exclusions », *Le Débat*, n° 87, novembre-décembre 1995.

démocratie exclusive désigne à la fois l'exclusion et le choix, l'exclusion par le choix.

Telle est la démocratie moderne : elle n'énonce pas l'exclusion, elle la fabrique, elle la produit de telle façon qu'elle se fasse sans se dire. L'article 8 du Code civil napoléonien affirme qu'est français celui qui jouit de l'ensemble de ces droits civils ; il omet de dire que seuls les êtres de sexe masculin jouissent de l'ensemble de ces droits-là ; par là même les femmes sont soustraites sans qu'aucun article du Code n'ait à le dire. La démocratie moderne est oublieuse. Entre ce qu'elle dit pour tous et ce qu'elle fait pour certains, elle perd le fil de sa cohérence. Ce lieu commun de la démocratie contemporaine mérite d'être rappelé ici, car il est la définition même de la démocratie exclusive.

Plusieurs catégories sont exclues de la citoyenneté première, et parmi elles, les femmes. En effet, contrairement à la démocratie antique, explicitement excluante, officiellement masculine, l'époque contemporaine exclut les femmes de la citoyenneté par une série de mécanismes internes à son fonctionnement. L'exclusion n'est pas un principe explicite mais une production implicite. Il y a bien cependant un écho entre la cité antique et la cité moderne.

Pour Nicole Loraux[1], la cité grecque s'est

1. Nicole Loraux, *Les Enfants d'Athéna. Idées athéniennes sur la citoyenneté et la division des sexes*, Paris, Maspero, 1981.

construite « sur » l'exclusion des femmes, défaite des femmes articulée à une victoire du féminin : l'exclusion n'a pas été pensée jusqu'au bout, dit-elle. Pour Joan Landes[1], l'espace public moderne s'est construit « contre » les femmes, espace dont elles ont été « expulsées » ; ce que Jürgen Habermas, auquel elle répond dans son livre, a complètement ignoré. Pour Michèle Riot-Sarcey[2], la modernité reproduit une démocratie fondée « sur » les femmes mais, à la différence de la cité grecque, les féministes subvertissent cette extériorité. En bref, ces trois analyses se résument ainsi : les femmes sont en dessous ou en dehors de la démocratie.

Pour ma part, l'exclusion moderne me semble s'être faite « avec » et « contre » les femmes, c'est-à-dire à l'intérieur même de l'espace démocratique. Les interprétations citées ne me paraissent donc pas adéquates à notre objet : « sur » signifie l'extériorité de la « classe des femmes », suppose cette extériorité dans sa nécessité, comme support externe à la cité ; « contre » signifie l'intention délibérée d'exclure, le rejet pur et simple. En revanche, « avec » et « contre » explique que les femmes sont, d'un même mouvement, associées et disso-

1. Joan B. Landes, *Women and the Public Sphere in the Age of the French Revolution*, Ithaca et Londres, Cornell University Press, 1988.

2. Michèle Riot-Sarcey, *La Démocratie à l'épreuve des femmes. Trois figures critiques du pouvoir, 1830-1848*, Paris, Albin Michel, 1994.

ciées du processus démocratique. D'où l'adjectif
« exclusive » accolé à démocratie.

L'exclusion est produite et non énoncée, fabriquée et non théorisée. C'est précisément ainsi
que l'inclusion sera rendue possible par la
démocratie elle-même, chaque mécanisme d'exclusion étant, au cours du XIXe et du XXe siècle,
retourné en son contraire[1] ; d'où une possible
émancipation et un nécessaire féminisme. Les
autres schémas de l'exclusion politique contemporaine ne permettent pas, à mes yeux, de
comprendre cette évidente dialectique.

D'où ce premier constat, essentiel : il n'y a pas
de modèle de l'exclusion politique des femmes
dans l'espace démocratique. Si elles sont mises à
l'extérieur de l'espace politique grec au même
titre que d'autres catégories, les esclaves notamment, les femmes sont exclues de l'intérieur de la
vie démocratique contemporaine. Telle est la
démocratie exclusive : un refus de citoyenneté
active dans un espace de citoyenneté générale
passive. Contrairement à l'Antiquité, tous et
toutes sont désormais nommés citoyens. Pas
d'exclusion officielle déclarée donc, mais une
série de mécanismes implicites à la pensée
démocratique moderne.

---

1. Cf. *Muse de la raison* et *La Raison des femmes, op. cit.*

GÉNÉALOGIE

Trois éléments de notre tradition vont alors compter pour évaluer l'histoire de l'exclusion des femmes : comment advient la démocratie après les années 1800, comment se pense la république chez les théoriciens politiques dès la fin de l'Ancien Régime, comment la monarchie française subsiste dans l'imaginaire du pouvoir politique. Trois éléments, comme trois sources, qui s'entrelacent et marquent la France d'une spécificité particulière : un événement fondateur de la démocratie, une théorie politique de la république, une survivance imaginaire de la règle monarchique.

La démocratie s'appuie sur une image identitaire, de ressemblance et de similitude des individus entre eux. Le grand vertige des années 1800 est alors facile à comprendre : que faire de la différence des sexes si l'identique prévaut sur le différent ? La peur est existentielle : il est hors de question de supprimer la différence sexuelle en accordant aux femmes la même chose qu'aux hommes. La démocratie des droits de l'homme n'aura d'universel que l'habit, cachant des exclusions nécessaires à un état social et à un lien sexuel fondamental. La survie de l'amour est à ce prix : il faut bannir l'amitié et la rivalité qu'induirait la démocratie entre les sexes.

La démocratie suppose l'identique, la similitude, et elle la suppose pour tous, un par un. Devant cette radicalité, les hommes de l'après-Révolution reculent : sous la monarchie, quelques femmes brillantes ou émancipées n'induisaient nullement la généralisation de leur liberté conquise et de leur égalité virtuelle. En bref, sous l'Ancien Régime, une exception ne faisait pas règle. Au contraire, la démocratie implique que l'exception puisse faire règle, annonce la règle nouvelle. Ainsi, le mouvement virtuel de la démocratie allant de l'identique à l'égalité s'arrête devant la différence des sexes ; domination masculine oblige.

La république, en revanche, ne s'embarrasse pas d'une réflexion originale sur la différence des sexes. Tout est dit par Rousseau lorsqu'il voit les femmes comme « la précieuse moitié de la république[1] », dans un simple respect de la différence. Oui, les femmes sont partie prenante de la république, mais, justement, de façon exclusive : elles sont moitié, certes, et surtout précieuses. Leur prix est d'être les responsables de la fabrique des mœurs, et non des lois. Comme le sait tout un chacun, les mœurs se font d'abord à la maison, et les lois au-dehors de la maison, à l'Assemblée. Toutes les femmes font les mœurs, mais seulement quelques hommes font les lois. En clair, les femmes sont des citoyennes par leur fonction de mères éducatrices, mais elles laissent aux hommes la tâche symbolique de la loi et de la fonction représentative.

---

1. *La Raison des femmes, op. cit.*, Introduction.

La représentation implique toujours une médiation ; là est sa force symbolique première. Or la représentation est une figure nouvelle, moderne, de la *res publica*. La citoyenneté de notre monde contemporain se partage en effet entre participation à la chose publique et représentation de celle-ci. Le passage de la participation du citoyen à sa représentation est loin d'être évident et semble même un saut qualitatif plus que quantitatif. Voilà un élément d'exclusion des femmes important qu'il faut commenter.

SYMBOLIQUE

Pendant longtemps, il m'a semblé que la rupture révolutionnaire et l'avènement progressif de la république expliquaient bien la démocratie exclusive. De fait, le phénomène de l'exclusion au niveau de la participation à la citoyenneté se comprend par les mécanismes propres à la pensée démocratique et républicaine. Simple logique, bien entendu, d'un nouveau régime politique. Cette logique cependant relève d'un second niveau de lecture, celui de l'histoire longue de la domination masculine. Que celle-ci s'exerce en général n'exclut nullement qu'on en isole le fonctionnement au niveau des institutions politiques en particulier ; ni même qu'on ne voie comment les systèmes politiques se superposent.

Cette analyse de l'enchevêtrement des représentations politiques susceptible d'éclairer la forte persistance française à exclure les femmes de la vie politique me fut rendue nécessaire par le constat récent : cinquante ans de droit de vote n'avaient nullement modifié la faible participation des Françaises à la représentation politique.

Ce constat, en fait, était double : il montrait le paradoxe entre une réelle implication des femmes comme électrices, citoyennes semblables à tout citoyen, et l'absence des femmes dans l'espace de la représentation, du pouvoir exercé par quelques-uns. L'intérêt des femmes pour la chose publique n'entraînait donc nullement leur capacité à représenter le peuple et la nation, à exercer le pouvoir politique. Or rien dans les mécanismes d'exclusion propres à la démocratie ne permet de comprendre cette discordance entre la participation et la représentation des femmes dans la cité. Participer, c'est ne représenter que soi-même. Les femmes sont-elles assignées à une citoyenneté bornée ?

Le partage républicain entre les lois et les mœurs donne un certain éclairage explicatif. En effet, la fabrique des mœurs est le pouvoir accordé aux femmes face à la fabrique des lois, pouvoir des hommes. Deux pouvoirs distincts qui proviennent d'une tradition unique, au temps de la monarchie patriarcale, celle de la définition du « gouvernement » : le gouvernement politique et le gouvernement domestique sont deux formes de pouvoir qui se superposent, se complètent, se comparent sans cesse. Rousseau déclarera clairement qu'il faut les disjoindre et il est aisé de comprendre pourquoi : la modernité du gouvernement républicain tient à son caractère représentatif. Le pouvoir politique sera désormais divisé entre la fonction représentative et la fonction gouvernementale. Deux façons donc d'exercer le pouvoir, deux lieux où les femmes sont difficilement admises.

Mais il apparaît alors d'importantes nuances entre être élue pour représenter et être nommée pour gouverner. Disons rapidement que la marque symbolique n'est pas la même entre le fait d'être délégué par une partie du peuple ou de la nation et celui d'être nommé pour une compétence ou par le fait du prince. Or les femmes ont toujours gouverné [1], rappelle Éliane Viennot, et le gouvernement domestique comme le gouvernement politique leur furent reconnus, même peu, même souvent contestés. Que l'on refuse que les femmes gouvernent ou qu'on leur dispute ce droit montre bien que le lien imaginaire entre femme et gouvernement est possible, pensable. Le gouvernement désigne l'exercice, la pratique du pouvoir, mais aussi la souveraineté, la puissance du pouvoir. C'est par là que s'introduit la force symbolique.

La représentation, quant à elle, n'est pas seule-

---

1. Cf. Éliane Viennot, « Les femmes d'État de l'Ancien Régime, un enjeu capital pour le partage du pouvoir en démocratie », *La Démocratie « à la française » ou les Femmes indésirables* (sous la dir. d'Éliane Viennot), Cahiers du CEDREF, Paris-VII, 1996.

ment l'exercice du pouvoir, mais l'expression symbolique du pouvoir. Et cette expression est double : par la médiation de la représentation entre représentés et représentant, et par la tâche même du représentant, à savoir, faire les lois. S'arrêter sur la marque symbolique du pouvoir est alors évidemment essentiel. Telle est la grande différence entre le fait de gouverner et celui de représenter : la symbolisation de celui qui a le pouvoir n'est pas la même.

Mais, dans les deux cas, il s'agit bien de pouvoir, et de pouvoir symbolique. Car il existe aussi une symbolique du gouvernement, c'est la souveraineté.

PARADIGME

La monarchie précède la république. Le concept central de la monarchie, outre sa souveraineté, est celui de gouvernement. En effet, dans une société patriarcale, gouvernement politique et gouvernement domestique se superposent comme deux images macro- et microscopique. La monarchie française joint à ce modèle deux caractéristiques spécifiques, elle est de droit divin et elle se transmet par les hommes. La monarchie de droit divin implique que le roi est, par le sacre, directement lié à la transcendance, à Dieu. Pouvoir symbolique s'il en est. À cela s'ajoute l'existence d'une loi devenue française, la loi salique, qui impose la transmission masculine du pouvoir. Cette loi n'est pas un principe de la monarchie, elle en est un mécanisme de fonctionnement. Loi couvrant d'abord l'ensemble de la transmission des biens, elle est invoquée ensuite pour éviter certaines alliances entre nations. Elle n'est pas un principe, elle est un instrument de la monarchie. Et pourtant son rôle, réel et imaginaire, est important pour conforter la symbolique masculine du pouvoir. Et le plus drôle, ou le plus remarquable, est que cette loi prend toute sa réalité empirique et légale au moment même de la Révolution, dans un décret d'octobre 1789, dans la première Constitution de 1791.

Loin alors d'identifier seulement la survivance d'un régime, la monarchie, dans un nouveau régime, la république, la loi salique soude l'histoire nationale dans la longue durée de l'histoire de la domination masculine. Mécanisme implicite, plus ou moins officiel sous la monarchie, il est clairement explicite ensuite, dans la Constitution de la Révolution comme dans le projet de Napoléon III pendant le second Empire. Pourquoi s'étonner alors de cette persistance très française d'un pouvoir politique masculin, de cette rémanence d'une pratique de fief dans la république du XXe siècle ? Avec les conséquences que l'on sait : une image fortement masculinisée du pouvoir symbolique, que ce soit celui du gouvernement, de la représentation, de la souveraineté.

Mais restons précis : si la tradition d'une passation du pouvoir masculin persiste, il ne faut pas nécessairement en déduire que nous sommes dans une société patriarcale. Les frères de la république ont pris le pas sur le père de la monarchie, malgré des persistances imaginaires. Nous sommes en « fratriarcat », dit Françoise Gaspard [1].

Ainsi se conjuguent, dans la construction du pouvoir masculin en politique, des éléments hétérogènes relevant de stratégies institutionnelles diverses. Telle est, à mes yeux, la généalogie de notre modernité politique. Généalogie dont la reconstruction indique une situation paradigmatique plutôt qu'une exception (face à une règle) ou une singularité (face à une généralité). Un paradigme n'est pas un modèle, mais il obéit à des règles de rationalité explicatives.

Si donc spécificité de la France il y a, ce serait d'offrir un paradigme pour comprendre la démocratie exclusive. L'histoire nationale se double, dans le cas présent, d'une histoire emblématique : celle d'une rencontre entre un événement fondateur, la Révolution française, une pensée politique française de la république et une tradition monarchique forte.

Par là, la France me semble offrir une situation paradigmatique, plutôt que singulière et exceptionnelle. Paradigme veut dire situation exemplaire. La France n'est pas une exception,

---

1. Françoise Gaspard, « Le fratriarcat : une spécificité française », *Après-demain, journal mensuel de documentation politique*, n° 80, janvier-février 1996.

singularité politique isolée dans un vaste ensemble, singularité dont on clamerait la positivité avec satisfaction, ou avec masochisme. Mona Ozouf représente ce courant comparatiste[1].

Mais de quelle comparaison s'agit-il ? Celle d'un modèle dominant, l'histoire anglo-saxonne et ses normes explicatives, avec un non-modèle français, qui ferait exception ? En clair, il me paraîtrait plus fécond de construire la comparaison entre un modèle anglo-saxon et un modèle français plutôt que de jouer l'exception française contre une norme venue d'ailleurs. Cela aurait immédiatement pour avantage d'approfondir le regard porté sur la France : la démocratie exclusive française n'est pas une exception singulière, mais un paradigme.

Car aucune norme ne vient d'ailleurs. Il faut se déprendre de tout jugement de valeur et éviter ainsi l'impasse sur l'enjeu signifiant, quel que soit le pays, celui de l'égalité politique des sexes. La France est exemplaire dans sa construction de l'exclusion des femmes ; elle n'est pas un modèle que d'autres pays auraient importé, elle

---

1. Mona Ozouf, *Les Mots des femmes. Essai sur la singularité française*, Paris, Fayard, 1995. Ce livre est discuté dans *Le Débat*, n° 87, novembre-décembre 1995, avec des contributions de Bronislaw Baczko, Élisabeth Badinter, Lynn Hunt, Michelle Perrot, Joan Scott et Mona Ozouf elle-même. Il est aussi analysé, remarquablement, dans son épistémologie politique par Eric Fassin *in* « The Purloined Gender : American Feminism in the French Mirror », à paraître aux États-Unis et en France dans *Différends sexuels*.

offre le type d'une construction raisonnée de l'exclusion ; qui peut avoir valeur explicative pour une autre situation nationale, qui peut servir d'hypothèse interprétative. Cela s'appelle un paradigme.

POUVOIR DU SUJET

Reste à comprendre où se loge le politique dans cette affaire, ou encore comment se définit le pouvoir autrement que comme un mythe, un mot mythique. La distinction entre gouverner et représenter sert à affiner la compréhension des mécanismes d'exclusion des femmes du pouvoir, mais aussi à comprendre le pouvoir lui-même. Lasse sans doute d'entendre parler avec une grande généralité du pouvoir des hommes et de l'impuissance des femmes, il m'a semblé nécessaire de reprendre la question à sa base même, celle du pouvoir de l'individu moderne, du sujet citoyen. Rappelons-nous l'exigence des féministes des années 1830, qui demandaient au roi Louis-Philippe de ne plus être le roi de France, mais le roi des Français. Elles espéraient qu'ainsi les femmes deviendraient visibles.

L'individu moderne français a nécessairement plusieurs identités : il est homme ou femme, militant citoyen et travailleur salarié, enfant et/ou parent, mari ou femme, etc. L'individu moderne, défini progressivement par son autonomie, a le pouvoir d'être lui-même, de se « gouverner ». C'est ainsi que je lis la construction moderne des espaces privé et public, à la suite de Rousseau : quand on parle de « séparation des sphères », il faut comprendre d'abord « séparation des gouvernements ». Cette idée, déjà évoquée plus haut, est examinée ici sous un éclairage différent, celui de l'autonomie de chacun, supposée par le gouvernement de soi. De ce point de vue, la modernité offre une situation inédite par rapport au modèle antique : on sépare deux sphères entre lesquelles l'individu circule. Pendant le temps de la mise en place de la démocratie exclusive, deux autres mouvements se dessinent, celui du droit civil et celui du travail salarié.

Depuis deux siècles, l'autonomie civile de la femme n'a cessé d'augmenter en son pouvoir d'être soi. Élisabeth Sledziewski montre que la Révolution crée le sujet civil plus que le sujet civique[1] : la « capacité civile » des femmes est énoncée notamment à partir de la loi autorisant le divorce de 1792. Le Code napoléonien, dans sa volonté de mettre l'épouse en tutelle, a par ailleurs assuré l'égalité des frères et sœurs devant l'héritage. Bref, les droits civils des femmes, filles ou épouses auront progressivement deux caractères : celui de l'indépendance et celui de

---

1. Élisabeth G. Sledziewski, *Révolutions du sujet*, Paris, Méridiens Klincksieck, 1989.

l'égalité ; ils ne vont cesser d'augmenter de 1800 à aujourd'hui sur fond de la représentation de l'individu et de son autonomie. Anecdote emblématique : la loi sur le divorce de 1975, mettant le consentement mutuel (au plus loin de la « faute ») au cœur du droit reprend enfin la radicalité de la loi de 1792 !

L'importante participation des femmes à l'espace public par le travail salarié est le deuxième mouvement de gouvernement de soi. Les Françaises sont remarquablement présentes comme travailleuses dès le début du XIXᵉ siècle. Phénomène particulièrement important en France, déjà souligné dans les années 1900 et qui se confirme toujours aujourd'hui. Margaret Maruani parle même de « croissance spectaculaire de l'activité féminine » depuis 1960 [1]. Qui nierait que seule l'indépendance économique apporte une réelle autonomie ?

Le réel de l'épanouissement des droits civils des femmes et le réel de leur participation économique expriment la réalité de leur citoyenneté. Être citoyen consiste à être un membre autonome de la société. Le pouvoir du citoyen est donc bien là aussi, dans la vie civile et dans la vie économique. Il paraît difficile de continuer à analyser l'inclusion politique des femmes sans ces deux dimensions de la citoyenneté ; même si ces dernières sont loin de montrer des situations

---

1. Margaret Maruani, « L'emploi féminin à l'ombre du chômage », *Actes de la recherche en sciences sociales*, nº 115, décembre 1996.

faciles : l'individu civil est, comme le dit Irène Théry, souvent pris par un « malaise dans la filiation[1] », et les femmes ne vivent leur indépendance qu'au prix d'une double journée de travail. L'autonomie démocratique se paie d'un prix lourd pour les femmes. Mais dans aucun cas elles ne sont prêtes à y renoncer.

J'ajoute que seul ce réel peut s'affronter à l'emprise symbolique masculine du pouvoir. Pot de terre contre pot de fer, dira-t-on. À moins qu'à force de réel, civil et économique, les femmes n'induisent un doute quant à la pertinence de la symbolique masculine du pouvoir. Que peuvent-elles faire de plus dans l'écart entre une autonomie de chaque individu et une représentation politique dont la symbolique est masculine ? Elles peuvent peser du poids de la réalité économique et sociale. Il faut donc lier à nouveau ce que Rousseau avait délié, les deux moitiés de la république, le gouvernement domestique et le gouvernement politique. La vie des femmes est à la mesure de ce lien, elle se déploie d'une seule façon dans l'espace privé et dans l'espace public. Accepter cette image de la citoyenneté est certainement un lent processus à venir. Utopie du gouvernement de soi qui irait aussi avec le gouvernement d'autrui dans la famille comme dans la cité.

Utopie aussi alors que la parité ; et ce sera ma conclusion. L'utopie n'est pas un mot négatif ; il

---

1. Irène Théry a publié le dossier « Malaise dans la filiation », *Esprit*, décembre 1996.

désigne cet horizon à partir de quoi le possible se pense. Mais ma version de la parité n'est pas très orthodoxe.

Partant de l'effet pratique de la parité joint au problème théorique de sa justification philosophique, j'ai proposé d'inverser une formule célèbre de Kant : « La parité est vraie en pratique et fausse en théorie. » En effet, autant l'idée de parité est un formidable révélateur de l'inégalité politique et de l'inégalité en général des sexes, autant cette idée ne me paraît pas pouvoir être fondée philosophiquement. On ne déduira jamais le politique du biologique. En revanche, le mouvement pour la parité s'inscrit de façon tout à fait passionnante dans l'histoire de ces deux derniers siècles. La parité est une idée mixte, mélange de deux courants politiques de l'époque contemporaine : par sa demande d'être énoncée comme une loi, cette idée relève de l'universalisme démocratique, donc d'une re-présentation de l'homme abstrait ; par sa volonté de désigner visiblement les deux sexes de l'humanité, cette idée appartient à la tradition utopiste et révolutionnaire qui, depuis Fourier et les saint-simoniens, pense l'humanité dans sa réalité sexuée. La parité est au carrefour de ces deux courants politiques, et là est son utopie. Et la mienne : la parité est intéressante si elle signifie aussi parité économique, parité domestique. La parité veut le partage du pouvoir ; or le pouvoir se partage partout, dans l'espace domestique, civil, économique, politique.

Si le pouvoir s'enracine à nouveau dans le réel au détriment de ses insignes symboliques, gouvernement et représentation seront enfin des fonctions modernes.

ANNEXES

ORIGINE DES TEXTES [1]

I.1.

« Poullain de la Barre, ou le procès des préjugés », *Corpus*, n° 1, mai 1985.

I.2.

« De la destination au destin, histoire philosophique de la différence des sexes », *Histoire des femmes en Occident*, t. IV : XIXᵉ siècle, Paris, Plon, 1991.

I.3.

« La lucidité des philosophes », *Les Cahiers du GRIF*, n° 47, 1992.

---

1. Nombre de ces textes ont été republiés dans *La Raison des femmes*, Paris, Plon, 1992.

II.4.

« La rupture révolutionnaire et l'histoire des femmes », *Femmes et pouvoirs sous l'Ancien Régime*, Paris, Rivages, 1991.

II.5.

« La raison des femmes au regard de la démocratie », *Les Femmes et la Révolution française*, Toulouse, Presses universitaires du Mirail, 1989, t. I.

« La double raison et l'unique nature ; fondements de la différence des sexes », *La Famille, la Loi, l'État, de la Révolution au Code civil*, Paris, Imprimerie nationale/Centre Georges-Pompidou, 1989.

II.6.

« L'homme générique et le sexe reproducteur », *Psychanalystes*, numéro spécial, « Vivants et mortels », 1988.

II.7.

« La femme, de la bayadère à l'étudiante », *Pierre Larousse et son temps*, Paris, Larousse, 1995.

III.8.

« L'amour, l'amitié à l'ère démocratique », *Le Partage des passions*, Lyon, Art-éditions, 1992.

III.9.

« Droit naturel et question de l'origine dans la pensée féministe au XIXᵉ siècle », *Stratégies des femmes*, Paris, Tierce, 1984.

« L'usage du droit naturel dans les écrits féministes (1830-1850) », *Un fabuleux destin : Flora Tristan*, Éditions universitaires de Dijon, 1985.

III.10.

« Les bavardes, féminisme et moralisme », *L'Histoire sans qualités*, Paris, Galilée, 1979.

III.11.

« Les femmes libres de 1848, féminisme et moralisme », *Les Révoltes logiques*, nº 1, Solin, 1975.

III.12.

« Des héroïnes symboliques ? Celle qui écrit et celle qui parle : George Sand et Louise Michel », *Les Révoltes logiques*, nº 6, 1977.

IV. 13.

« La constitution du sujet dans l'histoire de la pensée féministe », *Penser le sujet aujourd'hui*, Paris, Méridiens-Klincksieck, 1988.

« Du bon usage de l'individu féministe », *Vingtième Siècle*, n° 14, 1987.

IV. 14.

« Objet d'études et sujet de discours, ou comment republier une femme auteur », *Revue du CEDREF*, n° 1, Paris-VII, 1989.

« Autodidaxie et didactisme, le parcours de Clémence Royer », *Préfaces*, n° 2, 1987.

IV. 15.

« Destins et destinées de la femme seule chez Léon Frapié », *Madame ou mademoiselle, itinéraires de la solitude féminine*, xviiie-xxe siècle, Montalba, 1984.

IV. 16.

« Féminisme et pacifisme », communication non publiée, « Nouvelle femme, famille nouvelle », Rencontres internationales Paris/New York, 1979-1982.

« Et si les mères désertaient la guerre... Madeleine Vernet (1879-1949) », *Les Cahiers du GRIF*, n°s 14 et 15, Bruxelles, 1976.

IV.17.

« Ce qu'on nomme l'éducation des filles », *Les Cahiers aubois de l'histoire de l'éducation*, Troyes, 1984.

« "Un dangereux anachronisme", questions sur l'analyse de la reproduction du sexisme », *Les Révoltes logiques*, Paris, La Découverte, 1984.

IV.18.

« Le travail, c'est la liberté », *Congrès Marx international*, Paris, PUF, 1996.

IV.19.

« Du pain et des roses, ou l'utopie politique des femmes », *Où est le bonheur ?* Paris, Le Monde-Éditions, 1994.

Conclusion

« La démocratie exclusive : un paradigme français », *Pouvoirs*, n° 82, 1997.

INDEX

IV. D'UN SIÈCLE À L'AUTRE

CONCLUSION

ANNEXES

DU MÊME AUTEUR

FEMMES TOUTES MAINS. ESSAI SUR LE SERVICE DOMESTIQUE, Le Seuil, 1979.

CLÉMENCE ROYER, PHILOSOPHE ET FEMME DE SCIENCES (1830-1902), La Découverte, 1985.

MUSE DE LA RAISON, DÉMOCRATIE ET EXCLUSION DES FEMMES EN FRANCE, Alinea 1989 ; Folio-Gallimard, 1995.

LA RAISON DES FEMMES, Plon, 1992.

LA DIFFÉRENCE DES SEXES, P.U.F., 1996.

En collaboration

L'EXERCICE DU SAVOIR ET LA DIFFÉRENCE DES SEXES, ouvrage collectif coédité avec Monique David-Ménard et Michel Tort, L'Harmattan, 1991.

HISTOIRE DES FEMMES EN OCCIDENT, tome IV : xixe siècle, codirigé avec Michelle Perrot, sous la direction de Georges Duby et Michelle Perrot, Plon, 1991.

Édition

OPINIONS DE FEMMES DE LA VEILLE AU LENDEMAIN DE LA RÉVOLUTION FRANÇAISE (M.-A. Gacon-Dufour, O. de Gouges, C. de Salm, A. Clément-Hémery, F. Raoul), édition et présentation, Côté-Femmes, 1989.

Composition Nord compo.
Impression Société Nouvelle Firmin-Didot
à Mesnil-sur-l'Estrée, le 12 octobre 1998.
Dépôt légal : octobre 1998.
Numéro d'imprimeur : 44526.

ISBN 2-07-040601-6/Imprimé en France.